DAS KAPITAL

&
Contemporary
Social Development
Studies

国家出版基金项目

《资本论》与当代社会发展研究丛书

《资本论》与当代社会发展道路

王庆丰 著

北京师范大学出版集团
BEIJING NORMAL UNIVERSITY PUBLISHING GROUP
北京师范大学出版社

本书为国家社会科学基金重大项目"文明形态变革的哲学理念创新"（18ZDA015）、文化名家暨"四个一批"人才自主选题资助项目"构建当代中国马克思主义哲学学术体系研究"的阶段性研究成果。

目　录

导言　人类的苦难与哲学的使命

自柏拉图以来的全部西方传统形而上学试图在最彻底和最普遍的意义上把握整个世界，这使得传统形而上学最终致力于成为一个绝对真理性的理论体系。在这一"同一性"的形而上学中，恰恰失落了或者说吞噬了人本身，从而遗忘了人的"实际生命"，遗忘了人类的苦难，最终抽象化为彼岸世界的形而上学。马克思的哲学革命扭转了哲学的这一致思取向。他开始致力于思考人类社会的苦难，并寻求人类解放的现实道路。马克思的"绝对命令"直截了当地向我们展现了他的这一理论旨趣："必须推翻使人成为被侮辱、被奴役、被遗弃和被蔑视的东西的一切关系。"①

---

① 《马克思恩格斯文集》，第 1 卷，人民出版社 2009 年版，第 11 页。

我们可以在诸多意义上去理解马克思所实现的哲学革命，但是最为关键的是应该在马克思的思想旨趣上去理解这一哲学革命的精神实质。马克思的哲学之所以是现代哲学，就在于他扬弃了作为"彼岸世界真理"的传统形而上学，转而寻求"此岸世界的真理"。人类的苦难成为马克思思考的核心问题。马克思将现代社会的人类苦难诉诸对"生产关系"的分析，从而澄清了这一苦难的根源，并为未来人类社会的发展道路指明了方向。马克思示范了未来哲学的发展方向：思考人类深重的苦难，为未来的美好生活开辟道路。这是哲学家的天职和哲学最为本己的使命。马克思哲学是属于我们这个时代的哲学，我们也应当在马克思所开辟的哲学道路上继续前行。

一、哲学的两个耻辱

在与传统哲学相对应的意义上，马克思的哲学在何种意义上属于我们的时代，又在何种意义上表征了我们的时代，这需要对我们时代哲学的合理性形态进行探索。我们时代的哲学必须建立在对"哲学的两个耻辱"反思的基础上。第一个耻辱是海德格尔所做出的论断，第二个耻辱则来源于西美尔的观点。如果不引以为戒，哲学就会退回到传统哲学，从而也就无法建构起属于我们时代的哲学。

海德格尔认为以往哲学一再寻求的内在意识如何切中外部实在的问题是一种"哲学的耻辱"，"'哲学的耻辱'并不是至今人们尚未提出这个证据，而是这样的证据还一再为人们所期盼所寻求"①。在海德格尔看

---

① ［德］海德格尔：《人，诗意地安居》，邻元宝译，广西师范大学出版社 2000 年版，第 7 页。

来，人们一直以来孜孜不倦地寻求或试图解决"切中性问题"并不是哲学的荣耀，而是一种"哲学的耻辱"。伽达默尔高度地评价了海德格尔的这一论断，认为这是一个划时代的功绩。"自那时（海德格尔）以后，许多人都开始认为追问主体如何达到对所谓'外部世界'的知识是荒谬的、陈腐透顶的。海德格尔把坚持提出这类问题的现象称为真正的哲学'丑闻'。"①海德格尔以前的整个西方传统哲学尤其是近代哲学致力于达到内在意识对外部事物的先验本质性把握，因此，以追求思想的明证性、客观性为目的的知识论问题成为传统哲学最核心的问题。自笛卡尔以来，自我意识，即认知主体与自身的关系，为思想的客观性论证开辟了一条内在意识的道路。"自我意识不是作为先验能力的本源被放到一个基础的位置上，就是作为精神本身被提高到绝对的高度。"②哈贝马斯的这句话揭示了思想客观性论证的两条道路：一条是先验论证的道路，另一条是超验论证的道路。先验论证的道路为思想的客观性找到的根据是"作为先验能力的本源"的先验自我，而超验论证的道路为思想的客观性找到的根据是"被提高到绝对的高度的精神本身"的绝对精神。"先验自我"与"绝对精神"作为思想规定的客观依据，是思想的真理性、客观性、确定性获得保障的终极基础。这样，思想的客观性问题被局限在内在意识的领域内。而这种意识哲学的道路本身就是一个悖论：它既要内在于意识，又要超越于意识之外。内在意识

① ［德］汉斯-格奥尔格·加达默尔：《哲学解释学》，夏镇平、宋建平译，上海译文出版社 2004 年版，第 120 页。
② ［德］哈贝马斯：《后形而上学思想》，曹卫东、付德根译，译林出版社 2001 年版，第 31 页。

是由用思想把握世界的思维方式决定的，要超越于意识之外则是由思想规定的客观性要求决定的。[①]

海德格尔从根本上扭转了西方哲学的这一致思取向。这可以从胡塞尔与海德格尔现象学的区别当中辨识出来。法国现象学家马里翁指出："现象学的目标与客观性并不一致——这恰恰说出了海德格尔的出发点。近来发表的在《存在与时间》之前或紧随其后的讲座（既包括弗莱堡和马堡第一学期的课程，也包括弗莱堡第二学期的课程）使我们有可能牢固地树立起一个关键点：对海德格尔来说，唯有首先明确地对胡塞尔所追求的客观性理想进行批判，存在才能成为现象学的枢纽。"[②]在马里翁看来，胡塞尔对"客观性"有一种难以抑制的"祝圣"行为，而海德格尔则认为哲学关注的应该是"实际生命"，即此在之存在。海德格尔的"那托普报告"明确指出：哲学对象就是人的此在，"哲学问题关涉实际生命的存在"，"哲学问题关涉那种在当下被称呼存在和被解释存在之方式中的实际生命的存在"[③]。因此，哲学的第一个耻辱意味着当代哲学主题的转向：从"意识"转向"此在"，转向与人相关涉的存在（existence）。

传统哲学的第二个耻辱来自西美尔的看法。西美尔曾这样说过：在整个哲学史中，根本看不到人类所经受的深重苦难，这是哲学的耻辱。其实西美尔所谓的"哲学耻辱"是对海德格尔"哲学耻辱"的具体阐释和推

---

① 参见孙利天：《让马克思主义哲学说中国话》，武汉大学出版社 2010 年版，第 342 页。

② ［法］马里翁：《还原与给予——胡塞尔、海德格尔与现象学研究》，方向红译，上海译文出版社 2009 年版，第 2—3 页。

③ ［德］海德格尔：《形式显示的现象学：海德格尔早期弗莱堡文选》，孙周兴编译，同济大学出版社 2004 年版，第 90 页。

进。在西美尔的意义上，哲学对实际生命关涉就是要揭示人类所经受的深重苦难。"哲学从来不是超然于世界之外的玄思和遐想，而是'思想中所把握到的时代'，或者更简洁地说，是'思想中的现实'。这就是哲学所具有的'时代的容涵性'和'强烈的现实感'。"①因此，任何真正的哲学都具有时代性的内容，而不是纯粹思辨的产物。任何真正的哲学都是以"思想"即"理论"的方式所把握到的"现实"，而不是简单的关于"现实"的"表象"。哲学就是把经验现实的大山推倒了，再用概念或理论的方式将之重新塑造起来。在哲学的概念当中有全部的生活和整个的世界，而人类所经受的深重苦难构成了全部的生活和整个的世界的核心内容。

哲学的第二个耻辱提醒我们，我们时代的哲学必须从如何切中外部客观世界转向如何切中社会现实。因为，只有在社会现实本身被充分揭示的地方，哲学才可能真正触及人类苦难的根由，从而才可能终止它的这份耻辱。以现象学"面向事情本身"的理论姿态"面向社会现实本身"，才有可能实际消除西美尔所揭示的这一哲学的耻辱。黑格尔以最抽象的形式表达了最现实的人类生存状况：个人现在受抽象的统治。而马克思则进一步指出了，抽象或观念无非是那些统治个人的物质关系的理论表现。在资本主义社会中，"资本"具有独立性和个性，它统治着整个的现实，这是资本主义社会的最现实的普遍性，也是现实受"抽象"（资本）的统治的最普遍的现实性。因此，在回到社会现实的过程中，"我们就不仅经常需要黑格尔这位教师，而且尤其需要马克思这位导师，因为他们把揭示社会现实的本质性内容作为最坚决的哲学任务和方法论要求提了

————————

①　孙正聿：《哲学通论》，辽宁人民出版社1998年版，第433页。

出来。只是当黑格尔把这种内容转变为理性思辨的形而上学本质时，马克思将它导回到理性前的现实生活过程之中。在这个意义上，回到社会现实本身，应当被看成是历史唯物主义的根本，因而也应当成为全部马克思主义哲学研究——这种研究的路径、方法和问题——所围绕着旋转的那个枢轴"①。

正是在这个意义上，马克思转换了真理观的哲学视野，把真理从天国拉回了尘世。马克思把真理区分为"彼岸世界的真理"和"此岸世界的真理"。马克思指出："真理的彼岸世界消逝以后，历史的任务就是确立此岸世界的真理。人的自我异化的神圣形象被揭穿以后，揭露具有非神圣形象的自我异化，就成了为历史服务的哲学的迫切任务。于是，对天国的批判变成对尘世的批判，对宗教的批判变成对法的批判，对神学的批判变成对政治的批判。"②在马克思看来，宗教和传统形而上学所追求的超感性世界的真理实际上是一个"彼岸世界的真理"，满足于获得对外部客观世界的本质性把握。而现代哲学（尤其是马克思哲学）的迫切任务是确立"此岸世界的真理"，这就要求揭露具有非神圣形象的自我异化，具体表现为对尘世、法、政治和国家的批判。换言之，即回到社会现实本身，确立一门恩格斯所谓的"现实的人及其历史发展的科学"。

历史唯物主义作为"现实的人及其历史发展的科学"，以人类的自由解放为理论旨趣。马克思主义揭示了资本主义条件下人类的深重苦难。这构成了马克思全部思想的理论旨归。从恩格斯的《英国工人阶级状况》

---

① 吴晓明：《回到社会现实本身》，《学术月刊》2007 年第 5 期。
② 《马克思恩格斯文集》，第 1 卷，人民出版社 2009 年版，第 4 页。

到马克思的《1844 年经济学哲学手稿》，一直到《资本论》中关于工作日的论述，马克思主义充分地论述了工人生活的悲惨状况。马克思在揭示人类苦难的同时，进一步挖掘了苦难产生的根源，把人类的苦难和资本主义的生产方式联系起来。在《资本论》中，马克思将工人的悲惨境遇明确地归结为工人对自己劳动力的出卖。当劳动力成为商品，货币就不断转化为资本，"死劳动"开始支配"活劳动"，开始吮吸"活劳动"。在马克思看来，资本具有"对剩余劳动的狼一般的贪婪"。"资本主义生产——实质上就是剩余价值的生产，就是剩余劳动的吮吸——通过延长工作日，不仅使人的劳动力由于被夺去了道德上和身体上正常的发展和活动的条件而处于萎缩状态，而且使劳动力本身未老先衰和过早死亡。它靠缩短工人的寿命，在一定期限内延长工人的生产时间。"①可是，孤立的工人，"自由"出卖劳动力的工人，在资本主义生产的一定成熟阶段上，是无抵抗地屈服的。工人"把自己的劳动力卖给资本家时所缔结的契约，可以说像白纸黑字一样表明了他可以自由支配自己。在成交以后却发现：他不是'自由的当事人'，他自由出卖自己劳动力的时间，是他被迫出卖劳动力的时间；实际上，他'只要还有一块肉、一根筋、一滴血可供榨取'，吸血鬼就决不罢休。为了'抵御'折磨他们的毒蛇，工人必须把他们的头聚在一起，作为一个阶级来强行争得一项国家法律，一个强有力的社会屏障，使自己不致再通过自愿与资本缔结的契约而把自己和后代卖出去送死和受奴役"②。可见，工人的一切苦难都根源于资本主

① 《马克思恩格斯文集》，第 5 卷，人民出版社 2009 年版，第 307 页。
② 《马克思恩格斯文集》，第 5 卷，人民出版社 2009 年版，第 349 页。

义的生产关系。在《资本论》中，马克思更是多次明确指出："资本不是一种物，而是一种以物为中介的人和人之间的社会关系。"①因此，工人受资本的支配，沦为资本的奴隶，在其最根本的意义上，受资本主义生产关系的控制。

在反观哲学的两个耻辱的基础上，我们可以发现，马克思彻底消解了哲学的第一个耻辱（终结彼岸世界的真理，确立此岸世界的真理），并且开辟了一条超越第二个耻辱的哲学道路（推翻资本主义生产关系，实现人类的自由解放）。因此，马克思的哲学是真正属于我们时代的哲学，是表征我们这个时代并为人类的未来指明方向的哲学。

二、马克思的"绝对命令"

绝对命令是思想家灵魂及其理论旨趣的高度概括，也是洞察其理论主旨的关键所在。从人本主义的立场来看，如果说"人是目的"是对康德绝对命令的高度概括，那么，马克思的绝对命令则可以表述为"人的根本就是人本身"。在《〈黑格尔法哲学批判〉导言》中，马克思明确指出："人的根本就是人本身。德国理论的彻底性的明证，亦即它的实践能力的明证，就在于德国理论是从坚决积极废除宗教出发的。对宗教的批判最后归结为人是人的最高本质这样一个学说，从而归结为这样的绝对命令：必须推翻使人成为被侮辱、被奴役、被遗弃和被蔑视的东西的一切关系，一个法国人对草拟中的养犬税发出的呼声，再恰当不过地刻画了

① 《马克思恩格斯文集》，第 5 卷，人民出版社 2009 年版，第 877—878 页。

这种关系，他说：'可怜的狗啊！人家要把你们当人看哪！'"①但是，与康德的绝对命令不同，马克思的绝对命令除了肯定性的描述即"人的根本就是人本身"，还有否定性的表述即"推翻使人成为被侮辱、被奴役、被遗弃和被蔑视的东西的一切关系"。因此，马克思的绝对命令不仅将康德绝对命令的伦理向度延伸至政治经济和历史等领域，而且以批判的视角作了否定性的补充。在这一意义上，马克思的绝对命令是一个批判性的命令。

马克思从"劳动价值论"出发揭示出资本主义的生产关系是使人被压迫、被剥削、被奴役、被蔑视的生产关系。对于整个古典经济学而言，劳动价值论仅仅是一种经济学理论。而马克思却从劳动价值论出发引发出了剩余价值理论，从而为马克思谴责和批评整个资本主义提供了科学依据。因此，马克思的劳动价值论不仅仅是一种纯粹的政治经济学理论，它同时被赋予了一种道德判断的意义。换句话说，马克思的劳动价值论是一种科学理论和道义力量的统一。马克思把劳动价值论同他的资本主义批判联系在了一起。所以，罗尔斯认为把握马克思劳动价值论的"最佳方式——或至少是有益的方式是，首先了解马克思所认为的、作为一种社会秩序的资本主义的主要特征，并初步说明，为什么资本主义在马克思眼里是一种剥削与支配的制度。我相信，只有在这一语境下，他的劳动价值论才最容易得到理解"②。

"马克思所研究的资本主义是一个阶级社会。这意味着对他来说，

① 《马克思恩格斯文集》，第1卷，人民出版社2009年版，第11页。
② ［美］罗尔斯：《政治哲学史讲义》，杨通进、李丽丽、林航译，中国社会科学出版社2011年版，第341页。

在资本主义社会里，由于其在制度结构中的位置，某些阶级的人们能够侵吞别人的剩余劳动。对他而言，与奴隶制和封建制一样，资本主义是一种支配和剥削的制度。"①当西方主流思想家们把资本主义社会描绘成基督教伦理道德的尘世实现，并进而宣称历史终结的时候，马克思却在剖析资本主义生产方式的基础上，指出"资本主义是一种支配和剥削的制度"。马克思在《资本论》中明确指出："劳动者的奴役状态是产生雇佣工人和资本家的发展过程的起点。这一发展过程就是这种奴役状态的形式变换，就是封建剥削转化为资本主义剥削。"②在马克思看来，资本主义之所以仍然是一种剥削制度，是因为在这种社会条件下，劳动者依然处于一种被奴役的状态。在前资本主义的阶级社会中，这种奴役状态是显而易见的。在奴隶社会中，奴隶全部的劳动都是归奴隶主所支配的，在封建社会中，农民被迫在领主土地上劳动的天数也是明确的。但是，在资本主义社会中，工人没法说清楚，他们的劳动时间中有多少小时是维持自身的生存所必需的必要劳动，又有多少时间是使资本家受益的剩余劳动，资本主义社会中制度性的安排掩盖了这一事实。"因此，资本主义的突出特征就是，与奴隶社会和封建社会相反，在资本主义社会中，对工人的剩余劳动或未付酬劳动的榨取是隐而不现的。人们意识不到榨取的发生，对榨取的比率也一无所知。"③总而言之，在封建制和奴隶制的社会里，人们知道奴役和剥削是如何发生的，而在资本主义制

① ［美］罗尔斯：《政治哲学史讲义》，杨通进、李丽丽、林航译，中国社会科学出版社 2011 年版，第 336—337 页。
② 《马克思恩格斯文集》，第 5 卷，人民出版社 2009 年版，第 823 页。
③ ［美］罗尔斯：《政治哲学史讲义》，杨通进、李丽丽、林航译，中国社会科学出版社 2011 年版，第 339 页。

度下，这一切都隐藏在我们的视线之外。

如果说资本主义也是一种剥削制度，那么这种奴役和剥削是如何发生的呢？"我们因此需要一种理论来解释，在一个人身独立的制度（在其中，表面上自由而平等的经济主体之间达成了某些契约）中，这一切是如何得以发生的。"①罗尔斯认为，马克思能够说明这种"发生"的理论就是劳动价值论。从表面上看来，资本主义并不表现为一种支配和剥削的制度。资本主义社会中的雇佣劳动关系是自由平等的经济主体之间的一种契约关系，工人可以向资本家自由地出卖自己的劳动力，资本家按照合同付给工人相应的工资，这是一种典型的商品等价交换关系。所有的经济主体包括资本家和工人都认为，他们所处的地位是公正的，他们的收入和财富是应得的。整个资本主义社会成了"天赋人权的真正乐园"。这就给我们带来了一个问题，支配和剥削怎么能够被人们认出来呢？"这样的问题引发了一个难题：马克思认为，我们需要一种理论，去解释为什么资本主义制度的这些特征不会被人们辨认出来，以及它们是如何隐藏于视线之外的。"②罗尔斯认为，只有马克思的劳动价值论，才能够击穿资本主义社会意识形态所造成的幻象和错觉，把资本主义社会奴役和剥削的本性呈现出来。马克思的劳动价值论的目的就在于，试图解释在一个人身独立的社会中，剩余劳动是如何存在的，以及这种剩余劳动和剩余劳动率是如何从人们的视野中消失不见的。这构成了马克思劳

①　[美]罗尔斯：《政治哲学史讲义》，杨通进、李丽丽、林航译，中国社会科学出版社2011年版，第342页。

②　[美]罗尔斯：《政治哲学史讲义》，杨通进、李丽丽、林航译，中国社会科学出版社2011年版，第337页。

动价值论潜在的理论意图。

马克思在《资本论》中指出："如果事物的表现形式和事物的本质会直接合而为一，一切科学就都成为多余的了。"①马克思的劳动价值论能够揭穿资本主义制度的误导人的和欺骗性的外表，切中资本主义社会的本质。因为，"劳动价值论的主旨，是挖掘资本主义秩序之外在表象下的深层结构，使我们能够了解劳动时间的花费轨迹，并发现那些使得工人阶级的未付酬劳动或剩余劳动能够被剥夺以及剥夺多少的各种制度安排"②。相对于古典政治经济学，马克思的劳动价值论不仅主张劳动是价值的唯一源泉，而且它还区分了必要劳动和剩余劳动。必要劳动所产生的价值是资本家支付给工人的工资，工人的剩余劳动所创造的价值是剩余价值，而这一部分价值则被资本家无偿占有了。劳动价值论的目的并不满足于仅仅揭示资本主义社会的生产方式及其制度安排，其最终的目的是论证资本主义生产过程中存在着奴役和剥削。因此，"劳动价值论的真正要义关注的是关于资本家生产的本质这样一个基本争论"③。马克思的劳动价值论揭示了资本主义社会的本质性特征，并为我们把资本主义当作一种统治与剥削的制度进行谴责提供了真实的科学基础。

马克思通过劳动价值论向我们论证了资本主义社会的生产关系是使人成为被侮辱、被奴役和被蔑视的东西的一切关系。马克思的这一绝对命令不仅是对康德绝对命令的继承，而且在现实的维度上超越了康德，

---

① 《马克思恩格斯文集》，第 7 卷，人民出版社 2009 年版，第 925 页。

② ［美］罗尔斯：《政治哲学史讲义》，杨通进、李丽丽、林航译，中国社会科学出版社 2011 年版，第 342 页。

③ ［美］罗尔斯：《政治哲学史讲义》，杨通进、李丽丽、林航译，中国社会科学出版社 2011 年版，第 344 页。

也避免了叔本华对康德的指责。比尔·马丁（Bill Martin）说："通过他的第三个绝对命令的公式，康德认识到在伦理学中个人的、人际的和政治的因素的同一和相会渗透。可以说，马克思通过他的'第四公式'把这一同一体扩展到历史的和经济的领域。"①与康德伦理学意义上的绝对命令不同，马克思的绝对命令是在对时代诊断和批判的基础上提出来的，其针对的是新兴资本主义社会中的不合理现实。因此，马克思的绝对命令既是道德的，也是政治的。马克思的"绝对命令"不仅是康德"人是目的"这一思想的扩充，更是对其绝对命令的真正兑现。对于马克思而言，无论是在观念上（如宗教学批判），还是在现实中（如政治经济学批判），只要存在被侮辱、被奴役和被蔑视的关系，就意味着人与自身的异化，就必然要开展生命政治学批判。因此，马克思的"绝对命令"批判的是违背"人的根本就是人本身"这一最高目的的一切社会关系。

三、我们时代的苦难及其超越

实际上，资本的购买力不仅仅是一种经济权力，更是一种政治权力。资本的支配力是在货币转化为资本的过程中产生的。马克思发现，要转化为资本的货币的价值变化，不可能发生在货币本身上，因为货币作为购买手段和支付手段，只是实现它所购买或所支付的商品的价格。货币本身并不会在流通中发生价值的变化。"要从商品的消费中取得价值，我们的货币占有者就必须幸运地在流通领域内即在市场上发现这

---

① Martin，B.，*Ethical Marxism*：*The Categorical Imperative of Liberation*，Carus Publishing Company，2008，p. 47.

样一种商品，它的使用价值本身具有成为价值源泉的独特属性，因此，它的实际消费本身就是劳动的对象化，从而是价值的创造。货币占有者在市场上找到了这样一种独特的商品，这就是劳动能力或劳动力。"①劳动力成为商品，是货币实现自身增殖的现实基础。

资本通过购买劳动力这一特殊的商品，从而形成了对劳动力这一特殊商品的支配权。资本之所以是资本，就在于它能"增殖自身"。而资本为了增殖自身，就必须与雇佣劳动之间处于支配与被支配的关系。资本通过支配和控制雇佣劳动，通过具体的生产和流通过程，获取一定量的剩余价值。剩余价值是工人的剩余劳动所创造的高于自身价值的价值。由此，马克思揭示了剩余价值的生产过程，揭示了资本主义社会生产方式的秘密。马克思的《资本论》最核心的问题就是要揭示剩余价值是如何存在的，以及这种剥削和奴役是如何从人们的视野中消失不见的。在封建制和奴隶制的社会形式中，剥削是显而易见的。而在资本主义社会中，资本家对工人的剩余价值的榨取是隐而不现的。通过揭示剩余价值的生产，马克思指出，资本主义市场经济决不意味着自由和平等，而是意味着资产阶级的阶级剥削和奴役，进一步说，资本主义只是古代奴役关系的现代变种而已。

劳动力成为商品意味着资本的增殖成为可能，意味着资本主义社会的生产关系得以形成。资本购买了劳动力这一特殊的商品，意味着资本有权力去支配劳动者。这种支配关系构成了一种新型的社会生产关系。马克思之所以说资本的出现开创了历史，标志着社会生产过程的一个新

---

① 《马克思恩格斯文集》，第5卷，人民出版社2009年版，第194—195页。

时代，就是在这种意义上而言的。马克思在反思英国古典政治经济学的意义上，指出："资本显然是关系，而且只能是生产关系。"①这种生产关系是资产阶级社会中占统治地位的关系。它影响和决定着其他一切社会关系。资本所形成的雇佣劳动关系成为资本主义社会的生产关系。资本主义社会的生产及其生产关系都是由资本决定的。在此基础上，整个资本主义社会分裂为两个对立的阶级：资本家和工人。资本的增殖是通过资本家对工人的剥削而实现的。资本家对工人的剥削就是资本增殖的人格化表现。因此，劳动力成为商品的最重要的社会后果就是导致了资本家对工人的剥削关系这一新型的奴役关系在现代社会中的形成。

马克思认为，资本行使权力的真正的起始点是生产劳动。因为只有在生产劳动的过程中，资本才能通过对活劳动的吸吮、对工人的剩余劳动和他们所创造的剩余价值的攫取而使自己不断地增殖和膨胀。正是在这个意义上，马克思强调，技术上的发明、分工的合理化、交通工具的改善和世界市场的开辟等，"都不会使工人致富，而只会使资本致富；也就是只会使支配劳动的权力更加增大；只会使资本的生产力增长。因为资本是工人的对立面，所以文明的进步只会增大支配劳动的客体的权力"②。随着科学技术的进步和现代社会的发展，如果现代社会的生产关系得不到根本改变的话，资本支配劳动的客观权力只会变得越来越强大。马克思告诉我们："作为资本家，他只是人格化的资本。他的灵魂就是资本的灵魂。而资本只有一种生活本能，这就是增殖自身，创造剩

① 《马克思恩格斯全集》，第 30 卷，人民出版社 1995 年版，第 510 页。
② 《马克思恩格斯全集》，第 30 卷，人民出版社 1995 年版，第 267 页。

余价值,用自己的不变部分即生产资料吮吸尽可能多的剩余劳动。资本是死劳动,它像吸血鬼一样,只有吮吸活劳动才有生命,吮吸的活劳动越多,它的生命就越旺盛。"①

从资本的购买力到资本的支配力,表明资本的权力已经从经济权力转变为政治权力。在资本主义社会,购买力已经成为一种如此普遍而强大的权力,以至于拥有了大量的货币,也就意味着拥有对世间一切的强大的支配权。因此,我们不仅应把资本理解为现代社会的"经济权力",同时也应把它理解为支配一切的社会权力和政治权力。马克思在《资本论》中认为,货币转化为资本需要有两个条件:第一,货币占有者在市场上购买到大量的原材料;第二,在市场上购买到自由的劳动力商品。前者是对死劳动的购买,后者是对活劳动的购买。购买原材料发挥的还是资本的经济权力,而购买活劳动所体现的已经是资本的政治权力了。我们常说要警惕经济权力对政治权力的侵蚀,实际上这一侵蚀是不可逆转的。当资本的购买力购买劳动力商品的时候,或者说资本购买力转变为资本支配力的时候,经济权力本身已经转变成了政治权力。

劳动力成为商品,不仅仅体现货币具有购买力这一简单的、基本的经济事实,而且彰显了资本有权力支配劳动者这一实质性的政治内容。资本支配力的形成意味着资本已经越出了经济权力的界限而具有政治权力的属性了。"资本不仅像亚·斯密所说的那样,是对劳动的支配权。按其本质来说,它是对无酬劳动的支配权。一切剩余价值,不论它后来在利润、利息、地租等等哪种特殊形态上结晶起来,实质上都是无酬劳动

---

① 《马克思恩格斯文集》,第 5 卷,人民出版社 2009 年版,第 269 页。

时间的化身。资本自行增殖的秘密归结为资本对别人的一定数量的无酬劳动的支配权。"①从生命政治的视角来看，资本不仅像亚当·斯密所说的那样是对劳动的支配权，也不仅像马克思所说的那样是对无酬劳动的支配权，资本是对劳动力本身的支配权，在现实社会中具体展现为资本家对工人的支配权。

资本对劳动力的支配，在生命政治的意义上具体展现为资本家对雇佣工人这一存在样态的生命"基质"（substratum）的剥夺。在《资本论》"工作日"一章中，马克思强烈地批评资本家缩短了工人的生命时间。资本主义社会的生产方式在资本增殖逻辑的支配下，将人类社会的生产欲望膨胀到极致。资本增殖的欲望是无止境的，因而对剩余劳动、无酬劳动的榨取也表现为一种无限度的贪欲，对劳动力本身的支配也将大大突破道德和法律的限度。对无酬劳动支配的欲望最终表现为对劳动力生命基质剥夺的现实。马克思批评所谓纯产品的生产"只不过是无情而正确地表明了这样一个事实：不顾工人死活地使资本价值增殖，从而创造剩余价值，是推动资本主义生产的灵魂"②。为了最大限度地获取剩余价值，资本家完全不顾工人的死活。在早期工业资本主义时期，资本家为了赚取更多的利润，"渴望无限度地延长工作日"，这是赤裸裸地偷窃工人时间（如吃饭时间、休息时间等）。"资本由于无限度地盲目追逐剩余劳动，像狼一般地贪求剩余劳动，不仅突破了工作日的道德极限，而且突破了工作日的纯粹身体的极限。"③工人的活体（living

①　《马克思恩格斯文集》，第 5 卷，人民出版社 2009 年版，第 611 页。
②　《马克思恩格斯文集》，第 8 卷，人民出版社 2009 年版，第 534 页。
③　《马克思恩格斯文集》，第 5 卷，人民出版社 2009 年版，第 306 页。

body)是劳动力的基质。突破"纯粹身体的极限"直接表现为工人寿命的缩短(如未老先衰、过劳死亡),表现为对劳动力生命基质(工人活体)的剥夺。

马克思结合19世纪早期资本主义工业革命初始时代无产阶级和资产阶级之间阶级矛盾尖锐对立的现象,作出的基本判断是车间(无产阶级或工人阶级)能够反抗政府(资本主义统治的既定秩序),也只有车间有勇气反抗政府。诚然工人阶级的反抗运动取得了重大成就,为了减少工人被迫在工厂内从事体力劳动的时间,工人阶级为争取8小时工作制开始进行罢工、示威活动。第一次世界大战后,8小时工作制被1919年10月国际劳工会议所承认。以后资本主义各国被迫陆续确立了8小时工作制。然而,这并不意味着资本家对工人的支配和规训、对工人生命基质的剥夺减轻了。

马克思通过对货币转化为资本的思考,揭示了资本成为可能的前提——购买到劳动力这一特殊的商品。从购买作为"物"的商品到购买作为"人"的商品,意味着作为政治权力的资本支配权的诞生。从资本的支配力入手,马克思揭示了资本家与工人之间的支配关系,奠基于资本支配权的人与人之间的雇佣关系。由于资本家对工人剩余价值的掠夺,资本家与工人之间的关系就成了一种剥削关系;由于资本家对工人人身的规训和管控,资本家与工人之间的关系就成了一种奴役关系。马克思在《资本论》第四章"货币转化为资本"部分的结尾处写道:"一离开这个简单流通领域或商品交换领域,——庸俗的自由贸易论者用来判断资本和雇佣劳动的社会的那些观点、概念和标准就是从这个领域得出的,——就会看到,我们的剧中人的面貌已经起了某些变化。原来的货币占有者作为资本家，昂首前行；劳动力占有者作为他的工人，尾随于后。一个笑容满面，雄心勃勃；一个战战兢兢，畏缩不前，像在市场上出卖了自己的皮一样，只有一个前途——让人家来鞣。"①离开流通领域进入生产领域，货币占有者和劳动力占有者的面貌便发生了巨大的变化。在流通领域，货币占有者以等价交换（买者）的身份与面貌出现，劳动力占有者以等价交换（卖者）的身份与面貌出现，两者是平等的市场经济交换主体。一旦进入生产领域，"原来的货币占有者"成了资本家，而"原来的劳动力占有者"则成了"资本家的"工人。资本家昂首前行，工人作为"他的"工人尾随于后。建立在资本支配权的基础上，资本家与工人之间形成了一种人身支配关系，于是两者呈现出不同的生命面貌：一个笑容满面，雄心勃勃；一个战战兢兢，畏缩不前。

海德格尔曾将哲学定义为是对实际生命的阐释，并强调哲学必须守护好自己的这一使命。在资本主义条件下，资本权力完全宰制了工人的活劳动，工人成了机器体系的"活的附属物"。这种"活的附属物"实质上就是机器体系、机器自动化过程中的一个环节。当工人成为机器体系的一部分，也就变成了资本的一部分，作为支配和吸吮活劳动力的死劳动而同工人本身相对立。此时的工人所壮大的只是资本的力量，一种异己的力量。工人作为"旁观者""只不过是死劳动的一个有意识的器官"②。与资本的无意识的器官——机器相比较而言，也越来越表现为客体，而非积极行动的主体，和无意识器官——机器没有什么本质的区

---

① 《马克思恩格斯文集》，第 5 卷，人民出版社 2009 年版，第 205 页。
② 《马克思恩格斯文集》，第 8 卷，人民出版社 2009 年版，第 354 页。

别。在生产领域，工人以旁观者的身份出场表明当前资本主义社会通过工厂制机器体系的生产模式把活劳动已经同质化为简单的、纯粹的机器零件或机器运转的某一环节。作为机器死机构的一部分，工人的劳动成了没有积极性、能动性和创造性的"死劳动"。在与"死劳动"相对立的意义上，马克思揭示了"活劳动"的表现形态。任何人"都可以在任何部门内发展，社会调节着整个生产，因而使我有可能随自己的兴趣今天干这事，明天干那事，上午打猎，下午捕鱼，傍晚从事畜牧，晚饭后从事批判"①。劳动本应该是劳动者自主的、积极的活动。"活劳动"指向有自由意志的、自为的、自愿的、无限定的自由劳动。

因此，将作为"死劳动"的生命恢复为"活劳动"的生命，就是现代哲学理应承担起的历史使命。马克思并没有抽象地去解决这一问题，而是试图通过改变生产关系，创建人类文明新形态，最终实现人类的解放和人的自由全面发展。当现代哲学沉溺于语言分析这些外在的理论技巧的时候，所错失的恰恰是哲学最为本己的理论使命。一旦哲学遗忘了人类的苦难，势必将变得苍白和无聊，最终不可避免地会堕入内容空疏的逻辑技巧当中。

在马克思的哲学中，辩证法直接和人类社会关联了起来。这种关联性表现为马克思辩证法批判的和革命的理论本性，表现为它要对现存的一切——资本主义社会进行无情的批判，表现为它能引起"资产阶级及其空论主义的代言人的恼怒和恐怖"。黑格尔辩证法所谓的"否定性"指的是"在辩证的阶段，这些有限的规定扬弃它们自身，并且过渡到它

---

① 《马克思恩格斯文集》，第 1 卷，人民出版社 2009 年版，第 537 页。

们的反面"①。在黑格尔辩证法的意义上，"否定性"仅仅指的是对知性概念片面性和局限性的扬弃。马克思在黑格尔的辩证法中发现了辩证法"潜在"的批判本性，他所要做的主要工作就是把辩证法的批判本性拯救和彰显出来。马克思把辩证法的否定性具体化为"批判性"和"革命性"。在《资本论》第二版跋中，马克思非常明确地指出：辩证法在它的"合理形式"上，就是"在对现存事物的肯定的理解中同时包含对现存事物的否定的理解，即对现存事物的必然灭亡的理解；辩证法对每一种既成的形式都是从不断的运动中，因而也是从它的暂时性方面去理解；辩证法不崇拜任何东西，按其本质来说，它是批判的和革命的"②。

马克思指出："新思潮的优点又恰恰在于我们不想教条地预期未来，而只是想通过批判旧世界发现新世界。"③马克思把《资本论》中"合理形态的"辩证法定义为"批判的和革命的"辩证法。马克思批判的、革命的辩证法不仅仅是对"旧世界"的批判，而且还是对"新世界"的发现。马克思对旧世界的批判，同时就是对新世界的发现。通过对"旧世界"的批判，内源性地彰显出"新世界"。在《法兰西内战》中，马克思充分地表达了革命工人阶级的这一历史使命："工人阶级并没有期望公社做出奇迹。他们不是要凭一纸人民法令去推行什么现成的乌托邦。他们知道，为了谋求自己的解放，并同时创造出现代社会在本身经济因素作用下不可遏止地向其趋归的那种更高形式，他们必须经过长期的斗争，必须经过一系列将把环境和人都加以改造的历史过程。工人阶级不是要实现什么理

---

① ［德］黑格尔：《小逻辑》，贺麟译，商务印书馆 1980 年版，第 176 页。
② 《马克思恩格斯文集》，第 5 卷，人民出版社 2009 年版，第 22 页。
③ 《马克思恩格斯文集》，第 10 卷，人民出版社 2009 年版，第 7 页。

想，而只是要解放那些由旧的正在崩溃的资产阶级社会本身孕育着的新社会因素。"①

马克思通过批判"旧世界"发现"新世界"不是任意进行的，"新世界"的显现是受人类历史的发展规律制约的。换句话说，马克思的辩证法作为方法和内容的统一，既是对"现存的一切"所进行的无情的批判，同时也揭示了人类社会发展的一般规律。辩证法作为逻辑学就是"实在主体"自我运动的逻辑。马克思的实在主体是具有特定实体性内容的"社会主体"，这种社会主体自我运动的逻辑在历史唯物主义的意义上最终构成了"人类历史的发展规律"。人类历史的发展规律正是马克思《资本论》的逻辑所要揭示的本质性内容。辩证法是"实在主体"（亦即特定社会生产方式）的自我活动。马克思的"历史"不是"观念"的历史，而是真正"现实"的历史。正是基于此，马克思能够深入历史的本质性之中，揭示出了人类历史的发展规律和资产阶级社会的特殊的运动规律。由于马克思对人类历史发展规律的揭示是建立在批判的、革命的辩证法的基础上的，因此马克思所揭示的人类历史发展的规律不是一个抽象的普遍性规律，而是一个具体的普遍性规律。我们决不能把马克思的学说当作现成的公式去到处套用。

人类历史发展的规律通向的是一个"新世界"，一个人类文明的新形态。从历史唯物主义的观点来看，以资本主义生产方式为本质性特征的现代社会，我们可以称为"资本的文明"。这种社会或文明形态在自身的发展过程中必然会产生一种新文明形态的可能性，马克思把这种新的文

---

① 《马克思恩格斯文集》，第 3 卷，人民出版社 2009 年版，第 159 页。

明形态称为"共产主义"。按照马克思的判断,"资本的文明"必将为这种新的文明形态所取代。马克思的《资本论》就是要为这种新文明的实现开辟现实道路。马克思辩证法的批判本质实际上根源于马克思哲学的理论旨趣。马克思的全部思想可以称为"人类自由解放的学说"。站在马克思的立场上,所谓的"人类的自由解放"就是从被奴役的关系当中解脱出来。在我们时代现实性的意义上,这种被奴役的关系指的就是资本主义社会的生产关系。正是在这个意义上,马克思的《资本论》开辟了一条超越资本主义的道路,是一部关于人类文明新形态的著作。相对概念辩证法作为"真理的接生术"而言,我们可以把马克思的辩证法称为"共产主义的接生术"或"人类文明新形态"的接生术。

毫无疑问,在人类文明史上,西方的自由民主制度有其成功和优越之处。但这并不意味着它将是人类唯一合法的和最为完满的社会制度,因为它仍然无法彻底地解决马克思对资本主义社会的批评,无法解决资本增殖的逻辑所带来的灾难性后果。辩证法的批判本性正是对这种"历史终结论"的有力反驳,它告诉我们:"历史同认识一样,永远不会在人类的一种完美的理想状态中最终结束;完美的社会、完美的'国家'是只有在幻想中才能存在的东西;相反,一切依次更替的历史状态都只是人类社会由低级到高级的无穷发展进程中的暂时阶段。"①马克思主义"塑造和引导新的时代精神"如何落到实处?只有在"新的文明形态"的意义上才成为可能。柏拉图通过辩证法试图建构理想的城邦体制,黑格尔通过辩证法想确立奠基于理性原则的新的社会秩序,马克思通过批判的辩

―――――――――

① 《马克思恩格斯文集》,第 4 卷,人民出版社 2009 年版,第 270 页。

证法试图实现共产主义，这都意味着辩证法最本己的使命是和人类的美好生活关联在一起的。在资本逻辑宰制的现代社会，超越"资本的文明"，确立一种人类文明的新形态，就成为马克思辩证法最为重大的历史使命和时代课题。

第一部分

《资本论》与资本形而上学批判

第一章　资本逻辑与资本形而上学

马克思之所以是我们的同时代人，并不在于他对资本主义社会的种种社会现实进行了批判和揭露，而在于他洞穿了资本主义社会的本质：以资本增殖的逻辑为基础的资本形而上学。美国著名经济学家海尔布隆纳指出："这就是为什么物换星移、时光流逝，但从某种程度上看，马克思的《资本论》比亚当·斯密的《国富论》更具重大意义、更切中肯綮的原因，因为它具有神奇的洞察力。"①这种"神奇的洞察力"既是对资本主义社会本质的洞察，又是对人类历史发展一般规律的洞察。恩格斯在评价马克思《资本论》第一卷的时候指出："欧文、圣西门、傅立叶的著作现在和将来

---

① ［美］海尔布隆纳：《马克思主义：支持与反对》，马林梅译，东方出版社 2014 年版，第 3 页。

都是有价值的，可是只有一个德国人才能攀登最高点，把现代社会关系的全部领域看得明白而清楚，就像一个观察者站在高山之巅俯视下面的山景一样。"①

　　对资本主义社会的洞察，在某种意义上就是回答"资本主义是什么"这一根本性的问题。资本主义是什么？这个问题是一个困扰人类数百年且颇具争议的重大问题。这一问题之所以重要，是因为它是对现代社会的一个本质性发问。马克思用一生的精力，通过对作为资本主义社会的根本支柱——"资本逻辑"的批判分析，最终揭开了罩在资本主义身上的"神秘面纱"，为我们揭示了资本主义的本质。资本增殖的逻辑构成了资本主义社会最深层的本质，它的同一性强制力量，支配和控制了现存的一切。作为形而上学的"现实幽灵"主宰世界的资本逻辑，实质乃是一种启蒙的理性神话所造成的强大的"同一性逻辑"。资本逻辑和理性形而上学的联姻最终形成了资本形而上学。从某种意义上讲，资本形而上学构成了现代社会的真正谜底。只有瓦解资本的逻辑才能真正超越理性形而上学，只有批判理性形而上学的同一性逻辑才能破除资本作为抽象的统治。

第一节　资本逻辑与资本主义的本质

　　当代西方学者给资本主义戴上了形形色色的帽子：新帝国主义、后

_____

① 《马克思恩格斯文集》，第 3 卷，人民出版社 2009 年版，第 79 页。

工业社会、福利资本主义、赌场资本主义、灾难资本主义等，但是都没有对资本主义作出本质性的规定，而马克思的深刻之处就在于对资本主义进行了本质性的质询。因此，海尔布隆纳指出："我们阅读《资本论》，不只要了解资本主义如何运行，而且要了解资本主义是什么，这是一个迄今为止尚没有人提出，而马克思以深刻、令人难忘的方式回答了的问题。"①

19世纪60年代，世界经济和政治词汇里多了一个新词——资本主义。"资本主义"（capitalism）一词的出现最早可以追溯到1848年以前，但是只有到了20世纪初维尔纳·桑巴特（Werner Sombart）的《现代资本主义》（*Modern Capitalism*）一书出版之后才开始广泛流行开来。根据杜布瓦的考证，皮埃尔·勒鲁（Pierre Leroux）在其1848年的著作《马尔萨斯和经济学家：是否总有穷人?》（*Malthus and the Economist：Are There Always Poor People?*）一书中最早使用了"资本主义"这一术语。对于勒鲁来说，"资本主义"（capitalism）这一概念同"资本家"（capitalist）这一术语的含义是一样的。大约在同一时期，欧洲大陆也有其他思想家使用了"资本主义"一词。国际学术界并没有能够明确地回答究竟是谁第一个引入了"资本主义"这一术语，但是所有的例子都表明，这些思想家都是在一种描述的意义上使用这一概念的：用"资本主义"来表达一种经济社会发展的综合状况，而不是像今天最终形成的定义那样，用来表达现代社会独特的经济制度和社会形式。马克思把"资本主义"明确为一

---

① ［美］海尔布隆纳：《马克思主义：支持与反对》，马林梅译，东方出版社2014年版，第3—4页。

种全新的生产方式，并以此为基础去探讨资本主义社会独特的经济制度和社会形式。马克思相对于其他经济学家的独特之处就在于回答了"资本主义是什么"这个问题。

但是，西方许多学者都认为马克思几乎未提到过"资本主义"，这也符合马克思著作的实际情况。"马克思将他在《资本论》中研究的问题领域，并没有归结为'资本主义'（Kapitalismus）概念，而是归结为'资本主义生产方式'（kapitalistische Produktionsweise）。尽管如此，还是能够证明马克思在为数不多的几个地方使用了'资本主义'这一术语。然而，在马克思自己出版的著作、文章当中，并没有出现'资本主义'这一概念。即使是'资本主义生产方式'这一概念，也是在 1860 年以后——也就是说在马克思着手撰写《资本论》以后——的手稿中才出现的。在此前的文本中马克思是在其他概念下讨论资本主义经济学问题的。"①在马克思自己公开出版的著作中，马克思的确没有使用过"资本主义"一词。"特别是当我们将所有马克思经典文献认真检索一遍时，我们发现，马克思果然没有使用过'资本主义'这一名词。"②马克思和恩格斯只是使用"市民社会""资产阶级社会"和"资产者社会"这样的概念来指称现代社会的。因此，所谓马克思没有使用过"资本主义"一词，也仅仅是没有在"名词"的意义上使用过"资本主义"一词，马克思在"形容词"的意义上已经广泛地使用了"资本主义"一词，尤其是他使用了"资本主义生产

---

① ［日］重田澄男：《"资本主义"概念的起源和传播》，卫华译，《国外理论动态》2011 年第 2 期。

② 张一兵主编：《资本主义理解史》，第一卷，江苏人民出版社 2009 年版，"主编的话"第 9 页。

方式"这样的提法，这已经相当于在"本质"的层面上探讨"资本主义"了。

　　尼·米海洛夫斯基曾经质问，马克思在哪一部著作中叙述了自己的唯物主义历史观呢？其结论是马克思没有这样的著作。对此，列宁的回答是，凡熟悉马克思的人都会反问他：马克思在哪一部著作中没有叙述过自己的唯物主义历史观呢？现在，如果有人读了马克思的著作尤其是《资本论》，竟在那里连资本主义也找不到。我们可以用同样的方式来反问他：马克思在哪一部著作中没有叙述过他关于"资本主义"的观点呢？对资本主义社会的批判和洞察构成了马克思一生的思想主题。海尔布隆纳指出："马克思毕生都在研究资本主义这一社会形态，为了完成这一目标，他运用了辩证法和历史唯物主义进行解释，但他从来没有刻意地偏离这一宏大但仍然明确的目标，去构建一个成熟的哲学体系或者提出一个完整的历史理论。"[1]这一理论目标在马克思《资本论》第一版序言中可以得到确证。马克思明确指出："我要在本书研究的，是资本主义生产方式以及和它相适应的生产关系和交换关系。"[2]《资本论》的目的不是要建构一种新哲学或者说新的历史理论，而是要研究资本主义社会这一"社会形态"，解释清楚"资本主义是什么？"的问题。

　　"社会形态"是马克思在划分人类社会发展主要的结构性历史时期时使用的一个概念。我们应当如何认识和把握"资本主义"这一独特的"社会形态"呢？如果我们要分析资本主义的"本质"，就必须找到资本主义

---

　　① ［美］海尔布隆纳：《马克思主义：支持与反对》，马林梅译，东方出版社 2014 年版，第 7 页。

　　② 《马克思恩格斯文集》，第 5 卷，人民出版社 2009 年版，第 8 页。

社会区别于其他社会形态的"独特性要素"。因此,"本质"要素标志着该社会形态与其他各种社会形态间的根本性差别。社会形态的"本质"提供了社会发展的根本推动力,并且决定了该社会发展的基本方向。马克思在《资本论》中对资本主义社会的分析,并不像一般学者那样是从描述资本主义的历史起源开始的。马克思首先研究的是这一制度中乍看上去不那么起眼的一个方面,实际上最简单、看似最容易理解的元素,这就是日常使用的"商品"。商品是蕴含资本主义制度财富的单个物品。"资本主义生产方式占统治地位的社会的财富,表现为'庞大的商品堆积',单个的商品表现为这种财富的元素形式。因此,我们的研究就从分析商品开始。"①《资本论》为什么从商品开始? 这的确是一个非常值得思考的关键性问题。马克思从商品入手,推导出的是货币的概念,货币是固定充当一般等价物的商品。在引出货币概念之后,马克思开始探讨"货币如何转化为资本"。根据马克思的这一叙述逻辑,我们可以看出,马克思之所以从商品入手,其目的是阐发"资本"。

研究《资本论》,最重要的就是要探求究竟哪一种要素在资本主义中占据着统治地位,提供了社会发展的根本推动力,并且构成了资本主义社会与其他社会形态之间的根本性区别。资本主义社会中具有决定性和支配性地位的"生产"就是"资本生产"。资本主义社会对利润最大化的追求,在马克思看来就是剩余价值最大化的追求,亦即现代社会中"资本的增殖本性"。资本的内在本性就是无限制的自我增殖:"资本只有一种

---

① 《马克思恩格斯文集》,第 5 卷,人民出版社 2009 年版,第 47 页。

生活本能，这就是增殖自身，获取剩余价值。"①而马克思紧接着指出，资本增殖的秘密，就在于资本"用自己的不变部分即生产资料吮吸尽可能多的剩余劳动。资本是死劳动，它像吸血鬼一样，只有吮吸活劳动才有生命，吮吸的活劳动越多，它的生命就越旺盛"②。因此，资本的形成和增殖绝不是表面上古典经济学家们所说的是由于商品的"交换"和"流通"，而是在于商品的"生产"，也即广大工人的劳动："劳动……转化为资本，……这种转化只有在生产过程本身中才得到实现"。所以马克思强调"资本是通过占有他人劳动而使自己的价值增殖"的。③

吉登斯把马克思所揭示的这种资本的增殖本性称为"资本的扩张性"，而这正是资本主义社会发展的原动力。在资本主义以前的社会，交换主要是由使用价值所控制的，对需求的了解成为调节需求与供给的源泉。但是，随着商品生产的扩展越来越广泛，这种调节纽带就消失了。在生产和消费方面，资本主义不仅是不受任何特定机构调节的"无政府"体制，而且其"本质上还是一种扩张性的体制，其基本动力来源于对利润的无止境追求"④。马克思所把握到的资本主义社会的"本质"，就是以自我增殖为本性的资本运动的逻辑。正是资本增殖的逻辑构成了推动资本主义社会发展的原动力，亦即资本主义社会的"本质"。

---

① 马克思：《资本论》，第一卷，人民出版社 1975 年版，第 260 页。

② 《马克思恩格斯文集》，第 5 卷，人民出版社 2009 年版，第 269 页。

③ 《马克思恩格斯全集》，第 46 卷上，人民出版社 1979 年版，第 268、267 页。

④ ［英］吉登斯：《资本主义与现代社会理论——对马克思、涂尔干和韦伯著作的分析》，郭忠华、潘华凌译，上海译文出版社 2013 年版，第 70 页。

第二节　资本逻辑与形而上学的"幽灵"

如果说传统形而上学往往都是以概念的形式在思想领域里起着统治作用，资本形而上学则是以货币的形式衡量着现实世界一切东西的比重。所以就在人们以为理性形而上学在思维领域里真的"终结"了的同时，形而上学却在现实生活领域里"冒"了出来，并挺起了强大的身躯。马克思的深刻性就在于其揭示了资本逻辑的形而上学的同一性本性。传统理性形而上学借助资本逻辑，实现了其在人间的统治。对此，梅扎罗斯在《超越资本——关于一种过渡理论》中曾指出："资本的历史优势……迄今在'极为广阔的领域'已完全确立。"①资本正把它的"幽灵"投射到四面八方，也就是说，在现实中人们正受着资本幽灵的控制。而这一资本的幽灵控制，实际上就是作为同一性逻辑和力量的传统形而上学在资本主义社会中的现实运作。而这一运作和统治之所以能够实现，就在于资本主义交换原则与形而上学同一性的"同构"，也即资本逻辑与形而上学的"共谋"和"联姻"。

在资产阶级社会里，资本作为一种权力，是一种强大的同一性控制力量，它在现实社会中起着"抽象成为统治"的作用。"资本的权力化"发展到极致，就成了一种形而上学的"同一性"逻辑——资本的逻辑。对马

---

① ［英］梅扎罗斯：《超越资本——关于一种过渡理论》，郑一明等译，中国人民大学出版社 2003 年版，第 1 页。

克思来说，资本是一种权力（power），即资产阶级社会中支配一切的权力。资本之所以是资本，就在于它能"增殖自身"。而资本为了增殖自身，就必须与雇佣劳动之间处于支配与被支配的关系。资本通过支配和控制雇佣劳动，通过具体的生产和流通过程，获取一定量的剩余价值，实现了自身的增殖。资本之所以能够无限增殖，是因为资本作为"死劳动"占有和控制了工人的"活劳动"。若没有工人的活劳动，资本就只能是死的、僵化的抽象物。针对这一点，马克思还专门用一个形象的比喻作了深刻地说明："劳动是酵母，它被投入资本，使资本发酵。"[①]针对资本这一"疯狂的自我增殖"本性，当代欧洲著名的思想家齐泽克将其称为"资本唯我论的自我受精"[②]，这是非常精辟的。但是，当资本家"把活的劳动力同这些商品的死的物质合并在一起时，他就把价值，把过去的、物化的、死的劳动变为资本，变为自行增殖的价值，变为一个有灵性的怪物"[③]。而资本作为一个有灵性的怪物，成了资本主义社会里控制一切的魔力，这种魔力致使资本主义社会变成了"一个着了魔的、颠倒的、倒立着的世界。在这个世界里，资本先生和土地太太，作为社会的人物，同时又直接作为单纯的物，在兴妖作怪"[④]。而人、人的劳动等反而都成了资本增殖自身的工具和手段。所以说，在资本主义社会里，资本的这种无限增殖也正是形而上学作为资本主义社会里统治一切的"同一性力量"的实质和体现。

---

① 《马克思恩格斯全集》，第 46 卷上，人民出版社 1979 年版，第 256 页。

② ［斯洛文尼亚］齐泽克：《易碎的绝对》，蒋桂琴、胡大平译，江苏人民出版社 2004 年版，第 12 页。

③ 马克思：《资本论》，第一卷，人民出版社 1975 年版，第 221 页。

④ 马克思：《资本论》，第三卷，人民出版社 1975 年版，第 938 页。

所以资本"按其本质来说，它是对无酬劳动的支配权"①，即对剩余价值的掠夺权和控制权。这种权力"是资产阶级社会的支配一切的经济权力"②，并且资本这种权力"不是一种个人力量，而是一种社会力量"③。它影响和决定着其他一切社会关系。资本所形成的雇佣劳动关系成为资本主义社会的生产关系。"在一切社会形式中都有一种一定的生产决定其他一切生产的地位和影响，因而它的关系也决定其他一切关系的地位和影响。这是一种普照的光，它掩盖了一切其他色彩，改变着它们的特点。这是一种特殊的以太，它决定着它里面显露出来的一切存在的比重。"④资本主义社会的生产及其生产关系都是由资本决定的。在此意义上，资本成了万物的尺度，一切都必须在资本面前为自己的存在作辩护或放弃存在的权利。资本摇身变成了现实中万能的上帝。马克思曾经引用莎士比亚《雅典的泰门》形象地描述了货币或资本这种巨大的魔力。资本作为绝对理念的化身成另外一种形而上学。

马克思在《资本论》第一卷中，以商品为例具体分析了资本的这一巨大"形而上学本质"：它确实是一种很"古怪的东西"，是一个"可感觉而又超感觉的物"，"它不仅用它的脚站在地上，而且在对其他一切商品的关系上用头倒立着"，它充满了"形而上学的微妙和神学的怪诞"⑤。在马克思看来，"商品"虽然看上去不过是个生产物，也不过是个具有使用

---

① 《马克思恩格斯文集》，第 5 卷，人民出版社 2009 年版，第 611 页。
② 《马克思恩格斯全集》，第 30 卷，人民出版社 1995 年版，第 49 页。
③ 《马克思恩格斯文集》，第 2 卷，人民出版社 2009 年版，第 46 页。
④ 《马克思恩格斯全集》，第 30 卷，人民出版社 1995 年版，第 48 页。
⑤ 参见马克思：《资本论》，第一卷，人民出版社 1975 年版，第 87 页。

价值的东西，但只要仔细去看即可发现，它居然是一种超越人的意志而行动，并最终直接拘束人的观念形态。这也就是说，在资本主义社会里，"商品"也具有意识形态（形而上学）的性质。正是在这里，即在最为单纯、再平凡不过的"商品"身上，马克思却发现了"形而上学的微妙和神学的怪诞"，实际上也就是资本与形而上学联姻的"秘密"。

而当生产的目的从直接的使用价值转向间接的交换价值时，一种"同质化"的抽象力量——资本逻辑就发生了。这也就是说，本来生产的目的是产品的使用价值，现在却抛弃了这种特定的、具体的使用价值，转而追求一种抽象的等价之物——价值。而资本作为这种价值抽象的最高点，把这种同质化发挥到了极致：资产阶级社会里的一切，都在围绕"资本"而旋转，都通过交换关系和交换原则而被磨平和同质化。这样，资本的同一性因此便从这种同质化的时空中喷薄而出。而这种以资本增殖为目的的交换关系所造就的同一化时空，实际上就是传统形而上学同一性逻辑和力量的现实体现，也即资本逻辑在时空中具体展开的人的世界及其历史，但这却是一个颠倒的人的世界及其历史："在这里，人的发展采取了物的发展的形式，人类历史不再是人本身的历史，而是资本发展的历史。"①这其实也就是资产阶级社会所特有的资本逻辑与同一性形而上学相"联姻"的特殊历史。②

因此，在现代社会中，资本具有了同一性形而上学的本质特征：资本是资本主义社会中统治人们全部生活的终极的"绝对存在"和"绝对价

---

① 张一兵、蒙木桂：《神会马克思》，中国人民大学出版社 2004 年版，第 125 页。

② 张一兵、蒙木桂：《神会马克思》，中国人民大学出版社 2004 年版，第 124 页。

值"，也即资本主义社会的最高原则和标准；资本逻辑体现在它是一种
吞噬一切的"同一化"和"总体化"的控制力量；这种资本逻辑的统治力
量，还体现在它是一种试图永远维护其统治地位、使现存状态永恒化的
"非历史性"的作为保守力量的资产阶级意识形态。资本逻辑作为资本主
义社会里统治一切的最高原则和控制力量，在现实领域里起着形而上学
"同一性"意识形态的作用，所以它本质上就是现实的同一性形而上学，
也即形而上学同一性在现实世界中的"感性显现"。正是由于资本逻辑本
身既具有同一性和现实性，又具有强制性和隐匿性，方使传统形而上学
的"同一性思维"以改头换面的形式继续在"感性"的现实领域里强劲地存
在着，并左右和控制着人的自由和发展。正是在这个意义上，马克思把
现代社会人的存在状态称之为"以物的依赖性为基础的人的独立性"。资
本与理性形而上学的"联姻"与"共谋"，乃是最具有世界历史意义的事
件。它不仅将资本改造为由理性形而上学武装起来的"现代资本"，还将
形而上学重塑为凭借资本力量而不断繁殖的"现代形而上学"。

　　传统形而上学的统治力量，就在于其根深蒂固的同一性逻辑以及思
维的强制和暴力，它无坚不摧地在思维和现实领域里吞噬着一切、控制
着一切。这种形而上学同一性，本质上就是主体对客体或具体人和事物
的控制和暴政，是一种形而上学的恐怖。海德格尔曾发出如此感叹：
"纵观整个哲学史，柏拉图的思想以有所变化的形态始终起着决定性作
用。形而上学就是柏拉图主义。"①这种作为强制逻辑的同一性，是传统

---

① ［德］海德格尔：《面向思的事情》，陈小文、孙周兴译，商务印书馆 1999 年版，
第 70 页。

形而上学 2000 多年根深蒂固、枝繁叶茂的根基和本源。所以真正说来，资本和理性形而上学是彼此支撑、相互拱卫的。正像前者构成后者的世俗基础和强大动力一样，后者乃成为前者的观念领域和理论构架，成为它的理论纲领、它的"唯灵论的荣誉问题"及它获得慰藉和辩护的总根据。"在资本主义的世界里，最绝对可靠的出发点正是资本的同一性，资本的同一化的过程与怀抱包罗万象的笼而统之的哲学的企图在本质上是一样的，形而上学是打在资本的额头上的该隐的记号。"①总之，在资本主义由此开展出来的世界中，资本和理性形而上学有着最关本质的内在联系，或者毋宁说，有着最关本质的"共谋"关系。② 资本逻辑与理性形而上学是一对"隐性伴侣"。

形而上学借助资本的同一化力量，冲破了血缘、地域、民族、国家、语言、宗教、文化等界限，使历史第一次具有了世界历史的性质。形而上学正在展现为一种世界图景式的现实运作。而正是由于资本主义社会里资本与形而上学的相互"拱卫"，在人们的现实生活中建构起了一个巨大的"无形之网"和强大的"无底黑洞"，最终导致了"个人现在受抽象统治"的资产阶级社会最真实的状况。

第三节　资本逻辑与抽象成为统治

本来在宗教改革和启蒙运动之后，用尼采的话来说"上帝死了"，人

---

① 张一兵、蒙木桂：《神会马克思》，中国人民大学出版社 2004 年版，第 118 页。
② 参见吴晓明：《论马克思对现代性的双重批判》，《学术月刊》2006 年第 2 期。

成了自己的主人。但马克思却看到了相反的情形:"个人现在受抽象统治,而他们以前是互相依赖的。"①在马克思的视野里,他所面对的资本主义社会的最根本事实就是"抽象成为统治"。但这个"抽象"到底又是什么?按马克思自己紧接着的界定,"抽象或观念,无非是那些统治个人的物质关系的理论表现"。由此可以看出,"抽象"具有双重内涵:一为理论层面,抽象实际就是巴门尼德的"存在",柏拉图的"理念",黑格尔的"绝对精神",也即传统形而上学作为大全的"一";二为现实层面,抽象就是商品、货币和资本,也即作为资本主义社会中"看不见的手"的交换原则和交换体系。而二者结合成了作为"普照的光"的"非神圣形象"的"资本逻辑"。这正如科西克所言:"到了十九世纪,至上的实在不再以超验的上帝(即关于人与自然的神秘化观念)的身份在天国实行统治;而是下降到地上,以超验的'经济'(即拜物教化的人类物质产品)的身份实行统治。"②在这里,我们可以清晰地看到黑格尔的精神现象学与古典经济学的丝丝缕缕的关联:正是那个抽象的"一"(本质)——绝对精神幻化成了"资本"在现实经济中作为"普照的光"的统治地位。③

马克思的资本批判向我们揭示出现代性的本质就是在资本逻辑统摄下所形成的"抽象对人的统治"。而个人之所以会受抽象的统治,是因为在技术和权力的作用下,资本成为一种普遍的、无形的抽象力量,主宰和控制着人的一切。这种抽象在现实的层面上,就体现为商品、货币、

① 《马克思恩格斯全集》,第46卷上,人民出版社1979年版,第111页。

② [捷克]科西克:《具体的辩证法》,傅小平译,社会科学文献出版社1989年版,第85页。

③ 参见张一兵、蒙木桂:《神会马克思》,中国人民大学出版社2004年版,第143页。

资本等物的形式对人的压抑和控制。这也就意味着资本文明使商品、货币、资本等摆脱了其原本的自然属性而物化为一种社会关系，这种物化的社会关系反过来成为支配人类生存的统治性力量。由此，物与物的关系赢得了对人与人的关系的主宰地位，人的逻辑完全湮没在资本的逻辑之中。所以马克思才说："在资产阶级社会里，资本具有独立性和个性，而活动着的个人却没有独立性和个性。"①普殊同在马克思的基础之上，进一步指认了资本主义劳动座架下抽象对人的统治。他认为虽然人类的劳动实践创造和推动了文明的发展和演进，但是资本主义劳动作为一种社会中介，则本身就建构了一种外在于人的、抽象的社会统治形式。"资本主义社会统治，在其根本层面，并不在于一部分人对另一部分人的统治，而在于人们自己所建构的抽象社会结构对人的统治……在资本主义之下，人类的权力与知识极大增加，但却采取了一种压迫人类的异化形式，并将摧毁自然。由此，资本主义的一个核心标志是，人类事实上无法控制他们的生产活动和他们的产品，反而最终会被这些活动的结果所支配。"②资本文明形成的过程展现了权力与知识如何被建构为各种客观化的形式，这些形式独立于构造了它们的个体，并且采取了一种抽象的社会统治形式来统治这些个体。在这个意义上，资本取代人成为整个社会的主体，它不仅结构着整个社会形式，也架构了我们的时代。在资本文明所建构的庞大的"座架性装置"中，现代社会的目的已经不再是人类解放，而是资本增殖。所以资本主义的社会矛盾绝不能被简单的阶

---

①　《马克思恩格斯文集》，第 2 卷，人民出版社 2009 年版，第 46 页。

②　[加]普殊同：《劳动、时间与社会统治——马克思批判理论再阐释》，康凌译，北京大学出版社 2019 年版，第 34 页。

级对立所概括，而必须在根本上指向"抽象对人的统治"。

在《德意志意识形态》中马克思曾说过："在现代，物的关系对个人的统治、偶然性对个性的压抑，已具有最尖锐最普遍的形式。"①资本对人的统治实质上就是"物的关系对个人的统治"。在《1857—1858年经济学手稿》中，马克思更是进一步指出："个人现在受抽象统治，而他们以前是互相依赖的。但是，抽象或观念，无非是那些统治个人的物质关系的理论表现。"②所有这些论述都表明，资本形而上学作为一种主体性形而上学，归根结底就是抽象对个人的统治，这也构成了"现存世界"的根本性质。在黑格尔那里，个人现在受抽象的统治表现为个人受到绝对精神（抽象理性）的统治。黑格尔曾深刻指出："在这种抽象的世界里，个人不得不用抽象的方式在他的内心中寻求现实中找不到的满足，他不得不逃避到思想的抽象中去，并把这种抽象当作实存的主体，——这就是说，逃避到主体本身的内心自由中去。"③在马克思这里，个人现在受抽象的统治表现为"人与人的关系"受"物与物的关系"（即资本）的统治。在根本而重要的意义上，"抽象成为统治"也正是资本主义社会"拜物教"——商品拜物教、货币拜物教和资本拜物教的凝练概括。"抽象"之所以能成为"统治"，在马克思看来，与资本的本性有关。资本的唯一本性就是无限增殖自身，而资本为了增殖自身，就必须把一切都纳入资本逻辑的强大的抽象同一性之网中。在资本主义社会里，这种"抽象的力量"是以资本增殖为核心的市场

---

① 《马克思恩格斯全集》，第3卷，人民出版社1960年版，第515页。

② 《马克思恩格斯全集》，第30卷，人民出版社1995年版，第114页。

③ [德]黑格尔：《哲学史讲演录》，第三卷，贺麟、王太庆译，商务印书馆1959年版，第8页。

交换价值体系具体体现出来的。"交换价值"和"交换原则"成了压倒一切的主宰力量，在它的无坚不摧的强大同一性"暴政"下，人与物的一切关系都被颠倒了，不是人支配和使用物，而是物反过来控制和奴役人。马尔库塞曾强调："抽象是资本主义自己的杰作。"[1]而在此意义上，我们确实可以说"一部资本主义的历史，也就是一部抽象的历史"[2]。

　　而资本形而上学之所以能够构成一种现实性的同一性力量，从生产力的角度来看就是因为技术的加持使其突破了自身的诸种界限，将自己的意志作为决定生产关系的唯一决定力量。借助于技术，资本获得了巨大的生产力，实现了对人类生活世界的殖民。"作为资本的权杖，科技空前强化了资本盘剥大自然和劳动者的能力，它以空前激化人与大自然的矛盾为代价，为资本赢得了极大的阶级空间和利益空间。"[3]资本文明统治和支配人类的特殊之处就在于资本与技术联合而形成的"同质化"的抽象的同一性力量，这种"抽象的力量"是以资本增殖为核心的市场交换价值体系具体体现出来的。在对资本增殖的盲目追求中，生产的目的从追求具体的特定的使用价值变成了追求一种抽象的交换价值，现代技术也由特定的技艺转变为单纯的操作技术，并采取了统一化、标准化的形式，以一种强制性的姿态，消解了人生命的特殊性和差异性。由此，资本与技术的逻辑共契在现代社会就具体体现为：一方面，资本借助技术实现自己的增殖和扩张，将一切主体存在转化为客体资源，并进一步将

---

　　① ［美］马尔库塞：《理性和革命——黑格尔和社会理论的兴起》，程志民等译，重庆出版社1993年版，第283页。

　　② 张一兵、蒙木桂：《神会马克思》，中国人民大学出版社2004年版，第3页。

　　③ 王善平：《现代性：资本与理性形而上学的联姻》，《哲学研究》2006年第1期。

人的生命力同质化为生产力；另一方面，一切现代技术则服从和服务于资本生产，技术为资本增殖服务，技术支配是资本主义治理的主要手段。在资本逻辑的统摄下，技术成为无所不在的支配性和控制性力量。在这个意义上，"当代世界的基本面是由技术决定的。我们的日常生活、我们的心思和身体、我们的社会组织和治理方式，眼下都被技术控制了，都被技术化了"①。

马克思发现了资本主义社会的秘密——作为同一性形而上学的现实"附体"的资本逻辑主宰一切，揭示出了形而上学的同一性逻辑与资本主义社会的交换原则的深刻的内在"同构性"这一为古典经济学家和哲学家所忽略的最为根本和重要的"事实"。而造成这一"事实"的根本原因，就是"货币形态的中心化"——货币形态所赋予的形而上学。② 作为形而上学的"现实幽灵"主宰世界的资本逻辑，实质乃是一种启蒙的理性神话所造成的强大的"同一性逻辑"，它与理性形而上学具有内在无法割舍的"姻亲"关系。资本逻辑是形而上学的动力和世俗根基，而形而上学是资本逻辑的灵魂和理论框架，资本逻辑就是形而上学的现实体现或现实的形而上学。

资本形而上学成为资本主义时代的哲学表征。资本形而上学把人的所有的一切都沉浸在金钱的冰水当中，人的精神与自由被遮蔽得如此之深远，以至于我们忘记了人是具有"神性"的存在，而完全堕入了"物性"之中。消解人在非神圣形象中的异化，反抗资本形而上学的统治，这构成了我们时代马克思主义哲学最真实的理论主题。

---

① 孙周兴：《人类世的哲学》，商务印书馆 2020 年版，第 62—63 页。
② 参见[日]柄谷行人：《马克思，其可能性的中心》，[日]中田友美译，中央编译出版社 2006 年版，第 109 页。

第二章　资本形而上学的
三副面孔

　　"拒斥形而上学"是20世纪哲学最为响亮的口号，并逐渐成为当代西方哲学的主流话语。与以往不同，对传统形而上学的攻击，并非仅仅来自一些边缘性的怪人，而是来自20世纪第一流的哲学家，如维特根斯坦和海德格尔。就当哲学家们沾沾自喜地以为彻底摧毁了传统形而上学的时候，同一性形而上学却在另一个领域复活了，并且展现出更为强悍的宰制力量，这个领域是被马克思的《资本论》所发现和开辟出来的。如果说传统形而上学往往都以概念的形式在思想领域里起着统治作用，资本形而上学则以货币的形式衡量着现实世界一切东西的比重。所以，就在人们以为理性形而上学在思维领域里真的"终结"了的同时，形而上学却在现实生活领域里"冒"了出来，并挺起了强大的身躯。对形而上学的批判远非哲学家们所认为的那么简单。因为，对同一性形而上学的批判不是一个战场，而是两个战场。如果说第一个战场仅仅发生在思想观念领域，那么第二个战场则关涉现实生活领域。

在现代社会中，资本具有了同一性形而上学的本质特征："资本"是资本主义社会中统治人们全部生活的终极的"绝对存在"和"绝对价值"，也即资本主义社会的最高原则和标准；资本逻辑体现在它是一种吞噬一切的"同一化"和"总体化"的控制力量；这种资本逻辑的统治力量，还体现在它是一种试图永远维护其统治地位、使现存状态永恒化的"非历史性"的资产阶级意识形态。资本逻辑作为资本主义社会里统治一切的最高原则和控制力量，在现实领域里起着形而上学"同一性"意识形态的作用，所以它在本质上就是现实的同一性形而上学，也即形而上学同一性在现实世界中的"感性显现"。资本逻辑本身既具有同一性和现实性，又具有强制性和隐匿性，这使传统形而上学的"同一性思维"以改头换面的形式继续在"感性"的现实领域里强劲地存在着，并左右和控制着人的自由和发展。正是在这个意义上，资本成了"资本形而上学"。如果我们想深刻地洞察现代资本主义社会的本质，就必须从其形而上学的理论表征中捕捉到这个时代最为本质的理论特征，对资本形而上学的内涵作出进一步的分析和规定。

第一节 主体形而上学

传统形而上学所追寻的"本体"作为一种"实体性"的存在，是终极存在、终极解释和终极价值的统一。形而上学企图通过对终极存在的确认和对终极解释的占有，来奠定人类自身在世界中的安身立命之本。寻求生命意义的根基，也就是寻求对人类具有普遍适用性或普遍约束性的终极价值。这种终极价值最终成为规范和宰制人们全部思想和行为的根据、标准和尺度。我们之所以反对传统形而上学，就是因为传统形而上学所确证的"终极实在"极容易成为一种"同一性的暴力"。在现代资本主义社会中，资本谋取了这种"终极实在"的地位。马克思曾经说过："在一切社会形式中都有一种一定的生产决定其他一切生产的地位和影响，因而它的关系也决定其他一切关系的地位和影响。这是一种普照的光，它掩盖了一切其他色彩，改变着它们的特点。这是一种特殊的以太，它决定着它里面显露出来的一切存在的比重。"①作为现代社会的生产关系，资本正是掩盖其他一切色彩的"普照的光"，也是决定一切存在物比重的"特殊的以太"。在资本主义条件下，资本具有了形而上学的特征，更确切地说，资本成为一种形而上学。

马克思在《资本论》中分析商品概念的时候，就已经超出了纯粹的经济学范畴的分析。马克思指出："最初一看，商品好像是一种简单而平凡的东西。对商品的分析表明，它却是一种很古怪的东西，充满形而上学的微妙和神学的怪诞。"②在古典政治经济学家看起来毫无任何奇特之处的"商品"却被马克思认为充满了形而上学的微妙和神学的怪诞。商品的这种神秘性质不是来源于商品的使用价值，也不是来源于价值规定的

---

① 《马克思恩格斯全集》，第 30 卷，人民出版社 1995 年版，第 48 页。
② 《马克思恩格斯文集》，第 5 卷，人民出版社 2009 年版，第 88 页。

内容，而是根源于商品所采取的形式。"商品形式的奥秘不过在于：商品形式在人们面前把人们本身劳动的社会性质反映成劳动产品本身的物的性质，反映成这些物的天然的社会属性，从而把生产者同总劳动的社会关系反映成存在于生产者之外的物与物之间的社会关系。由于这种转换，劳动产品成了商品，成了可感觉而又超感觉的物或社会的物。"①商品形式的这种转换构成了"拜物教"形成的基础，而实际上这两者之间却是没有任何关系的。马克思指出："商品形式和它借以得到表现的劳动产品的价值关系，是同劳动产品的物理性质以及由此产生的物的关系完全无关的。这只是人们自己的一定的社会关系，但它在人们面前采取了物与物的关系的虚幻形式。因此，要找一个比喻，我们就得逃到宗教世界的幻境中去。在那里，人脑的产物表现为赋有生命的、彼此发生关系并同人发生关系的独立存在的东西。在商品世界里，人手的产物也是这样。我把这叫做拜物教。"②

当人们见到价格昂贵的黄金制品或钻石制品时，自然而然地会产生崇拜的心理，仿佛它们的昂贵源自它们的自然属性（或物理性质）。事实上，黄金制品和钻石制品并不天然地就是昂贵的，只有在一定的社会生产关系中它们才可能获得昂贵的价格。在现代消费社会中，商品不再以单纯"物"的形式存在，而以"符号—物"的形式存在。人们首先所看重的也不是"物"本身，而是"符号"的象征意义。符号（品牌）成为人们崇拜乃至相互认同的根据。商品的拜物教性质在消费社会中被推到了极致。不

① 《马克思恩格斯文集》，第 5 卷，人民出版社 2009 年版，第 89 页。
② 《马克思恩格斯文集》，第 5 卷，人民出版社 2009 年版，第 89—90 页。

是人主宰物，而是物统治人。这就启示我们，商品作为"社会的物"，其神秘性是社会生产关系赋予的，是资本主义把商品给形而上学化或神秘化了。

相对商品拜物教来说，货币拜物教显得更为抽象也更为明显。拥有某种商品只意味着拥有某种使用价值，而拥有货币却等于拥有了一切商品的使用价值，因为货币是作为"一般等价物"而存在的。人们把"上帝"这一神圣形象消解之后，却把货币或资本作为万能的神来崇拜。实际上，货币尤其是纸币只是贵金属的符号或象征，本身几乎毫无价值可言。然而，这个只具有符号意义的存在物俨然成了新的上帝，成了一切使用价值的化身，从而受到人们的普遍崇拜。由此可见，货币拜物教不过是商品拜物教的更为显眼的表现形式。正如马克思在《资本论》中所指出的："货币拜物教的谜就是商品拜物教的谜，只不过变得明显了，耀眼了。"①一旦商品或货币作为资本被加以使用或者转化为资本时，资本拜物教也就完成了。马克思写道："在资本—利润（或者，更恰当地说是资本—利息），土地—地租，劳动—工资中，在这个表示价值和财富一般的各个组成部分同其各种源泉的联系的经济三位一体中，资本主义生产方式的神秘化，社会关系的物化，物质的生产关系和它们的历史社会规定性的直接融合已经完成：这是一个着了魔的、颠倒的、倒立着的世界。在这个世界里，资本先生和土地太太，作为社会的人物，同时又直接作为单纯的物，在兴妖作怪。"②在马克思看来，现代资本主义社会

---

① 《马克思恩格斯文集》，第 5 卷，人民出版社 2009 年版，第 113 页。
② 《马克思恩格斯文集》，第 7 卷，人民出版社 2009 年版，第 940 页。

是一个"着了魔的、颠倒的、倒立着的世界"。为什么现代世界会以颠倒的方式来表现自身呢？这正是以资本拜物教为首的三大拜物教所导致的必然结果。因为资本拜物教造成了这样的假象，似乎资本会自动地产生利润、土地会自动地获得地租、劳动会完全地转化为工资等。其实，所有这些幻觉都源自资本拜物教。"在生息资本上，资本关系取得了它的最表面和最富有拜物教性质的形式。在这里，我们看到的是 G—G′，是生产更多货币的货币，是没有在两极间起中介作用的过程而自行增殖的价值。"①仿佛利润、地租和利息都是由资本本身带来的，而实际上却是在生产领域由劳动创造的。

在这个意义上，尽管资本拜物教和货币拜物教都起源于商品拜物教，但资本拜物教却是商品拜物教和货币拜物教的真理和归宿。资本拜物教对现代人的控制就是资本形而上学的统治。说到底，拜物教就是资本形而上学对人宰制的表现。资本对人的统治实质上就是"物的关系对个人的统治"。在黑格尔那里，个人现在受抽象的统治表现为个人受到绝对精神（抽象理性）的统治；在马克思这里，个人现在受抽象的统治表现为"人与人的关系"受"物与物的关系"（即资本）的统治。因此，马克思所面对的资本主义社会的最根本事实就是"抽象成为统治"。这个抽象就是商品、货币和资本，也即资本主义社会中"看不见的手"的交换原则和交换体系，而这个抽象最终表现为作为"普照的光"的"资本的逻辑"。在根本而重要的意义上，"抽象成为统治"也正是资本主义社会"拜物教"——商品拜物教、货币拜物教和资本拜物教的凝练概括。因此，在

---

① 《马克思恩格斯文集》，第 7 卷，人民出版社 2009 年版，第 440 页。

《德意志意识形态》中马克思指出："在现代，物的关系对个人的统治、偶然性对个性的压抑，已具有最尖锐最普遍的形式，这样就给现有的个人提出了十分明确的任务。这种情况向他们提出了这样的任务：确立个人对偶然性和关系的统治，以之代替关系和偶然性对个人的统治。"①

"抽象"之所以能成为"统治"，在马克思看来，与资本的本性有关。资本的唯一本性就是无限增殖自身，而资本为了增殖自身，就必须把一切都纳入到资本逻辑的强大的抽象同一性之网中。在资本主义社会里，这种"抽象的力量"是以资本增殖为核心的市场交换价值体系具体展现出来的。市场社会的"交换价值"和"交换原则"成了压倒一切的主宰力量，在它的无坚不摧的强大同一性"暴政"下，人与物的一切关系都被颠倒了，不是人支配和使用物，而是物反过来控制和奴役人。在《1857—1858年经济学手稿》中，马克思进一步分析了这种物的依赖关系的表现特征。马克思指出："这种与人的依赖关系相对立的物的依赖关系也表现出这样的情形（物的依赖关系无非是与外表上独立的个人相对立的独立的社会关系，也就是与这些个人本身相对立而独立化的、他们互相间的生产关系）：个人现在受抽象统治，而他们以前是互相依赖的。但是，抽象或观念，无非是那些统治个人的物质关系的理论表现。"②

在现代社会中，"个人现在受抽象统治"造成了严重的后果：被资本形而上学统治下的个人渐渐丧失了主体性，资本却反而获得了主体性的

---

① 《马克思恩格斯全集》，第3卷，人民出版社1960年版，第515页。
② 《马克思恩格斯全集》，第30卷，人民出版社1995年版，第114页。

地位。个人丧失主体性，不仅仅意味着工人，就连资本家也丧失了主体性。因为作为资本家，他只是人格化的资本，他的灵魂就是资本的灵魂。在资本主义社会中，为了实现资本的增殖，就必须不断扩大商品的销路。这驱使资本家奔走于全球各地。他必须到处落户，到处开发，到处建立联系。资本家只不过是资本的人格化。表面上看起来，是资本家奔走于世界各地，而实际上是资本遵循资本增殖的逻辑到处安家落户。在《共产党宣言》中，马克思深刻地指出："在资产阶级社会里，资本具有独立性和个性，而活动着的个人却没有独立性和个性。"①资本开始成为独立的主体。在《1857—1858年经济学手稿》中，马克思更是明确地提出了"资本作为主体"的观点。"资本形而上学"在本质上就是一种"主体形而上学"，"主体形而上学"构成了"资本形而上学"的第一副面孔。所有这些论述都表明：资本形而上学作为一种主体形而上学，根源于现代社会中拜物教式的抽象对个人的统治，这也表征了现代人的根基性的存在论经验。

第二节　欲望形而上学

"资本形而上学"的第二副面孔是"欲望形而上学"。自笛卡尔以来的主体形而上学又可以细分为多种不同的类型，而其中最为重要的两种类型则是理性形而上学和意志（或欲望）形而上学。一般来说，笛卡尔、康

---

① 《马克思恩格斯文集》，第2卷，人民出版社2009年版，第46页。

德、黑格尔等哲学家坚持的是理性形而上学，叔本华和尼采的形而上学则可被称为意志形而上学。理性形而上学认为，理性（或认识）是第一性的，意志（或欲望）是第二性的。叔本华在《作为意志和表象的世界》一书中对理性形而上学进行了彻底的批判。叔本华在把自己的观点和作为"旧说"的理性形而上学作了详细比较之后指出："从我全部的基本观点看来，这一切说法都是把实际的关系弄颠倒了。意志是第一性的，最原始的；认识只是后来附加的，是作为意志现象的工具而隶属于意志现象的。"①可见，叔本华的观点与他所谓的理性形而上学的"旧说"针锋相对。叔本华接着指出："我则相反，我说：在有任何认识之前，人已是他自己的创造物；认识只是后来附加以照明这创造物的。因此，人不能作出决定要做这样一个人，要做那样一个人，也不能[再]变为另一个人；而是他既已是他，便永无改易，然后，逐次认识自己是什么。在旧说，人是要他所认识的[东西]；依我说，人是认识他所要的[东西]。"②叔本华的上述见解特别重要，他以意志形而上学颠覆了理性形而上学。当然，与叔本华比较起来，尼采以更彻底的方式颠倒了柏拉图主义式的理性形而上学。尼采早先受到叔本华的影响，后来又与他的悲观主义哲学划清界限，并以积极的"权力意志"取代了叔本华消极的"生命意志"。虽然海德格尔把尼采视为柏拉图主义的真正颠覆者，但是，无论是叔本华，还是尼采，意志形而上学对理性形而上学的颠倒也仅仅是"颠倒"，

① ［德］叔本华：《作为意志和表象的世界》，石冲白译，商务印书馆 1982 年版，第 401 页。

② ［德］叔本华：《作为意志和表象的世界》，石冲白译，商务印书馆 1982 年版，第 402 页。

或者说只是简单的"翻转"而已。

当我们把探讨的目光转向现实生活领域，尤其是马克思关于异化劳动问题的论述时，马克思哲学与叔本华和尼采哲学的根本性分歧便开始向我们显露出来。叔本华认为，他的哲学是接着康德的实践理性而展开的。他不仅把康德的"实践理性"解读为生命意志，也把他的"自在之物"解读为生命意志。叔本华明确地指出："唯有意志是自在之物。作为意志，它就绝不是表象，而是在种类上不同于表象的。它是一切表象，一切客体和现象，可见性，客体性之所以出。它是个别[事物]的，同样也是整体[大全]的最内在的东西，内核。"①那么，意志的本质特征是什么呢？在康德看来，意志的本质特征是自由，但康德所谓的"自由"却是以意志无条件地服从道德法则和绝对命令为前提的。叔本华激烈地反对康德的上述见解："这显然是伸手便可碰到的矛盾，既说意志是自由的又要为意志立法，说意志应该按法则而欲求：'应该欲求呀！'这就[等于]木头的铁！可是根据我们整个的看法，意志不但是自由的，而且甚至是万能的。从意志出来的不仅是它的行为，而且还有它的世界；它是怎样的，它的行为就显为怎样的，它的世界就显为怎样的。两者都是它的自我认识而不是别的。它既规定自己，又正是以此而规定这两者；因为在它以外再也没有什么了，而这两者也就是它自己。只有这样，意志才真正是自主自觉的。"②这段话清楚地告诉我们，意志的本质特征是自由，

---

① [德]叔本华：《作为意志和表象的世界》，石冲白译，商务印书馆1982年版，第165页。

② [德]叔本华：《作为意志和表象的世界》，石冲白译，商务印书馆1982年版，第373页。

是自主自觉的，而这种自由是不受任何其他因素制约的。毋庸讳言，叔本华的这一见解并没有深入地反思意志在现代社会中真实地起作用的方式，而这与他的思想没有捕捉到现代社会的本质架构有着实质性的关联。

与叔本华和尼采的理论进路不同，马克思认为市民社会的秘密应该从政治经济学批判当中去寻找。马克思通过《资本论》这一鸿篇巨制，揭示出传统形而上学在以资本为动力和灵魂的现代社会中的新变种——意志(或欲望)形而上学。如果说在叔本华和尼采那里，这种形而上学还是对生活世界的一种单纯的哲学洞见，那么在马克思这里，它不仅奠基于对古典政治经济学的批判性考察，还立足于对现代资本主义社会的科学分析。如果说叔本华、尼采满足于用意志(或欲望)形而上学来说明现代社会中单个人的行为方式，那么马克思注重的则是运用这种形而上学来批判现代资本主义社会的整个现实。

资本对人的控制和奴役可以表现在很多方面，最重要的是资本放大了人的物质欲望，让人成为自己欲望的奴隶。由于资本增殖的需要，就必须使人的物质欲望得以膨胀，广告在人的消费欲望中起到了推波助澜的作用。人类社会也就由传统社会的禁欲主义转向当代资本主义社会的纵欲主义。按照马克思的观点，在任何社会形态中人都是有欲望的，然而在现代社会中，人的欲望却展示出一个迄今为止最大的可能性空间，并且这种欲望是没有限制和无止境的。正是在人的欲望不断膨胀的前提下，资本主义社会生产力才能获得高速发展，资本也才能获得更多的增殖。其实，资本不仅是人的欲望扩张的巨大推动力，而且它本身就是一种无止境的欲望。马克思明确指出："资本作为财富一般形式——货币——的代表，是力图超越自己界限的一种无限制的和无止境的欲望。"①

资本这种无限制和无止境的欲望就是资本无限增殖的欲望。"劳动生产力的发展——首先是剩余劳动的创造——是资本的价值增加或资本的价值增殖的必要条件。因此，资本作为无止境地追求发财致富的欲望，力图无止境地提高劳动生产力并且使之成为现实。"②很显然，资本作为一种欲望的形而上学，极大促进了生产力的发展。马克思在《共产党宣言》中对此给予了高度的褒扬。但是，问题在于资本作为欲望形而上学逐渐突破了资本增殖逻辑的生产（或劳动）限制。随着资本主义的发展，资本的合理增殖模式 G—W…P…W′—G′ 逐渐简化为或者蜕化为 G—G′。"以实在货币为起点和终点的流通形式 G…G′，最明白地表示出资本主义生产的动机就是赚钱。生产过程只是为了赚钱而不可缺少的中间环节，只是为了赚钱而必须干的倒霉事。[因此，一切资本主义生产方式的国家，都周期地患一种狂想病，企图不用生产过程作中介而赚到钱。]"③G—G′的资本增殖模式必将逐步摧毁资本主义社会的存在基础——社会生产，人们不再把劳动看作是必需的，而把投机看成美德。

众所周知，在德国古典哲学家中，黑格尔是唯一一位对英国古典政治经济学发生兴趣并做了深入研究的哲学家，也正是这方面的研究使黑格尔哲学与现实生活保持着密切联系。在《精神现象学》的"自我意识"阶段，黑格尔一开头就谈到了"生命"和"欲望"。"欲望却为自身保有其对于对象之纯粹的否定，因而享有十足的自我感。但是也就因为这样，这种满足本身只是一个随即消逝的东西，因为它缺少那客观的一面或持久的实质的一面。与此相反，劳动是受到限制或节制的欲望，亦即延迟了的满足的消逝，换句话说，劳动陶冶事物。"①在主奴关系的历史语境中，奴隶由于恐惧而不得不从事劳动，用劳动产品来满足主人的欲望，从而得到主人的承认，但劳动本身通过对事物的陶冶而使奴隶获得某种独立性。在这里，黑格尔实际上以抽象的思辨语言表达了如下的意思：人的意志和欲望并不是无条件地自由的；在一定的历史条件下，它们只能通过劳动的方式表现出来。

资本形而上学就是欲望形而上学：一方面，人的欲望的扩张不断推动资本的积累；另一方面，资本的积累又使人的欲望空间不断扩张。现代金融资本主义把这种欲望形而上学放大到了极致。根据黑格尔的观点，劳动是受到限制或节制的欲望。金融资本主义的增殖方式 G—G′ 抛弃了"生产"或"劳动"这一中间环节，也就等于抛弃了对欲望的限制或节制。资本主义使全社会所有的人都沉浸在金钱的冰水当中，都异化为对欲望满足的追求。资本的增殖方式逐渐抛弃掉生产的中介，突破了资本增殖的合理性界限，从而使整个资本主义社会陷入了一种热病似的增长。在这个意义上，马克思的政治经济学批判就是对这种欲望形而上学的批判。马克思的人类解放就是从这种欲望形而上学之中超拔出来的。

---

① ［德］黑格尔：《精神现象学》，上卷，贺麟、王玖兴译，商务印书馆 1979 年版，第 130 页。

第三节　权力形而上学

在现代社会的语境中，一旦谈起"权力"问题，自然而然地就会联想起尼采提出的著名概念——"权力意志"。叔本华把生命（或生存）意志理解为世界的本质，并认为生命意志所蕴含的欲望是无限的，而可能满足这些欲望的环境和资源永远是有限的，由此而引申出悲观主义的人生哲学。尼采在批判叔本华哲学的悲观主义倾向时指出："什么叫生命？这就必须给生命的概念下一个新的、确切的定义了。我给它开列的公式如下：生命就是权力意志。"[1]在尼采看来，"权力意志"应该充实进传统的"力"的概念中。尼采认为，"我们的物理学家用以创造了上帝和世界的那个无往不胜的'力'的概念，仍须加以充实。因为，必须把一种内在的意义赋予这个概念，我称之为'权力意志'，即贪得无厌地要求显示权力，或者，作为创造性的本能来运用、行使权力，等等"[2]。尼采认为，权力意志引导人生奋发向上，因而人生不是悲观的、消极的，而是乐观的、积极的。尽管尼采从"权力意志"的角度出发去解读现代人的生命含义这一做法是富于启发性的，然而他考察生命的着眼点主要是物理学、生理学和心理学。与叔本华一样，尼采对"权力意志"的考察没有深入社

---

[1]　［德］尼采：《权力意志——重估一切价值的尝试》，张念东、凌素心译，商务印书馆1991年版，第182页。

[2]　［德］尼采：《权力意志——重估一切价值的尝试》，张念东、凌素心译，商务印书馆1991年版，第154页。

会历史和人的经济生活中去。正是在尼采踌躇不前的地方，马克思反而做了深入的研究和探索，并引申出远比尼采的权力意志更具穿透力的结论，洞穿了现代资本主义社会的"权力结构"。

在《1844 年经济学哲学手稿》中，马克思指出货币是一种"颠倒黑白的能力"。它使一切人的和自然的性质颠倒和混淆，使冰炭化为胶漆，货币的这种神力包含在它的本质中，即包含在人的异化的、外化的和外在化的类本质中。它是人类的外化的能力。正是这种能力使人的能力得以膨胀，并且能够化为现实。"凡是我作为人所不能做到的，也就是我个人的一切本质力量所不能做到的，我凭借货币都能做到。"①在《资本论》中，马克思揭示了货币转化为资本的过程。资本之所以是资本，就在于它能"增殖自身"。而资本为了增殖自身，就必须与雇佣劳动处于支配与被支配的关系。资本通过支配和控制雇佣劳动，通过具体的生产和流通过程，获取一定量的剩余价值。"资本不仅像亚·斯密所说的那样，是对劳动的支配权。按其本质来说，它是对无酬劳动的支配权。"②即对剩余价值的掠夺权和控制权。这种权力是资产阶级社会中支配一切的经济权力，并且资本这种权力"不是一种个人力量，而是一种社会力量"。它影响和决定着其他一切社会关系。资本所形成的雇佣劳动关系成为资本主义社会的生产关系。资本主义社会的生产及其生产关系都是由资本本身决定的。在此意义上，资本成了万物的尺度，一切都必须在资本面前为自己的存在作出辩护或放弃存在的权利。资本摇身变成了现实中万

---

① 马克思：《1844 年经济学哲学手稿》，人民出版社 2000 年版，第 144 页。
② 《马克思恩格斯文集》，第 5 卷，人民出版社 2009 年版，第 611 页。

能的上帝。马克思曾经引用莎士比亚《雅典的泰门》形象地描述了货币或资本这种巨大的魔力。资本作为绝对理念的化身成一种权力形而上学，"权力形而上学"构成了资本形而上学的第三幅面孔。

马克思指出："资本是对劳动及其产品的支配权力。资本家拥有这种权力并不是由于他的个人的或人的特性，而只是由于他是资本的所有者。他的权力就是他的资本的那种不可抗拒的购买的权力。"①马克思明确告诉我们：资本家之所以拥有对劳动及其产品的支配权，这与他生理上或心理上的特征并没有什么关系，有关系的只有一点，即他是资本的所有者。也就是说，实际上拥有权力的真正主体是资本，而资本家不过是这种权力的一个象征或一个符号。马克思认为，资本行使权力的真正的起始点是生产劳动。因为只有在生产劳动的过程中，资本才能通过对活劳动的吸吮、对工人的剩余劳动和他们所创造的剩余价值的攫取而使自己不断地增殖和膨胀。正是在这个意义上，马克思强调："文明的一切进步，或者换句话说，社会生产力的一切增长，也可以说劳动本身的生产力的一切增长，如科学、发明、劳动的分工和结合、交通工具的改善、世界市场的开辟、机器等等所产生的结果，都不会使工人致富，而只会使资本致富；也就是只会使支配劳动的权力更加增大；只会使资本的生产力增长。因为资本是工人的对立面，所以文明的进步只会增大支配劳动的客体的权力。"②

与尼采的"权力意志"概念比较起来，马克思关于"资本是资产阶级

---

①　马克思：《1844 年经济学哲学手稿》，人民出版社 2000 年版，第 21 页。
②　《马克思恩格斯全集》，第 30 卷，人民出版社 1995 年版，第 267 页。

社会的支配一切的经济权力"的理论更为深刻、更为全面地揭示出现代人本质的异化和现代社会矛盾的激化。如果说，尼采哲学把对个人生理和心理特征的分析作为考察现代社会的出发点，那么，马克思的《资本论》则把社会历史分析作为考察的出发点。马克思在叙述作为"经济权力"的资本的历史作用时，从来也没有把它理解为由个人的生理或心理特征导致的结果。相反，马克思告诫我们："正如人类劳动力并非天然是资本一样，生产资料也并非天然是资本。只有在一定的历史发展条件下，生产资料才取得这种独特的社会性质，正如只有在一定的历史发展条件下，贵金属才获得货币的独特性的社会性质，货币才获得货币资本的独特的社会性质一样。"①在任何社会中，资本都是一种经济权力，但是只有在资本主义这一特定的历史发展条件下，资本这种经济权力才会膨胀为整个社会的最高权力。

因此，马克思不仅把资本理解为现代社会的"经济权力"，同时也把它理解为支配一切的社会权力和政治权力。人们的全部认识、理解和交往活动，都是以资本为前提和基础的，是在宏观权力和微观权力编织而成的"权力场"中展开的。因此，根本不存在纯粹的经济学理论，现实的生活领域是十分复杂的。权力分析的维度表明：以往的社会发展理论撇开"权力场"的背景来理解和诠释现代资本主义的活动是十分肤浅的。在这个意义上，我们可以说马克思的《资本论》是一种对资本主义社会的权力分析。现代社会的全部权力都是在作为"经济权力"的资本的基础上形成并发展起来的。任何一种思想若要站在当今时代的高度上，若要获得

---

① 《马克思恩格斯文集》，第 6 卷，人民出版社 2009 年版，第 44—45 页。

关于现代社会的真正的批判性的识见，就必须对它自己置身于其中的这个无所不在的"权力场"先行作出深入的反思。整个资本主义社会的"权力场"是围绕"资本"权力建构起来的。资本形而上学作为一种权力形而上学渗透到了现代人日常生活的微观领域和政治生活的宏观领域。历史和实践都已证明，资本已经按照自己的意向，运用自己所拥有的巨大的权力资源，为自己塑造出一个崭新的现代世界。

现代社会的本质是资本主义，资本的文明是我们这个时代的本质性特征。在《1857—1858 年经济学手稿》中，马克思告诉我们："只有资本才创造出资产阶级社会，并创造出社会成员对自然界和社会联系本身的普遍占有。由此产生了资本的伟大的文明作用；它创造了这样一个社会阶段，与这个社会阶段相比，一切以前的社会阶段都只表现为人类的地方性发展和对自然的崇拜。"①资本产生了伟大的文明作用，开创了世界历史。哲学是时代精神的精华，是思想中所把握到的时代。因此，考察一个时代，集中地表现为考察一个时代的形而上学。资本与理性形而上学的"联姻"与"共谋"，乃是最具有世界历史意义的事件。它不仅将资本改造为由理性形而上学武装起来的"现代资本"，还将形而上学重塑为凭借资本力量而不断繁殖的"现代形而上学"。资本形而上学构成了我们这个时代的理论谜底。

当代资本主义的理论表征就是资本形而上学。因此，从哲学的意义上讲，当代资本主义批判就是资本形而上学批判。相对于理性形而上学批判，对资本形而上学的反思和批判则具有更为重要的理论意义和现实

---

① 《马克思恩格斯全集》，第 30 卷，人民出版社 1995 年版，第 390 页。

意义。资本形而上学既是主体形而上学，又是欲望形而上学和权力形而上学。从主体形而上学角度来看，当代资本主义批判就是要恢复人的主体性地位，不是资本控制人，而是人驾驭资本；从欲望形而上学的角度来看，资本为了实现其无限度的增殖，让人的欲望膨胀到极致，当代资本主义批判要把资本的增殖或人的欲望限制在合理的范围内；从权力形而上学的角度来看，我们要警惕经济权力对政治权力的侵蚀，尤其是经济权力与政治权力的媾和，从而成为整个社会权力场的核心。从资本形而上学批判的角度理解马克思的资本主义批判，并不意味着要排除马克思社会历史批判的维度，而只是想从"原则高度"去理解马克思的资本主义批判。只有当人们认识到，正是资本形而上学主宰着现代社会的全部日常生活和思想意识时，他们才有可能对现代社会作出真正有分量的、批判性的考察。

第三章 "资本主体性"批判

　　启蒙以来的现代社会是马克思与其他同时代的哲学家的共同视域。与其他思想家不同，马克思认为现代社会是以资本为主要特征的，资本标志着整个现代社会的存在的关系和意义。因此，马克思的现代性批判正是通过诉诸资本展开的。德里达说过，马克思是黏附于资本主义时代的人物，只要资本主义生产方式存在一天，马克思的批判就幽灵般地伴随一天。[①] 马克思通过对资本本性的剖析，揭示出了资本的"主体性"特征，从而在洞悉资本主义生产方式的同时，展开了对资本主义社会的批判。

---

　　① 参见张一兵、蒙木桂：《神会马克思》，中国人民大学出版社 2004 年版，"序"第 6 页。

第一节 剩余价值与资本的主体性权力

马克思在《共产党宣言》中一针见血地指出:"在资产阶级社会里是过去支配现在,在共产主义社会里是现在支配过去。在资产阶级社会里,资本具有独立性和个性,而活动着的个人却没有独立性和个性。"①资本的这一主体性特征标志着主体性原则在经济领域的确立,这是近代哲学所确立的主体性原则在现实生活领域的复活。资本的这一本质是内在于整个资本主义社会的,也是资本主义社会的主要特征。马克思以资本的特性来标识资本主义社会的主要特征,并以此作为现代性批判的实质性内容,这与其对现代社会的理解密切相关。

现代社会是建立在对个人自由的普遍承认的基础之上的,人们能够出让自己的自由和权力是以契约和平等为前提的,而订立契约的个人是以原子式的个人的存在为必要条件的。作为个人来说,他作为主体的存在主要通过他的财产权体现出来,而财产的拥有权则通过劳动确证。对于普遍的自由的个人来说,他们所拥有的就是他们的劳动。在马克思看来,在资本主义社会的现实中,劳动者的劳动产品并没有成为他的财产,反而成为他的对立者的拥有物,这样,劳动者的权利在某种意义上被剥夺了,所有权和劳动发生了分离。"马克思的劳动价值论的目的之一,就在于试图解释,在一个人身独立的社会制度中,剩余劳动是如

———————

① 《马克思恩格斯文集》,第 2 卷,人民出版社 2009 年版,第 46 页。

何存在的，以及这种剩余劳动和剩余劳动率是如何从人们的视野中消失不见的。"①马克思寻找到了这一问题的根源，即资本。

马克思考察了两种不同的流通过程，即 W—G—W 和 G—W—G，揭示了资本的自我增殖的逻辑，而这一逻辑也是资本主体性的逻辑。第一个流通过程是不同的商品的使用价值的交换，作为货币的货币只是一个中介，只有在后一种流通过程中，才产生了作为资本的货币，商品成为一个中介，被看中的也仅仅是商品的交换价值。因此在 G—W—G 这一过程中，作为结果的 G 必然要产生与作为开端的 G 不同的量，这样整个环节才有意义，这也就是增殖的过程。如果货币仅仅是等价交换的尺度和媒介，那么就无从论说剩余价值产生的可能。因为如果遵循的都是等价交换的原则，而且出卖的又是遵循同质的劳动时间的人的劳动，那么，如何在交换中产生剩余价值呢？商品本身的增殖只能是劳动时间的增殖，而不能是在交换中通过货币表现出来的增殖。所以，马克思不是在交换中而是到生产中去寻找剩余价值的产生的。货币向资本的转化在货币去购买作为劳动力的商品时，在与劳动的交换中才能实现。而购买了作为商品的劳动力实际上就等于占有了人们的作为主体的劳动能力，因此等于是获得了主体的权力。"他就把价值，把过去的、对象化的、死的劳动转化为资本，转化为自行增殖的价值，转化为一个有灵性的怪物。"②

增殖是资本主体唯一追逐的目的，从表面上看来，遵循等价原则的

① ［美］罗尔斯：《政治哲学史讲义》，杨通进、李丽丽、林航译，中国社会科学出版社 2011 年版，第 339 页。

② 《马克思恩格斯文集》，第 5 卷，人民出版社 2009 年版，第 227 页。

流通领域是剩余价值产生的地方，剩余价值只有在流通中实现了交换，转化成为货币，才获得了真实的意义。而由于遵循等价原则，所以对于所有人是平等的交易，这样就完全堵上了从流通领域中产生剩余价值的可能，只能到 G—W—G 的第一个环节即 G—W 中寻找。马克思发现的是劳动力这个能创造剩余价值的特殊的商品。"劳动（活的、合乎目的的活动）转化为资本，从自在意义上说，是资本和劳动交换的结果，因为这种交换给资本家提供了对劳动产品的所有权（以及对劳动的支配权）。"①

　　正是资本的这种作为主体的权力，再加上在流通领域的平等交换原则，使得从表面上看来剩余价值似乎消失或者不见了，这也是资本主义与前资本主义的重要区别，因此，对于要进行现代性批判的马克思来说，他既要揭示在交换领域的平等原则，这体现了资本主义社会与前资本主义社会的异质，又要揭示在这种平等交换原则之下隐藏的不平等，这是资本主义社会与前资本主义社会的同质。"对于马克思而言，资本主义的突出特点在于，尽管它是一种具有人身独立、有着自由契约的竞争性市场的社会制度，然而，它同时也是一种有着剩余劳动或者未付酬劳动（或剩余价值，即由剩余劳动所创造的价值）的社会制度。他的问题是：这是如何可能的？它是如何在经济系统日常交换的表面下隐秘地发生的？"②马克思是从制度层面的政治架构出发来批判资本主义社会的，"资本制生产与奴隶制和农奴制的不同，在于依靠'劳动力商品'进行商

---

① 《马克思恩格斯全集》，第 30 卷，人民出版社 1995 年版，第 267 页。

② [美]罗尔斯：《政治哲学史讲义》，杨通进、李丽丽、林航译，中国社会科学出版社 2011 年版，第 338 页。

品生产"①。他抓住的这一与以往制度不同的东西，正是资本主义的核心问题。而这个问题，也只有在资本主义社会才真正成为问题。资本主义的特殊的问题，不是人成为商品，而是在人是自由的前提下，人的劳动力成为商品，这一内容很容易被掩盖掉或者使人被表面的幻象所迷惑。

为了说明剩余价值的产生，马克思作了连续的几种分割。首先是排除掉所有社会条件的，对于劳动作为价值的源泉的考察。马克思所考察的不是千变万化的使用价值的质的不同，而是作为人类的一般的抽象劳动的量的改变，而这也是掩盖剥削秘密的主要原因。其次是区分劳动力作为商品的不同之处，即它能够被附加进价值，附加的前提是"劳动只是在生产使用价值所耗费的时间是社会必要时间的限度内才被计算。"②这样，劳动按照社会必要劳动时间计算，那么多出来的那部分就成了获得的增殖的部分。马克思还通过纺纱过程作了一个形象的假设，即"包含在劳动材料和劳动资料中的劳动时间，完全可以看成是在纺纱过程的早期阶段耗费的，是在最后以纺纱形式加进的劳动之前耗费的"③。这样，"如果价值形成过程超过这一点而持续下去，那就成为价值增殖过程"④。再次是这个价值的具体的附加出现在不变资本和可变资本的区别上。通过使用价值的消耗和交换价值的转移，实现了新产品的出现。而就这一点来说，生产资料和劳动力的不同就在于，生产资料消耗和转

① ［日］柄谷行人：《世界史的构造》，赵京华译，中央编译出版社 2012 年版，第 11 页。
② 《马克思恩格斯文集》，第 5 卷，人民出版社 2009 年版，第 228 页。
③ 《马克思恩格斯文集》，第 5 卷，人民出版社 2009 年版，第 219 页。
④ 《马克思恩格斯文集》，第 5 卷，人民出版社 2009 年版，第 227 页。

移的过程中没有价值量的增加。"工人不保存旧价值，就不能加进新劳动，也就不能创造新价值，因为他总是必须在一定的有用的形式上加进劳动；而他不把产品变为新产品的生产资料，从而把它们的价值转移到新产品上去，他就不能在有用的形式上加进劳动。"①生产资料的价值的转移，是以它原有的价值量为基础的，它并没有生产价值，"生产出来的是旧交换价值借以再现的新使用价值"②。而劳动力，这个劳动过程的主观因素，在生产过程中是可以生产新的价值的，是一个新的价值的生产过程。"由于加进价值而保存价值，这是发挥作用的劳动力即活劳动的自然恩惠。"③虽然剩余价值不在流通领域中产生，但是它又必须在流通领域实现。在流通领域中实行的是等价交换，这里只有分配者的分配的改变，所以实现出来的就是价值在分配者之间的改变，最终演化成了剥削与被剥削的关系。

在古典经济学那里，资本的产生是一个纯粹的物的过程，"把表现在物中的一定的社会生产关系当作这些物本身的物质自然属性，这是我们在打开随便一本优秀的经济学指南时一眼就可以看到的一种颠倒"④。资本之所以被称为资本，不只是因为它所固有的作为客体的物质存在，更多的是因为它的主体化本质。而缺少对于资本的主体这一维的考察，只看到资本的实体性质，就容易滑入对于资本的物性阐释，把资本的增殖本性看作同自然物的属性一样的自然性质，从而使其获得永恒性，而

---

① 《马克思恩格斯文集》，第 5 卷，人民出版社 2009 年版，第 240 页。
② 《马克思恩格斯文集》，第 5 卷，人民出版社 2009 年版，第 241 页。
③ 《马克思恩格斯文集》，第 5 卷，人民出版社 2009 年版，第 240 页。
④ 《马克思恩格斯全集》，第 49 卷，人民出版社 1982 年版，第 56 页。

掩盖了它背后的人与人的关系，进而把资本主义社会当作一种永恒的社会形式而论证其合理性。在马克思看来，"资本显然是关系，而且只能是生产关系。"①资本不仅仅是一种物质存在，还是和一定的历史发展阶段，和劳动这一人的存在方式紧密地联系在一起，反映人们的一定的社会关系的范畴。资本的发展过程与人本身的发展过程密切相关。"凡是资产阶级经济学家看到物与物之间的关系（商品交换商品）的地方，马克思都揭示了人与人之间的关系。"②因此，马克思的研究对象和研究旨趣不是揭示财富产生的源泉和过程，而是要揭示在这一过程中人的存在和社会关系，这是一个根本的转换和不同。

第二节　物的依赖性与资本的支架

资本是马克思选取的代表现代性原则和现代社会的最基本范畴，资本的主体性体现了人们的一种对于统摄者和支配者的服从，作为权力的主体性资本最终导致了资本拜物教，使得资本作为一种人们崇拜的"非神圣形象"出现在现代社会中。资本的魔力在于使所有东西都发生了变形，依据它的存在而改变。作为权力的资本，成为世界的主宰和主人，而人们都要在对它的臣服之下生活，"个人受抽象统治"成了资本主体性在人身上的现实表现。

---

① 《马克思恩格斯全集》，第 30 卷，人民出版社 1995 年版，第 510 页。
② 《列宁选集》，第 2 卷，人民出版社 1995 年版，第 312 页。

在现代社会中，资本扮演着"支架"的角色，人的存在和确定性是以资本的方式表现出来的。"支架是集中，是所有安排方式的共同性，这些安排方式将人塞入尺度之中，当前人就是在这个尺度中生-存的。"①一方面，人摆脱了对于具体的个人和群体的依赖，实现了个人的独立性和自由。资本的无限性和开放性，超越了封建社会的有限性和封闭性，资本是人的主体性的外化和物化，是人的独立性和自由性的物质中介和前提。作为主体的资本取代了个体的人成为主体，克服了作为个体存在的人面对自然和面对社会的无能为力。作为一个联合起来的人们的力量的集合体，资本带来了财富的巨大增加，推进了社会的文明进程，使资本主义社会成长为现代的社会。另一方面，这种自由和独立又是以资本的存在为前提的。在资本主义社会中，资本与劳动的对抗关系表现为资本霸占了启蒙以来的人的主体的地位，成为一种能够支配别人劳动的权力，使人陷入了"物的依赖性"之中，个人的价值也只有作为抽象劳动和一般劳动本身才能实现出来，抹杀了个人的劳动的独特性和自主性。

作为一个以增殖为唯一目的的存在，资本中凝结了社会劳动，但这又是一种区别于活劳动的死劳动。资本同时表现为死劳动对活劳动的统治和权力，这种权力使得拥有活劳动的劳动者必须出卖自己的劳动力成为雇佣劳动者，才能获得生存所需要的生活资料。"货币占有者要把货币转化为资本，就必须在商品市场上找到自由的工人。这里所说的自由，具有双重意义：一方面，工人是自由人，能够把自己的劳动力当做

---

① ［法］F. 费迪耶：《晚期海德格尔的三天讨论班纪要》，丁耘译，《哲学译丛》2001年第 3 期。

自己的商品来支配，另一方面，他没有别的商品可以出卖，自由得一无所有，没有任何实现自己的劳动力所必需的东西。"①现代社会，工人的这种所谓的自由的实现，是以完全的不自由为前提的。一方面，劳动者摆脱了前资本主义社会的人身依附关系；另一方面，他们又不得不依赖于占有生产资料的资本家，这样才能生存下去。在某种意义上，当他们作为一个自由人在行使自由权利的时候，这种权利仅仅局限在政治领域，获得的是一种政治自由，而在以"彻底的人生经济化"②为特征的现代社会中，劳动者在经济领域并没有获得一种真正的自由，反而陷入了一种对物的依赖性中，而这种对物的依赖性又导致了他对于与他对立的人的依赖。

货币的产生还使得财富的聚集更加容易和可能，作为财富象征的货币也成为人们追逐的目的。财富兑换成金银，这一本身具有贮藏功能的商品使得人们可以把他所生产的商品交换出去，而换得金银。而拥有金银就成了财富的象征，"毫不相干的个人之间的互相的和全面的依赖，构成他们的社会联系。这种社会联系表现在交换价值上，因为对于每个个人来说，只有通过交换价值，他自己的活动或产品才成为他的活动或产品；他必须生产一般产品——交换价值，或本身孤立化的，个体化的交换价值，即货币。另一方面，每个个人行使支配别人的活动或支配社会财富的权力，就在于他是交换价值的或货币的所有者。他在衣袋里装着自己的社会权力和自己同社会的联系"③。进一步，货币符号化，成

---

① 《马克思恩格斯文集》，第5卷，人民出版社2009年版，第197页。

② ［美］弗朗西斯·福山：《历史的终结及最后之人》，黄胜强、许铭原译，中国社会科学出版社2003年版，第219页。

③ 《马克思恩格斯全集》，第30卷，人民出版社1995年版，第106页。

为数字，交易直接在数字之间展开，而不涉及任何实际的商品交换，这使得作为中介的商品直接被砍掉，结果就是在这种虚拟的过程中，人本身更被抽象化了，人成为符号式的存在，人的存在以符号来标识。"抽象"成为人存在状态的真实写照。这样一来，相对于使用价值而言，交换价值反而成为生产追逐的唯一目的，在此基础上凸显的是，人的劳动的量成为标准，而人的劳动的质的方面被无视，人们的同质化和标准的同一使得人们都统摄在劳动时间的限制之下，而无法享有自由的时间和空间。

资本的主体性不仅仅体现在它的自因性和支配性，还体现在它的唯一性方面。自从资本取代了人，继而取代了商品、货币，成为这个世界上的主体之后，它就完全夷平了其他主体的存在感，而成为唯一。在马克思看来，资本标志了整个现代社会的存在的关系和意义。资本的最重要的一个方面，是完成了"主体即实体"和"实体即主体"在现实世界的双重构建。一方面，作为实体的人要获得他的独立性和自由就必须寻找到一个定在，而资本主义社会的人正是这样一个现实的存在，但是这种自由始终是"以物的依赖性为基础"的人的独立性。另一方面，反而资本这一实体成为一个具有主体性的存在，在自身内部完成了整个世界的构造，使得人和物都在资本的逻辑中进行运转。

对于资本来说，正是它的这种从实体到主体的过程，使得主体性成为它的唯一特征。资本存在形态的改变，如商业资本、工业资本、金融资本等，并没有改变资本的这一本性和本质。"在一切社会形式中都有一种一定的生产决定其他一切生产的地位和影响，因而它的关系也决定其他一切关系的地位和影响。这是一种普照的光，它掩盖了一切其他色彩，改变着它们的特点。这是一种特殊的以太，它决定着它里面显露出来的一切存在的比重。"①在资本作为权力的形成过程中，特别是在交换领域，遵循的是平等的原则，体现了现代社会的最基本的原则，但是这种平等的原则背后隐藏的不平等才是资本的本质，即人们始终处在资本的权力的威慑之下，如果不按照这种权力的方式和逻辑行事，人们就无法进入这一生产环节当中，失去生存的权利。作为主体的资本，不仅仅是一种权力，一种自因、自我增殖的权力，而且还具有一种吞噬一切的力量，它不断地把人们的现实的活生生的生活纳入它的逻辑当中，使得对于人们来说，抽象成了他们的存在方式，人与人之间的关系也只剩下赤裸裸的金钱关系，掩盖了它本身的矛盾，"共同劳动或结合劳动，不论是作为活动还是转化为客体的静止形式，同时直接表现为某种与实际存在的单个劳动不同的东西，——既表现为他人的客体性（他人的财产），也表现为他人的主体性（资本的主体性）"②。马克思要揭示的正是作为客体存在的资本和主体化的资本之间的对抗和矛盾，也即劳动和资本之间的对抗关系，这也是资本主体性中蕴含着的最真实的人与人之间的关系。

马克思把握到了人们最现实的生存状况，即抽象的存在成为一个普遍的和真实的现实。"在现代哲学用法中，'主体性'或'思维实体'往往主要是作为理论意识（甚至是先验意识）的一个同义语而出现的，因此人们把它解释为一种认识论的前提。"③黑格尔哲学作为一种理论意识，正

① 《马克思恩格斯全集》，第30卷，人民出版社1995年版，第48页。
② 《马克思恩格斯全集》，第30卷，人民出版社1995年版，第464页。
③ ［美］弗莱德·R.多尔迈：《主体性的黄昏》，万俊人、朱国钧、吴海针译，上海人民出版社1992年版，第2页。

是以最抽象的形式反映了最现实的内容，那就是"现实正受抽象统治"。黑格尔以自己的"绝对理念"的辩证自我运动，表达了人类对自由、崇高的追求，虽然这种追求被封闭在理论的范围内。黑格尔的"绝对理念"作为崇高和自由的理论表征，既代表了整个传统哲学对人类崇高的不懈追求，也凸显了整个传统哲学所追求的崇高的异化。黑格尔不仅仅重视人的精神力量，他还以这种方式来观照现实，他就曾谈道："现在我越来越确信理论工作比实际工作对世界的影响更大；我们的观念领域一旦革命化，现实就必然会随着前进。"①对于黑格尔的思想，科尔纽认为最基本的是"证明精神的东西只有结合客观现实才能存在"，他做出了这样的评价："黑格尔的这一思想显然是从法国大革命和英国的经济发展那里受到启发的。在他看来，法国大革命和英国的经济发展成就，都是人类的精神力量在改造世界和使世界理性化方面的杰出范例。在法国和英国，理性活动同具体的生活，即同经济、政治和社会的制度是密切联系在一起的；而在落后的德国，黑格尔却不得不主要从精神的角度来考察人的活动。像 18 世纪的理性主义者一样，黑格尔把人的活动归结为精神活动，即观念的活动。"②这样，黑格尔的哲学虽然还是封闭在了"观念"之内，但是他试图把人的精神和物质方面的特性融合在一起的努力，表达了哲学的最真实的诉求。

---

① [德]黑格尔：《精神现象学》，上卷，贺麟、王玖兴译，商务印书馆 1979 年版，第 65 页。

② [法]奥古斯特·科尔纽：《马克思的思想起源》，王谨译，中国人民大学出版社 1987 年版，第 15 页。

第三节　人的主体性与资本的存在论批判

资本的出现，是一个新时代的标志，而资本主体化的过程，使得"个人现在受抽象统治"成了人的存在状态，马克思所展开的正是对于资本的存在论的批判。马克思在研究资本主义社会的时候就提出："分析经济形式，既不能用显微镜，也不能用化学试剂。二者都必须用抽象力来代替。"①马克思对于资本主义社会的分析，抽象掉了商品中的使用价值而保留了交换价值，抽象掉了货币的实际使用价值而保留了它的等价尺度功能，抽象掉了资本的物的本性而发现了资本的作为主体的社会关系的存在，这种抽象使得马克思能够发现隐藏在商品、货币、资本背后的人与人的关系，无论是交换价值、等价尺度还是社会关系的存在，都是在人与人的关系下进行的，因此，它们所涉及的就不仅仅是物与物之间的关系，而是揭示了在资本主义生产条件下人们的生存样式。"由于马克思的政治经济学与英国古典政治经济学有着截然不同的目的，这决定了《资本论》对每一经济范畴的分析都上升到了'存在论'的层面上。"②

马克思所做的这种理论抽象，剥离了现实中一些偶然的、例外的因素，而发现了资本的秘密。"马克思主义是作为对资本主义的否定和批

---

① 《马克思恩格斯文集》，第 5 卷，人民出版社 2009 年版，第 8 页。
② 王庆丰：《〈资本论〉与哲学的未来》，《学习与探索》2013 年第 1 期。

判而存在的，但马克思主义对资本主义的否定和批判绝不是空洞的、抽象的外在说教，而是通过'三大批判'——哲学批判、政治经济学批判和空想社会主义批判——所指向的'对现实的一切进行无情的批判'而具体实现的。"①在马克思的视域中，"资本"是一个展开这三大批判的核心概念。当马克思深入"正本"政治经济学领域研究的时候，他发现了代替人作为主体存在的"资本"。正是抓住了资本的这一特性，使得马克思的以资本主体性为主要内容的现代性批判具有了真实的存在论意义。

马克思始终聚焦于作为存在的人，关注的是在经济领域中发生的资本主体性对于一切的统治。人们存在的真实的社会关系应该是一种人与人的关系，而在资本的逻辑中，所体现的是"物与物的关系"，物的逻辑取代现实的人的逻辑成了生产的逻辑，作为物的商品、货币、资本，都获得了主体性的性质，能够自己"舞蹈"起来。它们虽然是戴着脚镣，但是还是在跳舞，而且从外在的眼光来看，它们是遵循着自己的逻辑在舞动。这样，人本身被要求遵循的也就是这种物的逻辑，反而人的逻辑消退了。"这是一个着了魔的、颠倒的、倒立着的世界。在这个世界里，资本先生和土地太太，作为社会的人物，同时又直接作为单纯的物，在兴妖作怪。"②当资本获得了主体性之后，它本身的运转就脱离了人们的控制，资本家作为资本的人格化的存在，体现的也是资本本身的力量。取代人的主体地位的作为支配者的主体性资本，是作为真正主体的人的存在的颠倒。

---

① 孙正聿等：《马克思主义基础理论研究》，北京师范大学出版社 2011 年版，第 809 页。

② 《马克思恩格斯文集》，第 7 卷，人民出版社 2009 年版，第 940 页。

对于马克思哲学来说，"现实的人及其存在"是其关注的现实，对于现实历史的批判是他的哲学旨趣和主要目标。资本主义所实现的资本主体化，一方面是作为主体的人的实体化，需要获得实存和定在，另一方面是作为实体的资本获得了主体的特性，具有了能动性和主动性，最终取代了人本身和人的意志，成为一切所有物的主体，包括人在内。资本对于人的主体地位的窃取，在现实意义上消解了人的主体性，而代之以一种纯粹的客观性。资本成了人们的生存方式，规定了人们的生存逻辑。从根本上来说，既要突破资本的界限，也要突破意识界的存在的界限，这样才能真正地完成对于"资本主义"的批判，实现马克思的哲学革命。

在马克思这里，资本是一个批判的概念，马克思超越了古典经济学家的研究方式，把资本和资本的产生、资本的运作方式，与人的存在方式、世界历史的发展等联系了起来。"如果说阿基米德是在外空寻找支点来移动世界，那么马克思就是在资本主义范围内发现了他批判和改变资本主义的阿基米德点。"[①]把人从资本中解放出来，是马克思寻找到的超越资本主体性的现实途径，具体来说，就是要突破现实的单一的生产逻辑，进入人们的现实生活中，使得人们的生活不再受制于资本的逻辑，而呈现出自由性和独立性。正如劳洛所说："马克思之所以没有花费专门的精力来表明资本主义如何不运转，——这是它固有的危机倾向——，乃是因为马克思实际上是在努力说明资本主义事实上如何确实

① ［美］詹姆斯·劳洛：《马克思主义哲学和共产主义》，见欧阳康主编：《当代英美哲学地图》，人民出版社 2005 年版，第 636 页。

在运转。资本主义必然激发那种能够而且终将代替它的新社会出现，在这个意义上，资本主义的确在运转。因此，三大卷《资本论》可以当作关于共产主义在资本主义内部的辩证产生的理论来阅读。"①马克思正是在对现在拥有的东西的考察中去寻找未来道路的。

在马克思那里，现实是一种他以理论的方式把握到的历史过程，因此，他不仅看到了"现实的不合理性"，更捕捉到了"不合理的现实"。马克思也给予了资本主义诸多的溢美之词。"资本的伟大的文明作用"使得资本成为席卷一切的世界力量，成为世界发展的原则，马克思承认资本主义作为一种制度所带来的前所未有的发展，但是马克思还不仅仅满足于此，具有普罗米修斯情结的马克思，要寻求的是全人类的解放和幸福，而这是在资本主义内部无法完成的。马克思把"所有劳动被抽象为雇佣劳动，所有生产资料被抽象为资本"作为整个资本主义的发展趋势，在马克思看来，资本本身存在的界限，又提供了经由资本本身从而达到超越资本、消灭资本的道路。马克思的资本批判是沿着制度批判的路径展开的，"把资本当作一种历史事件，当作某种作为现实人们生活中的特殊条件的结果而出现，并将随着这些条件的消失而消失的东西来认识"②。

资本以一种物质的力量席卷了物质领域和精神领域，成为现代社会的唯一的法则和执行者，使得一切价值都要在资本的天平上去重新评估。资本主义的生产过程，也是作为主体的资本的产生过程。资本成为

---

① ［美］詹姆斯·劳洛：《马克思主义哲学和共产主义》，见欧阳康主编：《当代英美哲学地图》，人民出版社 2005 年版，第 680 页。

② ［美］伯特尔·奥尔曼：《辩证法的舞蹈——马克思方法的步骤》，田世锭、何霜梅译，高等教育出版社 2006 年版，第 85 页。

主体的过程，同时也是劳动成为主体的过程，因为资本确认了劳动是价值的源泉，这样劳动实际上是作为价值的创造者存在的，这也内蕴了资本瓦解的秘密。马克思说过："资本按照自己的本性来说，会为劳动和价值的创造确立界限，这种界限是和资本要无限度地扩大劳动和价值创造的趋势相矛盾的。因为资本一方面确立它所特有的界限，另一方面又驱使生产超出任何界限，所以资本是一个活生生的矛盾。"①资本的界限是资本自己为劳动和价值划分的界限，而资本自身又是没有界限的，它总是按照增殖的逻辑超越它自己所确立的界限，而这种超越也为资本自己突破自己的界限进而实现社会的革命提供了可能。这种可能在现实中是通过私有制的消灭来实现的。私有制保证了财产的个人私有，但是通过私有制所确立起来的财产权却同时又成为支配人们劳动的权力。在资本的诞生和发展中，始终存在着四种与资本密切相关的界限，即"(1)必要劳动是活劳动能力的交换价值的界限；(2)剩余价值是剩余劳动和生产力发展的界限；(3)货币是生产的界限；(4)使用价值的生产受交换价值的限制"②。因此，马克思要做的是归还和恢复资本的客体本性，在实体中寻找它自身的界限，从而使得劳动重新成为主体而实现人的自由个性。在这样的与劳动、货币、价值的对比和限制中，资本的增殖的无限性受到了反冲，无法完全实现出来，反而需要一种新的超越，而马克思也正是从资本的界限出发，论证了资本主义的生产方式被新的生产方式代替的逻辑必然性。

---

① 《马克思恩格斯全集》，第 30 卷，人民出版社 1995 年版，第 405 页。

② 《马克思恩格斯全集》，第 46 卷上，人民出版社 1979 年版，第 400 页。

第四章　欲望形而上学批判

从理论外观上看，马克思的《资本论》毫无疑问是一部典型的政治经济学著作。马克思在《资本论》第一版序言中也宣称："本书的最终目的就是揭示现代社会的经济运动规律。"①这无疑会强化人们将马克思《资本论》看作纯粹政治经济学著作的判断，而忽视对《资本论》的存在论或形而上意义的揭示。此外，我们经常把马克思《资本论》中的"批判"理解为社会历史批判，亦即对资本主义生产关系的具体历史批判。这种理解当然是正确的，马克思超越传统批判哲学的地方也正在于此，但这并不意味着马克思的社会历史批判和形而上学批判是对立的，正好相反，马克思的社

---

① 《马克思恩格斯文集》，第 5 卷，人民出版社 2009 年版，第 9 页。

会历史批判内蕴着形而上学批判。换句话说，马克思的社会历史批判和形而上学批判是统一的。《资本论》所具有的这种人道主义价值取向是其区别于纯粹的政治经济学著作的显著性标识。我们的最终目的不是想把《资本论》解读成一部存在论著作，更不是想把马克思的社会历史批判还原为"形而上学批判"，而只是想揭示《资本论》所具有的形而上的意义。因为，只有当我们上升到形而上意义的高度，才能更加清晰、透彻地理解《资本论》的理论旨趣，而不至于迷失在《资本论》中的事实材料里。

第一节　欲望与历史形成的需要

在任何社会形态中人都是有欲望的，正如在前资本主义社会中也都存在着货币、资本和市场。但是资本主义社会中的欲望和其他社会形态中的欲望却有着本质性的区别。马克思在《资本论》的第一版序言中明确指出："我要在本书研究的，是资本主义生产方式以及和它相适应的生产关系和交换关系。"①这意味着，马克思研究生产关系和交换关系有一个根本的前提就是"资本主义生产方式"。我们在研究"欲望"的时候，也必须将这一问题置于"资本主义生产方式"这一大前提之下，否则对"欲望"的研究就有可能成为抽象的。

马克思在《1857—1858年经济学手稿》中区分了"自然的需要"和"历史形成的需要"。资本主义生产方式下欲望的产生和"历史形成的需要"

---

① 《马克思恩格斯文集》，第5卷，人民出版社2009年版，第8页。

密切相关。马克思说："资本作为孜孜不倦地追求财富的一般形式的欲望，驱使劳动超过自己自然需要的界限，来为发展丰富的个性创造出物质要素，这种个性无论在生产上和消费上都是全面的，因而个性的劳动也不再表现为劳动，而表现为活动本身的充分发展，而在这种发展状况下，直接形式的自然必然性消失了；这是因为一种历史地形成的需要代替了自然的需要。"①"自然的需要"和"历史形成的需要"是两种具有本质性差异的需要形式。何谓"自然的需要"？"自然的需要"就是人作为生物体存在的本能层次的需要，它是维持人的基本的生存的需要，只要人活在这个世界上，这种需要就是必须存在的。这一点在动物身上表现得更加明显和突出，动物身上的需要只能是自然的需要，动物终其一生都在为这种需要而努力。"自然的需要"是维持人类本身再生产的必要的需求，而"历史形成的需要"则是超越本能需要的欲望。"自然的需要"的放大，我们可以称之为"贪欲"，但它并不是对"自然的需要"的超越，依旧是自然的产物，贪欲在没有货币的情况下也是可能的。而资本主义条件下的欲望表现为对一般财富的追求亦即致富欲望，致富欲望本身则是一定的社会发展的产物，而不是与历史产物相对立的自然产物。在马克思看来，货币不仅是致富欲望的对象，同时也是致富欲望的源泉。

"欲望"只有在资本主义的条件下才真正地诞生，并获得它全部的意义。这是因为历史形成的需要即欲望通过货币和资本在现代社会中彻底地实现出来。马克思在《论犹太人问题》中指出犹太人要想获得真正的解放，"就其终极意义来说，就是人类从犹太精神中解放出来"。马克思这

———————————

①　《马克思恩格斯全集》，第 30 卷，人民出版社 1995 年版，第 286 页。

里所谓的"犹太精神"指的是犹太人在经商牟利的活动中表现出的唯利是图、追逐金钱的思想和习气。"实际需要、利己主义"就是犹太精神的基础。马克思指出:"实际需要、利己主义是市民社会的原则;只要市民社会完全从自身产生出政治国家,这个原则就赤裸裸地显现出来。实际需要和自私自利的神就是金钱。"①因此,犹太精神的实质归根到底就是对"金钱"的崇拜,这构成了现代社会的精神实质。"金钱是以色列人的妒忌之神;在他面前,一切神都要退位。金钱贬低了人所崇奉的一切神,并把一切神都变成商品。金钱是一切事物的普遍的、独立自在的价值。因此,它剥夺了整个世界——人的世界和自然界——固有的价值。金钱是人的劳动和人的存在的同人相异化的本质;这种异己的本质统治了人,而人则向它顶礼膜拜。"②

"金钱"为什么能够在现代社会中获得"神"的地位,受人顶礼膜拜?马克思在《1844年经济学哲学手稿》中通过引述莎士比亚《雅典的泰门》表明了这一原因:金钱作为货币具有购买一切东西的特性,货币的特性的普遍性是货币的本质的万能,它被当成万能之物。莎士比亚在《雅典的泰门》中写道:金钱或货币可以使黑的变成白的,丑的变成美的;错的变成对的,卑贱变成尊贵,老人变成少年,懦夫变成勇士。"它是有形的神明,它使一切人的和自然的特性变成它们的对立物,使事物普遍混淆和颠倒;它能使冰炭化为胶漆。"③在马克思看来,货币是一种颠倒黑白的力量,而这种力量最终为货币占有者所拥有。"使一切人的和自

① 《马克思恩格斯文集》,第1卷,人民出版社2009年版,第52页。
② 《马克思恩格斯文集》,第1卷,人民出版社2009年版,第52页。
③ 马克思:《1844年经济学哲学手稿》,人民出版社2000年版,第144页。

然的性质颠倒和混淆，使冰炭化为胶漆，货币的这种神力包含在它的本质中，即包含在人的异化的、外化的和外在化的类本质中。它是人类的外化的能力。"①正是由于货币具有这样的"神力"，所有的人都在追逐金钱，膜拜金钱。因为他们坚信："凡是我作为人所不能做到的，也就是我个人的一切本质力量所不能做到的，我凭借货币都能做到。"②

中世纪前夕，奥古斯丁曾经谴责了三种罪恶的欲望：金钱、权力和性。对金钱和财富的贪婪是令人堕落的主要罪恶中的一种，对权力的贪婪和性的渴望是其他两种罪恶。在现代社会中，对权力的贪婪和性的渴望都可以转化为对金钱和财富的欲望。"货币的力量多大，我的力量就多大。货币的特性就是我的——货币占有者的——特性和本质力量。因此，我是什么和我能够做什么，决不是由我的个人特征决定的。我是丑的，但我能给我买到最美的女人。可见，我并不丑，因为丑的作用，丑的吓人的力量，被货币化为乌有了。"③所有的欲望都将汇聚成一个欲望：致富的欲望。因为拥有了金钱，就拥有了一切。中世纪，对荣誉的渴求凌驾于人类的所有欲望之上，为荣誉和光荣而奋斗成为美德和光荣的试金石。中世纪的骑士风气就是对"为荣誉和光荣而奋斗"的精神的弘扬。在文艺复兴时期，对荣誉的追求更是占据了主导意识形态的地位。随着教会影响的衰落，贵族理想的拥护者能够利用大量的古希腊罗马文本来颂扬对荣誉的追求。但是对金钱的追逐在这一时期也逐渐获得了伦理道德意义上的合法性地位。进入现代社会之后，道德和意识形态背景

①　马克思：《1844 年经济学哲学手稿》，人民出版社 2000 年版，第 144 页。
②　马克思：《1844 年经济学哲学手稿》，人民出版社 2000 年版，第 144 页。
③　马克思：《1844 年经济学哲学手稿》，人民出版社 2000 年版，第 143 页。

发生了令人震惊的转变，英雄主义迅速覆灭。"英雄主义理想的毁灭，只能恢复耻辱式的平等，即奥古斯丁所指的赋予对金钱的热爱、对权力欲和荣誉欲（更不用说正当的欲望）的平等。事实上，不到一个世纪，攫取欲和与之相关的活动，例如，商业、银行业，最后是工业，由于种种原因得到了普遍认可。"①

欲望开始成为整个资本主义社会普遍的精神状态。这是因为资本主义使人类欲望的无止境和无限度成为可能。个人拥有的有形的、特殊的财富终归是有限的，但人类对一般财富的追求却可以是无限的，因为人类可以无限制地拥有金钱和货币。"货币不仅是致富欲望的一个对象，而且是致富欲望的唯一对象。这种欲望本质上就是万恶的求金欲。致富欲望本身是一种特殊形式的欲望，也就是说，它不同于追求特殊财富的欲望，例如追求服装、武器、首饰、女人、美酒等等的欲望，它只有在一般财富即作为财富的财富个体化为一种特殊物品的时候，也就是说，只有在货币设定在它的第三种规定上的时候，才可能发生。"②马克思这里所说的货币的"第三种规定"就是货币作为资本。资本的本性是"增殖自身"，资本增殖的逻辑所展现的正是欲望逻辑的现实化。对于金钱的欲望成为资本主义社会制度所造成的现代人唯一的真正需要，因为这种制度使得金钱能够购买一切，权力、名望、地位、荣誉，甚至亲情和爱情。

"资本主义世界的真正上帝是金钱。强烈的占有欲、金钱欲，变成

---

① ［美］艾伯特·奥·赫希曼：《欲望与利益——资本主义走向胜利前的政治争论》，李新华、朱进东译，上海文艺出版社 2003 年版，第 5 页。

② 《马克思恩格斯全集》，第 30 卷，人民出版社 1995 年版，第 174 页。

支配一切的东西，而一切价值都以金钱来表示。工人、资本家也一样，都想得到更多的金钱，但是即使工人的工资得到了提高，他仍旧被非创造性的劳动所奴役。"①在资本主义社会中，悲惨的生活境遇阻挡不住无产阶级的革命意志，相反富裕的生活条件、对金钱的欲望反而使工人阶级逐渐丧失了自己的阶级意识。人们会沉浸在这种异化中，而不想超拔出来。人们不是想推翻资本家的统治，而是都梦想成为资本家。资本意味着权力、魔力和欲望的实现。从根本上来讲，人在非神圣形象中的自我异化最重要的就是这种欲望形而上学对人的控制。现代社会的人们遵循着利益最大化的法则，每个人都按照"成本—报酬"这种计算的方式实现着自己利益的最大化。在欲望的催逼之下，人们永远不可能停下追逐金钱的脚步。"在资本主义条件下，人们永远处于一种相对的贫困和一种相对收入差距的逻辑驱使下，人们对利益最大化的奋斗永远没有止境，也就意味着永远在焦虑、紧张，永远生活在巨大的压力之下。"②

第二节　欲望形而上学何以可能

海德格尔曾经指出，如果想集中考察一个时代，只需要考察那个时代的形而上学就可以了。我们的时代被称为"资本的时代"，那么，作为我们这个时代理论表征的形而上学又是一种什么样的形而上学呢？我们

① ［美］宾克莱：《理想的冲突——西方社会中变化着的价值观念》，马元德、陈白澄、王太庆等译，商务印书馆 1983 年版，第 70 页。

② 孙利天、黄杰：《寻求根基性的存在经验》，《社会科学辑刊》，2014 年第 3 期。

可以明确地将之称为"欲望形而上学"。

"资本主义最重要的要素之一，就是永不停歇、贪得无厌地榨取财富的强烈需要。之所以会产生这种无穷欲望，是因为财富与权力是不可分割的。资本在很大程度上具有指挥他人和让他人服从的力量，这就是权力。"①对马克思来说，资本是一种权力，即资产阶级社会中支配一切的权力。"有了商品流通和货币流通，决不是就具备了资本存在的历史条件。只有当生产资料和生活资料的占有者在市场上找到出卖自己劳动力的自由工人的时候，资本才产生；而单是这一历史条件就包含着一部世界史。因此，资本一出现，就标志着社会生产过程的一个新时代。"②货币转化为资本的一个前提性条件就是劳动力成为商品。劳动力是一种特殊的商品，是一种能够创造价值的商品。资本要想实现自身的增殖，就必须支配和控制雇佣劳动。资本家通过具体的生产过程和流通过程，剥夺和攫取了工人所创造的超出其工资（必要价值）的剩余价值，这一部分价值是工人的无酬劳动所创造的。因此，资本"按其本质来说，它是对无酬劳动的支配权"③，对无酬劳动的支配意味着对工人所创造的剩余价值的剥削和劫掠。资本的这种权力"不是一种个人力量，而是一种社会力量"④。换句话说，资本的这种权力不仅仅是某个资本家的权力，而是成为整个资本家阶层亦即资产阶级的权力，是资产阶级社会中支配一切的权力。

---

① ［美］海尔布隆纳：《资本主义的本质与逻辑》，马林梅译，东方出版社 2013 年版，第 19 页。

② 《马克思恩格斯文集》，第 5 卷，人民出版社 2009 年版，第 198 页。

③ 《马克思恩格斯文集》，第 5 卷，人民出版社 2009 年版，第 611 页。

④ 《马克思恩格斯文集》，第 2 卷，人民出版社 2009 年版，第 46 页。

　　"在一切社会形式中都有一种一定的生产决定其他一切生产的地位和影响，因而它的关系也决定其他一切关系的地位和影响。这是一种普照的光，它掩盖了一切其他色彩，改变着它们的特点。这是一种特殊的以太，它决定着它里面显露出来的一切存在的比重。"①资本主义社会中具有这种决定性和支配性地位的"生产"就是"资本"。资本影响和决定着其他一切社会关系。基于资本所形成的雇佣劳动关系成为资本主义社会的生产关系。在此意义上，资本变成了万物的尺度，现实中的一切都必须在资本面前为自己的存在权利作出合法性辩护。资本摇身一变成了现实中万能的上帝。资本作为黑格尔绝对理念的化身成了另外一种形而上学——资本形而上学。虽然自黑格尔以来，"拒斥形而上学"就逐渐成为西方哲学的主流，包括马克思在内，尼采、海德格尔、卡尔纳普、维特根斯坦等一流哲学家都对传统形而上学展开了猛烈地批判。黑格尔作为传统形而上学的集大成者更是首当其冲，在此意义上，马克思把这一过程称为"绝对精神的瓦解过程"。但是，正当人们认为传统同一性形而上学被彻底终结而欢呼雀跃的时候，真正的同一性的形而上学却在资本主义社会的现实生活领域中复活了。理性同一性形而上学虽然造成了"形而上学的恐怖"，但其仅仅是以概念的形式在思想领域里起着统治作用。而资本形而上学对人的控制不仅是一种意识形态的控制，更重要的是它还是一种政治制度、经济体制和生产方式对人的控制。

　　在《1857—1858年经济学手稿》中，马克思指出，资本主义社会中人的存在状态是"以物的依赖性为基础的人的独立性"。毫无疑问，这里

———————
①　《马克思恩格斯全集》，第30卷，人民出版社1995年版，第48页。

所谓的"物的依赖性"指的就是对"资本"的依赖性。"以物的依赖性为基础的人的独立性"实质上就是"物的关系对个人的统治"。在《德意志意识形态》中，马克思曾经指出："在现代，物的关系对个人的统治、偶然性对个性的压抑，已具有最尖锐最普遍的形式。"①人的本质被降低为物的本质，人与人之间的关系也被异化为物与物之间的关系。"个人现在受抽象统治，而他们以前是相互依赖的。但是，抽象或观念，无非是那些统治个人的物质关系的理论表现。"②马克思在《1857—1858 年经济学手稿》中的这句话用最简练的语言表明了现代人的生存状况：个人现在受抽象统治。资本作为一种权力，是一种强大的同一性控制力量，它在现实社会中起着"抽象成为统治"的作用。它和传统的理性形而上学遵循着同样的逻辑——"同一性"逻辑。资本在现代社会中获得了一种类似于传统形而上学的"本体"的地位。资本成了资本主义社会中规范人们全部思想和行为的根据、标准和尺度，成了黑格尔哲学意义上的"绝对精神"。资本主义社会的意识形态把人们的异化劳动颂扬为一种职业精神，把对金钱和资本的追求，美化为一种自我奋斗；把人们的物质欲望的满足，描绘成一种成功和自我价值的实现；把人们的奢靡的生活方式美化为贵族式的高雅和教养。它使我们每个人都坚信，资本主义社会为我们提供了人类有史以来最好、最平等的自我实现的机会。在这种资本主义社会意识形态的笼罩之下，我们不仅意识不到发生在人类身上的本质异化，而且还乐此不疲地享受着这种资本的文明，并且宣称这是人类"历史的

---

① 《马克思恩格斯全集》，第 3 卷，人民出版社 1960 年版，第 515 页。
② 《马克思恩格斯全集》，第 30 卷，人民出版社 1995 年版，第 114 页。

终结"，因为我们无法设想一个更加美好的社会制度。

资本之所以能够对所有人包括资本家和工人都形成控制和奴役，就是因为资本能够实现和放大人的物质欲望。马克思明确指出："资本作为财富一般形式——货币——的代表，是力图超越自己界限的一种无限制的和无止境的欲望。"①资本增殖的需要，必然使人的物质欲望得以膨胀，从而由传统社会的禁欲主义转向当代资本主义社会的纵欲主义。在现代社会中，人的欲望展现出一个迄今为止最大的可能性空间，我们甚至可以说这种欲望空间是无穷大的。正是在人的欲望不断膨胀的前提下，资本主义社会生产力才能获得高速发展，资本也才能获得更多的增殖。从人性的角度来讲，"欲望"也许是构成资本主义社会发展的原动力。资本不仅是人的欲望扩张的巨大推动力，而且它本身就是一种无止境的欲望。"因此，资本作为无止境地追求发财致富的欲望，力图无止境地提高劳动生产力并且使之成为现实。"②资本作为一种欲望的形而上学，极大促进了生产力的发展。马克思在《共产党宣言》中对此给予了高度的赞扬："资产阶级在它的不到一百年的阶级统治中所创造的生产力，比过去一切世代创造的全部生产力还要多，还要大。"③

"一方面，人的欲望的扩张不断地推动资本的积累；另一方面，资本的积累又使人的欲望空间不断扩张。实际上，欲望和资本是一而二、二而一的事情。"④资本就是欲望，欲望就是资本。欲望形而上学构

① 《马克思恩格斯全集》，第 30 卷，人民出版社 1995 年版，第 297 页。
② 《马克思恩格斯全集》，第 30 卷，人民出版社 1995 年版，第 305 页。
③ 《马克思恩格斯文集》，第 2 卷，人民出版社 2009 年版，第 36 页。
④ 俞吾金：《实践与自由》，武汉大学出版社 2010 年版，第 344 页。

成了现代社会的形而上的本性。在《共产党宣言》中，马克思深刻地指出："在资产阶级社会里，资本具有独立性和个性，而活动着的个人却没有独立性和个性。"①在资本主义社会中，不断扩大商品销路的需要，驱使资产阶级奔走于全球各地。它必须到处落户，到处开发，到处建立联系。资本家只不过是资本的人格化。表面上看起来，是资本家奔走于世界各地，而实际上是资本遵循资本增殖的逻辑到处安家落户。"作为资本家，他只是人格化的资本。他的灵魂就是资本的灵魂。而资本只有一种生活本能，这就是增殖自身，创造剩余价值，用自己的不变部分即生产资料吮吸尽可能多的剩余劳动。资本是死劳动，它像吸血鬼一样，只有吮吸活劳动才有生命，吮吸的活劳动越多，它的生命就越旺盛。"②活动着的个人丧失了独立性和个性，被资本所统治。无论是资本家，还是工人都被欲望形而上学所支配。为了所谓的"欲望"的实现，现代人放弃了自己真实的内心，或者说根本发现不了自己真实的内心，整个现代社会都被卷入欲望的逻辑之中。

欲望通过资本得以迅速地在现代社会蔓延开来，成为我们时代的精神症候。作为现代社会发展原动力的资本增殖的逻辑使人类"无止境的欲望"得以可能。"利润的最大化"是资本增殖的本质性要求，这种积累财富的欲望成为整个人类社会共同的追求。虽然工人和资本家处于社会不同的两极，但两者具有相似的行为倾向：都极力想获得社会中的货币财富。这种贪婪的态度会从社会金字塔的顶端快速渗透至最底层，并且

---

① 《马克思恩格斯文集》，第 2 卷，人民出版社 2009 年版，第 46 页。
② 《马克思恩格斯文集》，第 5 卷，人民出版社 2009 年版，第 269 页。

统一了现代社会的集体认知。当"积累资本的欲望"成为整个资本主义社会共同追求的时候，从而也就构成了资本主义发展的最根本的推动力。资本主义社会的生产力得到了空前的巨大发展，它所创造的物质财富比以往人类社会所创造的总和还要多，这一切都要归因于现代社会"积累资本的欲望"。在《资本论》中，马克思把资本主义这种飞速发展形容为"巨大的跳跃式的扩展能力"和"热病似的生产"。从马克思所处的早期工业资本主义发展到现在，以"资本的增殖逻辑"为根本推动力的经济发展模式已经逐渐偏离了合理性的增长逻辑。我们必须以《资本论》所提供的思想为理论依据，揭示当代资本主义疯狂的、热病似的增长逻辑，在现实性的意义上对欲望形而上学展开批判。

第三节 《资本论》与欲望形而上学批判

从存在论的角度来看待《资本论》，《资本论》所揭示的资本无限增殖的逻辑，正是人的欲望无穷膨胀的体现，是一种欲望形而上学的逻辑。马克思的形而上学批判不是以一种新的形而上学来取代旧的形而上学，而是从根本上拒斥和超越形而上学。因此，马克思的《资本论》不仅揭示了这种欲望形而上学及其逻辑，并且对这种欲望形而上学展开了激烈的批判，试图从根本上超越同一性形而上学对人类的控制。

马克思在《资本论》中，揭示了 G—W—G′ 这一资本增殖的逻辑，但是这一逻辑只是基于货币转换为资本的简单模式给出的公式。实际上，这一公式中的 W 并非简单的指一种"商品"，而是指一个生产过程。换句话说，W 指的是资本的循环过程的第二阶段 W⋯P⋯W′。"资本家用购买的商品从事生产消费。他作为资本主义商品生产者进行活动；他的资本经历生产过程。结果产生了一种商品，这种商品的价值大于它的生产要素的价值。"①因此，货币资本循环的公式是 G—W⋯P⋯W′—G′。在这里，我们必须强调这一公式。强调这一公式的意义并不是让我们清楚这一资本增殖的逻辑，而是让我们明白这一公式是资本主义社会发展的合理性界限。正如康德的《纯粹理性批判》揭示了理性的边界，在某种意义上，马克思的《资本论》揭示了资本的边界。康德指出理性一旦超越自己的边界进行形而上学的误用，就会导致先验幻象。在资本主义社会中，资本一旦超出 G—W⋯P⋯W′—G′ 这一货币资本循环的公式，就会陷入财富增长的幻象。

马克思所生活的时代是 19 世纪的早期工业资本主义时期。《资本论》写作所依据的主要是英格兰的社会状况。马克思通对英格兰工业资本主义的考察，发现了"资本主义积累的绝对的、一般的规律"："社会的财富即执行职能的资本越大，它的增长的规模和能力越大，从而无产阶级的绝对数量和他们的劳动生产力越大，产业后备军也就越大。"②马克思的结论和亚当·斯密等资产阶级经济学家之间却出现了矛盾。因为根据亚当·斯密的观点，资本增长的规模和能力越大，整个社会的财富就会得到更大的增长，这种财富的增长将会惠及全体人民。而现在，马克思所看到的却是一个工人阶级生活悲惨的世界。这促使马克思去追问

① 《马克思恩格斯文集》，第 6 卷，人民出版社 2009 年版，第 31 页。
② 《马克思恩格斯文集》，第 5 卷，人民出版社 2009 年版，第 742 页。

工人阶级生活的苦难根源在哪里。马克思指出，根源在于工人所创造的剩余价值被资本家剥夺了。当代资本主义社会谋求建立一种高福利国家，他们在第一次分配之后，通过高税收等其他方式进行第二次、第三次分配，实现全体人民的社会福利和社会保障。这使我们很难再通过剥削去指责当今的资本主义制度。罗尔斯在其著作中，倡导一个能够最大程度增进最不利者利益的理想正义社会，更使我们有理由相信，当代资本主义解决了，最起码是在努力地解决马克思所谓的剥削问题。

实际上，当代资本主义社会的主要矛盾和危机还不在于"资本家和工人"之间的阶级对立，因为这一矛盾在当代资本主义的努力下，已经得到了很大缓解。对于当代资本主义来说，最大的危机在于偏离了资本主义发展的轨道，陷入了资本增殖的幻象，从而堕入了欲望的深渊。马克思在《资本论》中所展现的欲望形而上学的逻辑在当代社会中愈演愈烈。同马克思时代的工业资本主义相比，当代资本主义的本质特征是金融资本主义。

自 20 世纪 70 年代以来，全球范围内都开始产生"资产证券化"浪潮，衡量一个企业的资产首先要看的就是它的股价。金融资本主义开始成为当代资本主义的本质性特征。实际上，在早期的工业资本主义时期也存在着金融资本，马克思将其称之为"高利贷资本"。但是为什么不把那时的资本主义也称为金融资本主义呢？这是因为那个时期资本增殖的逻辑是工业资本主义式的，而我们当今社会的资本增殖模式却是金融资本式的。工业资本主义时期，存在着三类资本：工业资本、商业资本和高利贷资本，增殖逻辑是 $G—W\cdots P\cdots W'—G'$，通过工业生产过程发生资本的增殖，商业资本通过购买工业生产的劳动产品获得利润，高利贷资本通过把钱借贷给商业资本和工业资本获得利润，无论是高利贷资本，还是商业资本如果想产生增殖都离不开工业资本的生产过程，也就是说离不开 W···P···W′。但是金融资本主义把资本这一增殖的过程给简约化了。我们时代的金融资本如果想获得增殖，不单单可以通过商业资本和工业资本实现，它完全可以自身实现增殖。资本不通过实体经济，自身发生增殖，标志着金融资本主义的诞生。

随着金融资本主义的兴起，G—W···P···W′—G′ 逐步被简化成 G—W—G′，并且其中的 W 逐渐被虚拟化，直到直接出现 G—G′ 的资本增殖模式。① 现今的金融资本，对进行实体经济的投资获得收益已经没有多大的兴趣，他们热衷的是资本炒作，用钱来套取更多的钱。一旦资本增殖的逻辑由 G—W···P···W′—G′ 转变为 G—G′，就意味着资本主义的发展模式超越了自己的合理性界限，欲望形而上学被膨胀到了极致。"在这种虚拟的'新经济'中，资本炮制了一种幻觉，仿佛它可以在没有劳动介入的情况下自我繁荣。"②人们不再把辛勤劳动当作美德，而是把资本的投机当作能力的展现。整个社会处于一种欲望的癫狂之中。仅靠诸如新教伦理之类的道德法则来规范人的欲望，随着神圣的祛魅，已经不再可能。"有一种看法，产生于文艺复兴时期，在 17 世纪期间变得根深蒂固，即人们不再相信能够用道德教化式的哲学和宗教戒律来约束人类的破坏欲。必须寻找约束人类欲望的新方法。"③文艺复兴虽然使人类

---

① ［法］丹尼尔·本赛德：《马克思主义使用说明书》，李纬文译，红旗出版社 2013 年版，第 161 页。

② 诸如社会上流行的"传销"就是资本增殖的中介"W"被虚拟化的表现。对于传销而言，传销的东西是什么是无所谓的，它只具有符号性的意义。

③ ［美］艾伯特·奥·赫希曼：《欲望与利益——资本主义走向胜利前的政治争论》，李新华、朱进东译，上海文艺出版社 2003 年版，第 10 页。

摆脱了神圣性的奴役，但却将人置于自己欲望的控制之下。

霍布斯、培根、洛克、休谟、爱尔维修等许多大思想家都在寻求压制或驯服欲望的道路。但是，"考虑到这样的不容忽视的事实，即人类是永不安宁的、充满欲望的并受欲望驱使的动物，那么压制欲望和驯化、利用欲望的解决方式都缺乏说服力。压制欲望是以假想的方式逃避问题，而更具现实性的驯化、利用欲望的解决方式，其转变过程与炼丹术一样神秘"[1]。当这些大思想家们试图解决欲望的时候，仅仅是早期资本主义时期，资本主义尚未发展到金融资本主义。也许当时的社会还可以通过新教伦理、通过权力的压制或者通过欲望与欲望之间的制衡来控制、利用和驯化欲望。即使效果不是那么理想，但毕竟还处在合理的发展界限之内。在我们的社会，不仅所有的欲望都转化为对金钱的欲望，并且这种欲望被放大到极致。在我们的时代，对于资本增殖来说，生产过程已经变得不再那么重要。根据《财富》杂志 2015 年 7 月 22 日发布的 2015 年世界 500 强企业排行榜，前 10 名中，有 7 家都是银行保险类企业。G—G′的资本增殖模式已经冲破了资本增殖的合理性界限，所产生的只能是财富增殖的幻象，它会把整个资本主义推入欲望的深渊。资本主义社会的欲望形而上学逻辑把现代人整个都卷入到了对欲望的追逐当中，人的本质完全被物化了，人所具有的"神性"的本质消失殆尽。我们很难看到"崇高""自由"和"诗意"，充斥着这个世界的是"卑污""催逼"和"算计"。

---

[1] ［美］艾伯特·奥·赫希曼：《欲望与利益——资本主义走向胜利前的政治争论》，李新华、朱进东译，上海文艺出版社 2003 年版，第 15 页。

实际上，马克思已经找到了彻底消解欲望形而上学的道路，那就是瓦解"资本"。资本作为人类"欲望"的现实化，正是欲望形而上学的秘密所在。资本赖以生存的前提是"私有财产"，所以马克思认为扬弃人的异化和扬弃私有财产走的是同一条道路。正是在"财产权"这一问题上，资产阶级思想家们和马克思有根本性的分歧。在马克思看来，"财产权"是资本主义社会中异化的根源，而资产阶级思想家们则一致认为"财产权"是现代社会中人们基本权利和自由的保障。就当前社会发展的现状来看，至少在很长的一段时期内，我们无法抛弃资本，世界各国也依然会热衷于资本增殖所带来的经济发展。这也决定了人类至少暂时无法选择马克思的釜底抽薪式的方法。但是，当代社会必须坚守住资本的合理性界限：资本的增殖必须通过实体经济的生产（G—W…P…W′—G′）实现。一旦人类社会完全堕入到资本增殖的幻象（G—G′）中，等待人类社会的将不仅仅是所有的一切沉浸到金钱的冰水中，连现代社会的最后一丝先验的道德规范都将荡然无存。当我们被这个欲望形而上学的逻辑所控制，并津津乐道股票、基金和理财的时候，马克思的"劳动价值论"就已经被我们抛到了九霄云外。

我们暂且抛开资本主义社会资本增殖的方式是否合理不谈，资本文明也必将导致资本主义的自我毁灭，当然也包括人类文明的毁灭。这是因为，按其本性来讲，资本主义理性的计算乃是谋取利润，其资本增殖的逻辑会榨干地球最后一点资源。根据丹尼尔·贝尔的论断，当代资本主义已经逐步挣脱了新教伦理的限制，"节制"不可能再出现在资本主义的字典里。如果没有资本增殖所支配的"热病似的生产"，可持续发展是可能的。但是，资本无限制和无止境的增殖和人类欲望的极度膨胀必将造成对自然资源的疯狂性掠夺。按照如今的自然资源开采和地球污染速度，人类还能持续多长时间将成为一个严峻的现实问题。如果资本的文明是人类终极文明形态的话，那也只是人类自我毁灭前的狂欢派对。

第五章　资本统治权批判

　　"权力"问题一直是人类社会发展中最为核心的关键问题。在现代社会的语境中谈论"权力"问题，必须深入现代社会本质结构中去。在传统社会中，政治权力是全部社会权力的核心，驯服政治统治权就成为近代政治哲学的核心问题。而随着现代资本主义社会的兴起，经济权力逐渐取代政治权力而成为现代社会权力的核心，资本统治权决定着现代社会的微观权力结构。因此，在现代社会中，真正支配着我们的主导权力形式，不是凌驾于社会之上的作为政治权力的超验权威和暴力，而是体现在财富和资本中的权力。"一种新的政治犹希迈罗斯主义也许可以帮助人们不再关注天界的主权者，而是识别出其在人间的权力结构。"①古希腊神话学家犹希迈罗斯指出，所有关于诸神的神话都只是关于人类行为的历史故事。与此同理，那些高居于我们之上的主导权力形式完全属于此世。

我们需要剥掉权力的神学外衣，在现实社会中找到其真实的理论根源。这一主权权力的真实来源，被马克思在《资本论》中揭露出来了。我们知道，马克思通过"资本"这一概念洞察了现代资本主义社会的本质与逻辑。古典政治经济学家亚当·斯密认为资本是为了生产而积蓄起来的物质资产，是用于生产的"预蓄财富"。马克思指出，把资本等同于"积累起来的劳动"，这是一种对资本"物化"的理解。对于马克思来说，资本是一种权力（power），即资产阶级社会中支配一切的权力。这种权力"是资产阶级社会的支配一切的经济权力"②，并且资本这种权力"不是一种个人力量，而是一种社会力量"③。它影响和决定着其他一切社会关系。研究资本的权力形式以及剖析这种权力所导致的社会后果，就成为洞察现代社会一个重要的理论视角。

第一节　资本的购买力与市场社会

资本首先是作为货币的形态而存在的。作为货币，其最直接和最明

---

① ［美］迈克尔·哈特、［意］安东尼奥·奈格里：《大同世界》，王行坤译，中国人民大学出版社 2016 年版，第 3 页。

② 《马克思恩格斯全集》，第 30 卷，人民出版社 1995 年版，第 49 页。

③ 《马克思恩格斯选集》，第 1 卷，人民出版社 2012 年版，第 415 页。

显的权力就是购买力。资本的购买力看似平常无奇，但它却是资本统治
权得以形成的最原始的权力。事实上，早在亚当·斯密那里，他就已经
认识到了资本所具有的这种购买的权力。"财产对他直接提供的权力，
是购买力，是对于当时市场上各种劳动、各种劳动生产物的支配权。他
的财产的大小，与这种支配权的大小，恰成比例。换言之，财产愈大，
他所能购买所能支配的他人的劳动量，或他人的劳动生产物量，亦按比
例愈大。反之，亦按比例愈小。"①根据亚当·斯密的分析，资本作为财
产所直接提供的权力就是"购买力"，购买力是各种劳动和劳动生产物的
支配权。但我们需要注意的是，亚当·斯密在这里所谓的支配权依然是
经济权力，因为它是对劳动和劳动生产物的支配权，并没有上升到或意
识到这种支配权是对劳动力（工人）的支配权。在《1844 年经济学哲学手
稿》中，马克思指出："资本是对劳动及其产品的支配权力。资本家拥有
这种权力并不是由于他的个人的或人的特性，而只是由于他是资本的所
有者。他的权力就是他的资本的那种不可抗拒的购买的权力。"②马克思
暗示我们，资本家之所以拥有对劳动及其产品的支配权，这与他生理上
或心理上的特征并没有什么关系；有关系的只有一点，即他是资本的所
有者。也就是说，实际上拥有权力的真正主体是资本，而资本家不过是
这种权力的一个象征或一个符号。

　　在资本主义市场经济中，凡是不能转化为商品的物品都被视为无效
的和无意义的，所有的物品都必须要通过市场的中介来衡量自己的价

---

　　① ［英］亚当·斯密：《国富论》上，郭大力、王亚南译，译林出版社 2011 年版，
第 25 页。

　　② 《马克思恩格斯全集》，第 3 卷，人民出版社 2002 年版，第 238—239 页。

值。有一些东西本来是金钱买不到的，但是现如今，这样的东西却不多了。今天，几乎每样东西都在待价而沽。正如桑德尔所指出的，"我们生活在一个几乎所有的东西都可以拿来买卖的时代"①。货币通过自由市场的中介源源不断地向资本转化，在资本增殖逻辑的支撑下，金钱或货币获得了一种无所不能的强大购买力和超乎寻常的神秘力量。与前资本主义社会的市场运作方式不同，自由市场机制具有将劳动者及社会生产力从非经济关系中解放出来的功能，同时承载着平等化和自由化的社会政治意义。毫无疑问，这些确实是自由市场经济的进步之处。但是，自由市场经济的逐利本性将会促使其膨胀为不加任何约束的、自由放任的市场经济。市场经济的自由放任直接表现为货币无所不能的强大购买力，表现为人类社会中的一切都必须在市场中确认自己的地位和价值。所有的物品都将成为商品，所有的一切都会沉浸到金钱的冰水当中。

资本购买力的无限膨胀导致现代社会中的所有一切都成了商品，但在这个世界上，有些东西是拿金钱买不到的，一旦用金钱估价，它就失去了原本的价值和意义，这是一个众人皆知的基本常识。"对生活中的各种好东西进行明码标价，将会腐蚀它们。那是因为市场不仅在分配商品，而且还在表达和传播人们针对所交易的商品的某些态度。"②如果有些东西成为商品，可以通过金钱购买得到，就会腐蚀这些"好的东西"本身所承载的人类的美德和价值。那么，究竟什么样的物品不能成为商品

---

① ［美］桑德尔：《金钱不能买什么：金钱与公正的正面交锋》，邓正来译，中信出版社 2012 年版，第Ⅻ页。

② ［美］桑德尔：《金钱不能买什么：金钱与公正的正面交锋》，邓正来译，中信出版社 2012 年版，第ⅩⅥ页。

呢？这些物品一旦成为商品就会侵犯和腐蚀人类社会所具有的公共善。"如果生活中的一些物品被转化为商品的话，那么它们就会被腐蚀或贬低。"①

货币最直接的权力就是购买力，购买力的无限膨胀赋予货币以一种魔力。因此，只要我拥有足够多的货币，我就能买到一切，从而对世间一切都拥有使用权和支配权。在《1844年经济学哲学手稿》中，马克思所直接反思和批判的就是这种如魔力般的购买力。"依靠货币而对我存在的东西，我能为之付钱的东西，即货币能购买的东西，那是我——货币占有者本身。货币的力量多大，我的力量就多大。货币的特性就是我的——货币占有者的——特性和本质力量。"②只要拥有了大量货币，"凡是我作为人所不能做到的，也就是我个人的一切本质力量所不能做到的，我凭借货币都能做到"③。购买力的无限膨胀赋予了货币以一种魔力。在此意义上，资本成了万物的尺度，一切都必须在资本面前为自己的存在作辩护或放弃存在的权利。马克思曾经引用莎士比亚《雅典的泰门》形象地描述了货币或资本这种巨大的魔力。"使一切人的和自然的性质颠倒和混淆，使冰炭化为胶漆，货币的这种神力包含在它的本质中，即包含在人的异化的、外化的和外在化的类本质中。它是人类的外化能力。"④资本作为绝对理念化身成另外一种形而上学。货币，因为它具有购买一切东西的特性，其货币的特性的普遍性是货币的本质的万

① [美]桑德尔：《金钱不能买什么：金钱与公正的正面交锋》，邓正来译，中信出版社2012年版，第 XVIII 页。
② 马克思：《1844年经济学哲学手稿》，人民出版社2000年版，第143页。
③ 马克思：《1844年经济学哲学手稿》，人民出版社2000年版，第144页。
④ 马克思：《1844年经济学哲学手稿》，人民出版社2000年版，第144页。

能，它被当成了万能之物。资本摇身变成了现实中万能的上帝。

人类社会中的所有一切都被裹挟到市场的大潮中，所导致的最终后果就是把我们的社会变成了市场社会。正如桑德尔所指出的，我们所要警惕的是我们的社会由"有市场经济的社会"滑落为一个"市场社会"。"这里的区别在于：市场经济是组织生产活动的一种工具——一种有价值且高效的工具。市场社会是一种生活方式，其间，市场价值观渗透到了人类活动的各个方面。市场社会是一个社会关系按照市场规律加以改变的社会。"①市场原则及与之相伴的资本权在特定的领域内确实有很大价值，但一旦我们进入了市场社会中，由于市场的原则渗透到了人类社会的方方面面，因而资本权也就变得无孔不入，从而它就能够在人类社会的任何层面上将资本的逻辑强加到人们身上。市场经济及其所引导的价值规范成了人类生活世界的根据、标准和尺度，现代社会最终成为市场社会。

第二节 资本的支配力与资产阶级社会

如果说资本的购买力是一种经济权力的话，那么资本的支配力则不仅仅是一种经济权力，更是一种政治权力。资本的支配力是在货币转化为资本的过程中产生的。马克思发现，要转化为资本的货币的价值变

---

① ［美］桑德尔：《金钱不能买什么：金钱与公正的正面交锋》，邓正来译，中信出版社 2012 年版，第 XVIII 页。

化，不可能发生在这个货币本身上，因为货币作为购买手段和支付手段，只是实现它所购买或所支付的商品的价格。货币本身并不会在流通中发生价值的变化。"要从商品的消费中取得价值，我们的货币占有者就必须幸运地在流通领域内即在市场上发现这样一种商品，它的使用价值本身具有成为价值源泉的独特属性，因此，它的实际消费本身就是劳动的对象化，从而是价值的创造。货币占有者在市场上找到了这样一种独特的商品，这就是劳动能力或劳动力。"①劳动力成为商品，是货币实现自身增殖的现实基础。

资本通过购买劳动力这一特殊的商品，形成了对无酬劳动的支配权。资本之所以是资本，就在于它能"增殖自身"。而资本为了增殖自身，就必须与雇佣劳动之间处于支配与被支配的关系。资本通过支配和控制雇佣劳动，通过具体的生产和流通过程，获取一定量的剩余价值。剩余价值是剩余劳动所创造的高于自身价值的价值。由此，马克思揭示了剩余价值的生产过程。在购买力的基础上，资本通过购买劳动力这一特殊的商品，获得了对劳动和劳动产品的支配权。马克思指出，资本"按其本质来说，它是对无酬劳动的支配权"②，即对剩余价值的掠夺权和控制权。这种权力"是资产阶级社会的支配一切的经济权力"③，并且资本的这种权力"不是一种个人力量，而是一种社会力量"。货币的购买力转化为支配力。

劳动力成为商品意味着资本的增殖成为可能，意味着资本主义社会

---

① 《马克思恩格斯文集》，第 5 卷，人民出版社 2009 年版，第 194—195 页。

② 《马克思恩格斯文集》，第 5 卷，人民出版社 2009 年版，第 611 页。

③ 《马克思恩格斯全集》，第 30 卷，人民出版社 1995 年版，第 49 页。

的生产关系得以形成。资本购买了劳动力这一特殊的商品，表明资本有权力去支配劳动者。这种支配关系构成了一种新型的社会生产关系。马克思之所以说资本的出现开创了历史，标志着社会生产过程的一个新时代，就是在这种意义上而言的。马克思在反思英国古典政治经济学的意义上，指出："资本显然是关系，而且只能是生产关系。"①这种生产关系是资产阶级社会中占统治地位的关系。它影响和决定着其他一切社会关系。资本所形成的雇佣劳动关系成为资本主义社会的生产关系。资本主义社会的生产及其生产关系都是由资本决定的。在此基础上，整个资本主义社会分裂为两个对立的阶级：资本家和工人。资本的增殖是通过资本家对工人的剥削而实现的。资本家对工人的剥削就是资本增殖的人格化表现。在封建制和奴隶制的社会形式中，剥削是显而易见的。而在资本主义社会中，资本家对工人的剩余价值的榨取是隐而不现的。

马克思的《资本论》最核心的问题就是要揭示剩余价值是如何存在的，这种剥削和奴役是如何从人们的视野中消失不见的。因此，劳动力成为商品的最重要的社会后果就是导致了资本家对工人的剥削关系——这一新型的奴役关系在现代社会中的形成。通过揭示剩余价值的生产，马克思指出，资本主义市场经济决不意味着自由和平等，而是意味着资产阶级的阶级剥削和奴役，进一步说，资本主义只是古代奴役关系的现代变种而已。

马克思认为，资本行使权力的真正的起始点是生产劳动。因为只有在生产劳动的过程中，资本才能通过对活劳动的吸吮、对工人的剩余劳

---

① 《马克思恩格斯全集》，第 30 卷，人民出版社 1995 年版，第 510 页。

动和他们所创造的剩余价值的攫取而使自己不断地增殖和膨胀。正是在这个意义上，马克思强调，技术上的发明、分工的合理化、交通工具的改善和世界市场的开辟等，"都不会使工人致富，而只会使资本致富；也就是只会使其支配劳动的权力更加增大；只会使资本的生产力增长。因为资本是工人的对立面，所以文明的进步只会增大支配劳动的客观权力"①。随着科学技术的进步和现代社会的发展，只要现代社会的生产关系得不到根本改变，资本支配劳动的客观权力就会变得越来越强大。马克思告诉我们："作为资本家，他只是人格化的资本。他的灵魂就是资本的灵魂。而资本只有一种生活本能，这就是增殖自身，创造剩余价值，用自己的不变部分即生产资料吮吸尽可能多的剩余劳动。资本是死劳动，它像吸血鬼一样，只有吮吸活劳动才有生命，吮吸的活劳动越多，它的生命就越旺盛。"②

从资本的购买力到资本的支配力，表明资本的权力已经从经济权力转变为政治权力。在资本主义社会里，购买力已经成为一种如此普遍而强大的权力，以至于拥有了大量的货币，也就意味着拥有对世间一切的强大的支配权。因此，我们不仅应把资本理解为现代社会的"经济权力"，同时也应把它理解为支配一切的社会权力和政治权力。马克思在《资本论》中认为，货币转化为资本需要有两个条件：第一，货币占有者在市场上购买到大量的原材料；第二，在市场上购买到自由的劳动力商品。前者是对死劳动的购买，后者是对活劳动的购买。购买原材料发挥

① 《马克思恩格斯全集》，第 30 卷，人民出版社 1995 年版，第 267 页。
② 《马克思恩格斯文集》，第 5 卷，人民出版社 2009 年版，第 269 页。

的还是资本的经济权力，而购买活劳动所体现的已经是资本的政治权力了。我们常说要警惕经济权力对政治权力的侵蚀，实际上这一侵蚀是不可逆转的。当资本的购买力购买劳动力商品的时候，或者说资本购买力转变为资本支配力的时候，经济权力本身已经转变成了政治权力。

马克思通过对货币转化为资本的思考，揭示资本成为可能的前提：购买到劳动力这一特殊的商品。从购买作为"物"的商品到购买作为"人"的商品，意味着作为政治权力的资本支配权的诞生。"资本主义社会"这一概念是一个非常宽泛的概念，准确地说，马克思所揭示的现代社会应该被称为"资产阶级社会"。从资本的支配力入手，马克思揭示了资本家与工人之间的支配关系。奠基于资本支配力的人与人之间的雇佣关系，就成了一种剥削关系和奴役关系。马克思曾经非常生动形象地表述了这一关系："原来的货币占有者作为资本家，昂首前行；劳动力占有作为他的工人，尾随于后。一个笑容满面，雄心勃勃；一个战战兢兢，畏缩不前，像在市场上出卖了自己的皮一样，只有一个前途——让人家来鞣。"①

第三节　资本的规训力与财产共和国

如果资本的支配力还仅仅是资本家对工人的支配力的话，资本的规训力却已经上升成整个社会的普遍性权力。在当代资本主义社会，资本

---

① 《马克思恩格斯文集》，第 5 卷，人民出版社 2009 年版，第 205 页。

的权力逐渐和法律的权力媾和在一起，从而获得了普遍性的、合法性的外衣。马克思揭示了资本所具有的购买力以及以此为基础所形成的支配力，但并没有揭示出资本所具有的规训力。在马克思看来，私有财产在其资本主义形式中，产生了完全意义上的剥削关系——将人的生产视为商品——并且从视野中也排除了人类需求与贫困的实在性。马克思揭示了资本所导致的资本主义生产方式的剥削、奴役和压迫，但是并没有详细分析现代社会的微观权力结构。从福柯开始，"权力"问题开始成为思想家们分析现代社会的核心概念，福柯就着重分析了现代社会中"规训"和"惩罚"。这一生命政治传统被当今左翼思想家奈格里和哈特所继承。在《大同世界》中，他们指出："马克思早期文本中的批判方法是强有力的，但还不足以把握财产通过法律对人类生活施行控制的方方面面。"①在现代社会中，资本本身所具有的经济性律法逐步转化为政治律法，资本所具有的支配力和购买力逐步转化成规训力，使整个现代社会成为以财产权为基础的社会体系。那么，现代社会作为一套以财产权为核心的制度法律体系究竟是如何形成的？

哈特和奈格里指出："资本也作为客观的支配形式来施行自己的律法，这种经济性的律法会结构化社会生活，并且让等级制和从属关系看起来自然而然且不可或缺。"②"资本"不仅仅是一个经济概念，它也是一个政治概念。它不仅仅会在经济领域发挥作用，它也会以律法的形式在

① ［美］迈克尔·哈特、［意］安东尼奥·奈格里：《大同世界》，王行坤译，中国人民大学出版社2016年版，第14页。
② ［美］迈克尔·哈特、［意］安东尼奥·奈格里：《大同世界》，王行坤译，中国人民大学出版社2016年版，第14页。

社会生活中发挥作用。它使整个现代社会都建立在财产权的基础上，现代社会成为"财产共和国"。

将财产权引入政治哲学的话语体系，肇始自洛克。洛克不仅将生命权视作人的自然权利，而且更重要的是，他将财产权视作人的自然权利，其立论的依据是人对自己身体的所有权以及以此为基础的对自己的劳动的所有权。"虽然自然的东西是给人共有的，然而人既是自己的主人，自身和自身行动或劳动的所有者，本身就还具有财产的基本基础。当发明和技能改善了生活的种种便利条件时，他用来维持自己的生存或享受的大部分东西完全是他自己的，并不与他人共有。"①自然而然的自然界是人所共有的，但人能够通过劳动改变自然物的状况，使之更适合于人类社会，在这一过程中自然物就附加上了人类劳动，而既然劳动是为每个个人所有的东西，那么劳动者也就拥有了对经劳动改造后所得到的劳动产品的所有权，即财产权，这是一种人们在自然状态中就能享受到的自然权利。人类之所以要从自然状态进入社会状态，是为了改善自然状态中所存在的不便之处。"公民社会的目的原是为了避免并补救自然状态的种种不合适的地方，而这些不合适的地方是由于人人是自己案件的裁判者而必然产生的，于是设置一个明确的权威，当社会的每一成员受到任何损害或发生任何争执的时候，可以向它申诉，而这社会的每一成员也必须对它服从。"②财产权是人们在自然状态下就拥有的自然权利，但当财产权受到侵犯的时候，自然却并没有为人们提供一个天然的

---

① 〔英〕洛克：《政府论》，下篇，叶启芳、瞿菊农译，商务印书馆1964年版，第29页。
② 〔英〕洛克：《政府论》，下篇，叶启芳、瞿菊农译，商务印书馆1964年版，第55页。

公正的裁判者，这就是自然状态的不便之处。因此，这一整套论证的结论就是，"人们联合成为国家和置身于政府之下的重大的和主要的目的，是保护他们的财产"①，制度法律体系建立的目的就是要保障财产权。

通过确立私有财产神圣不可侵犯的原则，以及政治社会要充当公正的裁判者从而保障财产权这一原则，洛克实现了政治哲学理论的一个重要转向。在霍布斯那里，人类本性是自私的，又渴望能够主宰别人，因此在自然状态下，人与人都处于像狼一样的敌对状态中。只有强大的利维坦，即国家，才能控制人的私欲，维持社会最起码的平安。而洛克则扭转了霍布斯的观点，在洛克看来霍布斯所描述的自然状态实际上并不是真正的自然状态，而是一种个人试图侵犯他人的自然权利、奴役他人而形成的战争状态，自然状态下的不便只是在私有财产纠纷时没有一个公正的裁决者，而不是"一切人反对一切人的战争"。因此国家不需要成为强大的"利维坦"，而只要成为能够解决财产权纠纷的公正的仲裁者就可以了。这样，制度法律体系的服务对象就被转换为维护财产权的稳定。

众多现代国家的建立事实上所遵循的都是洛克所奠定的这个财产权原则，因此，在哈特和奈格里看来，现代国家都可以被称为财产共和国。在他们看来，现代共和国的定义实际上是奠基于财产权之上的，"但是当今对现代共和主义的具体定义脱颖而出：这种共和主义是奠基于财治和私有产权神圣不可侵犯原则之上的，这就排除或者支配了那些没有财产的人"②。不仅定义如此，现代国家建立的现实历史也确证了

① ［英］洛克：《政府论》，下篇，叶启芳、瞿菊农译，商务印书馆 1964 年版，第 77 页。
② ［美］迈克尔·哈特、［意］安东尼奥·奈格里：《大同世界》，王行坤译，中国人民大学出版社 2016 年版，第 5 页。

这一定义，"三场伟大的资产阶级革命——英国的、美国的以及法国的——在各自的进程中都展示了财产共和国的出现和强化"①。在当代资本主义社会，政治不是一个自主性的领域，而是完全沉浸在经济和法律结构中的，资本的权力逐渐和法律的权力媾和在一起，形成了"财产共和国"。一旦去研究国家主权背后的经济和法律结构的话，我们就会发现，实际上在这里起到决定性作用的依然是财产权，无论是在美国的建立过程中，还是在法国大革命中，人们最终确立的都是一套保障财产权的制度法律体系，"财产的概念以及对财产的保护，依然是现代政治构造的基础。从这个意义来说，从伟大的资产阶级革命直到今天，共和国一直是财产的共和国"②。

"财产共和国"的诞生意味着资本统治权正式形成。这是因为，在财产共和国中，资本的权力已经突破了经济权力的界限，成为政治权力；并且这种权力已经获得了合法性和普遍性的外衣，成为社会的普遍权力。财产共和国具有以下三个特征：第一，财产共和国是建立在财产权基础上的现代国家，它维护的是私人财产权；第二，财产权力不仅侵蚀政治权力，而且其本身也转化为政治权力；第三，财产权力通过选举权和立法权，和法律媾和，成为一种资本统治权。现代社会的全部权力都是在作为"经济权力"的资本的基础上形成并发展起来的。在现代社会，资本统治权已经成为整个社会权力场的核心。从历时态的角度来讲，资

①　[美]迈克尔·哈特、[意]安东尼奥·奈格里：《大同世界》，王行坤译，中国人民大学出版社 2016 年版，第 5 页。

②　[美]迈克尔·哈特、[意]安东尼奥·奈格里：《大同世界》，王行坤译，中国人民大学出版社 2016 年版，第 9 页。

本统治权经历了从资本的购买力、资本的支配力，一直到资本的规训力的演变，但资本的这三种权力并不仅仅是历时态的，它们还是同时态的。也就是说，在现代社会中，资本的购买力、支配力和规训力交织在一起共同统治着现时代的人们，现代社会就是市场社会、资产阶级社会和法治共和国的"三位一体"，共同构成了现代意义上的"利维坦"。

人类出于保存自身的目的达成契约，从自然状态进入社会状态，在社会状态下人们为了解决纠纷，需要找到一个所谓的公正裁判者，这就意味着人们必然会受到政治统治权的规训。人类不可能从社会状态退回到自然状态，因此所能找到的唯一的可行性方法就是驯服政治统治权。整个近代哲学所做的工作都是在驯服政治统治权。正如卢梭在《社会契约论》开篇处所提出的原则一样，"我要根据人类的实际情况和法律可能出现的情况进行探讨，看是否能在社会秩序中找到某种合法的和妥当的政府行为的规则"①。其目的在于"以便使正义与功利不至于互相分离"②。人类社会进入资本主义社会以来，资本的权力日益成为整个社会权力的核心，一方面资本的权力影响和控制政治权力；另一方面资本的权力和法律媾和，直接转变成政治权力。资本统治权开始代替政治统治权成为现代社会的主权权力。基于以上这一转变，政治哲学的主体也应发生相应的改变。如果说近现代政治哲学的主题是驯服政治统治权的话，那么，驯服资本统治权理应成为当代政治哲学的重大研究课题。

统治权本身是不可取消的，贸然取消统治权非但不会为人类带来更

---

① ［法］卢梭：《社会契约论》，李平沤译，商务印书馆2011年版，第3页。
② ［法］卢梭：《社会契约论》，李平沤译，商务印书馆2011年版，第3页。

好的生活，反而会损害人所享有的自然权利，与此同时，试图退回到过去的思路也是行不通的，这决定了我们不能取消统治权，不能退回古代社会，而是要驯服统治权。在驯服政治统治权的过程中，近代政治哲学家们所使用的主要是制度武器，即通过一套合理而有效的政治制度建构来实现对统治权的规训与合理规划，使政治统治权能够不与人类的幸福和自由相背离。

　　根据人类历史上驯服政治统治权的经验，我们既不能退回，也无法退回到前资本主义社会的经济状态中去，也不能彻底取消资本，因为我们不能放弃现代社会经济甚至整个社会发展的原动力，我们只能走驯服和限制的道路。如果我们所驯服的对象是资本统治权的话，那么，究竟能否通过一套政治制度建构来打破资本逻辑的统治就成为我们需要思考和解决的理论难题。

第六章 资本形而上学的三个社会后果

展开对当代资本主义的批判，必须首先洞悉当代资本主义有别于传统资本主义社会的本质性特征。"现在的社会不是坚实的结晶体，而是一个能够变化并且经常处于变化过程中的有机体。"①相对于传统资本主义社会而言，现代资本主义社会已经发生了翻天覆地的变化。在现代资本主义社会中，资本获得了更大的主体性。资本主要表现为"金融资本"，它已经可以不依赖于劳动产品的生产，独自发生增殖。资本主体形而上学发展到极致，导致了金融资本主义的产生；资本如果想实现更快的增殖，商品就必须最大限度地被消费。因此，作为消费者，人类的物质欲望也

---

① 《马克思恩格斯文集》，第 5 卷，人民出版社 2009 年版，第 10—13 页。

必须被最大程度地激发和释放。资本欲望形而上学发展到极致，导致资本主义社会必须成为消费社会；资本权力作为现代资本主义社会的主宰权力，已经不再局限于资本家对工人的支配权，而是弥漫于整个现代社会，所有人都处于数字资本主义的监视和管控之下，作为数字资本主义的现代社会已经演变为数字管控社会，这也是资本权力形而上学的重要表现。

第一节　金融资本主义

如果说"工业资本"是传统资本主义的主要表现形式，那么"金融资本"已经成为现代资本主义的本质性特征。由信息技术和网络技术革命、新自由主义意识形态和为国际金融垄断资本服务的国际金融货币体系共同建构的国际金融垄断资本主义，是资本主义在全球化时代的表现形式。金融资本主义是资本主体形而上学发展到极致所必然导致的结果。

19世纪60—70年代，西方自由资本主义发展到了顶点，垄断开始萌芽。到19世纪末20世纪初，伴随工业高速发展和经济危机的循环，生产和资本日益集中，垄断得到广泛发展，普及到一切工业部门，并趁势与银行资本结合，由此，金融资本主义得以形成。金融资本通过工商业的长期贷款、投资，以及股票和债券的买卖，操控整个工商业，成了整个经济生活的基础。此外，银行与产业的关系也更加密切，金融资本成为银行资本和产业资本的结合，最终金融资本将取得对整个社会经济活动的控制。因此，这一时期的金融资本是指银行资本和工业资本相互渗透、融合而形成的一种最高形态的垄断资本。在这一阶段，金融资本的最大特点就是：金融资本与产业资本的结合，两者之间构成了一种双向依赖的关系。金融资本需要通过对实体经济的投资获得资本的增殖，同时工业生产也需要金融资本的投入和支持，从而实现产业资本的增殖，进而实现社会的扩大再生产。

自 20 世纪 70 年代以来，西方国家开始产生"资产证券化"浪潮。当今的金融资本已经脱离了产业资本而独立出来。金融资本不仅已与产业经济脱离，而且像衍生金融工具更是符号的符号，更是离实体经济十万八千里。金融资本似乎已变成一根法力无比的魔杖，银行在发放债务的同时创造出大量原本不存在的钱，它可以使一些私募基金和炒家一夜之间暴富，也可以使股市在一天里"千股跌停，总市值蒸发"。它在自身神奇增长的同时，还搅起一股股经济泡沫从而形成泡沫经济，制造出一个个耸人听闻的金融危机。现在西方的银行家们，早已开始盘活"沉睡的资产"和透支"未来的资产"。随着金融资本的进一步发展，虽然实体经济还是依赖于金融经济，但金融经济可以脱离和独立实体经济而运作。这是一种单向度的依赖，即实体经济依赖于金融经济，但后者却不必依赖于前者。简言之，金融经济和实体经济之间的关系已经由一种双向度的依赖转变为一种单向度的依赖关系。并且，这一时期金融资本还有一个非常明显的变化，就是转入了消费领域。

在成为当今资本主义的绝对核心和本质特征之后，当代金融资本主义明显出现三大趋势。第一，金融资本挟持了政府，甚至整个经济。金融资本，例如华尔街的金融机构，往往是"大到不能倒"，其逻辑是，"我倒下了，也要把你(整个经济)拉倒，你如果还想活下去，你首先必须把我救活"。因为上面提到的单向度依赖的缘故，一旦金融业被救活，它根本没有意向来挽救实体经济，拉动实体经济的发展。相反，金融业还是根据自己的逻辑发展。除了威胁政府，金融资本实际上也早已经开始操控政府决策。例如，西方国家早就有征收金融交易税的思想，意在遏制过度投机的金融交易，但始终没有成为现实。在某种意义上讲，金融资本控制了整个政治生活、经济生活和社会生活。第二，当代金融业迫使世界上所有一切"货币化"或者"商品化"，不管有形的还是无形的，物质的还是非物质的。这也是金融资本固有的资本本性所决定的。马克思在《共产党宣言》中宣称资本主义"使人和人之间除了赤裸裸的利害关系，除了冷酷无情的'现金交易'，就再也没有任何别的联系了"①。金融资本把人与人之间的这种物化关系放大到了极致，从而也把"资本拜物教"放大到了极致。第三，金融资本越来越独立化和抽象化。当代金融业不为实体经济服务，而是用货币炒作货币，众多的金融衍生品使金融资本的自身独立增殖成为可能。同时，金融资本使用大量的高科技，是高度计算机化的行业，这也使得货币的炒作表现为符号或数字的游戏。

"金融资本意味着资本的统一化。以前被分开的产业资本、商业资本和银行资本等，现在被置于产业和银行的支配者通过紧密的个人联合而结成的金融贵族的共同领导之下。"②但这仅仅是当代资本主义社会外在的经济现象，事情并非如此简单。金融资本之所以能够成为当代资本

---

① 《马克思恩格斯文集》，第 2 卷，人民出版社 2009 年版，第 34 页。
② ［德］鲁道夫·希法亭：《金融资本——资本主义最新发展的研究》，福民等译，商务印书馆 1994 年版，第 343 页。

主义的本质性特征，是因为当代人类一切问题的根源都来自于金融资本。我们知道，无论从规模还是从性质来说，当代金融资本主义已经和昔日的金融资本主义全然不同。昔日的金融资本主义是和实体经济（制造业等）联系在一起的，是为后者服务的，金融就是要为实体经济融资。但在今天的金融资本主义那里，金融不再是为实体经济融资，而是更多地为自身"融资"，用钱来套取更多的钱。如今的许多投资银行家是没有国家概念、没有道德底线也无所谓社会责任的人。金融资本主义已经不再需要传统意义上的"勤劳和努力"等美德了。它的"美德"是"机会主义"。

当代资本主义的经济危机已经和金融资本紧密地联系在一起，或者说就是金融资本所导致的危机。当代资本主义金融危机就是发生在信贷机构、投资银行、房地产商、贷款人与投资者之间多重利益链条下的隐蔽性危机。这个链条的源头是作为信贷机构的银行让不具有资格的申请者获得了信贷，信贷机构将这个存在信贷泡沫的抵押贷款经过处理卖给投资银行，而投资银行对次级抵押贷款进行证券化处理，层层打包成高风险抵押凭证之后再卖给投资者。当泡沫与风险累积到一定程度时，利益链条断裂，危机链条就如同多米诺骨牌一样势不可挡。换句话说，这些金融衍生品本身就是"有毒的"，而在利益的驱使下，这种"有毒性"被有意掩盖了。在危机发生前，信贷机构、投资机构、房地产商等在处理这些高风险金融创新产品时具有隐蔽性、伪装性和欺骗性，使广大普通投资者已经无法辨认出这些金融产品的真假、优劣与好坏。其实，美国华尔街的这些金融大鳄、投资大鳄们自己是十分清楚他们销售的虚拟金融产品是垃圾产品，但是这些垃圾金融产品必须销售出去。因为只有这些金融垃圾产品销售出去了，他们才能实现"虚拟剥削"，这些垃圾金融产品只不过是他们获得真实利润的工具。

在工业资本主义时期，金融资本主要投入的是生产领域，而现在金融资本开始转向消费领域。金融资本转向消费领域意味着群众有限的消费能力得到提升。今天消费不起可以用明天的钱、未来的钱，消费者可以透支、借贷，从而放大自己的消费量。因此，金融资本使人的消费能力得到空前的膨胀，从而适应了资本主义社会生产力的发展，暂时解决了马克思所谓的资本主义危机的根源：群众的贫穷和他们的消费受到限制与资本主义生产竭力发展生产力之间的矛盾。消费能力的增强虽然解决了生产过剩的危机，但同时也使经济虚拟化、泡沫化，最终导致大规模的金融危机。归根到底，资本主义社会的基本矛盾——社会生产可无限扩展的趋势同广大劳动者有支付能力的需求相对不足依旧规定着金融资本主义。因此，马克思对资本主义经济危机根源的揭示不仅适用于生产过剩的危机，而且同样是对金融资本主义时代经济危机根源的揭示。

金融资本本身并不创造剩余价值，货币循环或货币炒作之所以能够产生更多的货币，全靠投机诈骗、高杠杆运作。这种高杠杆运作的投机诈骗能带来超乎寻常的高额回报，给极具冒险性的资本以强烈刺激，不惜以高于自身资产数倍、数十倍、数百倍的银行贷款去购买金融资产、股票债券及其他形形色色的金融衍生品。而资本的本性就是追求利润的最大化。在市场这只"看不见的手"的推动下，什么利润率高，资本就会向什么领域流动。金融领域、资本市场虽然风险大，但存在着通过高杠杆操作、通过投机获取高额回报的机遇，于是吸引具有冒险天性的资本纷纷向金融领域、资本市场集中，使金融垄断资本迅速扩张、膨胀，并开始了由"圈地"(办实体企业)向直接"圈钱"的蜕变。"信息技术和网络技术的发明与广泛应用,既大幅提高了社会生产力,同时又为国际金融垄断资本的全球扩张,以及金融与资本市场的虚拟化和病态膨胀提供了技术支撑;新自由主义则成为国际金融垄断资本向全球扩张及其制度安排的理论依据;当代国际金融货币体系为美英国际金融垄断资本全球扩张提供了最重要的杠杆或平台。这三者的媾和,成为拉动美国为代表的发达资本主义由国家垄断向国际金融资本垄断过渡的'三驾马车'。"①正是在这"三驾马车"的拉动下,以金融资本为标志的发达资本主义社会的经济得以高度发展,但同时背后隐藏着巨大的经济危机。更重要的是,它造成了金融资本主义时代人的全面异化。

第二节 消费社会

鲍德里亚的消费社会是资本欲望形而上学的体现,"消费"是人的物质欲望最大限度的实现,商品以"符号—物"的形式存在,奠定了整个消费社会的基础。如果说马克思在《资本论》中对于资本主义社会的批判开始于"商品",那么鲍德里亚则是从对"物"的分析入手,立足于消费社会的理论视角,来对当今的资本主义社会展开批判的。并且更进一步,鲍德里亚用"物"替代了马克思的"商品"概念,因为在他看来,在当今社会中,充斥其中的不再是"商品",而是大量"物"的堆积。"恰当地说,富

---

① 何秉孟:《美国金融危机与国际金融垄断资本主义》,《中国社会科学》2010 年第 2 期。

裕的人们不再像过去那样受到人的包围，而是受到物的包围。"①这里的"物"不再是在生产领域中被生产出来的实体性商品，而是一种信息形式以及符号状态。因此物的诞生并不在生产领域，恰恰在消费领域，因为在消费社会中"物"成为"符号—物"，具有了一种"符号/价值"。如果在一个商品堆积的社会里，商品拜物教是透视这种社会现实的理论分析路径，那么在鲍德里亚的消费社会当中，其对社会的分析就转变成一种"符号—物"的拜物教。鲍德里亚作出这种判断的理由是：在马克思的商品拜物教当中，使用价值作为商品所包含的满足人的具体需求的具体的有用性，是不受等价逻辑约束的。尽管使用价值在生产与交换过程中不断地被反复确认，但它仍然没有进入到市场经济之中。所以，在这个意义上马克思的"商品拜物教并不是那作为使用价值和交换价值共同体的商品的功能，而是一种交换价值的功能"②。而在符码统治的逻辑下，"最初与我们打交道的其实是符号：一种被一般化了的符号的符码，一种完全任意的差异的符码，物正是在这一基础上，而不是由于其所具有的使用价值或者内在的'特性'才得以展现其自身迷人的魅力"③。也就是说，当商品转变为一种"符号—物"的存在后，使用价值所包含的有用性、需要等属性也就消失殆尽了。

　　"拜物教"在鲍德里亚的意义上应该是使用价值和交换价值共同的拜

①　［法］鲍德里亚：《消费社会》，刘成富、全志钢译，南京大学出版社 2014 年版，第 1 页。

②　［法］鲍德里亚：《符号政治经济学批判》，夏莹译，南京大学出版社 2015 年版，第 170 页。

③　［法］鲍德里亚：《符号政治经济学批判》，夏莹译，南京大学出版社 2015 年版，第 105 页。

物教。鲍德里亚指出，使用价值是政治经济学的皇冠和王权，是最为隐秘的一处堡垒，连马克思的政治经济学批判都没能触及，它本身成为一种最为隐秘的拜物教。"使用价值，即有用性自身，也可以被拜物教化为一种社会关系，就如同商品的抽象等同一样，使用价值也是一种抽象。"①这就意味着，在消费社会当中，使用价值也被符码纳入自身并将其体系化了。所以，鲍德里亚在此是要将拜物教的理论批判延伸到使用价值的领域中去。一旦拜物教延伸到了使用价值的领域，那么"拜物教所揭示的并不是对于实体的迷恋，而是对于符码的迷恋，它控制了物与主体，使它们屈从于它的编排，将它们的存在抽象化"②。也就是说，在消费社会当中，拜物教不是将具体的、实体性的"物"神圣化，而是将物与物的关系所构筑的"符码"神圣化。在本质上说，拜物教并不与实体有关，而是陷入了一种体系、一种符码当中。

从出发点和目的上来看，无论是马克思的"商品"还是鲍德里亚的"符号—物"，都是当今社会关系的一种显现。二者都可以看作是对社会现实本身的一种呈现，并通过这种呈现来批判和分析资本主义社会的意识形态体系。但不同的是，鲍德里亚比马克思更为激进，他认为马克思指认出拜物教的本质在于物与物的关系对人与人的关系的一种遮蔽，这就将现实分解成了物与物和人与人的关系的二元对立，并凸显出人与人的关系更具有本真性，这就陷入了鲍德里亚所指认的那种

---

① ［法］鲍德里亚：《符号政治经济学批判》，夏莹译，南京大学出版社 2015 年版，第 170 页。

② ［法］鲍德里亚：《符号政治经济学批判》，夏莹译，南京大学出版社 2015 年版，第 105—106 页。

西方形而上学的思维方式当中。所以，在这个意义上说，尽管马克思揭开了物与物的关系背后的本质，却因为陷入了二元对立的结构分析模式，导致商品拜物教批判自身陷入了一种无法挣脱的意识形态。而鲍德里亚的主要目的是消解这种二元结构本身，由于符码已经作为一种霸权入侵到人们社会生活的各个层面，所以要想突破这种二元结构，就应该将从前被看作是非意识形态的领域也纳入意识形态的批判当中。因为当下的社会陷入了符码结构的控制当中，"符号—物"突破商品的限制，将不能变成商品的东西全部变成了可交换的商品。在这种社会现实之下，一味地寻找那些未被符号化、形式化、抽象化的存在是不可能的。以符号为中介，传统的那种西方理性形而上学的二元对立的界限已经变得模糊了，因为它们都从属于符号学的分析原则，处于符码的霸权统治当中。正是在这个意义上，鲍德里亚为拜物教批判理论加入了符号的维度。

鲍德里亚立足于现代消费社会的基本理论视角，从对物的存在状态的分析入手，揭示了"物"在消费社会中成了一种"符号—物"，将使用价值纳入拜物教批判的视域当中，为价值增添了"符号/价值"的维度。对使用价值拜物教的指认开启了一条对于当下社会现实的有效的批判路径，它成为马克思商品拜物教在当代社会条件下的重新激活。既然鲍德里亚认为在消费社会当中使用价值也被符码体系化、差异化，成为一种拜物教，那么建立在使用价值基础上的需要概念也必然是值得怀疑的。"需要"这个概念是在资本增殖过程中产生的，在符码的差异性逻辑中已经成为确证社会再生产的手段。而资本为了实现自身的增殖，依靠大众传媒和广告等各种手段来积极地促进消费，诱导人们在消费中体验身份的等级和选择的自由。这种在媒介和广告的包装下制造出来的需求实际上是与人们的内心需求不一致的伪需求。正是在这个意义上，鲍德里亚反问道："人真有需要吗？人要保证需要的满足吗？"①鲍德里亚反对将需要的满足自然化的理论倾向。在他看来，需要的满足在消费社会中彰显的是一种体现身份与等级的社会区分功能。消费中的需要并不是人们真实的需要，它不过是对生产秩序的内在目的性的一种掩盖，是人们确证自己社会存在的手段。人们依据需要来寻找自己在体系中的位置。"我们相信'消费'：我们相信一种真实的主体，被需求所驱动，将真实的物作为其需求获得满足的源泉。"②而在鲍德里亚却认为，消费中并不存在消费的主体，并不存在人们的基本需要，需要最终仍然是一种生产主义的界定。由此，"需要"不能再作为一种内在的、直觉的力量，一种自然的欲望来界定了，而是应该被视为一种资本主义体系自身的功能运演，即再生产的过程所必需的生产力。换言之，需要的存在只是因为体系本身要求它们存在。这种在"生产逻辑"的框架下建构的需要概念其实就是一种伪需求，资本家穿着需求的外衣，通过符码的体系化过程，使消费者获得对需求的内心认同，并将其看作本真性的欲望。其实这只是一种天真的人类学假设，"明明是伪造出来的他者欲望，却被重复建构成一种看似真实的我的本然的需要"③。正是由于这种对人的需要和满足进行的合法包装，更深

① ［法］鲍德里亚：《生产之镜》，仰海峰译，中央编译出版社2005年版，第2页。
② ［法］鲍德里亚：《符号政治经济学批判》，夏莹译，南京大学出版社2015年版，第57页。
③ 张一兵：《反鲍德里亚：一个后现代学术神话的祛序》，商务印书馆2009年版，第95页。

层的社会问题被遮蔽了。

需要按其本质来说是一种消费性的界定，是资本主义调整的内在策略。资本的意识形态在消费者的无意识之中将其纳入了符码的差异性体系，使之变成了一种抽象的有需要的躯壳。在这个意义上，需要成为生产秩序的一种掩盖。在"自然需要"的自由与民主的幻象下，真实运行的却是一套体现等级差异与权利体系的逻辑，"需要"这个概念仍然是生产逻辑的产物，是资本主义作为消费社会的意识形态幻象。隐藏在数字平台后的符号编码体系以身体的直觉、感知、想象、情感等为中心，建构起消费控制的新形式。可以说，"身体的全部当代史就是它的分界史，标记和符号的网络覆盖身体，分割身体，在差异性和基本二重性中否定身体，以便仿照物体领域，把身体组织成交换/符号的结构材料"①。符号系统破除了身体消费的物理空间限制，通过广告、媒介的渲染建构了身体消费的符号空间。在符号空间的消费叙事中，丰盛的物围绕着身体、时尚的概念包裹着身体。符号系统不断生产出彰显身份和存在的结构性意义和符号价值，让人通过消费来重新关注和投资自己的身体，以此来获得仪式感、娱乐感、幸福感等全新的身体美学体验。在此基础上，符号系统进一步操纵和控制人的消费欲望，不断将人的基本需要精致化，尽可能地挖掘身体的潜在需要，制造虚假需求。在资本的驱动下，人类的"自然的需要"不断被"历史地形成的需要"所代替。这种"历史形成的需要"在消费的语境中主要体现为由资本建构出来的非人的、非自然的"虚假需要"。

---

①　[法]波德里亚：《象征交换与死亡》，车槿山译，译林出版社 2006 年版，第 149 页。

正如在生产过程中身体作为劳动力被建构起来一样，现在工人的身体也隐藏着巨大的消费力。资本为了创造新的价值、获取新的利润，进一步开发人的需求，必须不断通过符号建构出身体解放的幻象和神话。"身体必须被解放、获得自由以便它能够因为生产性目的而被合理地开发……必须使个体把自己当成物品，当成最珍贵的交换材料，以便使一种效益经济程式得以在与被解构了的身体、被解构了的性欲相适应的基础上建立起来。"①社会的符号化创造了一套身体展示的逻辑，它直接导致人的身体不再是其本真意义上的存在，而是一种丧失了主体性的功能性和符号化的存在。从本质上来看，"这是一种受到诱导的自恋，是为了符号的增值与交换而对美的功能性颂赞。这种自我诱惑从表面看没有动机，但事实上，它的全部细节都通过身体的最佳管理标准以符号市场为目的"②。这样，身体在"解放"的氛围中，被纳入了一个控制过程，这个过程的运作和策略正是政治经济学的运作和策略本身。这样，身体就被符号所穿透，销蚀了其原有的个性而沦落为与物、符号同质的存在，消费也成为建构资本主义统治关系和秩序的意识形态工具。通过需要这个概念，资本主义为自己找到了意识形态的支撑物，身体也被无限膨胀的欲望所遮蔽而处于异化状态，它抛弃了自在生命之本真，彻底地堕落为一种消费机器。

---

① ［法］鲍德里亚：《消费社会》，刘成富、全志钢译，南京大学出版社2014年版，第127—128页。

② ［法］波德里亚：《象征交换与死亡》，车槿山译，译林出版社2006年版，第169页。

第三节　数字资本主义

在《规训与惩罚》中，福柯曾经以边沁式全景敞视建筑为典例，分析规训机制的微缩模式。具体说来，"边沁（Bentham）的全景敞视建筑是这种构成的建筑学形象。其构造的基本原理是大家所熟知的：四周是一个环形建筑，中心是一座瞭望塔。瞭望塔有一圈大窗户，对着环形建筑。环形建筑被分成许多小囚室，每个囚室都贯穿建筑物的横切面。各囚室都有两个窗户，一个对着里面，与塔的窗户相对，另一个对着外面，能使光亮从囚室的一端照到另一端。……敞视建筑机制在安排空间单位时，使之可以被随时观看和一眼辨认"[①]。这种全景敞视监狱的优势至少体现在两个方面，从监督者的视角来看，人们可以通过逆光作用将目光投射到每一个囚室中的每一个小人影，无须花费多少精力，就能够确保对每个犯人的严密监视；从犯人的视角来看，他们之间不仅无法沟通交流，而且由于在封闭隔间中的一举一动都是透明可见的，所以即使监视是断断续续的，也会给犯人一种心理暗示，即他时时刻刻都存在被监视的可能。因此，在福柯看来，这种全景敞视主义凭借其优势具有顽强的生命力。随着社会的不断发展，"全景敞视模式没有自生自灭，也没有被磨损到任何基本特征，而是注定要传遍整个社会机体。它的使命就是变成一种普遍功能"[②]。

[①]　［法］米歇尔·福柯：《规训与惩罚：监狱的诞生》，刘北成、杨远婴译，生活·读书·新知三联书店 2012 年版，第 224 页。

[②]　［法］米歇尔·福柯：《规训与惩罚：监狱的诞生》，刘北成、杨远婴译，生活·读书·新知三联书店 2012 年版，第 233 页。

当把全景敞视主义推广到医院、学校、工厂等各种机构，就有可能产生改良道德、保护健康、教化大众等一系列预期效果。

正如福柯所言，这种以透视为核心的全景敞视主义不仅没有消失，而且在现代技术的支持下，升级为监视效率更高、控制范围更广、剥削程度更深的"数字化全景监狱"，即透明生命的生存场域。韩炳哲指出："我们并没有经历全景监狱的终结，而是一个全新的、非透视的全景监狱的开始。"①这里的"非透视"意味着它打破了中心与边缘的区分，在各种先进数字化设备的支持下，数字化全景监狱无须把专制的目光从中心点即瞭望塔发出，不用借助任何透镜的光照反射就能够穿透社会的每一个角落。这种射线式的极强穿透力和非固定角度是普通光线所无法比拟的，因而比全景敞视建筑中的监视更为有效。它意味着包括人的自然生命、精神生命在内的一切个体、事物都可以随时随地、全方位地被数字权力完全穿透、侵入。换言之，新型数字化全景监狱实际上是一个高度数字化的透明社会，"'透明'的媒介不是光，而是没有光的射线，它不是照亮一切，而是穿透一切，使一切变得通透可见"②。因此，透明社会即使无光也清晰可见，这就是它相对于边沁式全景敞视监狱来说最为重要的区别。那么，数字化全景监狱究竟如何以超强的穿透力侵入社会的方方面面，最终将丰富的生命简化为空洞的透明生命呢？我们可以从这种新型监狱的核心特征入手分析。

从总体上看，21世纪的数字化全景监狱与边沁式全景敞视监狱相比，更加隐秘、周密和严密。"数字化"意味着新型全景监狱充分利用先

① [德]韩炳哲：《透明社会》，吴琼译，中信出版集团2019年版，第77页。
② [德]韩炳哲：《透明社会》，吴琼译，中信出版集团2019年版，第67页。

进的数字化工具和媒介，将包括生命在内的一切数字化，这是它高效和隐秘的原因。如果说赤裸生命栖居在晦暗、模糊的例外状态中，那么透明生命则依附于智能手机、平板电脑等终端设备和脸书（Facebook）、推特（Twitter）、微信、淘宝、支付宝、抖音等手机应用程序的数字化平台。在如今的时代里，人们每一次搜索记录、交易记录、观看记录所留下的数字痕迹将我们直接暴露在数字权力之下，造成生命的透明化。通过对这些数据进行提取搜集、整合处理和计算分析，我们生活的方方面面都在他人的掌控之中，正如韩炳哲所指出的："交际与信息的数字化之风吹过透明社会，穿透一切，使一切变得通透可见。"①与边沁式全景敞视监狱中相互隔绝、无法交流的囚犯不同，数字化全景监狱中的居民处于"超交流"的状态。在通信平台和社交媒体的助推下，数字化的飓风席卷了世界上的每个角落，数字交流在很大程度上取代面对面的身体交流，成为人与人之间沟通的重要形式。

然而，当我们享受超时空的数字交流所带来的高效与便利时，也必须意识到，为了有资格参与到以数字编码为中介的社会交往中，个体不得不向社交平台提供各种个人信息和数据，并将自身视为一个数字化自我。这样一来，不仅导致交流的重要组成部分（如手势、面部表情、肢体语言、目光交流、身体接触等）严重缺失，不再是充满生命独特性的多层次交流，而且我们交流中产生的所有信息都会被捕捉和记录下来，变成有待分析处理的一串串数据，因此，自由的交际现在变成了被控制和监视。"社交媒体也越来越像一座监视社情民意、褫夺公民权利的数

---

① ［德］韩炳哲：《透明社会》，吴琼译，中信出版集团2019年版，第75页。

字化全景敞视监狱。"①如果说以前的人们处于资本主义机械化大生产的囚笼中，那么现在人们则被禁锢在信息化社会的新型数字牢笼中，"信息的本质就决定了它是公开呈现或者必须被公开呈现的。透明社会的强制性也就意味着：所有的一切都必须作为信息公开呈现，必须供所有人获取。透明性是信息的本质，它就是数字媒体的基本步调"②。因此，当代社会中的生命是一种高度数字化、深度透明化的生命，生命与生命之间的关系就是数据与数据之间的关系。

"全景"意味着在一切时空范围内进行全面周密的监视。数字化全景监狱不仅能像边沁式全景敞视监狱一样持续不断地监视人的外在行为，还可以洞察人的内心深处的方方面面，这是对生命由内而外的强有力穿透。就人的自然生命来说，工厂、社区、学校甚至家庭中无处不在的摄像头和监视器一步步将私人领域吞噬殆尽，各种面部识别、指纹解锁和刷脸支付技术纷纷登场，现代医学可以通过个体基因预测获知患遗传病的风险，手环、芯片跑鞋能够轻易掌握我们的运动轨迹和心跳速度，健身仪器、电子体重秤可以快速显示出脂肪含量和骨骼重量，智能手机、平板电脑等终端也时刻窥探着我们的一举一动。这些种类繁多的软件和设备已成为现代生活必不可少的存在，发挥着积极与消极的双重作用。它们一方面使生活更加便利高效、增进了我们对自身的认知和了解，另一方面也是高效的全方位监视工具和移动的数据采集装置。我们身体的各种信息被监视和提取，转化成一组组供商业利用的纯粹生物学数据；我们的自然生命被

---

① ［德］韩炳哲：《精神政治学》，关玉红译，中信出版集团 2019 年版，第 11 页。

② ［德］韩炳哲：《在群中：数字媒体时代的大众心理学》，程巍译，中信出版集团 2019 年版，第 59 页。

失重的数字带入深渊，变成一串串轻飘飘的、透明的数字。

事实上，"全景"数字化监狱的全面之处不仅停留于对外在的自然生命的穿透，还能够深入洞察人的内在生命、精神生命。虽然边沁式全景监狱能够起到对囚犯进行道德改造的作用，但精神控制并非规训机制关注的焦点，规训权力粗糙的矫正方法也无法进入生命更深层的精神层面。同样，福柯生命政治中的人口统计学也不能深入人口的精神活动层面，无法绘制人口心理图式。在这点上，以数据分析为主要工具的数字化全景监狱却可以做到，"大数据不仅能刻画出个人的，也能刻画出群体的心理图析，也就可能对潜意识进行心理刻画，因此可以照亮心灵深处，从而实现对潜意识的利用"[①]。在数字平台上，我们不仅扮演着信息的被动接收者和消费者的角色，同时也是主动的发送者和生产者，数字媒体不仅为我们提供了被动观望的窗口，也给我们打开了展示自我的平台。作为信息的接收者，我们播放歌曲的频率、浏览新闻的类型、观看视频的时长都会被监视和记录。根据一系列算法分析，抖音播放的视频是根据个人喜好量身定制的，网易云音乐的每日推荐歌曲和私人 FM 频道也深得人心。大数据甚至比我们对自己的了解还更全面、准确、客观。作为信息的发出者，我们的每一条微博动态、朋友圈中晒出的照片，社交软件的点赞与评论都是内心活动的真实写照，它们更是最直接地暴露了我们的想法与态度。总之，数字化的行为习惯使我们的精神生命在网络上被完整地描摹出来。全景监视不仅照亮了外在身体，更穿透了精神生命，使我们成为高度数字化的透明生命。

---

① ［德］韩炳哲:《精神政治学》，关玉红译，中信出版集团 2019 年版，第 30 页。

"监狱"意味着囚禁与束缚，意味着无处可逃。"如今整个地球正在发展成为一个全景监狱，没有所谓的'监狱之外'，整个地球都是监狱。没有围墙将里外分割开来。"①边沁式全景监狱由封闭空间和封闭设施组成，这是规训权力发挥作用必不可少的条件。而数字权力不需要封闭环境，它可以触及每一个角落，使新型全景监狱由封闭走向"开放"。这里的开放并不意味着真正的"开放"，而是范围更大的封闭。此外，边沁式全景监狱中的人知道自己是被剥夺了自由的囚犯，而数字化全景监狱中的居民却意识不到这一点，他们生活在自由的假想中，自愿地自我展示自我曝光，并且以生产的信息和数据参与到数字监狱的建设中，为其添砖加瓦、垒筑高墙。在新型监狱中，人们把自己彻底照亮以供剥削，"'彻底照亮'意味着'极尽剥削'。若一个人过度曝光，经济效率就能实现最大化。透明的用户是数字化全景监狱里的新型囚犯，是'神圣之人'（Homo sacer）"②。当所有地方都属于新型监狱的一部分，当透明生命意识不到自己被囚禁，生命再也无处逃避。

从资本形而上学的高度去理解资本主义批判，其目的不是要把资本主义批判抽象化，而是想更透彻地去理解和把握当代资本主义的深层逻辑。无论是金融资本主义、消费社会，还是数字资本主义，其根源依旧是以资本增殖逻辑为基础的同一性资本形而上学。我们对金融资本主义、消费社会和数字资本主义的批判，不应当流于表面，停留于对社会现象的批判，还是应当深入到对资本主义社会生产方式的批判，致力于对生产方式的变革。

---

① ［德］韩炳哲：《透明社会》，吴琼译，中信出版集团2019年版，第84页。
② ［德］韩炳哲：《透明社会》，吴琼译，中信出版集团2019年版，第83页。

第二部分

《资本论》与生命政治学批判

第七章　生命政治学与治理技术

　　生命政治学理论作为当代西方哲学研究的前沿性问题和新的理论增长点，其内涵与外延在不同的视域或以不同的方式被论及，这就导致"生命政治学"概念难以得到清晰准确的界定。"大致说来，我们可以离析出两条主要的流布线索。第一条线索主要是在哲学和社会理论中，它探索了生命政治所代表的政治学方式：它如何发生作用，以及动员了什么样的力量？如何从历史上和理论上将它与过去和现在的其他政治形式区别开来？第二条流布线索发生在社会科学和技术研究中，发生在科学史、医学人类学以及女性主义理论、性别研究中。"①生命政治被当作一个概念引介进

---

　　①　[美]托马斯·拉姆克：《生命政治及其他：论福柯的一个重要理论之流布》，胡继华译，见汪民安、郭晓彦主编：《生产》，第 7 辑，江苏人民出版社 2011 年版，第 57 页。

来，用以说明一种让生命作为政治策略之对象的历史过程。生命政治将
生命置于社会治理或政治秩序的中心，因而成为现代性的门槛。按照法
国哲学家德勒兹的说法，哲学就是创制概念的艺术，任何哲学概念都是
署名的。"概念"尤其是"核心概念"能够表征某种哲学体系的理论主题和
思想精髓。因此，通过福柯生命政治学的两个核心概念——"生命政治"
和"治理术"，攫取生命政治学的核心意涵，澄清这一理论的合理边界。
这将构成我们理解和把握生命政治学理论的有效逻辑支点。

第一节　何谓生命政治学

追溯生命政治学的原初语境可知，福柯虽然并非生命政治概念的创
造者，但生命政治学作为系统的理论被明确阐释，毫无疑问肇始于福
柯。福柯在法兰西学院的系列讲座中，并未明确界定"生命政治"的概
念，在其文本中生命政治通常与生命权力具有相同的涵义。生命权力是
与君主权力相对立的一种新型权力，从权力和生命之间的关系来看，君
主权力是一种"刀刃的权力"，其本质是一种"使人死"的权力；生命权力
是一种"负担生命责任的权力"，其本质是一种"使人活"的权力。在《必
须保卫社会》中，福柯揭示了政治权力对生命操作的这种根本转变："我
认为，19世纪政治权利的重大变更之一就是，我不说正好是代替，而
是补充这个统治权的古老权利（使人死或让人活），用一种新的权利，它
不会取消第一个，但将进入它，穿越它，改变它，它将是一种恰好相反
的权利，或毋宁说权力：'使'人活和'让'人死的权力。君主的权利，就

是使人死或让人活。然后，新建立起来的权利是：使人活和让人死的权利。"①

福柯把 19 世纪欧洲新建立起来的"使人活"的政治权力称为"对于生命的权力"，即"生命权力"（bio-pouvoir）。从君主统治权的"使人死"到对于生命的权力的"使人活"，标志着生命权力的诞生。生命权力何以能够使人活？福柯考察了 18 世纪欧洲的两种新型的权力技术形式，即 18 世纪初的规训肉体的技术和 18 世纪末的调节生命的技术。这两种权力技术形式在不同层面提高生命、生产主体。

具体而言，18 世纪初西方社会在医院、监狱、军队、工厂、学校等机构普遍出现一种新的技术系列，它们通过纪律、层级监视、规范化裁决、检查、矫正等手段对人体进行零敲碎打和精心操纵，不断生产驯顺且有用的肉体。正如福柯在《规训与惩罚》中所指出的那样："当时产生了一种支配人体的技术，其目标不是增加人体的技能，也不是强化对人体的征服，而是要建立一种关系，要通过这种机制本身来使人体在变得更有用时也变得更顺从，或者因更顺从而变得更有用。"②对生命主体而言，"肉体被要求能够驯顺地适应最细微的动作③"。人体正在进入一种探究它、打算它和重新编排它的权力机制。这种围绕肉体建立起来的规训权力，其实质就是肉体人的"政治解剖学"，也是一种"权力力学"。

① ［法］米歇尔·福柯：《必须保卫社会》，钱翰译，上海人民出版社 2018 年版，第 264 页。

② ［法］米歇尔·福柯：《规训与惩罚：监狱的诞生》，刘北成、杨远婴译，生活·读书·新知三联书店 2012 年版，第 156 页。

③ ［法］米歇尔·福柯：《规训与惩罚：监狱的诞生》，刘北成、杨远婴译，生活·读书·新知三联书店 2012 年版，第 176 页。

对规训权力而言，这是一种对肉体的创生与筹划、提高与生产，它使人体驯顺有效甚至趋向某种极限，并意味着效率的提高、社会的进步和个人的创生。

18世纪末的调节生命的技术，不再仅仅关注个体性的肉体，而是将对生命的责任延伸至集体性的人口。它通过概率统计、确定最低限度的平均率，满足正常运行和自由流通的必要条件，进而考虑全部人口的整体正常曲线，并从总体上确保人口的安全进而优化生活状态。这是一种调节机制，也是一种安全机制。对生命主体而言，人口作为某种常数被置于生命权力的展布之中，它与权力之间的关系呈现为一种生物学或统计学类型的联系，这意味着整体生命的安全和健康蕴含着在生物学或统计学的意义上对部分人口的消灭。就权力机制而言，它以所谓的生物学或统计学意义上的合理调控手段为整体性的生命主体的安全、自由和健康创设条件。

如果我们把"使人活"或"负担生命责任"的生命权力称为生命政治的话，那么无论是惩戒肉体还是调节生命的权力技术，从福柯的论述中可知，权力形式和生命主体之间的关系问题始终是贯穿生命政治学的一条最为核心的主线。沿着这条主线，我们可以看到生命政治学的逻辑演进与理论嬗变。尽管福柯一再强调"我们不应再从消极方面来描述权力的影响，如把它说成是'排斥''压制''审查''分离''掩饰''隐瞒'的。实际上，权力能够生产"①，但权力对个人的规范与生产，以及权力对人口的保障与调节，无不充斥着权力对主体的筹划与治理。这里布展出两条

① ［法］米歇尔·福柯：《规训与惩罚：监狱的诞生》，刘北成、杨远婴译，生活·读书·新知三联书店2012年版，第218页。

研究路径。其一，侧重于政治权力对生命筹划与宰制的消极生命政治的研究取向。它是生命政治学发展的主导路径，在阿甘本"法律—法律之例外"结构性视角的考察中发挥到极致。阿甘本将政治权力和生命主体的关系阐释为"至高权力和赤裸生命"之间的关系。赤裸生命（bare life）是没有政治生命的人，不被政治和法律所保护的人，如难民、被除去国籍之人等，他们被置于法之悬置状态中，可以被至高权力随时征用。其二，凸显生产性、强调主体创生的积极的生命政治研究脉络。它在奈格里对非物质生产形式的考察中得到进一步阐发。奈格里将政治权力和生命主体之间的关系延伸为诸众（multitude）反抗资本权力的腐蚀并寻求主体性生产的另类模式。诸众是反抗资本权力或政治权力的同一性（identity）筹划，并致力于彰显奇异性（singularity）或杂多性（multiplicity）的力量。

由上可知，无论是福柯、阿甘本的消极生命政治学路径，还是奈格里、哈特的积极生命政治学路径，对"生命政治学"的理解和定义都不一致，他们分别从各自的视角对"生命政治学"作出了阐发和界定。在某种意义上，我们可以说生命政治学的概念被泛化地使用了。究竟何谓生命政治学？我们从权力和主体的关系这一核心主线出发进行界定，生命政治或生命权力指的是政治权力直接作用于生命（个体性的肉体和整体性的人口），其目的在于规训出驯顺且有用的主体，但同时也把原有的具有个性的、独特的、奇异性的主体遮蔽了。因此，生命政治学是主体化和去主体化相统一的过程。

阿甘本在谈到"装置"概念的时候，也揭示了这个过程。他认为，"装置"指"一套实践活动、知识体系、措施和制度，所有这些旨在管理、治理、控制和引导——以一种所谓有用的方式——人类的行为、姿态和思维"①。装置是一种纯粹的、不需要基于存在的治理活动,"它在某种程度上有能力捕捉、引导、决定、截取、塑造、控制或确保活生生之存在的姿势、行为、意见或话语"②。从"装置"的概念可知,其实"福柯早已证明,在一个规训社会,装置如何旨在通过一系列实践、话语和知识体系来创造温顺而自由的躯体,作为去主体化过程中的主体"③。这种治理既是主体化过程也是去主体化过程,主体化过程指的是从装置或权力机制层面而言,装置把主体塑造成权力所需的主体,把主体主体化了。去主体化过程是从主体层面而言的,在被装置治理的过程中,主体丧失自我能动性和创造性,主体不再是自身,从而把主体去主体化了。装置是一种生产主体化的机器。"一切装置都意味着主体化过程,一旦缺失这种过程,它就无法发挥治理装置的功用,而是还原为纯粹的暴力活动。"④装置还是一种去主体化的机器。在当下,这一主体性过程发生了某些变化,主体与各种媒介相关联,甚至成为任由某些装置(如手机、电视、广告等)捕获的人,无法获得一种新的主体性,得到的可能仅仅是一些图像、符码,人最终因为这个图像、符码而被控制。为此,阿甘本直言:"我们不得不在资本主义现阶段讨论的装置,其特征主要不再是通过生产主体来活动,它们更多地通过所谓去主体化的过程来活动。去主体的时刻无疑暗含在每一次主体化过程中。"⑤

---

① [意]阿甘本:《论友爱》,刘耀辉、尉光吉译,北京大学出版社 2017 年版,第 15 页。
② [意]阿甘本:《论友爱》,刘耀辉、尉光吉译,北京大学出版社 2017 年版,第 17 页。
③ [意]阿甘本:《论友爱》,刘耀辉、尉光吉译,北京大学出版社 2017 年版,第 23 页。
④ [意]阿甘本:《论友爱》,刘耀辉、尉光吉译,北京大学出版社 2017 年版,第 23 页。
⑤ [意]阿甘本:《论友爱》,刘耀辉、尉光吉译,北京大学出版社 2017 年版,第 24—25 页。

生命政治学是主体化和去主体化相统一的过程，其目标是规训出驯顺且有用的主体。不论生命权力的筹划、至高权力的决断还是资本权力的腐蚀，实际上都揭示了政治权力对生命的管控、规训。因此，就其实质而言，生命政治学是一种资本主义的治理术，它保障了现代资本主义社会安全平稳的运行。

第二节　资本主义的治理术

现代西方社会已经从规训社会进入到了一种控制社会。"规训社会"（the disciplinary society）是福柯《规训与惩罚》中的核心概念。它指的是，社会为每个个体提供一个统一的、规范性的根据、标准和尺度，所有人都必须被规训到这样一个统一的规范性上。"控制社会"是德勒兹在福柯规训社会基础上提出的一个关键概念。与规训社会的管控相比，控制社会是信息时代的一种强化版本的持续不间断的控制。德勒兹认为"我们正在进入控制社会，这样的社会已不再通过禁锢运作，而是通过持续的控制和即时的信息传播来运作"①，它对应的是"控制学"和"电脑"。在这个意义上，规训社会也就是信息传播社会。在"控制社会"判定的基础上，德勒兹认为我们除了研究绝对统治权、惩戒权（又被译作规训权力）外，在现代社会还应研究"变得霸道的对信息传播的控制权"。

---

① ［法］吉尔·德勒兹：《哲学与权力的谈判：德勒兹访谈录》，刘汉全译，商务印书馆2000年版，第199页。

关于这一点，在数字资本主义的当下显得尤为重要。控制社会意味着每个个体可以是理性多元的，它容纳每个人的行动自由，同时又能够通过一种精细化的信息数据化管理全方位地管控每个人。基于此，西方社会主要采用了自由主义的放任的治理术。为了占据新自由主义话语下治理的合理性，资产阶级不断取消有可能暗示规训意图的治理手段。放任娱乐，消费新潮，个人的自由性多元论成为正义本身。美国共和党人曾竭力反对全民医保议案，西方国家的一些当政者试图取消公共卫生领域社区管理的强制性和干预性，这些国家的城市治理的权力载体在与市民健康休戚相关的各个领域都不断地退缩。

关于西方社会在应对大流行病时所采取的治理方式，福柯在1978年法兰西课程的演讲中，曾作出了颇为独特的历史谱系学分析。在《安全、领土与人口》中，福柯分析了中世纪以来西方社会应对流行病所采取的不同治理措施。中世纪应对麻风病主要采取排斥的方式，实际上，这是将麻风病人与非麻风病人之间截然对立的一种举措。17世纪西方国家应对鼠疫时，主要采取了隔离管治的方式，这是一种明确规定具体时间、行为方式、食物类型的规训系统。西方18世纪应对天花的方式与前两种方式又有所不同，它通过统计学分析来判断接种疫苗的风险、死亡率及不同年龄阶段接种疫苗的效果，并以此来阻止流行病的传染。这种应对天花的方式被福柯称为"安全机制"，它的独特之处在于不在病人和非病人之间作出区分。"它所考虑的对象是一个整体，没有病人与非病人之间的隔绝和断裂，也就是说，它从整体上考虑的是全部人口，在全部人口中观察可能的致病率和死亡系数是多少，也就是说，预计在全部人口中，因为疾病而死亡的人数正常情况下是多少。"①这样能够在整体上确保人口的安全，即使有部分人会因感染病毒而死亡。不对病人和非病人作出区分，表明这是一种既非排斥又非管治的更为自由的治理方式，而这种自由放任的治理方式却是建立在对所有相关的综合因素精确掌控和把握的基础上的。在这个意义上，可以说，自由主义治理术和控制社会具有内在的关联性。

在《安全、领土与人口》中，福柯认为现代国家已经发生了重要的变化，这个变化就是从领土国家到人口国家的转变。对领土扩张的关切是君主巩固统治权的必要条件，而对人口的治理则意味着资本主义自由治理术的诞生。应对天花、饥荒都是和人口直接相关的。福柯分析了18世纪重农主义的基本主张，与重商主义强调限制和管控不同，重农主义主张在应对饥荒和粮食短缺问题上，放任粮食价格上涨和不良商人囤粮，也不限制粮食出口。重农主义认为，人们自然会在市场上得到启示，更多人会为了获得更多的利润投入到粮食种植上来。从长远看，粮食种植能够有效缓解粮食短缺的问题，也会保障整体人口的安全。由此，我们可以说，对人口的治理表征着西方社会自由主义治理术的诞生。

同时，福柯还指出了自由主义治理术的另一重面向。"在自由主义体制下，在自由主义治理技艺下，行为自由是被蕴含的，是被要求的，人们需要它，它是为调节服务的，但它还应该是被创造出来、被组织起来的。"②

① ［法］米歇尔·福柯：《安全、领土与人口》，钱翰、陈晓径译，上海人民出版社2018年版，第77页。
② ［法］米歇尔·福柯：《生命政治的诞生》，莫伟民、赵伟译，上海人民出版社2018年版，第83页。

这表明，从生命政治学的治理术视域来看，自由主义体制下人们的行为自由是资本主义自由治理的必要内容。自由主义治理术所遵循的根本治理原则是以最小的经济和政治成本获得最大的治理效果。自由主义体制给予人们行为自由，这不仅是所谓的治理合理性的表现，也是低投入高收益的现实治理策略的体现。所以，福柯揭示了"自由是每时每刻被制造出来的东西。自由主义不是接受自由。自由主义是每时每刻制造自由、激起自由并生产自由，当然还伴随着（一整套）约束和制造成本问题"①。自由主义虽然尤为强调治理的节制性问题，但是"'自由发生'（libérogènes）装置所具有的两面性：被用来产生自由而却有可能恰恰产生相反的结果"②。自由主义治理术的悖论就是自由与风险/危机共存。由此，我们便不难理解，为何在新冠肺炎疫情袭染全球的时代，西方国家（以美国最为典型）依然无意采取必要的管控手段，而是坚持自由至上的治理理念和自由放任甚至群体免疫的抗疫举措。

福柯以历史谱系的视角分析了17、18世纪西方社会的生命政治学。其中《安全、领土与人口》是福柯生命政治学发生转折的标志性著作。从圣保罗讲座到《必须保卫社会》，福柯提出了生命政治学的概念。在《必须保卫社会》中，福柯说生命政治有两种手段，一种是惩戒肉体，一种是调节生命。但无论是惩戒肉体还是调节生命，生命政治学更多的是关注个体。但是在《安全、领土与人口》里面，他提出并集中阐释了一个全

---

① ［法］米歇尔·福柯：《生命政治的诞生》，莫伟民、赵伟译，上海人民出版社2018年版，第83页。

② ［法］米歇尔·福柯：《生命政治的诞生》，莫伟民、赵伟译，上海人民出版社2018年版，第88页。

新的概念——人口。福柯的人口概念绝非一个抽象的总体性、混沌的整体的表象，它是一个具体的总体性。具体而言，"人口"指的是"一种由人和东西构成的复合体。也就是说，治理所处理的东西实际上就是人，只不过这个人是与财富、资源、物资、领土(具有特定边界、特点、气候以及干燥或湿润和肥沃程度不同的领土)这些东西关联和交织在一起的人。他们是与习俗、习惯、行为方式和思维方式这些东西关联的人。最后他们是与饥荒、流行病、死亡等事故和不幸这些事关联的人"①。

从人口概念的治理术阐释可知，18世纪末西方社会治理的对象是人口。但这个人口不是抽象的、普遍性的人口，而是具体的、现实的人口。这意味着西方国家的有效治理离不开与人相关联的诸多信息和诸多要素。与此同时，正是在人口成为生命政治学关注的对象之后，西方社会发展出了一门新的科学——人口统计学。人口统计学并不是简单地对每个人的姓名、性别、年龄这些数据进行统计，它的统计是非常详细和复杂的。人口统计学要对人作出全方位的把握——对与人相关联的财富、习惯、事件等因素进行把握，对这些数据的掌握蕴含着对每个人的掌握。

在信息时代的当下，西方社会人口统计学的方式发生了质的飞跃，从过去简单的数字统计跃迁到全方位的数据信息采集。在数字资本主义条件下，我们相对于任何权力机构(包括政治机构和商业机构)都是透明的。尤为典型的是，商业机构通过他们采集到的关于你的相关数据对你

---

① ［法］米歇尔·福柯：《安全、领土与人口》，钱翰、陈晓径译，上海人民出版社2018年版，第125页。

进行分析，经过大数据点击率等掌握你的喜好、消费层次等，然后对消费者进行一对一的广告推送。在这个意义上，消费者在商业机构面前变得透明了。大数据时代的数字资本主义进行数据采集，其目的是实现一种精确化的社会管理。在数据采集的基础上，对你本人进行一种数字刻画或者数据描绘，从而形成关于你的精确的数字轮廓。这在某种意义上比你自己还了解你自己，因为你有可能遗忘，而信息采集是不会遗忘的。数据描绘基本上把数字资本主义条件下的每一个个体都变成透明的了。

在现代西方社会，数字资本主义对人口的治理，还表现在政治选举的大数据操作中。在美国总统大选的时候，剑桥分析公司就可以根据你在推特上的点赞情况分析出你的政治倾向，可以根据你在推特上或脸书上的发文内容，针对你制定出详细的影响你政治判断的方案。实际上，对于这种权力而言，选民变得透明了。然而各种网络平台、幕后的政治操盘手是非透明的。阿甘本把法律之悬置的例外状态下的无任何保护的生命称为"赤裸生命"，然而在数字资本主义下，我们却变成了一种透明生命，并且这种透明的状态是一种非对称的透明状态。对个人而言，似乎在享受着各种便捷的信息化设备，实际上，我们正在为这些平台提供着各种各样的信息要素，在不知不觉中使自身成为透明生命。与此相反，对于各种网络平台的权力机构而言，它们不断掌握着我们的信息与数据，并对此进行精准细致的分析，最终达到对人口及诸多信息的全方位管控。人口统计学这种生命政治学治理模式在现代的数字资本主义条件下彻底把人变成了一种透明生命。

第三节　治理术的目标

　　资本主义治理术的规训机制强调"格子"式的空间分区控制、时间分段管理、身体微观管治、细密分工协作……这是 17、18 世纪以来西方资本主义社会运用的一种精确控制的技术，它有效地保障了西方社会的内聚力。所谓内聚力，是西方社会发展所依靠的国家内部的各种力量，17 世纪西方社会的规训权力最大限度地激活了各种力量。规训权力不在于压制、致死生命，而在于提高身体的力量和效率，以非暴力的方式和最小的支出换取最富有成效的结果，这是一种权力的经济学，也是一种政治的解剖学。

　　《规训与惩罚》"规训"部分第一章的标题是"驯顺的肉体"。它揭示了各种各样的规范、纪律、规章制度"都是针对身体而设的，旨在使身体变得顺从、被利用、改造和改善"①。规训权力治理生命的最大特点在于，不是占有、致死臣民的生命，而是矫正、利用、提高个体性的身体。"使人死"的君主权力被"使人活"的新的权力取代了，17 世纪以来政治权力的最大的变革之一就是从"致死"转向"提高"或"管理"。时至今日，"主导我们社会的政治权力是以管理生命为任务的"②。规

---

　　① 莫伟民：《从"解剖政治"到"生命政治"：福柯政治哲学研究》，上海人民出版社 2018 年版，第 164 页。

　　② ［法］米歇尔·福柯：《性经验史》，第一卷，认知的意志，佘碧平译，上海人民出版社 2016 年版，第 116 页。

训权力管理生命的独特之处在于，它"是以作为机器的肉体为中心而形成的"①，对肉体的管理、提高与利用。因此，形塑"驯顺且有用的主体"成为资本主义治理术的目标。

规训权力对肉体的管理尤其关注细节。它是一种有关肉体细节的"政治解剖学"或"权力的微观物理学"。"规训"或"纪律"是种精细的艺术。"纪律"范畴是一种对肉体的运作进行精心操控的方法、技术或艺术。人体的有机系统被解剖为机械的肢体动作。首先，对动作进行分解。身体被分解为四肢、关节等，每个身体部件的动作都规定了位置、时间、速度、力度。如学生的书写姿势，身体坐得要笔直，肘部放在桌上，左腿微微靠前，身体与桌子间距二指宽，等等。又如军人的持枪姿势、医生的执刀姿势、车间工人的做工姿势等都被"分解"或"解剖"为越来越细微的部分，每一部分都被持续监督、检查、矫正，使其成为规范性的标准动作。其次，确立正确的姿势。动作被划分得越细小就越容易确立对特定局部动作的规范。只有符合规范的姿势才能成为正确的姿势，相反，不符合规范的姿势就是错误的动作，这种动作将被矫正。什么才是符合规范呢？符合规范的时代性标准或依据是"有用"。17 世纪以来，资本主义国家的发展需要资本增殖的助推，而资本增殖离不开"高效"的工作。能够为高效发展提供有效支撑的是训练有素的符合规范的身体，这样的身体对国家的治理和发展才是"有用"的。"一个被规训的肉体是一种有效率的姿势的前提条件"②，身体不会无用，它的任何

---

① ［法］米歇尔·福柯：《性经验史》，第一卷，认知的意志，佘碧平译，上海人民出版社 2016 年版，第 116 页。

② ［法］米歇尔·福柯：《规训与惩罚：监狱的诞生》，刘北成、杨远婴译，生活·读书·新知三联书店 2012 年版，第 172 页。

部位、任何姿势与动作也都不会闲置。因此，17、18 世纪以来西方社会各领域出现了对细微身体动作的训练。最后，塑造或生产"机器肉体"。被规训的肉体及微小的动作成为"生产机器""劳动工具""武器装备"的一部分（活的部分），"与生产机构建立一种强制联系"①，并不断适应机器般的运作状态。

在《性经验史》第一卷"认知的意志"中，福柯明确用到"作为机器的肉体"的表述。他以生动形象的笔触，准确描绘了规训权力的运作机制与身体之间的相互关系。"作为机器的肉体"的内在机理是：肉体即个体性的身体，它成为经济生产力最大化的机器，规训权力必然优化肉体能力，最大限度地发挥肉体的生产力，并使肉体像机器一样顺从。简言之，规训权力治理的基本目标就是塑造"驯顺的肉体"或生产"作为机器的肉体"。

规训技艺最显著的特点是"分格"与"精确"。不论是对空间的等级划分、对时间表的精细安排，还是对活动的分工与分配、对人的动作进行分解等，都属于一种"分格"的处理方式。对一切进行分格处理，并作出细致区分，只有这样才能达到对人或事物最精确地掌握与控制。"规训""分格""精确"内在地体现了一种知性的科学思维方式，它是知性思维在资本主义治理实践中的现实表现，其内在的逻辑思路是：只有把整体的有机系统进行分隔，并对分割的部分进行理性分析，才能达到对治理对象的准确管控。区分、割碎、解剖、分解等成为知性思维宰制下的研究方法。有机的生命肉体只有被解剖为各个部分的肢体的动作、姿势才能

---

① ［法］米歇尔·福柯：《规训与惩罚：监狱的诞生》，刘北成、杨远婴译，生活·读书·新知三联书店 2012 年版，第 173 页。

达到对身体的精确管控。17、18 世纪西方资本主义国家的工业化蓬勃发展，与工业化和机械化相适应的正是"机器肉体"而非有机的生命肉体。在此背景下，"纪律是一种有关细节的政治解剖学"①，对身体细节制定规范、施加管理。规训技艺提供了对身体及时间、空间、行为等各种因素的精心操纵。

"作为机器的肉体"是一种"驯顺的肉体"，它具有两大显著特征：第一，"有用性"，即肉体的姿势与行为像机器一样高效运转；第二，"驯顺性"，即肉体像机器一样顺从，不会自觉联合与反抗。简言之，规训权力旨在把"个体性的身体"形塑成"驯顺且有用"的"机器肉体"。福柯曾在《规训与惩罚》一书中揭示"纪律的历史环境是，当时产生了一种支配人体的技术，其目标不是增加人体的技能，也不是强化对人体的征服，而是要建立一种关系，要通过这种机制本身来使人体在变得更有用时也变得更顺从，或者因更顺从而变得更有用"②。与君主权力是一种刀刃上的"致死"权力不同，规训权力试图要建立一种权力机制与身体之间的新型关系。这种关系集中表现在"作为机器的肉体"的两大特征之中。

从经济的角度看，"有用性"具有功利、算计的意涵。"规训"与君主权力框架下的"惩罚"不同，"惩罚"是建立一种绝对权威下的支配性关系，其效率低下，往往为了使臣民服从君主的个人意志而付出巨大的代价。"规训"则强调以最小的成本和支出获得最大的效益。"规训"

①　[法]米歇尔·福柯：《规训与惩罚：监狱的诞生》，刘北成、杨远婴译，生活·读书·新知三联书店 2012 年版，第 157—158 页。

②　[法]米歇尔·福柯：《规训与惩罚：监狱的诞生》，刘北成、杨远婴译，生活·读书·新知三联书店 2012 年版，第 156 页。

与禁欲主义的"苦修"和"戒律"也不同，后者是自愿自觉地弃绝功利，而"规训"则强调对肉体的控制，并试图不断提高肉体的能力与效率。这与资本主义社会所推崇的利益最大化原则相契合。正如丹尼尔·贝尔对资本主义社会经济系统作出的诊断，"目前所有工业化社会都将这一部门建筑在有效经营基础之上：即为了获取效益，尽量把工作分解成按成本核算的最小单位。……其中的个人也必然被当作'物'，而不是人来对待，成为最大限度谋求利润的工具"①。在资本主义社会，个体性的肉体被塑造成高效的"机器肉体"，不断提高工作效能来获取最大利益。显然，这既是一种"成本—收益"模式，也是一种关于"社会权力"的经济计算。

从政治的角度看，"驯顺性"意味着个体性的身体对权力机制、权力作用的服从与认同。规训机制既通过培养对效率和良好秩序的渴望，又通过加强对身体的监督、矫正、规范、划分、分配来消除个人可能形成的集体抵制或反抗的空间。在《规训与惩罚》"驯顺的肉体"一章，一开篇就提到 1764 年的法令，该法令提到 18 世纪士兵的来源。士兵可以是从不合格的人体中创造出来的需要的士兵身体。当"这种强制不知不觉地变成习惯性动作"②，农民就具有了军人的气质，更重要的是人们习惯于这种动作。这一开篇意味着一旦规训权力的监视、规范与检查三种强制性的技术与程序不知不觉地植入并内化为人们的习惯

① ［美］丹尼尔·贝尔：《资本主义文化矛盾》，赵一凡、蒲隆、任晓晋译，生活·读书·新知三联书店 1989 年版，第 26 页。

② ［法］米歇尔·福柯：《规训与惩罚：监狱的诞生》，刘北成、杨远婴译，生活·读书·新知三联书店 2012 年版，第 153 页。

性动作的时候，这些权力技术就成为一种看似是自己"使自己屈服的原则"①。对规训权力而言，"驯顺的肉体"是资本主义社会规训权力"最真实的征服"，也是规训权力取得的巨大胜利；对个体性的身体而言，"驯顺的肉体"不仅仅是一种对权力机制的外在性服从，更是一种深入灵魂的"同化"和"认可"。身体的驯顺性表明，规训权力是一种政治解剖学，一种精致的资本主义权力策略。

"驯顺的肉体"的两大特征构成规训机制对肉体管理的两个关键向度：强调"有用性""最大效能"的经济或功利的向度和彰显"驯顺性""消除反抗""强化认同"的政治功能的向度。两个向度再一次印证了福柯的如下论断："纪律既增强了人体的力量（从功利的经济角度看），又减弱了这些力量（从服从的政治角度看）。总之，它使体能摆脱了肉体。"②"资本主义经济的增长呼唤一整套征服各种力量和身体的戒训权力的特殊模式"③，规训权力及其运行机制巧妙地塑造或生产了资本主义经济发展所需的"驯顺的肉体"或"作为机器的肉体"。

资本主义生命政治学的规训和管控，是以抹杀现代人的个体性和主体性亦即去主体化过程为基本手段的，并以此来实现资本主义的生命政治再生产。整个资本主义的生产方式决定了资本主义社会的生命政治再生产，即资本家和工人这一生产关系的不断再生产。马克思在充分揭示

① Foucault, M., *Discipline and Punish: The Birth of the Prison*, Penguin, 1991, pp. 202-203.
② ［法］米歇尔·福柯：《规训与惩罚：监狱的诞生》，刘北成、杨远婴译，生活·读书·新知三联书店 2012 年版，第 156 页。
③ 莫伟民：《从"解剖政治"到"生命政治"：福柯政治哲学研究》，上海人民出版社 2018 年版，第 171 页。

劳资关系的基础上，提出一个极具启发意义的概念——"个性自由"。如果我们以个性自由为目标来看待生命政治的再生产的话，就有可能走出资本主义生命政治再生产的循环模式，人类的生命就有可能实现潜能的充分发掘和个性自由的充分发挥，即马克思所谓人的全面自由发展。这是马克思提供给我们的超越资本主义生命政治再生产的途径。意大利自治主义马克思主义者奈格里从"非物质生产"的视角提出"生命政治生产"的概念，同样是旨在凸显生命所具有的内在创生力量。实际上，我们不能把生命政治学仅仅看作是一种现代意义上的治理技术。如果我们把生命政治学仅仅理解为现代社会的治理术的话，那么生命政治学就仅仅是一种技治主义的治理。如果把生命政治学定义为治理术，定义为对身体的管控和对人口的调节，那么生命政治学就仅仅是一种治安，而不是一种政治。治安以社会安全为唯一的目的，是一种纯粹的治理技术，而政治不仅仅是一种治理技术，它还有更高的对于美德和善的价值追求。如果生命政治学还是政治学的话，它就不能被贬低为政治技术，而应当具有形而上的道德意义上的价值。从生命的意义上来讲，生命政治学不能单单对人的肉体生命（种生命）进行规训和管控，还应当对人的生命本性（类生命）进行激发和并促进其发展，我们完全可以发展出类生命意义上的形而上的生命政治学。未来的生命政治学研究的新范式必然在积极生命政治学和类生命政治学的意义上得到拓展和完善。

第八章 《资本论》中的生命政治

　　"生命政治"（biopolitics）一词发端于福柯对"生命权力"（bio-power）的研究。福柯于 1976 年 3 月 17 日在法兰西学院的授课中首次明确使用了"生命政治"这一术语。生命政治成为研究思潮甚至被称为政治思想中的生命政治转向则出现在阿甘本对生命政治进行阐释之后。在福柯和阿甘本的语境中，生命政治意味着掌控生命的权力。这与传统政治有着本质的区别。在生命政治中，政治权力不再是对"天赋人权"之神圣而不可侵犯的生命权的有效保障，而是对生命权的宰制或决断，其实质是"一种新的权力技术"。生命政治作为对生命和人身的支配与控制虽然由福柯明确提出并加以使用，但究其思想内核而言并非现代性的产物，而是"最初就已镶嵌在人类共同体之结构当中"①的。

前资本主义社会国家权力作为生命政治表现为直接作用于肉体的"惩戒权力"(disciplinary power)——"使你死"、对死的管辖；资本主义社会的重大变化在于通过安全技术——"使你活"、扶植生命。这就是在现代社会新的生命政治所实施的新的权力技术。在资本主义现代性语境中，生命的统治通过资本权力对劳动力（实指生命）的支配与规训而展开。在这个意义上，马克思的资本批判实际上指向的是资本对劳动力的支配、规训和惩罚，内在地蕴含着福柯所指认的新的权力治理技术即生命政治的批判。资本主义社会的生命政治不再像前资本主义社会那样是对自然生命赤裸裸地控制和奴役，而是以资本为中介来实现对雇佣工人的规训和惩罚，这是一种政治治理方式的巨大转向。现代社会生命政治发生的现实场域主要是企业工厂体系，而它的理论场域则主要体现在马克思的巨著《资本论》中。

第一节 货币转化为资本的生命政治后果

马克思在《资本论》第四章"货币转化为资本"部分的结尾处写道："一离开这个简单流通领域或商品交换领域，——庸俗的自由贸易论者用来判断资本和雇佣劳动的社会的那些观点、概念和标准就是从这个领

---

① ［意］吉奥乔·阿甘本：《神圣人：至高权力与赤裸生命》，吴冠军译，中央编译出版社 2016 年版，第 22 页。

域得出的，——就会看到，我们的剧中人的面貌已经起了某些变化。原来的货币占有者作为资本家，昂首前行；劳动力占有者作为他的工人，尾随于后。一个笑容满面，雄心勃勃；一个战战兢兢，畏缩不前，像在市场上出卖了自己的皮一样，只有一个前途——让人家来鞣。"①离开流通领域进入生产领域，货币占有者和劳动力占有者的面貌便发生了巨大的变化。在流通领域，货币占有者以等价交换（买者）的身份与面貌出现，劳动力占有者以等价交换（卖者）的身份与面貌出现，两者是平等的市场经济交换主体。一旦进入生产领域，"原来的货币占有者"成了资本家，而"原来的劳动力占有者"则成了"资本家的"工人。资本家昂首前行，工人作为"他的"工人尾随于后。建立在资本支配权的基础上，资本家与工人之间形成了一种人身支配关系，于是两者呈现出不同的生命面貌：一个笑容满面，雄心勃勃；一个战战兢兢，畏缩不前。

《资本论》第四章结尾处所描绘的两种"剧中人"的"新面貌"正是资本主义社会中资本家与工人之间关系的真实写照。实际上，这种面貌产生巨大变化的根源并非由于工人的剩余价值被剥削，因为剩余价值的掠夺是隐而不显的，劳动力的买卖在表面上看来是一种等价交换。这种面貌变化的根源在于货币所具有的购买力和资本所具有的支配力。资本家通过货币在市场上能够购买到工人自由出卖的劳动力商品，并拥有了对劳动力的支配权。基于这种支配力，资本家通过工厂的各种规章制度形成了对工人的规训力。资本家通过资本所具有的购买力、支配力和规训力形成一整套完善的支配和控制工人的微观权力体系。这正是生命政治在

---

① 《马克思恩格斯文集》，第 5 卷，人民出版社 2009 年版，第 205 页。

现代资本主义社会中的集中展现。从这个意义上讲，这种面貌的变化正是一种生命面貌的变化，一种生命政治的后果。因此，《资本论》中不仅包含着商品拜物教批判和剩余价值批判，它还隐含着第三种批判——生命政治批判。在资本主义社会中，劳动力成为商品，不仅意味着雇佣劳动这一资本主义生产关系的形成，更加意味着雇佣劳动的生命政治内涵——资本家对工人人身的支配与控制。

　　劳动力成为商品，不仅仅体现货币具有购买力这一简单的、基本的经济事实，而且彰显了资本有权力支配劳动者这一实质性的政治内容。资本支配力的形成意味着资本已经越出了经济权力的界限而具有政治权力的属性。"资本不仅像亚·斯密所说的那样，是对劳动的支配权。按其本质来说，它是对无酬劳动的支配权。一切剩余价值，不论它后来在利润、利息、地租等等哪种特殊形态上结晶起来，实质上都是无酬劳动时间的化身。资本自行增殖的秘密归结为资本对别人的一定数量的无酬劳动的支配权。"①从生命政治的视角来看，资本不仅像亚当·斯密所说的那样是对劳动的支配权，也不仅像马克思所说的那样是对无酬劳动的支配权，资本是对劳动力本身的支配权，在现实社会中具体展现为资本家对工人的支配权。

　　资本对劳动力的支配，在生命政治的意义上具体展现为资本家对雇佣工人这一存在样态的生命"基质"（substratum）的剥夺。在《资本论》"工作日"一章中，马克思强烈地批评资本家缩短了工人的生命时间。资本主义社会的生产方式在资本增殖逻辑的支配下，将人类社会的生产欲

---

① 《马克思恩格斯文集》，第 5 卷，人民出版社 2009 年版，第 611 页。

望膨胀到极致。资本增殖的欲望是无止境的，因而对剩余劳动、无酬劳动的榨取也表现为一种无限度的贪欲，对劳动力本身的支配也将大大突破道德和法律的限度。对无酬劳动支配的欲望最终表现为对劳动力生命基质剥夺的现实。马克思批评所谓纯产品的生产"只不过是无情而正确地表明了这样一个事实：不顾工人死活地使资本价值增殖，从而创造剩余价值，是推动资本主义生产的灵魂"①。为了最大限度地获取剩余价值，资本家完全不顾工人的死活。在工业资本主义时期，资本家为了赚取更多的利润，"渴望无限度地延长工作日"，这是赤裸裸地偷窃工人时间（如吃饭时间、休息时间等）。"资本由于无限度地盲目追逐剩余劳动，像狼一般地贪求剩余劳动，不仅突破了工作日的道德极限，而且突破了工作日的纯粹身体的极限。"②工人的活体（living body）是劳动力的基质。突破"纯粹身体的极限"直接表现为工人寿命的缩短（如未老先衰、过劳死亡），表现为对劳动力生命基质（工人活体）的剥夺。

马克思结合 19 世纪早期资本主义工业革命初始时代无产阶级和资产阶级之间阶级矛盾尖锐对立的现象，作出的基本判断是车间（无产阶级或工人阶级）能够反抗政府（资本主义统治的既定秩序），也只有车间有勇气反抗政府。诚然工人阶级的反抗运动取得了重大成就，为了减少工人被迫在工厂内从事体力劳动的时间，工人阶级为争取 8 小时工作制开始进行罢工、示威活动。第一次世界大战后，8 小时工作制被 1919 年 10 月国际劳工大会所承认。以后资本主义各国被迫陆续确立了 8 小

---

① 《马克思恩格斯文集》，第 8 卷，人民出版社 2009 年版，第 534 页。
② 《马克思恩格斯文集》，第 5 卷，人民出版社 2009 年版，第 306 页。

时工作制。然而，这并不意味着资本家对工人的支配和规训、对工人生命基质的剥夺减轻了。时至今日，虽然第二次世界大战后世界工人阶级的结构发生了显著变化，但资本家对工人的规训并没有得到缓解，反而愈演愈烈。在现时代，现代企业成为劳动组织的主导形式，工作与非工作领域的区分日益模糊，人类社会生活的全部领域都在某种程度上成为生产的一部分。美国学者伊丽莎白·安德森发现，现代企业事实上已经成为一种有着等级制体系的独裁政府。在这里"没有法治。命令可能是随意的，并会随时更改，毫无先行通知和申诉的机会。上级不对他们所指挥的人负责，他们不能被其下级所任免。除少数特定情况之外，下级既没有对他们所遭受的待遇的申诉权，也没有对被给予的命令的协商权"①。现代工业公司的治理实质是一个任意独断和不负责任的"私人政府"和"专政"体系。这种统治不仅能够控制人们在工作时的行为，而且也控制人们在非工作时间的行为。"通常，这些独裁者(指企业老板)有合法的权力来规范工人的业余生活——包括他们的政治活动、言论、性伴侣的选择、娱乐性药品的使用、饮酒、吸烟以及运动等等。"②绝大部分工人受到私营企业合法化的、专断的、独裁的干涉、监管和支配。劳动合同以及劳工法进一步使资本家对工人事无巨细的监管、支配和管理变得公开化、规范化和合法化。可见，马克思所揭示的资本家对工人的监督和支配状态一直延续到当下资本主义社会，随着现代企业制度和管

① Anderson，E.，*Private Government：How Employers Rule Our Lives and Why We Don't Talk about It*，Princeton University Press，2017，p. 37.

② Anderson，E.，*Private Government：How Employers Rule Our Lives and Why We Don't Talk about It*，Princeton University Press，2017，p. 39.

理学的建立，资本家对工人的支配和规训日趋完善。

　　资本对工人人身支配权的形成意味着现代社会生命政治的诞生，资本不仅仅凭借购买力呈现为一种经济权力，更重要的是凭借支配力成为实质性的政治权力。马克思在《1857—1858 年经济学手稿》中指认资本主义社会是"以物的依赖性为基础的人的独立性"，但从生命政治的视角来看，资本主义社会更是"以物的依赖性为基础的人的依附性"。前资本主义社会体现为人的直接的依附性，而资本主义社会则体现为人的间接的依附性——以物的依赖性为基础的人的依附性。"工人是以出卖劳动力为其收入的唯一来源的，如果他不愿饿死，就不能离开整个购买者阶级即资本家阶级。"①表面上看来，工人依附于资本家，是因为资本家能够给工人提供工资。实际上，工人对资本家的依附性是奠基在物的依赖性（资本）的基础上的，换言之，资本家对工人的支配力（政治权力）奠基于资本的购买力（经济权力）。《资本论》所揭示的生命政治产生了两大后果。一是资本家对工人（自然生命）的规训。资本家监督工人的工作和生活，并以立法的形式将这种支配合法化、规范化。资本家昂首前行，工人只能尾随其后。资本家笑容满面，雄心勃勃，而工人则战战兢兢，畏缩不前。二是资本对工人（自由本性）的规训。资本具有了主体性和独立性，而工人则丧失了主体性和独立性。人的劳动不再是自由自觉的创造性活动，而是被资本所支配的机械劳动。资本的支配力使"有意识的活劳动"转变成"有意识的机件"（死劳动），生命存在样态的这种转变在现代社会中不仅仅体现为对自然生命的支配和奴役，而且更广泛地和更普

---

　　① 《马克思恩格斯文集》，第 1 卷，人民出版社 2009 年版，第 717 页。

遍地体现为对生命发展的规训和压制。

第二节 《资本论》中的双重规训

由福柯所开启的生命政治话语揭示了在现代社会中权力的主导形式及其运作方式所发生的极为深刻的变化。在传统的专制社会，"君主的权力只能从君主可以杀人开始才有效果。归根结底，他身上掌握着的生与死的权力的本质实际上是杀人的权力：只有在君主杀人的时候，他才行使对生命的权利"[1]。以消灭生命为目的，将他人的生命占为己有的特权是这种权力发展的顶峰。"君主必须通过使用或暂停使用杀人的权利实现他对他人的生命拥有权利；君主施加生命的权力是通过他有权置死来表现的。这个所谓'生杀大权'，实际上是'处死'或'放生'的权力。总之，'利刃'是它的象征。"[2]但在今天，这种直接掌握人生死的传统权力运作形式早已日渐淡化，而被全新的生命政治的控制方式所取代。在福柯看来，在生命政治的形成过程中产生了两种新的权力技术，分别是"惩戒肉体"的技术和"调节生命"的技术。

"惩戒肉体"的技术是一种直接作用在人的肉体之上的微观权力，它通过纪律等手段直接控制人的肉体的行为方式。这是"一种支配人体的技术，其目标不是增加人体的技能，也不是强化对人体的征服，而是要

---

① [法]米歇尔·福柯：《必须保卫社会》，钱翰译，上海人民出版社 1999 年版，第 227 页。

② 《福柯集》，杜小真编选，上海远东出版社 2003 年版，第 372 页。

建立一种关系，要通过这种机制本身来使人体在变得更有用时也变得更顺从，或者因更顺从而变得更有用"①。在任何一个社会里，人体都受到极其严厉的权力的控制。那些权力强加给它各种压力、限制和义务。这种惩戒肉体的终极目的或中心观念是"驯顺性"，通过驾驭、使用、改造和改善肉体，达到驯顺肉体的目的。因此，现代社会的惩戒肉体不再以整体的方式控制人，而是通过"零敲碎打的"方式规定人的动作和行为方式，通过训练来强化人的某种功能，最终将人生产为驯顺的肉体。"人体正在进入一种探究它、打碎它和重新编排它的权力机制。一种'政治解剖学'，也是一种'权力力学'正在诞生。它规定了人们如何控制其他人的肉体，通过所选择的技术，按照预定的速度和效果，使后者不仅在'做什么'方面，而且在'怎么做'方面都符合前者的愿望。这样，纪律就制造出驯服的、训练有素的肉体，'驯顺的'肉体。"②

资本所具有的对劳动的支配力、对工人的支配力，事实上首先只能通过一套"惩戒肉体"的技术发挥出来。这种支配力绝非一种生杀予夺的传统权力，工人所出卖的也并不是对其个人的全部的支配权，而只是对其劳动能力的支配权，工人并没有使自己完全变成资本家的奴隶。因而当资本家购买到劳动力这一商品时，事实上他拥有的只是对劳动能力和劳动行为的支配力，而不可能像君主或领主对奴仆那样有生杀予夺的全方位的支配权力。如果说资本家只拥有对劳动能力和劳动行为的支配

---

① ［法］米歇尔·福柯：《规训与惩罚：监狱的诞生》，刘北成、杨远婴译，生活·读书·新知三联书店 2012 年版，第 156 页。

② ［法］米歇尔·福柯：《规训与惩罚：监狱的诞生》，刘北成、杨远婴译，生活·读书·新知三联书店 2012 年版，第 156 页。

力，那么就意味着，要想提高劳动生产率，实现更大限度的资本增殖，资本家就只能在工作时间和工作领域内采取措施，这些措施就是所谓的"纪律"。"这些方法使得人们有可能对人体的运作加以精心的控制，不断地征服人体的各种力量，并强加给这些力量以一种驯顺—功利关系。这些方法可以称作为'纪律'。"①与奴隶制不同，资本主义的生命政治不是基于对人身的占有关系，而仅仅基于资本家对工人劳动力的支配关系。因此，资本家对工人肉体的惩戒绝对不可能是专制体制下的"生杀大权"，而只能是模仿军队、医院等的"规训管理"。资本家制定各种各样的工作纪律，监督工人劳动，制定生产时间表，提升工人的生产技能，通过一系列"零敲碎打的方式"来直接作用于工人的肉体以期提高生产效率。相对于君主的杀人权力，纪律的高雅性在于，它不需要这种昂贵而粗暴的关系就能获得很大的实际效果。相对于传统社会"生杀予夺"的强暴力，现代社会"惩戒肉体"的纪律只是一种弱暴力或软暴力。在这一过程中，资本家绝非想要征服工人，他的目的始终是实现资本的增殖。资本家通过纪律规训实现了"使人体在变得更有用时也变得更顺从，或者因更顺从而变得更有用"②。资本家最终将工人打造为驯顺的肉体，并成功地提高了劳动生产率，实现了资本的增殖。

"调节生命"的技术构成了生命政治语境下不同于"惩戒肉体"的另外一种新的生命权力技术。在 17、18 世纪，惩戒肉体的技术就已经诞

① ［法］米歇尔·福柯：《规训与惩罚：监狱的诞生》，刘北成、杨远婴译，生活·读书·新知三联书店 2012 年版，第 155 页。
② ［法］米歇尔·福柯：《规训与惩罚：监狱的诞生》，刘北城、杨远婴译，生活·读书·新知三联书店 2012 年版，第 156 页。

生，而调节生命的技术则在 18 世纪末以及 19 世纪才逐渐形成。二者的诞生虽然在时间上有着先后顺序，但这并不意味着两种权力技术的形式是互相抵触或具有取代关系的。调节生命的技术"不排斥第一种，不排斥惩戒技术，而是包容它，把它纳入进来，部分地改变它，特别是由于这个惩戒技术已经存在，在可以说固定在它上面，嵌入进去的时候利用它。这个新技术没有取消惩戒技术，仅仅因为它处于另一个层面，它处于另一个等级，它有另一个有效平面，它需要其他工具的帮助"①。惩戒肉体针对的是肉体的人，调节生命针对的则是活着的人，二者运行在不同的层面之上。"一个是惩戒的技术：它围绕肉体，产生个人化的后果，它把肉体当作力量的焦点来操纵，它必须使这力量既有用又顺从。而另一方面的技术不是围绕肉体，而是作用于生命；这种技术集中纯粹属于人口的大众的后果，它试图控制可能在活着的大众中产生的一系列偶然事件；它试图控制（可能改变）其概率，无论如何要补偿其后果。这种技术的目标不是个人的训练，而是通过总体的平衡，达到某种生理常数的稳定：相对于内在危险的整体安全。"②其实，两种权力技术并不是截然分开的，在某种意义上是重叠的。

"调节生命"权力技术的运行在表面上显得极具合理性，它不再以谋求控制人，而是谋求保障人的整体安全。"惩戒肉体"和"调节生命"形成了两个不同的系列："肉体系列—人体—惩戒—机关；和人口系列—生

---

① ［法］米歇尔·福柯：《必须保卫社会》，钱翰译，上海人民出版社 1999 年版，第 229 页。

② ［法］米歇尔·福柯：《必须保卫社会》，钱翰译，上海人民出版社 1999 年版，第 234—235 页。

物学过程—调节机制—国家。制度机关的整体：如果你们同意，即制度
的惩戒机关，另一边是生物和国家的整体：国家进行的生命调节。"①
"惩戒肉体"的技术将人作为"肉体"来规训，而调节生命的技术则将人作
为抽象的人口来对待。在《资本论》中，马克思指出：资本主义社会是通
过"相对过剩人口或产业后备军"的概念，来调节总体的平衡，维护资本
主义社会生产方式的整体安全的。这种生命调节实质上遵循的是生物学
意义上的"优胜劣汰"的丛林竞争法则。

马克思把工人阶级分为"现役军"和"后备军"，产业后备军就是过剩
人口的相对量。工人人口本身在生产出资本积累的同时，也以日益扩大
的规模生产出使他们自身成为相对过剩人口的手段。马克思将之称为资
本主义生产方式所特有的人口规律。资本积累的力量越大，资本增长的
规模和能力就越大，从而无产阶级的绝对数量和他们的劳动生产力就越
大，产业后备军也就越大。工人阶级中贫苦阶层和产业后备军越大，现
役劳动军的压力也就越大，作为现役劳动军的就业工人就越容易被规
训。"工人阶级中就业部分的过度劳动，扩大了它的后备军的队伍，而
后者通过竞争加在就业工人身上的增大的压力，又反过来迫使就业工人
不得不从事过度劳动和听从资本的摆布。"②一旦就业工人反对过度劳
动，不听从资本摆布，他们就立即会被产业后备军所取代。过剩人口看
似游离在资本的控制之外，而实际上它随时可能被吸收，并且它成为规
训现役劳动军最为有效的潜在手段。"过剩的工人人口是积累或资本主

① ［法］米歇尔·福柯：《必须保卫社会》，钱翰译，上海人民出版社1999年版，
第235页。
② 《马克思恩格斯文集》，第5卷，人民出版社2009年版，第733页。

义基础上的财富发展的必然产物，但是这种过剩人口反过来又成为资本主义积累的杠杆，甚至成为资本主义生产方式存在的一个条件。过剩的工人人口形成一支可供支配的产业后备军，它绝对地从属于资本，就好像它是由资本出钱养大的一样。"①无论是现役劳动军，还是产业后备军都从属于资本，在两者动态平衡中，维护着资本主义社会的总体平衡和安全。

第三节 "劳动力"概念与生命政治的诞生

无论是在惩戒肉体的意义上，资本家通过纪律对工人的规训，还是在调节生命的意义上，资本家通过产业后备军对工人的胁迫，两者都表明：在资本主义社会条件下，生命政治的诞生和劳动力成为商品密切相关。借用保罗·维尔诺的话："要想理解'生命政治'这一术语的理性内核，我们应该从另外一个概念开始，一个来自哲学观点的更复杂的概念：劳动力(labor-power)的概念。"②劳动力就是劳动能力，马克思明确将其"理解为一个人的身体即活的人体中存在的、每当他生产某种使用价值时就运用的体力和智力的总和"③。保罗·维尔诺在马克思对劳动力理解的基础上，进一步指出劳动力作为最多样化的人类能力（讲话、

---

① 《马克思恩格斯文集》，第 5 卷，人民出版社 2009 年版，第 728—729 页。
② ［意］保罗·维尔诺：《诸众的语法：当代生活方式的分析》，董必成译，商务印书馆 2017 年版，第 104 页。
③ 《马克思恩格斯文集》，第 5 卷，人民出版社 2009 年版，第 195 页。

思考、记忆、行动等的潜在能力)的总和同时包含了"生产的潜力",而潜力就是"天资、能力、活力"。保罗·维尔诺更看重的是劳动力所蕴含的潜能。劳动力作为一种潜在的劳动能力,具有诸多可能性。然而资产阶级生产方式却设定着劳动力自由发展的界限,过滤掉了人的能力和可能性等质的差异性,同质化为可以加以衡量的量的关系。使得所有的劳动力都转变为劳动量,劳动力劳动的多样性和潜能性被抹杀了。"谈劳动能力并不就是谈劳动,正像谈消化能力并不就是谈消化一样。"①然而,在资本主义的生产条件下,劳动能力最终转换成了同质化的劳动量。这种同质化正是通过商品形式的普遍化以及劳动力本身成为商品这一前提而实现的。现代社会生命政治的实质就是把具有潜能和创造性的"活劳动"(自由劳动)规训为丧失生命潜能和活力的"死劳动"(机械劳动)。

我们在此重新赋予了"活劳动"和"死劳动"这一对范畴以全新的含义。"活劳动"指的是人的自由自觉的创造性活动,体现了工人的潜能和创造性;"死劳动"指的则是被资本控制的工人的机械劳动,丧失了人的生命潜能和活力。马克思在《资本论》中指出:"资本是死劳动,它像吸血鬼一样,只有吮吸活劳动才有生命,吮吸的活劳动越多,它的生命就越旺盛。"②在马克思的这一经典表述中,"死劳动"指的是资本,"活劳动"指的是工人的劳动。马克思旨在说明,资本本身作为"死劳动"并不能创造价值,所谓的自行增殖不过是资本增殖的幻象,而创造剩余价值的只能是作为活劳动的工人。"死劳动"支配着"活劳动"。从生命政治的

---

① 《马克思恩格斯文集》,第 5 卷,人民出版社 2009 年版,第 201 页。
② 《马克思恩格斯文集》,第 5 卷,人民出版社 2009 年版,第 269 页。

视角来看，所谓的工人的"活劳动"也是"死劳动"，因为工人的劳动受资本所支配，它体现的不是工人自己的意志，而是资本的意志。资本及其所支配的劳动都是死劳动。"死劳动"就是指机器体系中机械性的、作为机器的零件而存在的工人的劳动。虽然马克思没有明确用"死劳动"指代机器零件式的工人的机械劳动，但"活的附属物""有意识的机件""有意识的器官""旁观者"等表述无疑隐性地表达了工人劳动的"死劳动"内涵。

在机器大工业体系中，工人不是整个生产过程的真正主人，而是作为机械化的一部分被结合到某一机械系统里去的，工人隶属于机器。工人表面上看来是生产过程的参与者，而实际上变成了生产过程的旁观者，发挥不了任何主动性。马克思指出："工人不再是生产过程的主要作用者，而是站在生产过程的旁边。"[①]工人作为旁观者并非溢出资本的统治，而是丧失主动权、支配权、选择权的存在样态。在前资本主义社会的工场手工业中，工人利用工具；在资本主义社会工厂中，工人隶属或服侍机器。"在前一种场合，劳动资料的运动从工人出发，在后一种场合，则是工人跟随劳动资料的运动。在工场手工业中，工人是一个活机构的肢体。在工厂中，死机构独立于工人而存在，工人被当做活的附属物并入死机构。"[②]

通过与前资本主义生产方式的比较，我们可以发现：在资本主义条件下，资本权力完全宰制了工人的活劳动，工人成为机器体系的"活的附属物"。这种"活的附属物"实质上就是机器体系、机器自动化过程中

---

① 《马克思恩格斯文集》，第 8 卷，人民出版社 2009 年版，第 196 页。
② 《马克思恩格斯文集》，第 5 卷，人民出版社 2009 年版，第 486 页。

的一个环节。当工人成为机器体系的一部分，也就变成了资本的一部分，作为支配和吸吮活劳动力的死劳动而同工人本身相对立。此时的工人所壮大的只是资本的力量，一种异己的力量。工人作为"旁观者""只不过是死劳动的一个有意识的器官"①。与资本的无意识的器官——机器相比较而言，也越来越表现为客体，而非积极行动的主体，和无意识的器官——机器没有什么本质的区别。在生产领域，工人以旁观者的身份出场，表明当前资本主义社会通过工厂制机器体系的生产模式把活劳动已经同质化为简单的、纯粹的机器零件或机器运转的某一环节。作为机器死机构的一部分，工人的劳动成了没有积极性、能动性和创造性的"死劳动"。

资本规训力对活劳动的宰制远远超出生产领域的工人界限，延伸至了社会的全部领域，尤其是体现创造性和潜能的智识领域。作为资本主义社会所特有的一种新的权力治理技术，机器体系巧妙地将智力纳入资本权力体系中。"生产过程的智力同体力劳动相分离，智力转化为资本支配劳动的权力，是在以机器为基础的大工业中完成的。"②智力及其相应的技术成果成为资本主义统治的工具，而体力及其相应的劳动成果成为资本主义监督、剥削的对象。无论是智力，还是体力都作为劳动力被纳入资本权力体系之中。智力的培养场域被资本完全控制，高等教育与私营企业对接，大学一度成为文凭工厂，为企业培养职业技术毕业生，专业化、职业化的培养模式与资本主义可计量的合理化原则若合符节。

① 《马克思恩格斯文集》，第 8 卷，人民出版社 2009 年版，第 354 页。
② 《马克思恩格斯文集》，第 5 卷，人民出版社 2009 年版，第 487 页。

知识成为维护社会权力的工具，构成规训社会再生产的必要条件。广泛、异质的智力在资本权力体系下被剥夺了自身的真实表达，不断被控制、扭曲和纳入"作为工厂管理体制特征的管理准则和层次结构"[①]。智力的维度应该作为活劳动的属性实现在自由创造的劳动中，而不是作为死劳动的属性体现在资本主义社会工厂管理式的层级结构中。与其说智力与资本主义社会合理化社会结构若合符节，毋宁说智力的生产也被纳入资本主义的合理性系统筹划中。

在与"死劳动"相对立的意义上，马克思揭示了"活劳动"的表现形态。任何人"都可以在任何部门内发展，社会调节着整个生产，因而使我有可能随自己的兴趣今天干这事，明天干那事，上午打猎，下午捕鱼，傍晚从事畜牧，晚饭后从事批判"[②]。劳动本应该是劳动者自主的、积极的活动。"活劳动"指向有自由意志的、自为的、自愿的、无限定的自由劳动。在资本主义条件下，人的"活劳动"被规训为了"死劳动"。这种死劳动不仅仅表现为机器体系支配下的单一化的、机械的死劳动，而且呈现为资本主义体系下的同一化劳动。所谓同一化劳动指的不是同一种劳动，而是对劳动价值的评判标准趋同——以量化的客观化的指标衡量一切。所带来的直接后果是，以定量化的思维框定了人们的发展前景，在量化思维的框架内，个性、能动性、创造性已成为不可能。正如马克思所揭示的，一切表演艺术家、演说家、演员、教师、医生、牧师

---

① ［意］保罗·维尔诺：《诸众的语法：当代生活方式的分析》，董必成译，商务印书馆 2017 年版，第 85 页。

② 《马克思恩格斯文集》，第 1 卷，人民出版社 2009 年版，第 537 页。

等"对自己的企业主说来，是生产工人"①。衡量标准不再是有差异的潜力、能力、资质、亲和力，而是客观指标的定量测度——多少作品、几场演说、多少片酬、几个课题等。资本权力通过以量化的方式把活劳动的发展维度纳入资本体系中，使之臣服、服从工厂管理式的等级结构。

从生命本身来看，资本主义社会对人的生命的规训是分成两个层次展开的。阿甘本在《神圣人：至高权力与赤裸生命》开篇通过词源学对人的自然性生命和社会性生活的区分有助于我们理解这一问题。"'zoē'（近汉语'生命'义）表达了一切活着的存在（诸种动物、人或神）所共通的一个简单事实——'活着'；'bios'（近汉语'生活'义）则指一个个体或一个群体的适当的生存形式或方式。"②资本主义社会生命政治的独特性本质就在于：生命政治不仅以生物性的生命（种生命）为对象，而且也以生活性的生命（类生命）为对象，从而实现了对人的更全面，也更隐蔽的控制。前资本主义社会君主的生杀大权和资本主义社会的惩戒肉体，在某种意义上是一致的，指向的都是人的肉体性生命或自然生命，而资本主义社会独有的"调节生命"的权力技术指向的则是人的生活性生命或社会生命。在《资本论》中，调节生命的目的不仅仅是保持"产业后备军"和"现役劳动军"之间的动态平衡和社会稳定，更重要的是把工人的生命降低和维持在其生物性生命的水平上。按照马克思的判断，资本家提供给工人的工资仅仅是其最低的工资。"劳动力价值的最低限度或

---

① 《马克思恩格斯文集》，第 8 卷，人民出版社 2009 年版，第 417 页。

② ［意］吉奥乔·阿甘本：《神圣人：至高权力与赤裸生命》，吴冠军译，中央编译出版社 2016 年版，第 3 页。

最小限度，是劳动力的承担者即人每天得不到就不能更新他的生命过程的那个商品量的价值，也就是维持身体所必不可少的生活资料的价值。"①工资的额度仅仅只能维持工人的基本生活，只能满足工人的生物性生命的存在和延续。工人没有多余的钱来丰富和实现自己的个性自由，即使有条件提高自己的技能也是以资本的需求为导向的，人很难超越资本的统治来发展自己的类生命。在技术和资本的座架下，人类诗意地栖居是很难做到的。当资产阶级通过工资来购买工人的劳动力的时候，它就已经剥去了工人的社会性、文化性和政治性生命，而将其贬低为单纯的生物性生命。最低工资就其产生的客观效果而言，变成了一种调节工人阶级生命的技术。现代社会生命政治的"惩戒肉体"与"调节生命"的权力技术，不仅是对人的种生命的规训，更是对人的类生命的宰制，两者在马克思的《资本论》中获得了完全的意义。正是在这个意义上，马克思的《资本论》揭示了现代社会生命政治的诞生。

---

① 《马克思恩格斯文集》，第 5 卷，人民出版社 2009 年版，第 201 页。

第九章　工厂的生命政治学分析

　　现代资本主义社会生命政治发生的一般场所绝对不是阿甘本所谓的集中营和难民营，而是工厂。集中营和难民营只是生命政治发生的非典型性状态，工厂才是现代社会的一般场所。在生命政治学看来，与权力密切相关的概念正是"装置"。福柯曾经指出，生命政治学所研究的对象不是权力，而是权力机制。只有从装置入手，才能梳理出权力发生的机制。"装置的本质是策略性的，这意味着，我们正在谈论的，是对权力关系以及对权力关系中理性而具体的干预的明确操控，其目的要么是促进这些关系向特定方向发展，要么就是阻止它们，使它们稳定下来，并对之加以利用。因此，装置总是嵌入一种权力游戏之中，这种知识来自装置，同样也对它作出了限定。确切而言，装置就是关于权力关系——它们支持特定类型的知识或受其支持——的一套策略。"①阿甘本进一步明晰了福柯的装置概念,他做出了三点归纳:①"装置是一套异质的东西,事实上,它以同一个头衔囊括一切,无论是语言的还是非语言的:话语、制度、建筑、法律、治安措施、哲学命题等。装置本身是在这些要素之间建立起来的网络。"②"装置始终具备某种具体的策略功能,始终存在于某种权力关系之中。"③"因此,装置出现在权力关系与知识关系的交叉点。"②综合福柯的定义和阿甘本的论述,装置就是关于权力关系的一整套策略,其目的是实现明确操控。

装置是关于权力关系的网络,具备某种具体的策略功能。这种策略功能就是装置所具有的技术意义:"机器或机制的一部分以及(通过延伸)机制本身得以组织的方式。"③一切装置都意味着主体化过程,一旦缺失这种过程,它就无法发挥治理装置的功用,而且还原为纯粹的暴力活动。"在这个基础上,福柯早已证明,在一个规训社会,装置如何旨在通过一系列实践、话语和知识体系来创造温顺而自由的躯体,作为去主体化过程中的主体,这些躯体假定了它们自身的身份和'自由'。因此,装置首先就是一种生产主体化的机器,唯有如此,它才成为一种治理机器。"④装置是一种主体化过程和去主体化过程的统一。从去主体化

① Foucault, M, *Power/Knowledge*: *Selected Interviews & Other Writings 1972—1977*. Edited by Colin Gordon, Pantheon Books, 1980, pp. 194-196

② [意]阿甘本:《论友爱》,刘耀辉、蔚光吉译,北京大学出版社 2017 年版,第 4 页。

③ [意]阿甘本:《论友爱》,刘耀辉、蔚光吉译,北京大学出版社 2017 年版,第 10 页。

④ [意]阿甘本:《论友爱》,刘耀辉、蔚光吉译,北京大学出版社 2017 年版,第 23—24 页。

的过程而言，装置通过一系列权力关系网络来规训和惩罚主体，使其丧失自己能动的主体性；从主体化的角度而言，权力装置最终创造出温顺而自由的躯体，这些躯体假定了它们自身的身份和"自由"，成为一种具有特定身份的主体。主体化过程正是在去主体化的过程中完成的。

第一节　工厂体系

资本主义社会工厂体系的产生是建立在机器大工业基础之上的。"在大工业的背景下，工场手工业、手工业和家庭劳动的传统形态经历着彻底的变革：工场手工业不断地转变为工厂；手工业不断地转变为工场手工业；最后，手工业和家庭劳动领域在相对说来短得惊人的时间内变成了苦难窟，骇人听闻的最疯狂的资本主义剥削在那里为所欲为。"[①]在这里，马克思揭示了从手工业转变为工场手工业，再从工场手工业转变为工厂的历史形态变革。马克思径自把"工厂"称为"苦难窟"。"苦难窟"是个典型的生命政治学术语，我们很容易将之同阿甘本所分析的"集中营"进行类比。"工厂"之所以成为"苦难窟"是因为"骇人听闻的最疯狂的资本主义剥削在那里为所欲为"。这种骇人听闻的最疯狂的资本主义剥削之所以能够为所欲为，则是因为工厂成了"装置"。

马克思从工具（机器）的视角对比了"工场手工业和手工业"与"工厂"的区别。马克思指出："在工场手工业和手工业中，是工人利用工具，

---

①　《马克思恩格斯文集》，第5卷，人民出版社2009年版，第564页。

在工厂中，是工人服侍机器。在前一种场合，劳动资料的运动从工人出发，在后一种场合，则是工人跟随劳动资料的运动。在工场手工业中，工人是一个活机构的肢体。在工厂中，死机构独立于工人而存在，工人被当做活的附属物并入死机构。"①为了使工人能够驯顺地服侍机器，并入机器这一死机构，资本家制定了严格的纪律。"工人要服从机器的连续的、划一的运动，早已造成了最严格的纪律。"②马克思把工厂纪律称为"最严格的纪律"，是因为这种纪律是一种兵营式的纪律，并最终发展成为工厂制度。"工人在技术上服从劳动资料的划一运动以及由各种年龄的男女个体组成的劳动体的特殊构成，创造了一种兵营式的纪律。这种纪律发展成为完整的工厂制度，并且使前面已经提到的监督劳动得到充分发展，同时使那种把工人划分为劳动和监工，划分为普通工业士兵和工业军士的现象得到充分发展。"③这种兵营式的纪律最终造成了现役劳动军自身的分裂。我们知道，无产阶级可以区分为"现役劳动军"和"产业后备军"。但由于工厂纪律的出现，工人被划分为劳动和监工，现役劳动军被分裂为"普通工业士兵"和"工业军士"。资本家与工人之间的对抗性关系被资本主义生产方式逐渐转化为现役劳动军与产业后备军以及现役劳动军内部的对抗性关系。

随着早期资本主义步入当代发达的资本主义社会，无产阶级本身及其构成也发生了巨大的变化。1951 年是美国历史上平平淡淡的一年，但其在劳工市场上却有着独特的价值：这一年美国的"白领工作者"首次

---

① 《马克思恩格斯文集》，第 5 卷，人民出版社 2009 年版，第 486 页。

② 《马克思恩格斯文集》，第 5 卷，人民出版社 2009 年版，第 473 页。

③ 《马克思恩格斯文集》，第 5 卷，人民出版社 2009 年版，第 488 页。

超过劳工总量的 50％，这意味着美国脑力劳动者超过了体力劳动者，成为无产阶级中的"大多数"。于是无产阶级的工作场所也发生了相应的进化，从工厂厂房的流水线进入高档写字楼的办公隔间。① 办公室白领们依然承担着类似于流水线上的枯燥的、重复的、千篇一律的工作，工厂的生产本质被原封不动地搬到了写字楼中，因此二者的生产环境也存在着高度的类似。好像把人放进"格子间"还不够侮辱人似的，这些隔间的尺寸还被做得越来越小。根据美国《商业周刊》1997 年的一篇社论，从 20 世纪 80 年代中期到 90 年代中期，美国写字楼隔间的平均尺寸减小了 25％到 50％……一半的美国人表示他们觉得自家的浴室都要比自己的办公隔间大。写字楼中的格子间只是"脑力流水线"生产的特殊形式。格子间越来越小，就如同工厂流水线作业被划分得越发细致。在第三次科技革命之前，体力劳动者还是产业工人的绝对多数，这时候脑力劳动者是有诸多"特权"的，他们具有一定的专业技能（如财务），他们并不是完全意义上的无产阶级，而是资产阶级更好地统治与监控体力劳动者的工具。当脑力劳动变得"廉价"时，只是发生了一个"阶级平移"——曾经在流水线上拧螺丝的工人平移成了格子间里敲键盘的公司员工，曾经拥有单间的精英管理者们虽然有些沦落为廉价的脑力劳动者，但其中一部分依然还是有单间的企业中高管理层。

福柯研究了大量现代组织（工厂、学校、兵营、精神病医院等）的形

①　这种作为办公隔间的"格子间"设计实际上是一种舶来品，这个词源自牛肉产业中使用的牲畜屠宰前待宰的小隔间。小而狭窄的办公隔间，由玻璃、石膏板、三聚氰胺板、轻质水泥板等隔板搭建而成，简单廉价、设计灵活，里面坐着公司的初级员工。办公隔间不仅节约办公空间，并且隔而不离。

式和起源，提出了一个大胆的结论：众多现代组织的根本原则和组织管理模式，都起源于监狱。福柯提出了一个关于建筑的概念：全景敞视监狱。这个监狱模式是英国思想家边沁提出的，边沁是一个功利主义者，无论做什么事情都计算"效用"。边沁所设计的监狱、福利院，目的也都是完全使建筑在"效用"上达到最大化的。这个监狱的特点是周围是一圈囚室，中间是一个监视塔，守卫可以非常高效率地监视所有的囚室。"边沁的全景敞视建筑是这种构成的建筑学形象。其构造的基本原理是大家所熟知的：四周是一个环形建筑，中心是一座瞭望塔。瞭望塔有一圈大窗户，对着环形建筑。环形建筑被分成许多小囚室，每个囚室都贯穿建筑物的横切面。各囚室都有两个窗户，一个对着里面，与塔的窗户相对，另一个对着外面，能使光亮从囚室的一端照到另一端。然后，所需要做的就是在中心瞭望塔安排一名监督者，在每个囚室里关进一个疯人或一个病人、一个罪犯、一个工人、一个学生。"[1]这种著名的具备权力、具备洞察一切的高塔的透明环形铁笼，或许是一个完美的规训机构的设计方案。福柯就认为，观察、监视、控制与校正违规行为的"全景监狱理念"，蕴含在几乎所有的现代建筑、社会组织和我们的日常生活中。"全景敞视主义是一种新的'政治解剖学'的基本原则。其对象和目标不是君权的各种关系，而是规训（纪律）的各种关系。"[2]工厂流水线就是一个典型的全景敞视监狱式组织——一个在管理者凝视下劳动者们被

---

[1] ［法］米歇尔·福柯：《规训与惩罚：监狱的诞生》，刘北成、杨远婴译，生活·读书·新知三联书店1999年版，第224页。

[2] ［法］米歇尔·福柯：《规训与惩罚：监狱的诞生》，刘北成、杨远婴译，生活·读书·新知三联书店1999年版，第234页。

高效监控的组织。

工厂的设计逻辑来源于监狱，而白领们的格子间又脱胎于工厂流水线生产，那么白领的工作也并没有想象中的"自由度"，他们不过是在管理者监视下高效流水线上的一颗螺丝钉。我想起自己见过的许多写字楼设计：在一排排格子间的尽头专门隔出来一块区域当作中高层管理者的办公室，而且都是下面用毛玻璃、上面用透明玻璃来隔开。这样设计的好处是，管理者只要站起来就随时可以看到格子间中白领们的工作状态，而自己的"隐私"又很好地隐藏在毛玻璃背后。纪律的实施必须有一种借助监视而实行强制的机制。在这种机制中，监视的技术能够诱发出权力的效应。"全景敞视模式没有自生自灭，也没有被磨损掉任何基本特征，而是注定要传遍整个社会机体。它的使命就是变成一种普遍功能。"①正如全景敞视模式一样，工厂体系已经渗入整个社会机体。

第二节　工艺学

在资本主义条件下，广泛、异质的智力在资本权力体系下被剥夺了自身的真实表达，不断被控制、扭曲和纳入"作为工厂管理体制特征的管理准则和层次结构"②。智力的维度应该作为活劳动的属性实现在自

---

① ［法］米歇尔·福柯：《规训与惩罚：监狱的诞生》，刘北城、杨远婴译，生活·读书·新知三联书店 1999 年版，第 233 页。
② ［意］保罗·维尔诺：《诸众的语法：当代生活方式的分析》，董必成译，商务印书馆 2017 年版，第 85 页。

由创造的劳动中，而不是作为死劳动的属性体现在资本主义社会工厂管理式的层级结构中。在显性操作中，工人的活劳动是通过流水线被纳入的；在隐性的层面上，资本主义生产则是通过工艺学实现的。换句话说，流水线的技术支撑是"工艺学"的出现。何谓工艺学？马克思指出："大工业的原则是，首先不管人的手怎样，把每一个生产过程本身分解成各个构成要素，从而创立了工艺学这门完全现代的科学。"[1]工艺学就是把生产过程进行分解，分解得越细微，证明这种技术越精细、越成熟。"社会生产过程的五光十色的、似无联系的和已经固定化的形态，分解成为自然科学的自觉按计划的和为取得预期有用效果而系统分类的应用。工艺学也揭示了为数不多的重大的基本运动形式，尽管所使用的工具多种多样，人体的一切生产活动必然在这些形式中进行，正像机器虽然异常复杂，力学仍然会看出它们不过是简单及机械力的不断重复一样。"[2]然而，技术的进步非但没有改变无产阶级的命运，反而成为限制无产阶级的新枷锁。先进的技术让无产阶级工作更加"去技能化"，让他们丧失了与资方议价的能力；无论在工厂流水线上，还是在白领办公室中，劳动者的工作整体在退化，工厂和企业需要的只是不用思考与反思、不停重复执行去技能化任务的"身体"而已。

这种精密的工艺学最终被应用到了工厂的管理之中，这使得工厂作为"装置"更加高效。西方工厂的代表制度就是泰勒制和福特制。泰勒被称为"科学管理之父"。血汗工厂泰勒制（或者称为"科学管理"），"是西

---

① 《马克思恩格斯文集》，第5卷，人民出版社2009年版，第559页。

② 《马克思恩格斯文集》，第5卷，人民出版社2009年版，第559—560页。

方管理学理论的开创性肇端，在很多方面有所应用。泰勒是第一位提出科学管理观念的人，因此被尊称为科学管理之父，他详细地记录每个工作的步骤及所需时间，设计出最有效的工作方法，并对每个工作制定一定的工作标准量，规划为一个标准的工作流程；将人的动作与时间，以最经济的方式达成最高的生产量，因此又被称为"机械模式"。在当代管理学的研究与教学中，会有意无意地忽略泰勒创造"科学管理"这一理论的灵感与启发是从何而来的。在1911年美国国会召开的一场关于科学管理制及其他工厂管理制度的听证会上，泰勒和出席这场听证会的他的同僚们，默认了"科学管理"的理论来源之一，就是奴隶制。一位来自马萨诸塞州华特城兵工厂（Watertown Arsenal）的工作经验丰富的钢铁工人向委员会表示，科学管理让他觉得"仿佛退回了奴隶制"，管理者们对工人施加了高度控制，"在你工作时跟随着你……当你俯身捡几根棒子时，就拿着秒表站在你身边……这太令人难以忍受了"[1]。机械工工会的会长论道，这个体系"几乎把工人还原为拿着低工资的奴隶……而且它在人们当中产生了一种猜忌的氛围，所有人都觉得其他人可能是叛徒或探子"[2]。听证会后，尽管委员会没采取多少行动，但承认了这一体系"就像奴隶监工抽打黑人的鞭子一样，让他一直感到紧张不安"[3]。

---

① 赵皓阳：《当代资本主义剥削的秘密，隐藏在"管理学"的诸多理论背后》，https://zhuanlan.zhihu.com/p/65231373。

② 赵皓阳：《当代资本主义剥削的秘密，隐藏在"管理学"的诸多理论背后》，https://zhuanlan.zhihu.com/p/65231373。

③ 赵皓阳：《当代资本主义剥削的秘密，隐藏在"管理学"的诸多理论背后》，https://zhuanlan.zhihu.com/p/65231373。

科学管理与奴隶制之间最惊人的相似之处在于"任务观念"的提出，泰勒将其描述为"现代科学管理中最为重要的因素"。任务制有着更长的历史，它是奴隶制下组织劳动的主要手段之一。在任务制之下，被奴役者会被分到要在一天内完成的一定"任务量"或配额；被奴役者在持续的监督下在一段固定的时间内劳作。"任务"一词因其与奴隶制的关系而令"很多人不喜欢"。泰勒制与奴隶制所展现的特性如出一辙，唯一的改善也就是加入了工人的基本工资和辞职的权利。泰勒制的核心元素就是工作的去技能化和对工人的严密控制，其对工作流程与工作标准的研究剥夺了工人对生产过程知识的控制，并将这些知识牢牢地控制在管理者手中，让手工业者失去了与雇主博弈的实力，只能任由摆布。

劳动者拒绝成为流水线上的奴隶是自然而然的事情。所以随着社会的发展，泰勒制非但不会提高生产效率，反而会引发劳动者的反抗情绪。于是改良版的泰勒制——福特制应运而生。福特制同样是一套基于工业化和标准化大量生产和大量消费的经济和社会体系，只不过相对于泰勒制有了些许"温和"，在"奴隶制"的基础上增加了不少激励元素，比如付给工人高于一般生活开销的工薪，以便让他们有能力来买他们自己制造的产品。再比如给予工人长期许诺，不随意开除工人，给予伴随工龄和生产效率增长的福利，等等。但是，这并不能改变其"血汗制度"的本质。在管理学的理论体系中，"泰勒制"和"福特制"都被称作为"低信任体制"。在这样一种体制中，工人没有工作的自主权，一切任务都由管理方规定，并且依赖于机器实现，同时工作过程受到严密的监控；而且这种控制系统和监视系统的效率都远远地超过了奴隶社会与封建社会，真的是"科学控制"与"科学监视"。① 管理学中的有识之士早就开始反思这种"低信任体制"是否真正能够带来效率的提升、是否真正能让公司整体上有收益。绝大多数学者都认为，这种监控体制会造成对职工的工作投入和工作士气的损害，更严重的还会更加激化劳动者的抵触情绪。许多奉行"低信任体制"理念的公司，劳资冲突比率明显高于平均值。管理学的最初目的本来想是通过优化生产关系来提高生产效率的，但是因为基本都用来控制、监视和剥削劳动者，导致劳动者积极性降低，反而影响了生产效率。于是资本主义也在与时俱进，"后福特制"成为当今管理学的主流显学。

后福特制讲究给予劳动者一定的自主性，不要让他们觉得自己就是颗悲惨的螺丝钉；通过扁平化管理、小团队化管理，提升基层的活跃度；通过高福利、终身雇佣等策略，磨灭劳动者的反抗精神。其实现在有些公司所鼓吹的"扁平化、开放、创新精神、自由、结果导向"等精神，都是西方 20 世纪 60—70 年代后福特制的延续。后福特制的寿命并没有比泰勒制、福特制长久多少，但其"团队工作""扁平化"等理念，依然在被当今管理学所推崇，但这也不能掩盖资产阶级管理学控制、监视、剥削劳动者的本质。按照居伊·德波的理论，这个世界全都是"幻象"，全都是"景观"，附着在当代年轻人身上的"景观"除了我们刚刚所说的能带来伪阶级晋升感的消费主义，还有很多其他的浮华幻影。比如

---

① 在当代，人类依靠信息技术的帮助，例如视频监控、脸部识别、指纹打卡以及各种各样的网络办公软件，可以全方位地实现对雇佣劳动者的监控，甚至打卡的地理位置都能收集，搞出"早到排行榜""加班排行榜"等。信息技术已经让现代社会的生命政治管控无孔不入。

说生产活动中的"创造性劳动"。这一类伪概念大致就是给应聘者们描绘出你的劳动是有创造性的、你在公司里自由发挥的空间很多、你很重要、你有自主权、扁平化管理、升职空间大等"景观"。但其本质与其幻象相去甚远。

在现代社会中,资本家通过无孔不入的摄像头和显示屏,监控着劳动者的一切,让劳动者时时刻刻都处在高度紧张的精神状态中。恩格斯就描述过英国工厂中的这种现象:在 19 世纪的工厂,工人是禁止携带自己的钟表的,对于时间的定义也成为资本家的"特权"。于是工人的工作时间要以工厂的时钟为准,而资本家和他的监工们往往会在时钟上做手脚:上班时先把时钟拨早一些,下班时又把时钟拨晚一些,通过增加工作时长剥削过多的剩余价值。这就是工业时代版的"半夜鸡叫"。"权力被明确地直接用于时间。权力保证了对时间的控制和使用。"[1]这些所谓的"管理学"理论,不过是要"更好地把人变成工具"。

工艺学的诞生使得资产阶级的管控更具有隐蔽性,披上了科学管理的外衣。主流管理学过于强调效率、控制和监视,忽略了劳动者的主观体验,就是实实在在的"把人当成了工具";主流管理学的背后永远无法掩盖"剥削"二字,甚至管理学的诸多理论就是在研究"怎样更好地剥削劳动者"。管理学在所谓"计划""科学""效率"等术语的背后隐藏的都是两个字——"剥削"!所有管理学的出发点永远是工厂、企业和管理层,从来没有以普通劳动者视角为出发点的研究。"资产阶级用来束缚无产

---

① [法]米歇尔·福柯:《规训与惩罚:监狱的诞生》,刘北城、杨远婴译,生活·读书·新知三联书店 1999 年版,第 180 页。

阶级的奴隶制，无论在哪里也不像在工厂制度上暴露得这样明显。在这里，一切自由在法律上和事实上都不见了。"①隐藏在管理学背后的是对劳动者的监视、控制与剥削。

第三节 工厂法

建立在机器大生产基础上的工厂体系以工厂纪律和工厂制度的方式确立了下来，并且在管理工艺学的支撑下更加精细和科学，这种"专制"最终通过"工厂法"获得了普遍的规范性。马克思指出："工厂立法是社会对其生产过程自发形态的第一次有意识、有计划的反作用。"②工厂立法的目标表面上看来是对资本主义生产秩序的维护，实际上其所维护的是资本家对工人的管控剥削。"资产阶级通常十分喜欢分权制，特别是喜欢代议制，但资本在工厂法典中却通过私人立法独断地确立了对工人的专制。这种法典只是对劳动过程实行社会调节，即对大规模协作和使用共同的劳动资料，特别是使用机器所必需的社会调节的一幅资本主义讽刺画。"③工厂法的出现使得资本家对工人的专制得以最终形成，在科学外衣的基础上，又增加了一件合法的外衣。

工厂法的诞生也是和机器生产关联在一起的。"工厂法从一项在机器生产的最初产物即纺纱业和织布业中实行的特殊法，发展成为整个社

---

① 《马克思恩格斯文集》，第 5 卷，人民出版社 2009 年版，第 489 页。
② 《马克思恩格斯文集》，第 5 卷，人民出版社 2009 年版，第 553 页。
③ 《马克思恩格斯文集》，第 5 卷，人民出版社 2009 年版，第 488 页。

会生产中普遍实行的法律,这种必然性,正如我们已经看到的,是从大工业的历史发展进程中产生的。"①在工厂法的早期制定中,资本家或者说工厂主具备了绝对的主体地位。"工厂主是绝对的立法者。他随心所欲地颁布工厂的规则,他爱怎样就怎样修改和补充自己的法规;即使他在这个法规中加上最荒谬的东西。"②早期的工厂法完全是为资本家的利益服务的,确切地说是为维护资本主义的生产秩序,也就是说是为维持骇人听闻的疯狂的资本主义剥削的顺利进行服务的。

因此,在早期的工厂法内容中,最为核心的内容是对工人的处罚。但是这种处罚并不像前资本主义时期那样,是对劳动者所进行的肉体的惩戒。"奴隶监督者的鞭子被监工的罚金簿代替了。自然,一切处罚都简化成罚款和扣工资。"③马克思曾经形象地描述了这种处罚的苛刻和专制。"工人必须在清晨5点半钟到工厂。如果迟到几分钟,那就得受罚;如果他迟到10分钟,在吃完早饭以前干脆就不放他进去,这样,他就要丧失一天工资的四分之一。无论吃饭、喝水、睡觉,他都得听命令……专制的钟声把他从睡梦中唤走,把他从早餐和午餐中唤走。"④

在资本主义生产体制的高压下,工人展开了对资本家旷日持久的反抗。这种抵抗最终也取得了一定的有益于工人阶级权益的成果,其中最为重要的就是"8小时工作制"。但是,就是这样的一种被劳动法明确规定的法律,在现代社会中却依然得不到很好的贯彻。黑煤窑、血汗工

① 《马克思恩格斯文集》,第5卷,人民出版社2009年版,第564页。
② 《马克思恩格斯文集》,第5卷,人民出版社2009年版,第489页。
③ 《马克思恩格斯文集》,第5卷,人民出版社2009年版,第488—489页。
④ 《马克思恩格斯文集》,第5卷,人民出版社2009年版,第489页。

厂、过劳死等现象的存在明白无误地告诉我们，工厂依然像"集中营"一样是一种"法之例外状态"。《例外状态》是阿甘本"神圣人"系列的一本重要著作。阿甘本在该书中所提出的"例外状态"（stato di eccezione）概念已经成为揭示当代资本主义统治权的一个重要的存在论范式。阿甘本明确指出"例外状态"是一个"无法"的空间，其中的关键是一个没有法律的法律效力，处于一个模糊、不确定、临界的边缘。"例外状态既非外在亦非内在于法的秩序，而它的定义问题正关系着一个门槛，或是一个无法区分的地带，其中内与外并非相互排除，而是相互无法确定。"①阿甘本的"例外状态"指的是法之例外或法之悬置，对我们分析"工厂"提供了独特的视角。阿甘本指出："例外就不只是单纯的排斥，而是一种包涵性排斥（inclusive exclusion），是一种字面意义上的 ex-ceptio：外部的把握。"②例外状态作为一个无法区分的模糊地带，所表征的正是"工厂"的存在状态。资本主义正是利用"工厂"这种例外状态使其发挥作用并同时对工人进行规训与治理，这正是阿甘本意义上的"包涵性排斥"。例外状态作为一种包涵性排斥其实质是一种例外状态常态化。无论是包涵性排斥，还是例外状态常态化，都意味着工厂作为例外状态成了资本主义生产秩序的权力装置。

马克思对工厂立法的后果进行了详细的分析，他指出："如果说，作为工人阶级的身体和精神的保护手段的工厂立法的普遍化已经不可避

---

① ［意］吉赛乔·阿甘本：《例外状态》，薛熙平译，西北大学出版社 2015 年版，第 32 页。

② ［意］吉赛乔·阿甘本：《剩余的时间：解读〈罗马书〉》，钱立卿译，中央编译出版社 2016 年版，第 142 页。

免，那么，另一方面，正如前面讲到的，这种普遍化使小规模的分散的劳动过程向大的社会规模的结合的劳动过程的转化也普遍化和加速起来，从而使资本的积累和工厂制度的独占统治也普遍化和加速起来。它破坏一切还部分地掩盖着资本统治的陈旧的过渡的形式，而代之以直接的、无掩饰的资本统治。这样，它也就使反对这种统治的直接斗争普遍化。它迫使单个的工场实行划一性、规则性、秩序和节约，同时，它又通过对工作日的限制和规定所造成的对技术的巨大刺激而加重整个资本主义生产的无政府状态和灾难，提高劳动强度并扩大机器与工人的竞争。它在消灭小生产和家庭劳动的领域的同时，也消灭了'过剩人口'的最后避难所，从而消灭了整个社会机制的迄今为止的安全阀。它在使生产过程的物质条件和社会结合成熟的同时，也使生产过程的资本主义形式的矛盾和对抗成熟起来，因此也同时使新社会的形成要素和旧社会的变革要素成熟起来。"①

在马克思看来工厂立法的普遍化具有两大后果：第一，直接的、无掩饰的资本统治得以形成；第二，由于消灭了"过剩人口"的最后避难所，使新社会的形成要素和旧社会的变革要素成熟起来。毫无疑问，马克思的这两个判断都是成立的。但是，在管控和监视技术日益发达的今天，即使资本主义形式的矛盾和对抗成熟起来，即使新社会的形成要素和旧社会的变革要素成熟起来，也无法摆脱资本主义的管控。

工作环境、扁平化管理、创新性团队，这些都是资本家所营造的一种"工作主义景观"，这些都是幻象，但可以给劳动者一种"伪自由感"

---

① 《马克思恩格斯文集》，第 5 卷，人民出版社 2009 年版，第 576—577 页。

"伪阶级晋升感"，就像买了一个奢侈品的包就感觉自己身份提高了一样。所以现在精神上的"小布尔乔亚"这么多也不是没有原因的，从生产工作到消费生活，全都是这种"景观洗脑"。在封建社会中，虽然农民也遭受着剥削与压迫，但是农业生产中农民永远会对其工作有着自主性，也需要相当的知识和技能；但是工业社会的产业工人，对自己工作没有太多自主权，大部分只需要在流水线上做好重复的工作。于是，这样一种工作成为"某种外在的疏离的东西"，让劳动者产生剥离感和自主性的丧失，造成精神上的痛苦，进一步对工作甚至于整个工业生产都抱有一种冷漠乃至于厌恶的态度。

工厂本质上应该是中性的，就像技术的进步是中性的一样。一个调整生产关系，一个发展生产力，本质都是为了社会的发展与人类的进步。那么为什么工厂反而成了压迫、监视、剥削劳动者的权力装置呢？根源就在于资本主义生产体制中劳动者与资本家的天然不平等，所以无论技术的进步还是管理学的应用，都变成了主张压迫、剥削与两极分化的手段。虽然管理学和技术进步都是"中性"的，但是在资本主义剥削体制下，它们都成了助长资本家剥削工人的工具。换句话说，资本主义社会中，无产者们根本无法享受到技术进步、组织优化所带来的福利，反而往往是受害者。曾经劳动者们只是借助机器进行生产，而当今工人的技能转变为照料机器。工厂"是资本主义生产方式最明确的表达"。工厂体系成了包括政府、学校在内一切社会组织的运行模式；管理学的理论成为当代"资本宗教"的"圣经"；工厂法所体现的依然是资本家的经济利益，即使如此，资本家也依然有能力把工厂变成法之例外状态。能否或者说如何走出作为装置的工厂，就成为摆在我们面前一个极为严峻的问题。

当代马克思主义学者们批判当今学校的商科教育，认为这些精英主义教育让商学院的学生普遍缺乏道德敏感性和道德责任感。他们希望通过教育培养出能独立思考、有同情心和有责任担当的新精英，从而能够在生产实践中质疑现行的管理惯例，并创造出更好的规范、政策、观念和管理价值观。同时，学者们呼唤劳动者力量的回归，来让这个权力天平尽量变得平衡。戳破管理学的景观幻象，让劳动者更清晰地认识到背后监视、控制与剥削的本质，才能激发他们去追求真正的自由；而不是在虚假的景观中自怨自艾，在被异化的痛苦中无能为力。实际上，这些都是知识分子善良的自由意志和美好的幻想。

资本主义之所以稳若磐石，这不仅是由于资本主义工业化取得了诸多成就，而且是因为，没有人能提出一种足以替代资本主义的、令人信服的道路。虽然马克思成功地说服我们相信资本主义制度具有不可救药的剥削性，并且具有极端的非理性，"但是存在一个问题。马克思在承认资本主义历史贡献的同时，尽管彻底揭露了其剥削基础和非理性动力，但这仍然仅仅是一种批判。马克思并没有提出可替代的经济秩序方案，用他自己带着轻蔑的话说，就是没有'为未来的食堂开出调味单'"①。施韦卡特认为超越资本主义就应该寻求一种资本主义的替代方案，这种替代性方案被其称之为"经济民主"。在施韦卡特看来，经济民主的基本模式与资本主义的基本模式的差别主要表现在：资本主义"自

---

① ［美］大卫·施韦卡特：《超越资本主义（第二版）》，黄瑾译，社会科学文献出版社 2015 年版，第 3—4 页。

由市场"经济是由三种截然不同的市场所构成的，它们是商品和服务市场、劳动力市场和资本市场。根据马克思主义理论，随着劳动力成为商品，劳动力市场出现，资本主义才逐渐兴起，并进而引起资本市场的发展。经济民主保留了商品和服务市场，但以车间民主化取代了劳动力的商品化，以社会投资体系取代了私人金融市场。

换言之，资本主义是以三个基本制度为特征的：生产资料私有制、市场和雇佣劳动制度。苏联经济模式废除了生产资料私有制（通过将农场和工厂集体化）和市场（通过建立中央计划），但保留了雇佣劳动制度。经济民主废除了生产资料私有制和雇佣劳动制度，但保留了市场。资本主义生产的核心就是劳动力市场，亦即雇佣劳动关系。经济民主以车间民主化取代劳动力市场就是想打破资本主义生产方式的核心。所谓车间民主化就是工人自我管理，每个生产性企业都是由它的工人民主控制的。施韦卡特指出："每个生产性企业都由它的工人控制。由工人负责企业经营：组织车间、制定纪律、发展生产技术、决定生产什么和生产多少、指定产品价格以及决定净收益的分配。企业不实行收益的平均分配。对于那些具有更高技能、更老资历和承担更多管理责任的员工，大多数企业都会给予更多的奖励。关于这些事情的决定都是以民主的方式做出的。"[1]无论工人的自我管理是否能够使现代人走出工厂的装置，但对资本主义替代性方案的寻求确实是我们超越资本主义的可行性探索。

---

[1]　［美］大卫·施韦卡特：《超越资本主义（第二版）》，黄瑾译，社会科学文献出版社2015年版，第51页。

第十章　资本主义时间管控的生命政治

　　从福柯一直延续到阿甘本的生命政治学，其理论实质是在生命权力的视域下对现代资本主义治理术的重新考察。在福柯看来，资本主义治理术主要体现为空间意义上微观权力的布展，通过将个人全方位地暴露在公共视线之中而实现对个体行为的规训，其典型场所是监狱。而在阿甘本看来，资本主义治理术主要表现为权利意义上例外状态的决断，通过悬置法律所规定的普遍性权利，将某些特定人群剥夺为"赤裸生命"，其典型场所是集中营。生命政治以保护生命的名义将生命置于隐性暴力之下。相对于传统社会，现代资本主义社会治理的进步性在于，隐匿在"正常"社会结构中的"客观的、系统的、匿名的暴力"逐渐替代主观的和显性的暴力。无论是福柯所研究的"监狱"，还是阿甘本所考察的"集中营",都是资本主义"生命政治"所发生的非典型性场域。资本主义生命政治发生的典型性空间是"工厂",而这一资本主义典型性生命权力装置却是被马克思揭示并加以详细分析的。正是在这一意义上,马克思虽然从未对资本主义社会治理展开过专门研究,但其政治经济学批判实际上已经率先抵达到了福柯所揭示的资本主义社会的隐性暴力。

因此,我们有必要从马克思所开辟的生命政治的视角去考察资本主义的生命政治管控,在资本主义机器大工厂中来开显生命政治的新视野。马克思指出:"时间是人类发展的空间。一个人如果没有自己处置的自由时间,一生中除睡眠饮食等纯生理上必需的间断以外,都是替资本家服务,那么,他就还不如一头役畜。他不过是一架为别人生产财富的机器,身体垮了,心智也变得如野兽一般。现代工业的全部历史还表明,如果不对资本加以限制,它就会不顾一切和毫不留情地把整个工人阶级投入这种极端退化的境地。"①可见,在马克思看来,资本家对工人的时间管控成为资本主义治理术的重要手段。资本家通过管控工人的劳动时间和自由时间,把工人规训成为一台为资本家"生产财富的机器"。工人本应是具有阶级意识的革命主体,但在资本主义生命政治的管控尤其是时间管控下,被形塑成为服从资本逻辑宰制的"驯顺主体"。"时间管控"成为资本主义实施隐性暴力的重要手段。它维系着资本主义政治统治的连续性和稳定性,既彰显了资产阶级社会治理的进步性,又钳制了工人阶级全面发展的自主性,其生命政治后果在于,革命主体性被钝化为驯顺主体性,资本实现了对整个社会生活的合法操控。

---

① 《马克思恩格斯文集》,第 3 卷,人民出版社 2009 年版,第 70 页。

第一节 劳动时间的物化：一种经济关系的无声强制

马克思认为："时间实际上是人的积极存在，它不仅是人的生命的尺度，而且是人的发展的空间。"①在历史唯物主义的视域中，时间总是与现实的人的感性活动相关联的，是感性活动得以展开的生存论境域。因此，"时间"总是具体地表现为劳动时间，而不是抽象地处于人类生活之外的纯粹时间。只有在劳动时间的意义上，我们才能够真实地领会时间对于人的本真性意义。

马克思区分了劳动的二重性：具体劳动与抽象劳动。与劳动二重性一样，劳动时间也被区分为双重存在样态：作为主体的劳动时间和作为客体的劳动时间。"作为主体的劳动时间同决定交换价值的一般劳动时间不相符合，正像特殊的商品和产品同作为客体的劳动时间不相符合一样。"②作为主体的劳动时间从质的意义上彰显着劳动主体所具有的能动性和创造性，表征着人所特有的生命活动方式。"在这个主体上，劳动是作为能力，作为可能性而存在"③的。正是在这个意义上，作为主体的劳动时间亦可被称为活劳动时间。作为客体的劳动时间则在量的意义上是衡量社会生产发展水平并且是决定交换价值的外在标尺，表征着人类改造世界的广度和深度。"它在一个一般产品、一般等价物、一

---

① 《马克思恩格斯全集》，第 47 卷，人民出版社 1979 年版，第 532 页。
② 《马克思恩格斯全集》，第 30 卷，人民出版社 1995 年版，第 121 页。
③ 《马克思恩格斯全集》，第 30 卷，人民出版社 1995 年版，第 230 页。

定量的对象化劳动时间中表现出来。"①因此，作为客体的劳动时间也就
是一般劳动时间。很显然，劳动时间的双重存在样态，是现代资本主义
社会的一个基本事实，是从时间维度上对劳动二重性的进一步规定。人
类社会的生产过程总是表现为这样一种质与量、劳动生产过程与价值形
成过程的统一。只不过在不同的生产资料所有制下，这种统一性关系的
具体表现及其与人的关系并不是一成不变的。

　　在前资本主义自给自足的生产方式之中，劳动者与生产资料是直接
同一的，"大地"是劳动者的天然实验场。在这样的所有制条件下，个人
并不仅仅把自己当作劳动者，而是把自己当作所有者和进行劳动的共同
体的成员。因此，个人从事劳动的目的不是为了创造剩余价值，即使是
偶然出现的剩余产品的交换，也只是为了维持个人以及共同体的生存。
由此可见，在前资本主义社会，交换价值服从于直接的使用价值，而使
用价值的生产服务于共同体的政治生活。这就意味着，作为主体的劳动
时间与作为客体的劳动时间是直接统一的，进一步来看，劳动时间与自
由时间也是直接统一的。在资本主义社会中，雇佣劳动制度作为间接的
强制性劳动制度，打破了古代社会中劳动时间和自由时间的直接统一
性，迫使劳动时间与自由时间相分离。在前资本主义社会，劳动者被束
缚在土地及其所依附的所有制形式上。资本主义的雇佣劳动制度要想成
为可能，最重要的前提就是使劳动者和生产资料相分离，让劳动力成为
商品。只有通过资本的购买和使用，劳动力才能与生产资料再度结合起
来。由于劳动力的使用不能与其物质载体相分离，资本家对劳动力商品

---

① 《马克思恩格斯全集》，第 31 卷，人民出版社 1998 年版，第 424 页。

的消费必须以对工人的人身支配为前提。因此，工人所出售的实际上是一种与自然生命直接相关的特殊财产权，是在一段时间内使用其劳动能力的权力，即资本对劳动力的支配权。作为客体的劳动时间成为一种实体性的物质力量，获得了对作为主体的劳动时间进行统治与支配的权力。由此，劳动时间就不再是自由时间，它体现的不再是"人的积极存在"，而是来自资本的奴役和支配，人只有在劳动过程之外才有自由个性可言。在这个意义上，雇佣劳动的本质，就是劳动时间的物化，就是过去的（客体的）劳动时间对现在和未来的（主体的）劳动时间的统治和支配，是量化的"死劳动"对主体的"活劳动"的吸纳。

雇佣劳动制度从根本上确立了量化时间的统治地位，瓦解了传统社会模糊的、混沌的时间观。"在现代人那里占统治地位的则是量的观点。"①传统社会直接的人身依附性关系被现代社会间接的人的依附性关系所取代。本应作为主体时间之对象化和确证的量化时间，不再是人类的"生命的尺度"和"发展的空间"，日益变成主体时间的异化形式和对立面。"将时间切割成过去、现在和将来必然地为我们的生活工作方式提供一个背景。在现代社会，我们的大部分活动是用钟表准确的计时来调整的。"②量化时间的精确性和可计算性对生命自身运动的自然节奏展开了新一轮的重构。一切模糊不清的、不可计量的生命存在都被当作异质性的因素而被塑形、规训与控制，一切社会交往都被浸入斤斤计较的时间盘算之中。时间被看作最重要的经济成本，资本主义也必然会以收益

---

① 《马克思恩格斯全集》，第 32 卷，人民出版社 1998 年版，第 310 页。

② ［英］保罗·戴维斯：《关于时间——爱因斯坦未完成的革命》，崔存明译，吉林人民出版社 2002 年版，"中文版前言"第 1 页。

为尺度对时间进行精确的计算和管控。

从时间维度上来看，资本家对剩余价值的追求实质上就是对剩余劳动时间的追求，而剩余劳动时间只能来自劳动者的活劳动时间。这样的话，资本积累的实质也就是量化时间的积累。如何将工人的活劳动时间最大限度地转变为量化时间，成为资本增殖的关键。在这个意义上，"工作日"这一概念便成为分析劳动时间物化的一个理论抓手。马克思将"工作日"看作必要劳动时间和剩余劳动时间的总和，是工人生产他的劳动力补偿价值的时间和生产剩余价值的时间的总和。必要劳动时间构成的是对象化工作日，工资就是这种必要劳动时间的化身；剩余劳动时间是资本未付酬而获得的工人劳动时间，剩余价值就是这种额外劳动时间的对象化。资本对劳动的剥削就是最大限度地支配和占有工人的劳动时间，尤其是剩余劳动时间。正如马克思所指出的，"对象化工作日支配更多的活工作日，这是一切价值创造和资本创造的精髓"①。为了能够支配更多的活工作日，资本盲目延长劳动时间，不惜突破工作日的生理界限和道德界限。在法定工作日长度的条件下，资本则致力于变革生产工具，提高劳动生产率，以达到减少必要工作时间的目的。在严密的"工艺学"管理下，劳动时间被高度量化，从而达到精确管控的目标。"时间"成了资本主义生产关系最重要的角力场。

在这个意义上，时间管控不仅是一种协调人们生产活动的工具，而且具有一种支配和管控生产活动的隐性暴力特征。在机器大生产条件下，原本作为主体的能动性和创造性的活劳动时间更是直接被量化和物

---

① 《马克思恩格斯全集》，第 30 卷，人民出版社 1995 年版，第 603 页。

化为丧失了主体能动性的彻底的死劳动时间。在马克思看来，自动机器体系是适合资本主义的生产工具，它使工人劳动"去技能化"，从根本上瓦解了工人在生产中的主体地位，使最大限度地物化工人的活劳动时间成为可能。"机器则代替工人而具有技能和力量，它本身就是能工巧匠，它通过在自身中发生作用的力学规律而具有自己的灵魂。"①作为"死劳动"的机器体系以其包含的一般智能代替了工人的主体地位，工人只能作为机器体系的"人手"而成为生产过程的旁观者。机器的生产节奏规划和控制了工人的生活节奏，使之陷入一种永不停息但又毫无自主性的运动之中。整个资本主义社会的生产已经不再表现为工人作为劳动主体的生产，而是一种资本宰制下的机器作为劳动主体的机械化生产。因此，工人的所有劳动时间也不再是一种活劳动时间，而是直接被物化为一种死劳动时间。

在技术的不断催逼下，量化时间逐渐异化为脱离人类社会的具有自主性的客体结构。这一结构不再受制于人的目的性诉求，不再表征任何意义的确定性，而仅仅表现为自我永不停息的运转。在这种量化时间的客体结构中，作为原子化的差异性个体，大众及其集合实际上是技术集聚的产物，他们既不是社会，也不是人民，而是丧失了主体性和创构性的"赤裸生命"。正如鲍德里亚所言，"大众是纯粹的客体，已经从主体的地平线上消失，已经从历史的地平线上消失"②。在技术革命突飞猛进的当代资本主义社会中，机器体系向智能化的飞跃重新使工人劳动

---

① 《马克思恩格斯全集》，第 31 卷，人民出版社 1998 年版，第 91 页。
② ［法］让·波德里亚：《致命的策略》，刘翔、戴阿宝译，南京大学出版社 2015 年版，第 133 页。

"再技能化"。但这并没有恢复工人在生产中的主体地位，相反，它将处于工厂之外的非劳动时间也变成了资本吸纳的对象。因此，劳动时间的物化直接体现为一种经济关系的无声强制，维系和巩固着资本主义社会的生产关系。它构成了资本主义时间管控的直接形式和逻辑起点。

第二节　自由时间的侵占：钳制工人的生命基质

从商品交换的规律来看，劳动力商品的买卖双方都有平等的权利要求从这一交换行为中得到尽可能多的利益。就卖者而言，雇佣工人要求正常的工作日和劳动强度，以满足自身的发展需要，这是预先潜伏在劳动过程中的价值目标；就买者而言，资本家作为资本的人格化，本能地倾向于无限度地延长工作日，增加劳动强度，劫掠工人的劳动力，以实现剩余价值的最大化，这是资本的一种存在本能。"于是这里出现了二律背反，权利同权利相对抗，而这两种权利都同样是商品交换规律所承认的。在平等的权利之间，力量就起决定作用。所以在资本主义生产的历史上，工作日的正常化过程表现为规定工作日界限的斗争，这是全体资本家即资本家阶级和全体工人即工人阶级之间的斗争。"[①]。"力量"成为维持和固化资本主义生产关系的重要指标：一方面，资本的支配权使得雇佣工人成为依附于资本家的活劳动工具；另一方面，雇佣工人自由得一无所有，没有与资本家相对抗的物质手段。这就意味着，在力量对

---

① 《马克思恩格斯文集》，第 5 卷，人民出版社 2009 年版，第 271—272 页。

比中，雇佣工人在主体和客体两方面始终处于劣势地位。由此所导致的
是，劳动过程异化为价值增殖过程，自由时间与劳动时间相分离，并成
为后者的延伸与变形。在自由时间被肆意侵占的条件下，工人很难实现
自身发展的社会需要这一价值目标。

　　资本家和工人之间的斗争最为直接地体现为"规定工作日界限的斗
争"。由于双方力量的悬殊，工人阶级经常处于失败和妥协的境地。资
本家为了获得更多的剩余价值，最直接的方法就是延长工作日时间。延
长工作日直接侵占了工人的自由时间。工作日具有双重界限：一是劳动
力身体的界限，即工人需要足够的时间来恢复体力和智力的消耗；二是
道德的界限，即工人必须要有充分的时间满足精神需要和社会需要，这
是由一定的社会文化发展状况决定的。只有在这双重界限以内，工人的
生命力才不会被过度消耗，其精神面貌才能达到一般的人类水平。但
是，在价值增殖过程中，不是工人将生产资料当作自己有目的的生产活
动的手段，而是生产资料将工人当作自己生活过程的酵母来吮吸。"资
本只有一种生活本能，这就是增殖自身，创造剩余价值，用自己的不变
部分即生产资料吮吸尽可能多的剩余劳动。"①这种对工人活劳动的无限
制的吮吸欲望促使资本家"像狼一般地"延长工作日，突破工作日的身体
的和道德的界限。由此，工人道德上和身体上正常发展和活动的条件就
被剥夺了，其生命基质遭受物质上和精神上的双重摧残而处于萎缩状
态：一方面劳动力本身未老先衰、过早死亡；另一方面工人变得庸俗粗
鄙、麻木不仁。因此，资本主义生产是依靠缩短工人的寿命而在一定期

---

① 《马克思恩格斯文集》，第 5 卷，人民出版社 2009 年版，第 269 页。

限内延长生产时间的。

　　无限制地延长工人的工作日，必然会造成工人劳动的过度使用，从而影响资本主义社会的可持续生产。另外，工人阶级也逐渐意识到：限制工作日是一个先决条件，没有这个条件，进一步谋求工人解放的尝试都将遭到失败。为此，工人阶级围绕"8 小时工作日"开始展开激烈的斗争。鉴于以上两方面的原因，资本主义开始转变了策略：由延长工作日转为缩短工人的必要劳动时间。资本主义国家也开始颁布专门的法律来限制工作日长度。工厂法作为一种劳动保护政策，将资本对自由时间的侵占规定在身体和精神可以承受的合理界限以内，使剩余价值的生产具有秩序性和可持续性。"从法律上限制工作日的朴素的大宪章，代替了'不可剥夺的人权'这种冠冕堂皇的条目，这个大宪章'终于明确地规定了，工人出卖的时间何时结束，属于工人自己的时间何时开始'。"① 表面上看来，工人针对资本家的工作日斗争取得了决定性胜利，工人的自由时间获得了法律上的保障。马克思站在现代无产阶级的立场上，一针见血地指出，工厂法无疑是现代资本主义社会的奴隶制，它最直接地暴露出资产阶级政治解放的虚伪性。安德鲁·尤尔将工厂法等同于"奴隶制"，进而将限制工作日看作英国工人阶级的耻辱。以法律的形式来限制工作日的延长，看似是一种社会的进步，实则意味着资本家对工人自由时间的管控更加隐秘了。

　　资本家在把工作日限制为 8 小时的前提下，开始缩短工人的必要劳动时间，这样就会降低工人的劳动力成本，获得更多的剩余价值。其主

────────────

　　① 《马克思恩格斯文集》，第 5 卷，人民出版社 2009 年版，第 349 页。

要方式就是增加工人的劳动强度。延长工作日直接侵占了工人的自由时间，而增加劳动强度则间接侵占了工人的自由时间。在相对剩余价值的生产模式中，工人的自由时间虽然免于资本家的任意剥夺，但自由时间的运用却已经被资本所规划。机器体系的应用和管理方式的创新缩短了必要劳动时间，但它是以增加单位时间内的劳动强度为前提的。"劳动强度的提高，可能使一个人在一小时内耗费他从前在两小时内耗费的生命力。"①因此，更多的自由时间将被工人用于生命力的恢复，留给自由个性发展的时间几乎是不存在的。不仅如此，机器体系的应用打破了工种和熟练度的区分，使得妇女和儿童与成年男性工人一道都成为资本所盘剥的对象。"缩短劳动时间的最有力的手段，竟变为把工人及其家属的全部生活时间转化为受资本支配的增殖资本价值的劳动时间的最可靠的手段。"②

在当代资本主义社会中，非物质劳动大有取代物质劳动而占据主导地位的趋势。以智识、图像、共同性、奇异性等为代表的非物质劳动成果，在很大程度上，正是在所谓自由时间以及非工作场所中完成的，其本质在于自由时间的结晶。就其存在基础而言，非物质劳动本能地依赖于甚至决定于工人的智力等主体性因素。这就使它能够打破机器体系中工人同质化的历史趋势，再度将工人区分为不同种类和不同等级，如艺术家与程序员、熟练的与不熟练的等。但这果真意味着工人对其自由时间的运用已经打破了资本对劳动时间的宰制，而在逻辑上跃迁到自由自

---

① 《马克思恩格斯文集》，第 3 卷，人民出版社 2009 年版，第 70 页。
② 《马克思恩格斯文集》，第 5 卷，人民出版社 2009 年版，第 469 页。

觉的水平了吗？事实恰恰相反。在马克思看来，"生产力的变化本身丝毫也不会影响表现为价值的劳动。既然生产力属于劳动的具体有用形式，它自然不再能同抽去了具体有用形式的劳动有关。"①因此，无论是物质劳动，还是非物质劳动，在资本主义生产关系之中，它们都是具体劳动的表现形式，都是可以在商品市场中用来交换的劳动产品，从根本上受到抽象劳动之同一性原则的支配。虽然非物质劳动成果自身具有特殊性，但其非但没有动摇，反而更加有力地巩固了抽象劳动之同一性原则的统治性地位，只不过其规训对象的表现形式发生了变化而已。非物质劳动使得自由时间与劳动时间具有内在同一性，二者的界限日益变得模糊难辨。非物质劳动成果虽然是自由时间的结晶，但其本质上是资本对自由时间的侵占。

在前资本主义时代，劳动过程需要劳动者调动各方面的实践能力，在一定程度上依赖于劳动者智力、想象力和主动精神的积极发挥。而在资本主义时代，这些旧有的劳动习惯被打破了，工人的主体性被自动化的机器体系一劳永逸地替代了，工人仅仅作为工作有机体的一个肢体被固定于生产过程的某个环节。在机器大生产中，其实践能力的创造性活动退化成重复性的机械劳动。虽然以机器生产为核心的工厂体系使得工人的创造性的活劳动退化为机械性的死劳动，但是只要有自由时间的存在，工人依旧有激发自己生命潜能的可能性。然而，资本主义对自由时间的侵占，大大降低了这种可能性，这也意味着资本主义钳制住了工人的生命基质。非物质劳动看似体现了劳动者的自主性和创造性。劳动者

———————

①　《马克思恩格斯文集》，第 5 卷，人民出版社 2009 年版，第 60 页。

虽然不受工厂体系的束缚，但这种所谓的自主性和创造性依然为资本所宰制，非物质劳动所创造的产品依然要以资本的增殖为目标。其所谓的自由时间实际上都变成了劳动时间，由一种被动的劳动时间的延长变成了一种主动延长，由一种被动的劳动强度的增加变成了一种主动增加。对于作为"诸众"的单个工人，资本可以轻而易举地侵占其自由时间，好像是延长工作日这一直接形式在当代的复现，只不过其形式更加体面，强度更加剧烈。

第三节　自由时间的填充：消解工人的斗争意志

自由时间的侵占致使工人无暇也无力去满足发展自身的社会需要，这样就钳制了工人的生命基质。但无论是延长工作日，还是增加劳动强度，资本对自由时间的侵占总是有一定限度的。换句话说，工人总会拥有属于自己的自由时间的。在自由时间内，工人依然拥有激发自己生命潜能的可能性，但是资本主义通过对自由时间的填充进一步堵塞了这一通道，使工人彻底地沦落为符合资本主义的"驯顺主体"。现代社会日益被构建成为一个"消费社会"。消费社会的形成不仅解决了资本主义生产过剩的危机，实现了资本的增殖，而且把"消费活动"填充到工人的自由时间中。资本对自由时间的填充，在马克思的时代初露端倪，在当代资本主义社会中大行其道，成为当下最为有效的时间管控模式。在人本主义玫瑰色的包装下，自由时间的填充将工人囚禁在景观膜拜和符号编码的幻象之中，在无形之中完成了对工人主体性的重新塑造。

资本对工人自由时间进行填充的人性前提就在于需要的生产。只有打破中世纪禁欲主义传统，重新挖掘身体所负载的消费意义，将工人的肉体全方位地开发为需要的主体，资本才能够获得其增殖能力得以对象化的载体，实现一种"热病似的生产"和强制性的进步。马克思将"需要"区分为"自然的需要"和"历史形成的需要"①。所谓"自然的需要"就是维持生命机体正常运转的基本需要，是每一个生命体无法逾越的本能性需要。而"历史形成的需要"主要表现为对舒适、便利、简约等人性化体验的追求，其实质是欲望的膨胀与扩张，它已经超越了动物性的本能水平，是社会历史发展的产物。"所谓必不可少的需要的范围，和满足这些需要的方式一样，本身是历史的产物。"②资本的增殖本性需要欲望的膨胀和扩张。"一方面，人的欲望的扩张不断地推动资本的积累；另一方面，资本的积累又使人的欲望空间不断扩张。"③工人在逃脱工作时间的本质主义肆虐之后，在属于自己的自由时间之中，反而陷入了花样迭出的历史性需要的重重包围之中。"物指令"和"物体系"使得整个现代人迷失在拜物教的逻辑架构里。

如果说，在马克思的时代，这些"历史形成的需要"还带有浓厚的自然主义色彩，其实现仍然依托于实物商品的使用价值。那么，在资本增殖逻辑逐渐突破其合理性界限而走向财富增殖幻象的当代资本主义社会中，这些历史形成的需要自身也越来越"脱嵌"于实物商品的使用价值，虚化为无孔不入的幽灵般存在。换句话说，在需要的意义上，当代资本

①　《马克思恩格斯全集》，第 30 卷，人民出版社 1995 年版，第 286 页。
②　《马克思恩格斯文集》，第 5 卷，人民出版社 2009 年版，第 199 页。
③　俞吾金：《实践与自由》，武汉大学出版社 2010 年版，第 344 页。

主义社会在某种程度上已经不仅仅是一个商品社会，而且是一个仿真的景观社会和虚拟的符号社会。这些景观和符号具有即时性、交互性、大众化等特点，因此，它们能够随时随地、零敲碎打地被资本填充进工人的自由时间之中。在这一趋势之下，工人的自由时间面临着被全面架空的危险。

在仿真的景观社会之中，工人消费的是被大众媒介所建构出的景象价值，消费过程是被景象制造的伪需要的满足。在居伊·德波看来，"在现代生产条件占统治地位的各个社会中，整个社会生活显示为一种巨大的景观的积聚。直接经历过的一切都已经离我们而去，进入了一种表现。"①由此可见，资本主义社会的财富不仅仅是商品的巨大堆积，还是景观的巨大堆积，而后者具有一种"脱嵌"于前者的本能倾向。资本正是通过控制大众媒介，进而控制商品形象的生成与转换，从而达到控制消费过程以及操纵社会生活的目的。对现代人来说，商品的使用价值已不再重要，而被媒介所展示的景观则引导着社会风尚，表征着个性自我。由此，工人的自由时间被大众媒介所左右，被仿真景观所填充，继而被"一种具有讽刺意味的权力"所俘获，再也无暇去参与政治生活，逐渐丧失表达主体诉求的意愿以及对本真生活的渴求。即使有对这种景观拜物教的反抗，针对的也只是仿真性的景观，尚未直击到景观产生的物质根源和形成机制。因此，这种反抗，徒具斗争性的外观，经由大众媒介的中介，最终被同一化为景观的一种表现形式，成为一种另类的消费活动。

---

① ［法］居伊·德波：《景观社会》，张新木译，南京大学出版社 2017 年版，第 3 页。

更进一步地，在虚拟的符号社会之中，工人消费的不再是大众媒介所建构出的景观，而是作为景观之展示形式的大众媒介本身。如果说，景观自身还具有它的实在对应物，那么，大众媒介本身则是实物缺席下虚拟符号的狂欢，它作为纯粹形式而逃离其有形载体的束缚，完全服从于主体自身病态的欲望。生产隐没，符号统治一切，符号的意义不是来自实物投射，而是来自其在符号体系中的位置。因此，人们对符号的消费过程，就是在符号所构筑的物体系中谋求自身的身份与地位、个性与独立性，最终令其陷入个性解放的幻觉。身体作为消费的载体，越来越多地承担起与自身正常存续无关的符号性意义。"人们给它套上的卫生保健学、营养学、医疗学的光环……今天的一切都证明身体变成了救赎物品。在这一心理和意识形态功能中它彻底取代了灵魂。"①在鲍德里亚看来，人们不是主动进入而是被动陷入这种消费符号体系之中的，其所营造的解放氛围实际上只是资本规划的产物，其根本意味在于个性和独立性的丧失。"一切在名义上被解放的东西……都是建立在'监护'价值体系之上的。"②因此，消费社会中所洋溢着的"慈母般的关怀"实际上是资本为伪装自身而掷下的人本学烟幕。

在马克思看来，自由时间作为真正的财富，其运用是与人类自由自觉的生命活动密切相关的。自由时间一部分用于消费活动以此来恢复劳动过程中体力和智力的正常消耗，一部分用于从事自由活动以此来获得

① ［法］鲍德里亚：《消费社会》，刘成富、全志钢译，南京大学出版社2014年版，第120—121页。
② ［法］鲍德里亚：《消费社会》，刘成富、全志钢译，南京大学出版社2014年版，第130页。

生命在逻辑层次上的跃迁。然而，在这种填充机制的引导下，生命本身变成了一个由某个中心权力所建构而缺乏特定内容的空洞形式。这就意味着，马克思所预想的自由时间的双重目标全都落空了。阿伦特曾激烈反对生物技术和人工智能对生命基质的填充。在她看来，这种填充机制会造成不可挽回的生命政治后果："我们确实变成了无助的奴隶，不仅是我们机器的奴隶，而且是我们的'知道—如何'的奴隶，变成了无思想的生物，受任何一个技术上可能的玩意儿的操纵。"①随着需要的仿真化和虚拟化，资本主义对自由时间的填充逐渐摆脱物质载体而变得无孔不入，从摇篮到坟墓，从身体到灵魂，遍布于生命活动的每一个细节。填充之物的空前丰裕和生命意义的极度空虚相反相成，资本权力的日益催逼与生命基质的腐化堕落并行不悖。

由此可见，资本主义自由时间填充机制是一种更为隐蔽的权力逻辑和治理方式，一方面实现了工人发展自身社会需要的虚假诉求，并将这种诉求变成价值增殖的一个环节；另一方面缓解了资本家生产过剩的压力，消解了工人的斗争意志，实现了整个社会生活的去革命化。这就意味着，填充机制作为侵占机制的补充，将资本与工人之间的零和博弈转变为历史性"和解"，又以二者"和解"的名义在广度和深度上强化他们相互间的对立，最终进一步巩固资本增殖逻辑以及资产阶级的政治统治。在资本主义时间管控下，工人犹如一台机器，不知疲倦地运转着，不仅在劳动时间内从事机械般的"死劳动"，而且还在自由时间中享受着机械

① ［美］汉娜·阿伦特：《人的境况》，王寅丽译，上海人民出版社 2017 年版，前言第 3 页。

般的娱乐消遣，一切都依赖于资本逻辑的运作。

资本的文明是以工人的野蛮为代价的，工人自身发展的社会需要始终得不到满足。资本为了得到驯服的劳动力，不惜钳制工人的生命基质。自由时间，在工人那里，只是劳动时间的延伸和变形，只不过是资本统治权固有的世袭领地，其作为自由个性展现境域的原初含义被遮蔽住了。随着资本对自由时间的侵占在深度和广度上的加剧，工人日益沦为"人格化的劳动时间"，其个人之间的区别仅仅是劳动时间长短的区别。由此，工人的政治想象力日益变得贫瘠，再也无暇也无力去想象可能的生活方式。工人自主性的日益萎缩，意味着资本统治权的愈发强大。资本统治权不仅是资本对劳动力的支配权，监督工人有纪律地并以应有的强度工作，而且使资本发展成为一种强制关系，迫使工人超出自身生活需要而从事更多的劳动。与直接强制劳动的野蛮暴行相比，资本通过侵占和填充自由时间这一文明暴行，获得的不仅是源源不断的剩余价值，还有资本主义社会的稳定。

资本主义时间管控的生命政治学揭露了物质生产过程中的隐性暴力，理应作为当代生命政治图景中不可或缺的一个重要环节。与福柯和阿甘本的生命政治学相比，马克思时间管控的生命政治学具有三个特性：第一，无论是福柯所揭示的监狱，还是阿甘本所分析的集中营，都是生命政治所发生的非典型性场所，而马克思所揭示的工厂则属于资本主义社会的典型性场所；第二，福柯和阿甘本的生命政治以整个人口为对象，侧重于对安全机制的分析，而马克思通过对生产过程的分析，揭示的是资本家对工人的生命控制；第三，福柯和阿甘本的生命权力侧重于刑罚和法律，而时间管控则侧重于对人的生命基质的钳制。一言以蔽之，福柯和阿甘本的生命政治关注的是主权权力（政治权力）对生命的规训和管控，而马克思则关注的是资本权力（经济权力）的统治。相对而言，马克思所揭露的资本主义的生命政治更具隐秘性。

我们不能无反思地把现代社会看作人类文明的巨大进步。相对于传统社会，现代社会的统治权已经不再是单纯的政治权力，资本统治权已经成为现代社会最主要的权力形式。资本家与工人之间是一种零和博弈的关系。资本家对工人自由时间的侵占，将工人的政治主体性置于日益萎缩的匮乏境地，这保证了资本主义社会的稳定。时间管控不仅钳制了劳动者的生命基质，而且消解其斗争意志，使革命主体性退化为驯顺主体性。阿甘本指出，"身体是一个双面性的存在：既是向至高权力屈服的载体，又是诸种个人自由的载体"①。身体的双面性蕴含着人类解放的可能性。前资本主义时期的显性人身依附关系被废除了，但它又通过资本的支配权在资本家和工人的主体性之间被积极地塑造起来。在资本主义条件下，人的解放不仅仅是驯服利维坦的政治解放，而且是驯服资本统治权的人类解放。从劳动时间的角度来看，就是要彻底瓦解资本主义的时间管控，把工人的劳动时间转变成真正的自由时间，一种体现人的自主性和创造性的自由时间。

---

① ［意］吉奥乔·阿甘本：《神圣人：至高权力与赤裸生命》，吴冠军译，中央编译出版社 2016 年版，第 170 页。

第十一章　无产阶级作为赤裸生命的三重含义

"赤裸生命"一词作为生命政治学术语最早出现于阿甘本的《神圣人：至高权力与赤裸生命》一书。通过这一概念，阿甘本诠释出权力与生命之间的紧密关联，并由此开启了其生命政治学批判。一方面，就权力概念来说，阿甘本所意指的是至高权力，即至高统治者。他们剥夺了人的政治权利，从而生产出自身的对立面——赤裸生命，并且正是在直接操纵、决断赤裸生命之生死的意义上彰显了自身的存在。另一方面，就生命概念来说，阿甘本以古希腊人对生命的理解为基础，将其区分为 zoē 与 bios。前者是生物学意义上活着的自然生命，后者是人之为人的政治生命，一种有质量的生活。当至高统治者剥夺了人的政治外衣，政治生命就降格为自然生命，并最终沦为赤裸生命。在《神圣人：至高权力与赤裸生命》一书的开篇中，阿甘本指出了赤裸生命的特点："本书的主角，就是赤裸生命，即神圣人的生命，这些人可以被杀死，但不会被祭祀。"[①]也就是说，赤裸生命遭受着政治与宗教双重排斥："既被排除在人间法之外，又被排除在神法之外，既被排除在俗世之领域外，又被排除在宗教之领域外。"[②]赤裸生命直接暴露在来自至高权力的暴力面前，这一暴力可以随时判决他们的生死而不受任何惩罚。

阿甘本把对权力概念与生命概念之间的复杂关系的阐述建立在至高统治者与赤裸生命的架构之上，揭露了至高统治者剥夺赤裸生命之权利、决断赤裸生命之生死所导致的毁灭性结果。当我们沿着阿甘本的思路，把这种权力关系投射到资本家与无产阶级之间的关系上时，就可以从生命政治的视域出发更好地揭露出无产阶级的生存处境。马克思在《资本论》中指出："货币占有者作为资本家，昂首前行；劳动力占有者作为他的工人，尾随于后。一个笑容满面，雄心勃勃；一个战战兢兢，畏缩不前，像在市场上出卖了自己的皮一样，只有一个前途——让人家来鞣。"[③]"只有一个前途"意味着工人别无选择，"让人家来鞣"则意味着资本家对工人绝对的奴役和支配。如果说资本家是阿甘本语境中的"至高统治者"，那么无产阶级则等同于"赤裸生命"。表面上看来，资本家与工人之间的关系是一种自由的等价交换意义上经济关系，而实质上则

---

① ［意］吉奥乔·阿甘本：《神圣人：至高权力与赤裸生命》，吴冠军译，中央编译出版社 2016 年版，第 13 页。

② ［意］吉奥乔·阿甘本：《神圣人：至高权力与赤裸生命》，吴冠军译，中央编译出版社 2016 年版，第 116 页。

③ 《马克思恩格斯文集》，第 5 卷，人民出版社 2009 年版，第 205 页。

形成了一种奴役性的政治关系。劳动力成为商品的生命政治后果就是资本家拥有了对工人的支配权，并且这种支配权最终发展为一种统治权。在资本统治权这种貌似公平并且隐而不现的文明暴力之下，无产阶级被有效地规训在资本主义的生产体系之中，逐渐成为被消解掉革命意识的驯顺主体。无产阶级的生命基质被剥削、被物化和被废弃，最终沦落为彻底的"赤裸生命"。

第一节　被剥削的生命

如果说阿甘本的"赤裸生命"概念是"政治"意义上的，那么无产阶级作为"赤裸生命"则首先是"经济"意义上的。作为劳动力的占有者，无产阶级沦落为赤裸生命肇始于劳动力成为商品。劳动是一种自由自觉的创造性的生产活动，其所展现的正是人的生命活动的本性。正是由于这一点，人才是有意识的类存在物。因此，人类劳动的价值不仅体现为物质财富的生产，也体现出人之为人的生命本性。但是在资本主义条件下，劳动已经不再是自由自觉的创造性活动，在其本质上沦落为异化劳动，在其现实性上表现为雇佣劳动。劳动力成为商品首先推动了雇佣劳动关系的形成。与直接的强制性劳动（如奴隶制下的劳动）不同，作为一种间接的强制性劳动，雇佣劳动有两个前提：其一，劳动者同劳动材料或生产资料相分离，这是实现雇佣劳动不可或缺的客观条件；其二，工人在市场上愿意并且能够自由地出卖自己的劳动力，这是形成雇佣劳动关系的主观条件。当劳动者无法把自己劳动的客观条件当作自己的财产，亦即缺失劳动材料和劳动资料时，原来的自由劳动就不得不转化为雇佣劳动。

相对于原来的自由劳动，雇佣劳动的生产目标已经发生了根本性的变化。传统自由劳动的生产目标是生产使用价值，而雇佣劳动的生产目标则是生产交换价值。"作为一般财富的物质代表，作为个体化的交换价值，货币必须直接是一般劳动即一切个人劳动的对象、目的和产物。劳动必须直接生产交换价值，也就是说，必须直接生产货币。因此，劳动必须是雇佣劳动。"①资本逻辑的增殖本性要求雇佣劳动最大限度地创造价值，实现利润最大化。在这一生产过程中，工人不仅要生产使用价值，而且要生产价值；不仅要生产价值，而且要生产剩余价值。因此，资本主义生产过程也是价值增殖过程，或者说资本主义生产过程是劳动过程和价值形成过程的统一。"劳动力发挥作用的结果，不仅再生产出劳动力自身的价值，而且生产出一个超额价值。这个剩余价值就是产品价值超过消耗掉的产品形成要素即生产资料和劳动力的价值而形成的余额。"②所谓剩余价值就是工人超出必要劳动时间的界限而创造出的价值，这部分价值被资本家无偿占有了。因此，资本家支付给工人的仅仅是"劳动"的价值而非"劳动力"的价值。剩余价值从无生有的全部魅力引诱着资本家，资本家有着对剩余劳动的狼一般的贪婪。在资产阶级与无产阶级的对抗性关系之中，剩余价值的剥削居于基础性的位置。

---

① 《马克思恩格斯全集》，第 46 卷上，人民出版社 1979 年版，第 173 页。
② 《马克思恩格斯文集》，第 5 卷，人民出版社 2009 年版，第 242 页。

因此，"资本就其本质来说，是且必须是一个通过其所雇佣和剥削的劳动力来创造财富的生产体系"①。这种对劳动力的剥削表现为资本家对工人所创造的剩余价值的无偿占有，但这只是资本家剥削工人的最直接的表现形式。以最大限度地剥削工人的剩余价值为目标，资本家最终造成了对无产阶级生命基质的剥削：侵占了工人的自由时间和缩短了工人的寿命。在资本家看来，"工人终生不外就是劳动力，因此他的全部可供支配的时间，按照自然和法律都是劳动时间，也就是说，应当用于资本的自行增殖。至于个人受教育的时间，发展智力的时间，履行社会职能的时间，进行社交活动的时间，自由运用体力和智力的时间，以至于星期日的休息时间（即使是在信守安息日的国家里），——这全都是废话！"②资本家对剩余劳动的贪欲表现为渴望无限度地延长工作日，这样势必就会侵占工人所能支配的自由时间。虽然资本主义社会最终以法律的形式确立了 8 小时工作制，但在这一前提下，资本家开始变换策略，通过增加工作日的劳动强度，达到最大限度获得剩余价值的目的，这样做也是变相地侵占了工人的自由时间。我们知道，没有自由的休息时间，劳动力不仅不可能重新工作，同时也丧失了自由发展的可能性空间。

无论是延长工作日，还是增加劳动强度，在某种意义上都是对工人自由时间的侵占。其最终所导致的结果就是缩短了工人的寿命，本质上是对工人生命基质的剥削。"在这里，不是劳动力维持正常状态决定工

① ［美］迈克尔·哈特、［意］安东尼奥·奈格里：《大同世界》，王行坤译，中国人民大学出版社 2016 年版，第 103 页。
② 《马克思恩格斯文集》，第 5 卷，人民出版社 2009 年版，第 306 页。

作日的界限，相反地，是劳动力每天尽可能达到最大量的耗费（不论这是多么强制和多么痛苦）决定工人休息时间的界限。资本是不管劳动力的寿命长短的。它唯一关心的是在一个工作日内最大限度地使用劳动力。它靠缩短劳动力的寿命来达到这一目的，正像贪得无厌的农场主靠掠夺土地肥力来提高收获量一样。"①最大限度地使用劳动力意味着资本家只关心剩余价值的生产，而不关心工人的生命质量。这是一种对工人生命基质的无限度的压榨。威廉·科贝特在《政治纪事》中曾经描绘了英格兰棉纺工厂这种残酷的生命压榨："这些确实象地狱般的场所不但毫无新鲜空气，而且大部分时间内还有令人厌恶的煤气毒臭，使热气更伤人。除了和蒸汽混合的煤气毒臭以外，还有尘埃，以及叫做棉飞毛或者微毛的东西，可怜的人们不得不吸进去。事实是，尽人皆知的事实是，体格强健的人变老了，四十岁就不能劳动；儿童也变得衰老畸形，未满十六岁就数以千计地被结核病残害了……"②

　　资本家掠夺了工人在劳动时的生活条件系统，包括空间、空气、阳光以及保护工人人身安全和健康的设备系统，至于工人的福利设施就更谈不上了。在工厂这一"温和的监狱"中，"人为的高温，充满原料碎屑的空气，震耳欲聋的喧嚣等等，都同样地损害人的一切感官，更不用说在密集的机器中间所冒的生命危险了"③。虽然资本主义社会的生产条件现在获得了大幅度的改善，我们且不说在一些不规范的小工厂的生产

---

① 《马克思恩格斯文集》，第5卷，人民出版社2009年版，第306—307页。
② ［英］E.罗伊斯顿·派克编：《被遗忘的苦难：英国工业革命的人文实录》，蔡师雄、吴宣豪、庄解忧译，福建人民出版社1983年版，第40页。
③ 《马克思恩格斯文集》，第5卷，人民出版社2009年版，第490页。

条件依然极其恶劣，即使这样，资本主义对工人生命基质的剥削并没有得到根本性改变。因为资本主义的剥削植根于资本主义生产方式本身，资本增殖的本性要求工人必须源源不断地创造出剩余价值。"资本主义生产——实质上就是剩余价值的生产，就是剩余劳动呕吸——通过延长工作日，不仅使人的劳动力由于被夺去了道德上和身体上正常的发展和活动的条件而处于萎缩状态，而且使劳动力本身未老先衰和过早死亡。它靠缩短工人的寿命，在一定期限内延长工人的生产时间。"①

无产阶级沦落为赤裸生命最根本的原因就在于劳动力成为商品及由此带来的三重剥削：第一重剥削是资本家对工人所创造的剩余价值的无偿占有，剥削了工人所生产的劳动成果；第二重剥削是资本家对工人的自由时间的侵占，剥削了工人生命发展的空间；第三重剥削是资本家通过延长工作日或加强必要劳动时间的劳动工作强度造成了工人的萎缩状态，从而缩短工人的寿命，剥削了工人的健康生命。这三重剥削最终导致无产阶级成为被剥削的生命，因而，无产阶级作为赤裸生命的第一重含义就是遭受残酷的剥削。只要资本家能够驱使工人劳动，维持他们的活动能力，把他们作为活的劳动能力维持下去，资本主义生产关系就不会停止，剥削也就不会停止。

第二节　被物化的生命

随着人的生命基质被剥削，在资本的宰制下，人很难实现自己的自

---

① 《马克思恩格斯文集》，第 5 卷，人民出版社 2009 年版，第 307 页。

由全面发展，并日益被贬低为一个缺乏创造性和能动性的纯粹自然生命。无产阶级作为赤裸生命的第二重含义就是被物化的生命。造成无产阶级本质被物化的根源就在于抽象（资本）成为统治。人在摆脱了"神圣形象"的"自我异化"之后，再一次陷入了更深层次的"非神圣形象"的"自我异化"。在马克思看来，资本这一"非神圣形象"在生产、分配、交换、消费等领域拥有至高权力，这种资本的至高权力与阿甘本意义上的至高统治者所拥有的权力是同等的。

在资本的形成过程中，货币转化为资本经历了三个阶段，即由"作为商品的货币"转向"作为货币的货币"，再转向"作为资本的货币"。在原始的物物交换中，经济交换是直接进行的，后来寻找到了一种一般等价物。毫无疑问，一般等价物也是一种商品。固定充当一般等价物的商品一旦被确立起来，货币就诞生了。"作为商品的货币"就转化为了"作为货币的货币"。在商品交换中，商品必须首先被抽象为通过一定的劳动时间所衡量的一定的劳动量，才能进行交换。货币就是用来表现抽象的劳动时间的符号。此时的货币作为交换手段和价值尺度，属于"作为货币的货币"。随着人类社会的进一步发展，商品交换的目的不再是单纯的直接消费，而是谋取交换价值，谋取货币本身。货币的权力随着生产的社会性的增长一同增长。"作为货币的货币"终将再一次超出自己的界限，转化为"作为资本的货币"。作为资本的货币所展现的是货币除了价值尺度和交换手段之外的第三种职能：增殖功能。人类社会的扩大再生产开始建立在资本增殖的基础上。货币转化为资本之后，就由原本的手段上升为目的本身。货币或资本被当成资产阶级霸权的形式。通过货币或资本，我们可以定义和发现整个资本主义社会指令的领域。"货币是联结整个资本主义指令弧的黑线。"①

货币或资本摇身一变成为现实当中的"上帝",它是"有形的神明"。"使一切人的和自然的性质颠倒和混淆,使冰炭化为胶漆,货币的这种神力包含在它的本质中,即包含在人的异化的、外化的和外在化的类本质中。它是人类的外化的能力。"②人作为单纯的个体的能力是有限的,但人作为货币占有者的能力却是无限的。货币的力量有多大,货币占有者的力量就有多大,货币的特性和本质性力量就是货币占有者的本质性和力量。人们凭借货币能够得到人心所渴望的一切。"谁有了这种抽象的一般财富,谁就能支配世界。通过占有抽象进而占有世界,这正是抽象成为统治的根本原因,这种现实的抽象统治并不表现为残暴的强制,而成为一种离开它就无法生存的自我认同的条件。这使得这种特殊的抽象的统治更加稳定和牢固。"③资本统治权高高在上地对现代人发号施令:资本家作为资本的人格化,奔波于世界各地,为资本的增殖服务;无产阶级迫于雇佣劳动关系的钳制,从事着创造剩余价值的机械劳动。无论是资本家,还是工人,都在这种"抽象的统治"中、在资本的牢笼中生存。

现代社会的本质性特征就是"抽象成为统治",正是在这个意义上,我们可以把现时代称为"资本的时代"。资本宰制现代人的结果,就是把人的生命本身给"物化"。在《1844 年经济学哲学手稿》中,马克思在谈

---

① [意]奈格里:《〈大纲〉:超越马克思的马克思》,张梧、孟丹、王巍译,北京师范大学出版社 2011 年版,第 88 页。

② 马克思:《1844 年经济学哲学手稿》,人民出版社 2000 年版,第 144 页。

③ 张一兵:《回到马克思——经济学语境中的哲学话语》,江苏人民出版社 2014 年版,第 629 页。

到货币的能力和作用时指出："货币作为现存的和起作用的价值概念把一切事物都混淆了、替换了，所以它是一切事物的普遍的混淆和替换，从而是颠倒的世界，是一切自然的品质和人的品质的混淆和替换。"①这里所谓的"一切自然的品质和人的品质的混淆和替换"实际上指的就是人的本质的物化。在《资本论》中，马克思通过关于商品形式的分析明确地指明了这一点。"商品形式和它借以得到表现的劳动产品的价值关系，是同劳动产品的物理性质以及由此产生的物的关系完全无关的。这只是人们自己的一定的社会关系，但它在人们面前采取了物与物的关系的虚幻形式。"②

在发达资本主义社会中，无产阶级作为被物化的生命进一步被强化了。资本主义的文化工业使人们逐渐适应了自己的被物化状态，彻底地成为"单向度的人"。文化领域的牢笼彰显出极强的控制力，对主体进行着隐蔽的压迫与欺骗，而它往往披着华美的外衣，使人被钳制却不自知，最终掩盖了人的本质的物化状态。"它试图通过人为刺激的虚假消费满足给人们带来虚假幸福，但最终成为一种消除了人的反叛意识、维护现存社会秩序的意识形态，从而阻碍了个性的形成发展和人的解放。"③文化工业不仅使作为客体的艺术发生异化，具有无趣、重复的固定风格，同时也使作为主体的无产阶级异化，丧失了个体性与创造性，体验着虚假的快乐。无产阶级成为审美贫困、没有个性的虚假

---

① 马克思：《1844 年经济学哲学手稿》，人民出版社 2000 年版，第 145 页。

② 《马克思恩格斯文集》，第 5 卷，人民出版社 2009 年版，第 89—90 页。

③ ［德］希奥多·阿多尔诺：《再论文化工业》，王凤才译，《云南大学学报（社会科学版）》2012 年第 4 期。

主体。其实，作为劳动产品的客体和作为劳动者的主体两者的异化是统一的。

经过文化工业的过滤，文化产品不仅毫无艺术水准，而且具有强迫性、欺骗性、商业性等特点。当代资本主义的劳动产品都无一例外地成为商业性产品，它带给现代人更多的是一种虚假的需求与消费。资本能够控制和奴役所有人的原因，就在于它能放大并实现人的物质欲望，不断激发出"历史形成的需要"。马尔库塞指出，有一部分需要并不是必需的，它们看似合理，但实质上只是虚假的需要。大多数人对松弛、玩乐、按照广告来表现与消费、爱憎的需要都属于这个虚假需要的范围。作为一系列毫无营养的复制化商品，文化产品带来的快乐，只不过是一种没有否定与反思能力的粗俗、麻木的情绪，只是一种单纯的本能反应。更加严重的后果是，这种毫无个性的复制化思想会通过文化产品的传播而蔓延到主体性之上，使作为个体的自我以为我和你都是一样的，成为一个受强迫的"同一性"，主体本身的价值完全消逝了。

无产阶级错误地以为自己是在自由独立地选择文化产品，而真相却是被资本家巧妙地控制着，去购买他们想让人们购买的指定产品。人的趣味受到控制，他想看和想听的是社会允许他看和听的东西。不仅如此，文化工业打破了劳动与休息的界限，使娱乐已经成了劳动的延伸，"一个人只要有了闲暇时间，就不得不接受文化制造商提供给他的产品"①。在这种虚假的消费中，人格被异化了，人彻底失去了主体意识，

---

① ［德］霍克海默、阿道尔诺：《启蒙辩证法：哲学断片》，渠敬东、曹卫东译，上海人民出版社 2006 年版，第 111 页。

越来越成为一个毫无审美的、充满欲望的被动消费者。产品与人的关系发生了颠倒，产品不为人服务，人反而成了它们的仆人。这些所谓能够给主体带来快乐的"文化产品"，不仅控制了消费者的认知空间，也剥夺了他们的真实情感和主体意识。在生产过程中，人成了机器体系的附属物，在日常生活中，人成了文化产品的附属物。总而言之，人成为一个与自身的本质相背离的物化生命。人的独特性和创造性被耪平了，成了一种均质性的存在。"正因为每个人都可以代替其他人，所以他才具有人的特性；他是可以相互转变的，是一个复制品。作为一个人，他完全是无价值和无意义的。"①

资本对无产阶级的统治是全方位的。"资本主义生产从身体上和灵魂上都对他们进行了限制，使他们成为孤立无助的牺牲品。"②无产阶级的生命被物化是在生产领域和生活领域里同时发生的。在生产过程中，工人只是作为机器生产的附属物或一个环节，陷入一种毫无自主性的生产活动中。工人本应充满自主性和创造性的劳动被直接物化为一种机械劳动。在生活领域中，文化工业掩盖和加深了工人生命的物化，它使得工人产生虚假的需要，获得虚假的满足，体验虚假的快乐，最终成为无自主性的虚假主体。这种无价值和无意义的虚假主体是无产阶级生命被物化的集中展现。

---

① [德]霍克海默、阿道尔诺：《启蒙辩证法：哲学断片》，渠敬东、曹卫东译，上海人民出版社 2006 年版，第 131 页。
② [德]霍克海默、阿道尔诺：《启蒙辩证法：哲学断片》，渠敬东、曹卫东译，上海人民出版社 2006 年版，第 120 页。

第三节 被废弃的生命

如果说无产阶级作为赤裸生命被剥削、被物化，这至少说明无产阶级在资本主义生产体系中还具有一定的利用价值。一旦资本主义不再对其进行剥削、物化时，无产阶级中的一些群体就真的成为存在着的无，成为被废弃的生命。鲍曼以"园艺型社会"为类比指出，在园艺文化中，一部分杂草由于没有丝毫价值，会被隔离、转移，乃至被清除。同样，在生命政治的生产性和消费性社会中，如果资本家判定工人不再有能力从事生产和消费活动，那么他们就没有了存在的意义和价值。正如至高统治者有权决断赤裸生命之生死一样，资本也有同样的权力对无产阶级之"生死"进行决断，将一部分无产阶级判定为多余的、无用的，乃至有罪的废品。他们是失业的穷人，现代社会"没有位置留给这些有缺陷的、不完全的、无法履行义务的消费者"①。

相对于传统手工业劳动，资本主义生产方式的典型特征是机器大生产。机器的引进使得大量工人失业。马克思在《工厂视察员报告》中以毛纺织工业为例指出，当精梳机出现后，手工梳毛工人的产品比机器的产品要少得多，手工劳动被淘汰，工人的唯一出路就是依附于机器。与此同时，"就机器使肌肉力成为多余的东西来说，机器成了一种使用没有肌肉力或身体发育不成熟而四肢比较灵活的工

---

① ［英］鲍曼：《废弃的生命》，谷蕾、胡欣译，江苏人民出版社2006年版，第7页。

人的手段"①。在《资本论》中，马克思把工人阶级分为"现役劳动军"和
"产业后备军"，前者是直接参与生产的工人，而后者是潜在的雇佣工
人，也称"相对过剩人口"，其实就是失业工人。机器生产体系的引进在
提高社会生产力的同时，也造成了大规模的失业人口。作为失业工人的
产业后备军在某种意义上成了资本家加深剥削工人程度的有效工具。机
器体系的使用不仅代替工人的劳动，还将妇女、儿童等补充劳动力纳入
劳动范围，这就导致男性劳动力的工资降到劳动力价值以下。"把未成
年人变成单纯制造剩余价值的机器，就人为地造成了智力的荒废，——
这和自然的无知完全不同，后者把智力闲置起来，并没有损坏它的发展
能力、它的自然肥力本身。"②把儿童送到工厂工作，使得儿童在身体和
精神上遭受双重摧残：丧失了健康的体魄，荒废了头脑的智力。因此，
"机器从一开始，在增加人身剥削材料，即扩大资本固有的剥削领域的
同时，也提高了剥削程度"③。工人为了满足自身需要，保障自己的权
益，必然要与机器发生对抗。所以早期的工人斗争经常表现为对机器的
捣毁。在工人看来，正是机器的存在使得他们丧失了大量的就业机会，
使得他们被资本主义生产所淘汰、所废弃。

　　失业工人被资本主义生产体系所排斥和淘汰，但这并不意味着就业
工人就是有意义和有价值的。就业工人的意义和价值只是针对资本家而
言的，对于工人自身而言，其生命也是被废弃的。劳动者本应是积极行
动的主体，劳动工具是客体。然而随着机器体系的产生和大规模应用，

---

　　① 《马克思恩格斯文集》，第 5 卷，人民出版社 2009 年版，第 453 页。

　　② 《马克思恩格斯文集》，第 5 卷，人民出版社 2009 年版，第 460 页。

　　③ 《马克思恩格斯文集》，第 5 卷，人民出版社 2009 年版，第 454—455 页。

这种主客体关系就完全颠倒了，由工人利用工具到工人服侍机器。机器使工人的劳动变成了机器体系的一部分，工人自身也成为机器的附属物，可以被任意处置。工厂中最为关键的因素不再是工人而是机器，机器可以独立于工人而存在，离开某一批工人而使用另一批工人，这不会使劳动过程中断，工人却只能依赖于整个工厂，依赖于资本家，被当作活的附属物并入死机构，否则他们的生活就难以为继。因此，作为机器的附属物，工人永远是第二位的，机器则是第一位的。资本家只关心机器的折旧与损耗，而无视工人的生产条件和身体状况。人在永不停歇的机器运转中进行着毫无内容、毫无意义的重复性的机械操作。这种重复性的机械劳动本身就是一种对能动性生命的废弃。一旦他们由于健康原因无法再工作，就被其他工人替换，彻底被资本主义生产所抛弃。

无论是失业工人，还是就业工人，他们都还有可能激发自己的生命潜能，脱离被废弃的生命状态，但是资本主义的管控却使得这种可能性彻底被压制。从时间上来讲，个人全面充分的发展需要充足的自由时间，而在资本主义机器体系下高强度、长时间的重复性机械劳动不仅使工人的健康每况愈下，也占用了其劳动时间和自由时间。哪怕8小时工作制相关法律的颁布保证了工人的休息时间和自由时间，但由于资本家增加了工作日的劳动强度，这种情况也没有得到实质性改善。工人的自由时间要么被侵占，成为劳动时间的延伸和变形，要么被填充，被虚假的需要和消费所充盈。无产阶级根本没有充足的时间通过学习培训去激发和提升自己的生命潜能和工作能力，从而丧失了进一步发展的空间。从金钱上来讲，为了获取更多利润，资本家必然把工人的工资水平尽可能降至最低。"劳动力价值的最低限度或最小限度是劳动力的承担者即人每天得不到就不能更新他的生命过程的那个商品量的价值,也就是维持身体所必不可少的生活资料的价值。"①最低工资意味着无产阶级根本没有多余的金钱去提升自己。所以,"生命政治主体生来就是一个赤裸的和贫穷的存在,悲惨、无知和疾病让穷人赤裸游走在存在的边缘,穷人是'存在之力量的赤裸永恒性'"②。

现代社会中的无产阶级由于没有多余的时间和金钱通过学习培训提升自我,掌握现代最前沿的科学技术,从而也就无法适应现代化生产的需要,加之人工智能等领域的飞速发展对人的排挤和替代,从而成为现代性废物。"'人类废品'(human waste),或者用更准确的说法——废弃的人口(waste human)('多余的'和'过剩的',指那些不能或者人们不希望他们被承认抑或被允许留下来的人口)的产生,既是现代化不可避免的产物,同时也是现代性不可分离的伴侣。"③由于现代科学技术的高速发展,"废弃的生命"成为现代资本主义社会的必然产物。现代社会中被废弃的生命与传统社会中被废弃的生命截然不同。在传统社会中,被废弃的生命主要表现为传染病人和罪犯,其处理废弃生命的措施主要表现为严厉的隔离主义政策和特别的安全措施。在此,我们并不否认现代社会存在传染病人和罪犯。但与传统社会不同,发达资本主义条件下被废弃的生命更多的是一种健康的生命,只是因为他们无法适应资

① 《马克思恩格斯文集》,第 5 卷,人民出版社 2009 年版,第 201 页。

② 莫伟民:《奈格里的生命政治生产及其与福柯思想的歧异》,《学术月刊》2017 年第 8 期。

③ [英]鲍曼:《废弃的生命》,谷蕾、胡欣译,江苏人民出版社 2006 年版,导言第 6 页。

本主义社会的发展而成为被废弃的生命。由于现代社会被废弃的生命本身是一种健康的生命，这就意味着，现代社会的"人类废弃物"不再能够被送往遥远的废弃物处理场所并被牢牢地安放于"正常生活"的边界之外，这种废弃的生命只能被紧紧地封闭于现代社会这一密闭的容器之内。

生命被废弃的主要原因并不在于机器本身的产生和使用，也不在于机器体系在资本主义条件下的应用，而在于资本主义生产方式本身，在于资产阶级基于这种生产关系对无产阶级进行的生命政治意义上的管控和规训。在发达资本主义条件下，资产阶级不仅通过暴力的国家机器，而且诉诸文化工业这样的意识形态手段对无产阶级的生命基质进行更加残酷的剥削和更加严密的管控，消解其反抗意识，削弱其反抗能力，使之成为符合资本主义要求的驯顺的生命。在资本的钳制下，无产阶级的生命被剥削、被物化和被废弃，在此三重含义上成为资本主义社会中赤裸生命的典型表现形式。那么我们应该如何避免无产阶级沦为赤裸生命呢？在阿甘本看来，与赤裸生命相对的是形式生命。所谓形式生命，是"一种永不可能从其形式相分离出来的生命，一种永无可能在其中离析（siolate）出类似赤裸生命之类东西的生命"①。形式生命关注的关键点在于生命本身的价值，意味着人在生存过程中有实现其潜能的条件和能力。在资本主义生产条件下，无产阶级无法摆脱沦为赤裸生命的命运，是因为其无法摆脱资本主义的生产方式和生产关系。只有超越资本的文

---

① ［意］吉奥乔·阿甘本：《无目的的手段——政治学笔记》，赵文译，河南大学出版社 2015 年版，第 4 页。

明，变革资本主义生产方式，无产阶级才可能摆脱赤裸生命，重获形式生命。无产阶级作为赤裸生命被资本主义制造出来，但却无法被其所隔离，只能被其封闭于现代社会这一密闭的容器之中。当赤裸生命聚集达到一定极限的时候，也就是资本主义社会内爆之时。

第十二章 "产业后备军"的
生命政治

　　"产业后备军"一词最早见于马克思的《资本论》
第一卷。马克思在《资本论》中明确指出工人阶级分为
"现役劳动军"和"产业后备军"。按照是否直接参与到
资本主义生产过程为衡量标准,将直接参与资本主义
生产过程的工人称为"现役劳动军",而把资本主义生
产过程之外的人称为"产业后备军"。因此,我们所言
的严格意义上的工人指的是"现役劳动军",而不是
"产业后备军"。我们知道资本主义社会的生产关系是
资本家和工人之间的雇佣劳动关系,产业后备军并没
有直接参与到资本主义社会的生产过程,也就是说
这一群体并非资本家的雇佣工人,而只是"潜在的"雇
佣工人,马克思又把这群人称为"相对过剩人口"。因
此,相对过剩人口其实是被排斥在资本主义生产关系

之外的。当我们把相对过剩人口定义为"产业后备军"时，实际上等于把这一群体纳入了资本主义的生产关系之中，纳入了资本主义社会的整体规训之中。

资本主义统治权对"现役劳动军"或"就业工人"的规训与管控是显而易见的。因为资本主义社会得以维系的首要现实基础就是资本增殖或资本主义扩大再生产，而剩余价值是由工人在生产过程中创造出来的，资本家只有对工人进行规训与管控才能促使工人高效地创造出更多的剩余价值，从而实现资本的增殖。并且所谓的"产业后备军"也是作为资本家规训和管控"现役劳动军"的必要手段而存在的。相对于资本主义社会对"现役劳动军"的规训与管控，对"产业后备军"的规训和管控却是隐而不现的，在现有的研究中也没有得到充分的揭示。当代国内外学者对"产业后备军"的阐释主要集中于失业理论，把产业后备军看作"失业工人"。例如美国学者詹姆逊通过对产业后备军进行分析，得出的结论是：《资本论》是一部研究失业的论著。把产业后备军等同于失业工人，从而遮蔽了马克思"产业后备军"概念所具有的存在论意义。马克思的"产业后备军"理论表达的不仅仅是工人面临失业危机的状况，一种关于工人的失业理论，在生命政治的意义上马克思的"产业后备军"理论意味着现代资本主义社会对全社会的管控，是现代社会"调节生命"的新型治理手段。

第一节 "剩余物"的纳入：产业后备军的概念界定

资本主义生产关系是资本家和工人之间的雇佣劳动关系。在资本主义生产关系中,最典型、最直接的支配与统治形式无疑是资本家对"现役劳动军"或工人的管治。在这种雇佣劳动形成初期,早期资本主义充满了血腥和暴力。马克思在《资本论》中通过回溯 15 世纪末和 16 世纪整个西欧所颁布的惩治被剥夺者或流浪者的血腥法律指出:"被暴力剥夺了土地、被驱逐出来而变成了流浪者的农村居民,由于这些古怪的恐怖的法律,通过鞭打、烙印、酷刑,被迫习惯于雇佣劳动制度所必需的纪律。"①资本家通过建立起严密的工厂体系、精密的管理工艺学以及缜密的工厂法实现了对雇佣工人的生命管控。"产业后备军"是与"现役劳动军"相对应的概念,并非严格意义上的工人,他们是作为资本主义生产关系的"例外状态"而存在的。但是在马克思看来,两者共同构成了无产阶级。处于直接生产过程之"例外状态"的产业后备军如何被纳入资本主义规训当中? 阐明这个问题是"产业后备军生命政治学"的最重要的理论任务。

"产业后备军"是以失业工人为主导力量,但却涵盖了所有处于生产过程"例外状态"的"剩余物"。《例外状态》是阿甘本"神圣人"系列的一本重要著作。阿甘本在该书中所提出的"例外状态"(stato di eccezione)概念已经成为揭示当代资本主义统治权的一个重要的存在论范式。阿甘本明确指出"例外状态"是一个"无法"的空间,其中的关键是一个没有法律的法律效力,处于一个模糊、不确定、临界的边缘。"例外状态既非外在亦非内在于法秩序,而它的定义问题正关系着一个门槛,或是一个无法区分的地带,其中内与外并非相互排除,而是相互无法确定。"②虽然

---

① 《马克思恩格斯文集》,第 5 卷,人民出版社 2009 年版,第 846 页。

② [意]吉奥乔·阿甘本:《例外状态》,薛熙平译,西北大学出版社 2015 年版,第 32 页。

阿甘本的"例外状态"指的是法之例外或法之悬置，但其揭示的"例外/权力"的对子为我们从概念上分析"产业后备军"所隐含的支配问题提供了独特的视角。阿甘本指出："例外就不只是单纯的排斥，而是一种包涵性排斥（inclusive exclusion），是一种字面意义上的 ex-ceptio：外部的把握。"①例外状态作为一个无法区分的模糊地带，所表征的正是产业后备军的存在状态。产业后备军本身作为一种资本主义生产过程之例外状态的存在，与现役劳动军相区别，但同时又与现役劳动军同属于无产阶级。资本主义生产并不是单纯排斥"产业后备军"这种例外状态的存在，而是利用这种例外状态使其发挥作用并同时对其进行规训与治理，这正是阿甘本意义上的"包涵性排斥"。

例外状态作为一种"包涵性排斥"其实质是一种例外状态常态化。无论是"包涵性排斥"，还是例外状态常态化，都意味着把作为例外状态的产业后备军纳入了资本主义的生产秩序之中。在《资本论》中，"产业后备军"的出场语境是资本积累。马克思揭示了"资本主义积累的绝对的、一般的规律"。其主要包括三方面的内容：第一，产业后备军的相对量和财富的相对量一起增长；第二，产业后备军的贫困同他们所受的劳动折磨成正比；第三，工人阶级中贫苦阶层和产业后备军越大，需要救济的贫民也就越多。大量的产业后备军是资本主义的生产和积累机制制造出来的，这种后备军越大，常备的过剩人口就越多，社会的贫困人口也就越多。"资本主义生产和积累的机制在不断地使这个人数适应资

① ［意］吉奥乔·阿甘本：《剩余的时间：解读〈罗马书〉》，钱立卿译，中央编译出版社 2016 年版，第 142 页。

本增殖的需要。这种适应的开头是创造出相对过剩人口或产业后备军，结尾是现役劳动军中不断增大的各阶层的贫困和需要救济的赤贫的死荷重①。"②

这种相对过剩人口经常具有三种表现形式：流动的形式、潜在的形式和停滞的形式。产业后备军的流动的形式既包含被机器排斥、被妇女或儿童代替的失业或半失业工人，也包括被大规模生产吸引、追加的工人；产业后备军的潜在的形式主要表现为被机器排斥的自耕农、独立手工业者等；产业后备军的停滞的形式主要是指无业游民等就业极不规则、无保障的人口。预备的、被淘汰的、被排斥的失业或半失业工人，农民和手工业者，甚至无业游民和流浪汉等对资本增殖需要而言都是"相对过剩人口"。在马克思的语境中，不论以何种身份存在的非现役劳动军都被归结为"产业后备军"的范畴，这意味着处于生产过程的例外状态的"剩余物"都被纳入资本主义的整体规训之中。"规训，根据其定义来说，对一切进行调整。规训不放过任何东西。不仅仅不会放任自流，而且其原则就是不让最细微的事物摆脱其控制"③。整体规训不仅仅是对常规状态(现役劳动军)的规训，更重要的是对例外状态(产业后备军)的规训。因此，即使处在生产最边缘的无业游民、乞丐等都以产业后备军的名义被统摄在资本权力的控制之中。

"产业后备军"这一概念表明资本主义社会的权力规训方式将触角延

---

① "死荷重"是运输业的用语，指运输工具的重量。(《马克思恩格斯文集》第 5 卷第 742 页注释①)

② 《马克思恩格斯文集》，第 5 卷，人民出版社 2009 年版，第 742—743 页。

③ [法]米歇尔·福柯：《安全、领土与人口》，钱翰、陈晓径译，上海人民出版社 2010 年版，第 35 页。

伸到了社会人口的"过剩部分",对全部"生命"实行无微不至、无所不至的规训和管治。资本主义社会的统治权力不仅对生产领域的工人进行监视、审核、检查、控制,而且延伸到社会各个领域,对所有"剩余物"或产业后备军进行调节和利用。现代社会生命政治的治理技术既包含了对人身体本身进行操作的一系列微观规训权力,也包括对整个人口的比例进行调节的宏观生命权力。现代社会的资本权力对生命的控制是从这两个维度展开的。资本主义统治权力之所以要对"例外状态"中的产业后备军或"剩余物"进行控制,其目的是维护和保障资本主义生产方式的延续和安全。产业后备军能够为资本积累的需求随时提供可利用的劳动力商品,成为资本增殖的"蓄水池"。因为对资本增殖而言,人口自然繁殖提供的劳动力是不够的,为了突破代际工人的自然界限,资本需要一支随时可供支配的不受自然限制的产业后备军,并使其成为资本主义发展用之不竭的劳动力蓄水池,随时为资本增殖提供劳动力储备军。

相对过剩的工人人口是资本主义生产和积累的必要条件和必然产物。"工人人口本身在生产出资本积累的同时,也以日益扩大的规模生产出使他们自身成为相对过剩人口的手段。"①马克思将之看作资本主义生产方式所特有的人口规律。正是在此意义上,资本主义特有的人口规律恰恰揭示了产业后备军被资本管控的事实:资本主义生产和积累机制创造出产业后备军,使其绝对从属资本,为资本增殖所需而随时待命。"过剩的工人人口是积累或资本主义基础上的财富发展的必然产物,但是这种过剩人口反过来又成为资本主义积累的杠杆,甚至成

---

① 《马克思恩格斯文集》,第5卷,人民出版社2009年版,第727—728页。

为资本主义生产方式存在的一个条件。过剩的工人人口形成一支可供支配的产业后备军,它绝对地从属于资本,就好像它是由资本出钱养大的一样。"[1]

这些"相对过剩人口"作为"产业后备军"具有"随时支配""绝对从属"的特征。其根本原因不仅仅在于产业后备军是由资本创造出来的,而且还在于资本创造出了贫困的产业后备军。资本积累最为重要的方式就是通过提高生产能力,创造出更为庞大的社会财富。机器大生产使得现代资本主义社会的生产能力得到了前所未有的发展。社会劳动生产率的提高带来了社会财富的增长,但其更为重要的后果是庞大的机器自动化体系取代部分工人,从而使一部分工人成为"剩余物",陷入贫困。毫无疑问,资本主义生产方式创造了大量的社会财富,但这种社会财富的增长只是资本的积累。资本的积累和无产阶级的贫困具有同构性。因为,"实力和财富这种令人陶醉的增长完全**限于**有产阶级"[2]。工人在资本的积累中不仅没有得到任何好处,反而越来越贫困。工人是一种自然的主体,只要稍微给予他们一点额外的利益,他们就能满足资本长远发展的要求。由于贫穷,这种过剩人口为了生存反而寄希望于被雇佣,从而获取微薄的工资。资本主义生产方式不仅通过机器大工业的资本主义应用方式不断创造出产业后备军,而且通过建立世界市场与殖民体系不断扩大可供资本支配的后备军范围。资本主义通过世界市场和殖民体系不断扩大产业后备军队伍,为自身的增殖提供源源不断的力量。世界市场的建立和殖

---

① 《马克思恩格斯文集》,第 5 卷,人民出版社 2009 年版,第 728—729 页。
② 《马克思恩格斯文集》,第 5 卷,人民出版社 2009 年版,第 38 页。

民地或半殖民地国家的形成，为资本主义工业化生产提供了廉价的产业后备军队伍。如果说没有工人与生产资料相分离，没有能够自由出卖自己劳动力的雇佣工人，就不能形成资本主义社会的生产关系；那么，没有相对过剩人口这支后备军队伍，没有绝对从属于资本的过剩人口，就没有资本主义社会的扩大再生产，就不能维持资本主义生产的延续性。

"产业后备军"是标志着资本主义生产关系"剩余物"的综合范畴，其最终处于这样一种悖论性境地：在资本主义生产关系或生产过程之外，却并未游离资本主义生产方式的支配。"产业后备军"的概念内涵隐含着现代社会权力机制的作用。因此，产业后备军的产生和队伍的不断扩大，表面上看是对现役工人的替代性补充，以维持劳动力秩序的供求平衡。但其深层逻辑隐含着现代权力关系的新形式：与传统"惩戒肉体"的方式不同，通过"调节生命"的方式尽可能将每一个生命纳入资本主义社会生命政治规训和控制的范围内。

第二节　产业后备军和现役劳动军的对抗：对抗性关系的转移

资本家与工人之间的对抗性关系是资本主义社会的主要生产关系。早在《1844年经济学哲学手稿》中，马克思就已经明确指出："整个社会必然分化为两个阶级，即有产者阶级和没有财产的工人阶级。"[1]在《共

---

[1] 马克思：《1844年经济学哲学手稿》，人民出版社2000年版，第50页。

产党宣言》中，马克思将这一对抗性关系表达得更为明确。"从封建社会的灭亡中产生出来的现代资产阶级社会并没有消灭阶级对立。它只是用新的阶级、新的压迫条件、新的斗争形式代替了旧的。但是，我们的时代，资产阶级时代，却有一个特点：它使阶级对立简单化了。整个社会日益分裂为两大敌对的阵营，分裂为两大相互直接对立的阶级：资产阶级和无产阶级。"①资产阶级和无产阶级之间的对抗性关系是资本主义社会中最主要和最真实的对抗性关系，但是这一最为真实的对抗性关系在资本主义社会的意识形态中却被遮蔽并转移为"现役劳动军"和"产业后备军"之间的虚假的对抗性关系，从而达到维护资本主义社会统治的目的。

在《资本论》第一卷第七篇的相关论述中，产业后备军基本的理论逻辑是：资本有机构成提高之后将必然产生资本对劳动力的相对或绝对排斥，因此引致"相对过剩人口"的产生，这些"相对过剩人口"的不断积累形成了随时可供现代资本主义部门雇佣的"产业后备军"。在资本主义条件下，产业后备军的作用是双重的。其一，它既是资本主义积累的杠杆，又是资本主义生产方式存在的一个条件。产业后备军的存在，为资本家提供了可靠的劳动力资源，一旦资本家需要扩大生产规模时，就可以随时买到追加的劳动力。其二，为资本家压低工人工资和提高剥削程度提供了条件。正是由于第一重作用的存在，产业后备军的第二重作用才成为可能。产业后备军成为资本家挟制现役劳动军最为有效的管控手段。

① 《马克思恩格斯文集》，第2卷，人民出版社2009年版，第32页。

　　产业后备军作为随时可供支配的生产资料不断被资本主义生产方式创造出来，其直接后果是对现役劳动军造成有形的竞争和无形的压力。"工人阶级中就业部分的过度劳动，扩大了它的后备军的队伍，而后者通过竞争加在就业工人身上的增大的压力，又反过来迫使就业工人不得不从事过度劳动和听从资本的摆布。工人阶级的一部分从事过度劳动迫使它的另一部分无事可做，反过来，它的一部分无事可做迫使它的另一部分从事过度劳动，这成了各个资本家致富的手段，同时又按照与社会积累的增进相适应的规模加速了产业后备军的生产。"①这就是现役劳动军和产业后备军之间的对抗性关系。因此，就业工人和产业后备军之间形成了一种竞争的循环：就业工人的过度劳动扩大了后备军的队伍，资本家可以用产业后备军随时来替代就业工人，产业后备军的存在，对就业工人造成了强大的压力，迫使他们接受资本家苛刻的条件从事过度劳动。"产业后备军在停滞和中等繁荣时期加压力于现役劳动军，在生产过剩和亢进时期又抑制现役劳动军的要求。所以，相对过剩人口是劳动供求规律借以运动的背景。它把这个规律的作用范围限制在绝对符合资本的剥削欲和统治欲的界限之内。"②

　　在资本主义生产条件下，产业后备军不再受人口实际增长的限制。资本主义为不断变化的资本增殖需要创造出随时可供剥削的人身材料，能够随时、足额地提供给现代资本主义工业部门所需的劳动力。产业后备军作为"可供支配""绝对从属"之物随时可以替代"不听话"、不被"规

　　① 《马克思恩格斯文集》，第 5 卷，人民出版社 2009 年版，第 733—734 页。

　　② 《马克思恩格斯文集》，第 5 卷，人民出版社 2009 年版，第 736 页。

训"、不努力工作的工人或现役劳动军。这种随时被取代的竞争压力进一步加强了资本主义社会生命政治的统治。"发达的资本主义生产过程的组织粉碎一切反抗；相对过剩人口的不断产生把劳动的供求规律，从而把工资限制在与资本增殖需要相适应的轨道以内；经济关系的无声的强制保证资本家对工人的统治。"①资本权力通过对产业后备军的操作，以资本的增殖需要为根本目的，不断突破关于劳动力的自然限制，如可供支配的雇佣劳动力的人口的自然增长和其身体所能承载的生命极限。劳动供求规律已经不再是一个简单的经济学规律，它和资本主义社会的生命管控是关联在一起的。"资本在两方面同时起作用。它的积累一方面扩大对劳动的需求，另一方面又通过'游离'工人来扩大工人的供给，与此同时，失业工人的压力又迫使就业工人付出更多的劳动，从而在一定程度上使劳动的供给不依赖于工人的供给。劳动供求规律在这个基础上的运动成全了资本的专制。"②劳动供求规律通过产业后备军的作用，加剧工人阶级内部的竞争与分裂，进一步成全了资本权的统治。

从现役劳动军和产业后备军的对抗性关系来看，工资变动更多的是受到产业后备军的膨胀和收缩、现役军和后备军比例变动的影响。在马克思看来，工人所能获得的工资仅仅是维持其生活必需品的最低工资。正如恩格斯指出的，"这支后备军在工业开足马力工作的时期可供随意支配，而由于随后必然到来的崩溃又被抛到街头，这支后备军任何时候

---

① 《马克思恩格斯文集》，第 5 卷，人民出版社 2009 年版，第 846 页。
② 《马克思恩格斯文集》，第 5 卷，人民出版社 2009 年版，第 737 页。

都是工人阶级在自己同资本进行生存斗争中的绊脚石，是把工资抑制在合乎资本家需要的低水平上的调节器"①。由此表明，产业后备军的存在不仅能够影响工人的工资，而且能够把现役劳动军的工资抑制在最低水平上。因此，产业后备军不仅是资本增殖的劳动力"蓄水池"，更是现役劳动军工资的"调节器"。"后备军"成为资本最大限度实现增殖的一种非常必要的手段。

资本主义社会通过产业后备军的生产这一安全机制调节现役劳动军和产业后备军之间的比例关系，从而保障资本主义生产的总体平衡。着眼于总体平衡，意味着允许不影响总体平衡的最大限度内贫困危机的爆发。新生人口、游离工人、农民、儿童、流浪汉等都成为未就业的产业后备军，意味着社会上所有的闲散人员或"剩余物"都被纳入生命政治的规划中，成为资本主义生产随时可供支配的源源不断的力量源泉。资本主义通过产业后备军扩大工人的供给，保障了资本增殖对工人的需求，达到了资本主义生产秩序的持续性和稳定性。然而，这种生命的调节不是旨在人口健康或国民幸福，而是维持资本主义生产的总体安全。在总体安全的范围内允许就业不稳定性增加、贫困积累加重。事实上，这种产业后备军的贫困、产业后备军和现役劳动军的对抗性不仅不会影响到资本主义社会的稳定性，反而会加固资本主义社会的稳定性。因为，它转移和掩盖了资本主义社会固有的本质矛盾。"最后，使相对过剩人口或产业后备军同积累的规模和能力始终保持平衡的规律把工人钉在资本上，比赫斐斯塔司的楔子把普罗米修斯钉在岩石上

---

① 《马克思恩格斯文集》，第 3 卷，人民出版社 2009 年版，第 554 页。

钉得还要牢。"①

这样，资本主义社会的矛盾就从资产阶级和无产阶级的尖锐对立转移为无产阶级或工人阶级内部现役劳动军和产业后备军之间的激烈竞争。现役劳动军和产业后备军都属于无产阶级的组成部分，两者之间本不存在任何对抗性关系。这一对抗性关系是被资本家人为地制造出来的。相对于资本家与工人阶级之间的真实性对抗关系，这种关系是一种虚假的对抗性关系。资本主义社会的意识形态为了维护资本主义生产方式的需要把资产阶级和无产阶级之间的对抗性关系转移为无产阶级的内部对抗——现役劳动军和产业后备军之间的对抗性关系。对现役劳动军和产业后备军之间的比例关系或对抗性关系的调节实质上是一种人口生命的调节。"这种'调整控制'就是'一种人口的生命政治'。肉体的规训和人口的调整构成了生命权力机制展开的两极。"②这种生命的调节所揭示的资本主义社会中对抗性关系的转移，其实质是生命政治治理技术的一种转变。产业后备军不再是作为被抛弃的"剩余物"，而是发挥总体平衡作用的"剩余物"，是分裂工人阶级团结和联合的策略手段。这一进程意味着作为生产过程"例外状态"存在的"剩余物"或产业后备军不仅被纳入资本主义生产秩序中，成为生命政治规训和具体治理的对象，而且成为现代社会生命政治治理术的重要手段。

---

① 《马克思恩格斯文集》，第 5 卷，人民出版社 2009 年版，第 743 页。

② ［法］米歇尔·福柯：《性经验史》，第 1 卷，认知的意志，佘碧平译，上海人民出版社 2016 年版，第 117 页。

第三节　产业后备军的内部对抗：彻底赤裸生命的形成

资本得以维持的必要条件在于它能够制造工人的分化与分工，从而使资本最终能够战胜工人。这不是资本附带的偶然性特征，而是它固有的内在趋势。资本要发展就必须对工人进行分化。资本首先把工人分化为"现役劳动军"和"产业后备军"。资本主义社会的对抗性关系——资产阶级和无产阶级之间的对抗也随之逐渐被转化为"现役劳动军"与"产业后备军"之间的对抗。随着资本主义生产技术的发展，产业后备军内部开始进一步分化。产业后备军逐渐被精简化为"人才储备军"，资本主义社会也随之开启了对当代产业后备军的新型治理。产业后备军被提纯为"人才储备军"之后，剩余的产业后备军由于无法适应现代化生产的需要而成为现代性废物，最终沦落为彻底的赤裸生命。资本主义社会的对抗性关系又被进一步转化为"人才储备军"和"彻底的赤裸生命"之间的对抗。现代社会对整个人口的规训与管控最终得以形成。

当代的社会现实是：产业后备军概念发生了内涵更新，从产业后备军机制到人才储备军机制。工业资本主义时代被替换、排斥、淘汰、剩余的各种产业后备军被发达资本主义社会中符合市场需求的单一的人才储备军所取代。马克思指出："用适应于不断变动的劳动需求而可以随意支配的人，来代替那些适应于资本的不断变动的剥削需要而处于后备状态的、可供支配的、大量的贫穷工人人口；用那种把不同社会职能当做互相交替的活动方式的全面发展的个人，来代替只是承担一种社会局部职能的局部个人。"①在马克思看来，这对现代社会来说是一个生死攸关的问题。在这里，马克思所阐述的"适应于不断变动的劳动需求而可以随意支配的人"和"那种把不同社会职能当做互相交替的活动方式的全面发展的个人"指的就是经过专业教育或专门培训之后的符合市场所需的人才储备军队伍。由于科学技术的飞速发展，发达资本主义所需要的后备军已经不再是素质低下的产业后备军，而是掌握先进生产力的人才储备军。马克思在工业资本主义时代就已经天才般地预见到了产业后备军将会发生新的变化：从以传统失业工人为主导的产业后备军到以现代人才为主导的产业后备军。

人才储备军通过专业化教育、职业培训、人才市场等手段被逐步建立起来。在早期工业资本主义时期，产业后备军指的是涵义更为广泛的各种各样的未就业者。产业后备军不仅仅包括失业工人，还包括流浪者、农民等完全游离于工业生产之外的"剩余物"。由于早期资本主义对工人的生产能力和知识水平的要求相对较低，这些群体都有可能进入资本主义的生产领域。但是，在现代社会中，随着科学技术的发展和生产力水平的提高，对工人本身的素质水平要求越来越高。产业后备军逐渐被精简化为现代生产所需要的新生代人才储备军。产业后备军内部开始产生分化，各种职业资格和能力水平证书使得这种分化更加明显和严重。人才储备军的构建成为现代社会的一种新的治理方式。这种新的资本主义治理方式反过来又不断加剧了无产阶级内部的分离、对立和竞争。

———————

① 《马克思恩格斯文集》，第5卷，人民出版社2009年版，第561页。

人才储备军的构建不仅包括通过学校机构的培养使其成为合格标准的人才，而且后备军本身也以"资本（资质）—收益"模式投资自己，使自己成为更为优秀的人才。自由地投资自己、发展自己、自由地参与人才市场的择业竞争。以能力和资质为标准的人才概念进一步更新了产业后备军的内涵。产业后备军不再以失业工人为主导，而是以人才储备军为主导。人才储备军成为升级版的产业后备军。在人才储备军的形成过程中，个人看似可以自由地投资自己、自由地发展自己、自由地参与市场竞争，但实质上这种主体的塑造和培养是以市场就业，或者更准确地说是以资本的增殖为导向的。人们学什么不学什么，不是取决于自己的兴趣爱好，而是取决于市场的需求。这种学习和培训完全是一种资本主义的规训和管控。

显然，产业后备军除了人才储备军之外依然包含传统意义上的"剩余人口"，但在当代社会结构中，适应资本主义市场需要的人才储备军在后备军范畴中居于主导地位。"人才储备军"概念意味着资本主义不仅要对产业后备军进行管控，而且要对产业后备军进行主体形塑，把生命构建成为驯顺且有效的主体，构建成符合资本主义发展需要的主体。这种微观规训和人口调节的政治统治以看似自由的原则和"投资—效益"模式不断加强产业后备军对权力机制的认同。对人才储备军的形塑，表面上看来已经不再是对产业后备军的管控，而是一种旨在提高其能力水平的培养和培训。但究其实质而言，这种培养和培训依然是一种资本主义的规训。对产业后备军的管控不再是单纯的支配与统治，而是应用各种机构和手段提升产业后备军的知识水平和生产能力，通过学习和培训（主体形塑）的方式，使之成为资本主义的驯顺主体。正是在这个意义上，发达资本主义社会对产业后备军的规训更为隐蔽。

产业后备军被提纯为人才储备军后，剩下的产业后备军就成为被现代生产所淘汰的彻底的剩余物。这种彻底的剩余物由于无法适应现代生产的需要，成为现代性的废物，虽然依旧具有产业后备军的称谓，但是却再也无法进入资本主义生产，从而沦落为彻底的赤裸生命。"他们几乎没有我们通常归于人的存在的所有的权利和期望，但在生物学的意义上人仍旧活着，所以他们处在生命和死亡、内部与外部之间的一个界限性地带中——在这个地带中，他们不再是任何东西，而只是赤裸生命。"①阿甘本在政治的意义上揭露了赤裸生命的状态。阿甘本指出，希特勒通过一系列的手段，包括《纽伦堡法案》剥夺了犹太人的公民权，使他们重新回到赤裸生命的状态。任何人都可以随意处置他们，而无须承担任何法律责任。当我们在一个共同体中获得了政治保护之后，这一保护又被剥夺，这就是政治意义上的赤裸生命。赤裸生命最本质的特征就是人被贬低为动物。马克思揭示的无产阶级也是一种"赤裸生命"。我们可以反驳道：无产阶级是在政治和法律保护之下的，所以他们不是赤裸生命。难道只要在政治和法律的保护之下，一个人就可以免于沦为赤裸生命吗？无产阶级之所以能够活着，是因为资本家想让他们活着，想让他们充当资本增殖的工具。资本家仅仅提供给无产阶级最基本的生活资料，这些生活资料只够让他们勉强活着并进行生产劳动。无产阶级就是动物，他所拥有的只是"活着"。即便一个人受到政治和法律的保护，但

---

① ［意］吉奥乔·阿甘本：《神圣人：至高权力与赤裸生命》，吴冠军译，中央编译出版社 2016 年版，第 213 页。

是在经济上一无所有，从而无法获得任何自由全面的发展，那么他同样也是一个"赤裸生命"。产业后备军的剩余物由于无法适应现代生产的需要，而成了彻底的剩余物，他们丧失了进入现役劳动军的机会，从而成为彻底的"赤裸生命"。

人才储备军和彻底赤裸生命的对立成为资本主义社会的一种全新的治理方式。从产业后备军的普遍贫困转移到人才储备军的专业培养，使"联合起来的个人"孤立为"原子式的个人""自由的个人"。在这种治理方式下，新自由主义的治理策略成为资本主义社会中占主流地位的统治方式。新自由主义的隐性策略是："我要为你产生出自由所凭借的东西。我将使你自由地成为自由的。"①这种新的治理方式对后备军的形塑是一种权力生产性，由此在权力生产性和主体生产性之间形成了一对张力。资本主义治理方式把无产阶级分化为产业后备军和现役劳动军之间的对立，进而把产业后备军分化为人才储备军和彻底赤裸生命之间的对立，最终又把人才储备军分化为孤立的、原子式的个人。资本主义社会的本质矛盾——资产阶级和无产阶级之间的矛盾在经过一系列的矛盾转移后，最终被资本主义社会所遮盖，消弭于无形。资本主义最重要的生命治理技术就是分化：把无产阶级彻底分解为孤立的、自由的个体，以方便被监视、被训练、被利用、被规训。传统产业后备军由于深度贫困而有联合革命的愿望，现在人才储备军被分化为原子化的个人，有深造发展的诉求，联合的需求已经褪去往日的色彩。马克思所提出的无产者联

① ［法］米歇尔·福柯：《生命政治的诞生》，莫伟民、赵伟译，上海人民出版社2011年版，第53页。

合起来的革命路径遭遇到了前所未有的挑战。

然而主体要想走出被资本权力宰制、被资本权力构建的困境，联合是必要的。"一旦工人识破秘密，知道了他们为什么劳动越多，为他人生产的财富越多，他们的劳动生产力越是提高，他们连充当资本增殖手段的职能对他们来说也就越是没有保障；一旦工人发现，他们本身之间竞争的激烈程度完全取决于相对过剩人口的压力；一旦工人因此试图通过工联等等在就业工人和失业工人之间组织有计划的合作，来消除或削弱资本主义生产的那种自然规律对他们这个阶级所造成的毁灭性的后果，这时，资本和它的献媚者政治经济学家就大吵大叫起来，说这是违反了'永恒的'和所谓'神圣的'供求规律。也就是说，就业工人和失业工人之间的任何联合都会破坏这个规律的'纯粹的'作用。"[①]正是工人的联合能够破坏资本主义所特有的人口规律，能够摧毁资本权力的统治。

产业后备军的生命政治阐释深刻揭示了现代社会的权力构型。"产业后备军"概念意味着处于资本主义生产关系"例外状态"的"剩余物"（过剩人口）并没有游离在资本之外，而是被纳入资本主义生产的规划中，被资本统治权所管控和规训。资本主义把资产阶级和无产阶级之间的对抗性关系转移为现役劳动军和产业后备军之间的对抗性关系。"人才储备军"的概念意味着资本主义不仅要对产业后备军进行有效管控，而且要通过学习和培训的方式对产业后备军进行主体形塑，使之成为适应资本主义的驯顺主体。相比较而言，这是一种更为隐蔽的规训方式。资本主义社会的对抗性关系又被进一步转化为人才储备军和彻底赤裸的生命

---

① 《马克思恩格斯文集》，第 5 卷，人民出版社 2009 年版，第 737 页。

之间的对抗。权力的最高功能从头到尾地控制生命。通过对"产业后备军"的生命政治分析,我们能够发现资本主义社会生命政治的整个权力谱系。

通过对"产业后备军"发展过程的分析,我们可以发现,在现代社会,资本对工人的分化越来越严重。无产阶级被分化为现役劳动军和产业后备军,产业后备军又进一步被分化为人才储备军和彻底赤裸的生命,人才储备军又进一步分解为孤立的、原子化的个体。另外,现役劳动军本身也越来越分化为不同的阶层。这种分工和分化使得产业后备军逐渐淡化了自身的阶级意识,取而代之的是一种阶层意识。产业后备军的存在成为资本主义社会生命政治的一种安全机制,它不仅挟制现役劳动军,其本身也被资本主义主体塑形。产业后备军的这种独特性作用和它在无产阶级中所处的独特性地位,决定了它有可能会成为打破资本主义统治的关键所在。

第三部分

《资本论》与超越"资本的文明"

第十三章　从驯服统治权到驯服资本权

我们如今所生活的时代可谓是资本的文明的时代，资本的逻辑已渗透到现代人类社会生活的方方面面，它不仅带来了经济的高速发展，同时也带来了一系列严重而深刻的社会问题，这迫使我们必须积极地探索人类文明的新形态，从而从根本上超越资本的文明的时代。从人类文明史的角度来看，虽然资本本身是一种只在成熟的现代资本主义社会中才取得了全面意义的新生事物，但对于资本所带来的问题，人类文明史对其却并不陌生。资本的逻辑造成了对人的奴役和压迫，而早在启蒙时代，人们就已经在与奴役和压迫进行斗争了，只不过那时的压迫性力量并不来源于资本，而是来源于政治领域。因此，以霍布斯、洛克、斯宾诺莎、卢梭为代表的近代政治哲学家们可谓是探索人类文明新形态的先驱，他们以自己的思想剖析了那个时代人们所受到的奴役和压迫，而分析他们究竟是如何在他们所处的时代的基础上来探索人类文明新形态的，对于我们站在今天的社会历史基础之上继续探索人类文明的新形态有着重要的借鉴意义。

第一节　驯服统治权：近代政治哲学思想的核心要义

在当今时代，人们所受到的奴役与压迫来自资本，而在启蒙时代，人们所受到的奴役与压迫则是来自政治领域的。虽然"政治的目的绝不是把人从有理性的动物变成畜生或傀儡，而是使人有保障地发展他们的身心，没有拘束地运用他们的理智；既不表示憎恨、愤怒或欺骗，也不用嫉妒、不公正的眼加以监视。实在说来，政治的真正目的是自由"①。然而在启蒙时代，政治非但不能使人获得自由，反而使人们受到奴役与压迫，从而无法充分地运用理性。这种奴役是以统治权的形式表现出来，因此，近代政治哲学所关注的核心议题就集中在政府、统治者和统治权之上。

要弄清为什么统治权会成为奴役人们的力量的根源，为什么政府无法保障人的自由，我们就有必要从根源上探明统治权与政府的形成过程。在这一点上，近代政治哲学家们主要诉诸两种论证：一是自然的论证，二是历史的论证。所谓自然的论证，即以自然状态及自然状态下人

---

① ［荷］斯宾诺莎：《神学政治论》，温锡增译，商务印书馆 1963 年版，第 276 页。

们所具有的自然权利为出发点逐步推论出政治共同体及其内部诸原则的形成过程。实际上在近代政治哲学思想中存在着两条不同的自然论证思路，其差别根源于如何理解自然状态。第一种是霍布斯、斯宾诺莎意义上的自然状态，这种自然状态的核心特征是，人与人都处于像狼一样的敌对状态中。人所具有的自然权利，也就是人本身所具有的力量。"所谓自然权利，我指的是一切事物借以产生的自然法则和自然规律，也就是自然力量本身。"①但由于人并不像神一样，有无尽的力量和权力，人仅有有限的力量。在自然状态下，个人的力量是如此的渺小，以至于连人自身的安全都处处受到威胁，因而每个人都只享有极为微小的自然权利，而且很难将其实现出来。在斯宾诺莎看来，人类若想充分地享有自然权利，可行性道路只有一条："除非人们共同掌握他们的权利，因而有力量保卫他们居住和耕种的土地，保护他们自己，抗拒任何暴力，并根据整个集体的共同判断来生活，否则人类所特有的自然权利简直不可想象。"②这样，人类就形成了国家，这是政府与统治权的形成的第一种自然论证思路。

第二种自然论证思路主要以洛克的思想为代表，洛克区分了自然状态和战争状态。在他看来，霍布斯所描述的自然状态实际上并不是真正的自然状态，而是一种个人试图侵犯他人的自然权利、奴役他人而形成的战争状态。在洛克看来，在自然状态下每个人都遵循自然法的要求享

---

① ［荷］斯宾诺莎：《政治论》，谭鑫田、傅有德、黄启祥译，广西师范大学出版社 2016 年版，第 6 页。

② ［荷］斯宾诺莎：《政治论》，谭鑫田、傅有德、黄启祥译，广西师范大学出版社 2016 年版，第 10 页。

有对私有财产的支配权和对侵犯自己权利的人进行处罚的权利。国家的形成并不是由于在自然状态下人们无法生存，而是因为当人们产生私有财产纠纷时没有一个公正的裁决者，为了解决财产权问题，人们才脱离自然状态从而形成国家。这是政府与统治权的形成的第二种自然论证思路，这两种思路虽然对自然状态的理解有所区别，但二者都共同认为政府和统治权的形成源于人们的自然需要。

就历史的论证方面而言，所谓历史的论证，即诉诸人类的现实历史来回溯国家、政府与统治权的形成过程。斯宾诺莎指出，《圣经》所记载的第一个希伯来人组成的国家根源于一个社会契约。希伯来人相信只有上帝的力量才能帮助他们不致灭亡，所有希伯来人将自己的天赋权利均等的交付给上帝，从而与上帝建立契约，服从上帝的命令，这样，第一个希伯来国家便在全体人民与上帝的契约基础之上建立了。由于每个人都均等地交付了权力，因此"大家都有均等的权利向神请示，接受与解释他的律法，所以大家对于政府都有一份，完全没有分别"①。但由于对上帝的惧怕，人们不敢直面上帝，聆听上帝的话语，因而人们推举了摩西作为众人的代表听取上帝的话语，人们将自己原本所有的接受与解释上帝律法的权利交付给了摩西，从此开始，普通人不再享有自由解释上帝律法的权利，而摩西享有绝对之权——既包括解释神意之权，也包括命令民众之权。摩西死后，他并没有选出一位全权继承者，而是将解释神意之权交与高级祭司，世俗权力交与行政长官，这就形成了一个神权政治的政府。在这里，高级祭司具有神意的解释权，而"在希伯来国，

---

① ［荷］斯宾诺莎：《神学政治论》，温锡增译，商务印书馆1963年版，第235页。

民政权与宗教权都是完全由服从上帝而成，二者完全是一回事。宗教上的信条不是一些箴言，而是一些律法与命令"①。因而高级祭司所具有的实际上是法律的解释权，这一权力对行政长官及其政府所具有的统治权形成了有效的监督。因此，整个国家并未依某单一的统治者的意志而运行，而是保持了神意与世俗国家间的相互制衡，这是一种较为优良的政体。

在分别从自然的和历史的角度探寻政府及统治权的形成原因后我们发现，一方面，政府及统治权的形成源于人们的自然需要，另一方面，人们在历史上也形成了较为优良的政体。那么，为何到了启蒙时代，统治权却反而成了人在追寻自由的路上的阻碍了呢？在洛克看来，问题在于现下流行的君主制政体并不适合执行政府所具有的解决财产权纠纷的功能，因为君主无法成为一个公正无私的裁决者，他本身也是私有财产所有者，因而在他与臣民的矛盾中，他无疑有着极大的统治权。而在斯宾诺莎看来，问题在于随着历史的发展，统治权不再代表人们的普遍利益，而仅代表了统治者本人的利益。这一过程中的标志性事件是：高级祭司取得了世俗权力，他们同时拥有了神意的解释权与世俗的统治权。从此开始，统治者们便不再需要认真恪守代表着人们的共同利益的神意了，"每个人开始在宗教与世俗的事务上追求他自己名字的光荣，用祭司权解决各种事务，天天发出关于仪式、信仰以及一切别的新的命令。他力求使这些命令和摩西的律法一样地神圣和有权威性。这样宗教就降

---

① ［荷］斯宾诺莎：《神学政治论》，温锡增译，商务印书馆1963年版，第235页。

为退步的迷信，而律法的真正的意义与解释就变得腐化了"①。事实上，这就从神权政体蜕变为君主制整体了。从这时开始，制度和法律便不再是出于上帝的神圣的统治权，而是出于君主的世俗的统治权了。君主统治与上帝统治的最大区别就在于，上帝所代表的是理想性的生活方式，代表了所有人的共同利益，而君主则在大部分时间只能代表其个人利益。这样，统治权就不再是人们的力量，而是统治者个人的力量了。

那么，如何才能破除统治权对人的奴役呢？根据前面的分析，一方面，统治权形成的背后是有其自然需要的，人们聚集在一起形成政治共同体，通过社会契约形成统治权，是为了解决人们在自然状态中所无法解决的问题的。因而统治权首先是不能被取消的，如果取消了统治权，人们就将退回自然状态中从而面对更多的问题，而如果能够善用统治权的话，那么它是能够为人类社会提供便利的。另一方面，虽然有些古代制度（如神权政体）有很多优点，但它毕竟属于古代，而不属于现代社会。其一，神权政体的建立有赖于全体人民与上帝订立契约，这不仅要求人民的同意，也要求上帝的同意，但现在上帝不会如圣经时代一样直接降临到人们面前，与人缔约，因而这种契约是无从订立的；其二，神权政体建立于人与上帝的契约基础上，因而这种政体是排除他国的，因为他国人并未与上帝缔约，而在国与国之间交往频繁的现代社会，这种孤立的原则是无法实现的。基于以上两点，我们无法选择退回古代的道路。正是在这双重的压力之下，近代政治思想家们最终走出了一条既不退回过去，也不取消统治权，解决统治权问题的道路，即驯服统治权。

---

① ［荷］斯宾诺莎：《神学政治论》，温锡增译，商务印书馆1963年版，第235页。

正如卢梭在《社会契约论》开篇处所提出的原则一样："我要根据人类的实际情况和法律可能出现的情况进行探讨，看是否能在社会秩序中找到某种合法的和妥当的政府行为的规则。"其目的在于"使正义与功利不至于互相分离"①。无论是洛克的立宪君主制设想，还是斯宾诺莎的民主制设想，实际上最终所要实现的都是这一目的，通过制定适当的政治制度，从而驯服统治权，使之为人的自由服务。

第二节　驯服资本权及其可能性

近代政治哲学家们针对其所处时代的统治权所造成的一系列问题，探索出了驯服统治权这一思路，从而催生了近代的政治解放进程和人类文明形态的革新。那么，针对当今时代资本所造成的一系列问题，我们究竟能否借鉴驯服统治权这一思路呢？而要想解决这一问题，我们必须先解决一个前提性问题，即在资本的文明这一文明形态下，造成一系列社会问题的根源究竟是什么？要想超越资本的文明，从而探索人类文明新形态，我们所要超越的对象又是什么？

一般而言我们认为，资本的文明形态下所存在的一系列社会问题的根源都是资本，但从更为深入的角度来看的话我们就会发现，将当代社会的全部问题都归因于资本实际上是一种过于笼统的归类方式。根据马克思的揭示，只有完成了从 W—G—W 到 G—W—G′ 的转换之后，当货

_____

① ［法］卢梭：《社会契约论》，李平沤译，商务印书馆 2011 年版，第 3 页。

币不再是以购买商品为目的，而是以自我增殖为目的而运动时，资本才与积累起来的一定量的货币本质性地区别开来，资本的本质性特征就在于不断追求自我增殖的资本的逻辑。但是，资本的自我增殖运动一经开始，人类便迅速开始生活在资本的逻辑的统治之下了吗？事实上并非如此，从资本的自我增殖运动，到"人被抽象所统治"的社会现实，中间还是需要经历很多中介过渡环节的。资本的自我增殖并不构成问题，而只有当资本的自我增殖运动绑架了人类的日常生活，裹挟着人们随着资本的逻辑一同前进的时候，围绕着资本的各种社会问题才会显现出来。因此，资本的逻辑对人类社会的裹挟作用的发挥首先有赖于资本主义生产方式的发展，只有在劳动社会化之后，只有在劳动力成为商品进入市场参加商品流通之后，资本才具有对无酬劳动的支配力；只有当资本主义生产方式在人类社会取得统治性地位之后，从而物与物之间的关系掩盖了人与人之间的社会关系之后，资本才具有了交易一切、买卖一切、统治一切的能力。只有到了这个时候，资本的逻辑才能够裹挟着人类社会前进，这时，起作用的就不单单是资本的自我增殖运动了，更重要的是资本对人类社会的全方位的支配力，这就形成了一种资本权。正是这种资本权为资本提供了奴役人、控制人的力量，从而使人类屈从于资本的自我增殖运动。

而且，若抛开无孔不入的资本权，而单论资本本身的话，资本本身并非是一无是处的万恶之源。即便是马克思本人也在《共产党宣言》里首先承认了资本的积极作用，资本主义"好像从地底召唤出了无尽的生产力"。事实上，在特定的领域内，资本权所赖以存在的资本主义生产方式本身对于经济和社会的发展是有着巨大的推进作用的，正如桑德尔所指出的，我们所要警惕的是我们的社会由"有市场经济的社会"滑落为一个"市场社会"。"这里的区别在于：市场经济是组织生产活动的一种工具——一种有价值且高效的工具。市场社会是一种生活方式，其间，市场价值观渗透到了人类活动的各个方面。市场社会是一个社会关系按照市场规律加以改变的社会。"①市场原则及与之相伴的资本权在特定的领域内确实有很大价值，但一旦我们进入了市场社会中，由于市场的原则渗透到了人类社会的方方面面，因而资本权也就变得无孔不入，从而它就能够在人类社会的任何层面上将资本的逻辑强加到人们身上。因此，当我们在探索人类文明新形态的过程中试图与资本产生正面交锋的时候，我们应该意识到，实际上我们所面对的最现实的敌人是资本权，主要是资本与人类社会相交织所形成的无孔不入的资本权力网。

　　也正是由于我们所面对的敌人是资本权，才使得借鉴驯服统治权的策略成为可能。在驯服统治权的过程中，近代政治哲学家们所使用的主要是制度武器，及通过一套合理而有效的政治制度建构来实现对统治权的规训与合理规划，使统治权能够不与人类的幸福和自由相背离。如果我们所针对的理论敌人是资本的逻辑本身的话，那么我们究竟能否通过一套政治制度建构来打破资本的逻辑就成为一个难以解决的理论难题，一方面属政治领域的政治制度能否切中属经济领域的资本的逻辑本身就是成问题的，另一方面之所以资本的自我增殖的本性被冠以资本的逻辑的名称，乃是因为一当资本开始按照 G—W—G′ 的方式开始运动，

---

　　① ［美］桑德尔：《金钱不能买什么：金钱与公正的正面交锋》，邓正来译，中信出版社 2012 年版，第 XVIII 页。

它就开始了其自我增殖运动,这一运动是有着逻辑的必然性的,而逻辑的必然性就意味着它不是能够轻易地为人的主观意志所转移的。因此,我们究竟能否破除资本的逻辑的必然性本身也是一个难以解决的理论难题。但现在我们所面对的理论敌人是资本权,这就使得上述两个难题不再成为理论障碍:虽然资本属经济领域,但当其以资本权的方式表现出来的时候,政治制度就可以针对它有所作为了;虽然资本的自我增殖运动本身具有逻辑的必然性,但我们并不追求直接消灭资本的必然性逻辑,而是以资本权为目标,这就避免了以主观性反对必然性的难题。因此,借鉴驯服统治权的经验、策略来驯服资本权就成为可能。

与此同时,在与资本权的斗争过程中我们遇到了和与统治权斗争时所遇到的相同困境,这又使得驯服统治权成了唯一的可行出路。前文已经表明,统治权本身是不可取消的,贸然取消统治权非但不会为人类带来更好的生活,而是会损害人所享有的自然权利的。与此同时,试图退回到过去的思路也是行不通的,这决定了我们不能取消统治权、退回古代社会,而是驯服统治权。针对资本权,我们同样也要面对这些限制性条件。纵观当今人类社会,至少在可以遇见的未来,资本依然在很大程度上充当着推动人类社会前进发展的发动机,而资本权虽然使得资本能够奴役、统治人,但毫无疑问,资本权也赋予了资本这台发动机进行功率输出的能力。如果贸然取消资本权的话,那么资本将无法对人类社会产生任何实际作用,而只能依照自身的逻辑进行"空转"。这就相当于拆掉了人类社会发展尤其是经济发展的发动机,这势必会严重影响经济生活的正常运行,因此我们不能直接取消资本权。同样,针对资本权问题,我们也无法通过历史的倒退的方式解决问题,即便是以马克思所处的时代为参照点，今日的资本主义社会已经在很大程度上不同于马克思所处的产业资本主义时代的资本主义社会了，通过资本主义本身的自我调整，以及金融资本等新生事物的发展，许多工业革命时代的旧的社会问题已经不复存在了，而我们的时代又产生了很多前所未有的新的社会问题，如由金融资本的过度发展所引发的次贷危机，这与过去的资本主义社会所遭遇到的周期性的生产过剩危机在原理上也大不相同。因此，我们无法退回过去，而且即便退回过去，过去的经济、政治制度也无法解决今天所发生的问题。

我们所针对的理论敌人是资本权而非资本的逻辑，这表明在驯服统治权过程中所运用的制度武器对于解决今天的问题同样是有效的；资本并非十恶不赦，而是同时具有正负作用的，资本也有其文明面，这表明资本是能够被驯化、为人所用的；针对资本权，我们既不能将其取消，也无法退回过去。综合以上各点，驯服资本权就成了在超越资本的文明的路上我们所能采取的一种合适的处理方式，这一灵感是来源于近代政治哲学家们所采取的驯服统治权这一策略的。

第三节　驯服资本权的可能性道路

近代政治哲学家们的驯服统治权这一策略提示我们可以尝试采取驯服与限制的方式，而非消灭与取消的方式，来驯服资本权，同时我们也证明了驯服资本权在理论上是可取的，同时也是唯一可行的方式。那么，我们究竟能够以何种方式来驯服资本权呢？在这里，我们将尝试性地探讨驯服资本权的可行性道路。

首先，是实现利益一致的思路。在驯服统治权的过程中，斯宾诺莎提出了其民主制设想，他认为："若是每个个人把他的权力全部交付给国家，国家就有统御一切事物的天然之权，每个人必须服从，否则就要受到最严厉的处罚。这样的一个政体就是一个民主政体。民主政体的界说可以说是一个社会，这一社会行使其全部职能。"①在这个政体中，斯宾诺莎主张每个人都应让渡出其全部的自由行动之权，从而形成一个具有极大权力的政府，每个人都应完全听命于它。虽然这个政府有着极大的统治权，统治权意味着服从，但服从并不直接意味着不自由。斯宾诺莎指出，服从有两种方式：奴隶的方式和儿子的方式。奴隶不仅必须服从主人的命令，而且主人的命令是为了主人本身的利益的，因而奴隶是完全没有自由的；儿子必须服从父亲的命令，但父亲的命令是为了儿子的利益的，因此服从父亲的命令并不会使儿子成为奴隶，而会使其获益。由此可见，当人们必须服从统治者的命令的时候，如果统治者的命令是为了统治者自身的利益的话，那么服从这种命令的人就是奴隶，没有自由；"但在一个国家或一个王国中，最高的原则是全民的利益，不是统治者的利益，则服从最高统治之权并不使人变为奴隶于其无益，而是使他成为一个公民"②。也就是说，服从于统治权这种形式并不是造成不自由的根源，而是统治权本身的特点决定了服从统治权究竟是奴役还是自由。用巴利巴尔的话来说，"斯宾诺莎要说明的是一个强得多的

---

① ［荷］斯宾诺莎：《神学政治论》，温锡增译，商务印书馆1963年版，第219页。
② ［荷］斯宾诺莎：《神学政治论》，温锡增译，商务印书馆1963年版，第220页。

论点：国家主权和个人自由不必分离，实际上也并不抵触，因为二者就不存在于矛盾之中"①。因此，这种驯服统治权的思路的核心就在于实现统治权与人民利益的一致，而实现这种一致的方式就是通过民主制，保障每一个人的思想自由之权和自由表达之权，因此公民可以在行为上不触犯法律的前提下充分表达自己的意愿，使统治权充分吸纳民意，从而在统治者的命令中体现公众的利益。"实际存在的最高权力证明是一个集体生产的持续过程，个体的力量在这个过程中'被转化为'公共的力量，而意识形态上的摇摆不定也通过这个过程得到平息。"②

这种思路在驯服资本权的尝试中就表现为通过一套合理的制度来限制资本权，从而使经济发展不再单纯为资本的自我增殖本性服务，而是与人们的利益相一致。而要想实现资本的利益和人们的利益相一致，那么就必须采取双管齐下的措施。其一，极大地限制资本权；其二，在目的领域彰显属人的终极价值关怀而非彰显资本本身的目的性。

前一条道路最终导向一条"划界"的思路，即对资本权加以严格的限制，划定资本权所能够行使的范围，从而使其不再具有对人类社会的全面的、无孔不入的统治权。这一过程事实上与康德为理性划界的过程有着某种相似性，虽然资本的逻辑激发了人们最原始的渴望，即增殖的欲望，但资本权本身是理性的。事实上，正如韦伯在《新教伦理与资本主义精神》中所指出的，理性化是西方社会的首要特点，资本主义也是如

① ［法］艾蒂安·巴利巴尔：《斯宾诺莎与政治》，赵文译，西北大学出版社2015年版，第44—45页。

② ［法］艾蒂安·巴利巴尔：《斯宾诺莎与政治》，赵文译，西北大学出版社2015年版，第50页。

此，"无止境的营利欲并不等同于资本主义，更加不是其'精神'所在。反之，资本主义恰倒可以等同于此种非理性冲动的抑制，或至少是加以理性的调节"①。在这一点上，赫希曼的观点与韦伯类似。在赫希曼看来，前资本主义社会是一个欲望肆意扩展的时代，而这正是充斥于前资本主义社会中的野蛮性的根源所在。针对欲望，人类曾设想出三种解决思路，"一是压制和约束欲望，以加尔文和霍布斯为代表，认为国家在必要时可以通过暴力手段来阻止欲望的最坏表现形式和最危险后果的出现。二是驯化和利用欲望，这是 19 世纪自由主义的主要思想，认为国家或社会不仅是一个压制欲望的堡垒，而且是改革者以及教化的工具"②。而资本主义选择了第三条道路，即制衡欲望，因为在实践中前两条道路都被证明是行不通的。资本主义所选取的用以制衡欲望的工具就是利益，因为利益从根本上来说也源自欲望，但同时这种欲望是符合理性的，这就实现了欲望与理性的合流。因此，驯服统治权，不是规训欲望，而是规训理性，在这一领域我们是有经验的。

后一条道路则涉及一个更为深层的问题，在资本权的统治之下，人类社会不仅在运行方式上遵循着资本的逻辑，不断追求着资本的增殖，而且在更深的价值领域里，人类的终极价值也遭到了资本的侵扰。从根本上来讲，人类对终极价值的追求是根源于人类的形而上的本性的，而货币、资本等则只是为实现人的终极价值而服务的手段。例如在阿奎那

① ［德］马克斯·韦伯：《新教伦理与资本主义精神》，康乐、简惠美译，广西师范大学出版社 2010 年版，第 4 页。
② 胡德平：《资本主义起源的文化解释：一种心理—观念史的路径——评艾伯特·奥·赫希曼的〈欲望与利益——资本主义走向胜利前的政治争论〉》，《国外理论动态》2014 年第 3 期。

看来，获利这一目的本身虽然称不上神圣，但仅仅就获利本身而言，我们也不能称这一目的本身天生就是邪恶的，例如当人通过获利而养家糊口甚至通过获利接济穷人的时候，获利就成为一种好的行为。因此，商业行为实际上只是手段，当它服务于善的目的的时候它就同样是善的，而当它不服务于善的目的的时候它就是罪恶的。但在资本主义时代，在资本权的笼罩之下，资本——曾经的实现终极目的的手段——僭越了终极目的的位置从而将自己设定为人类社会的终极目的。而这就导致了人们不再以终极之善为生活的最高追求，而是以资本的逻辑，以获利为生活的最高追求了。因此，要想真正实现驯服资本权，就不能仅仅限制资本权的范围，而且要通过切实可行的方式弘扬属人的价值——终极之善，从而重新确立其在价值领域的终极地位，将资本重新确立为使人获得幸福的手段，而不是幸福本身。在这一过程中，我们也可以诉诸相应的制度手段，引导资本权为人本身服务，从而协助完成价值观念的转变。

第十四章　驯服资本逻辑的观念

在马克思看来，现代社会的秘密聚焦于"资本"。马克思通过"资本"概念不仅洞察了现代资本主义社会的本质，也为未来人类社会的文明形态指明了方向。"资本"成了马克思思想中最为核心的"概念"。在坚持马克思关于"资本"概念基本内涵的基础上，使"资本"概念在现代性的语境中获得时代性的内涵，并以此为基础推进马克思所开创的政治经济学以及历史唯物主义，这已经成为当代马克思主义研究中最为重要的理论课题之一。早在改革开放之初，邓小平在评价党的十二届三中全会通过的《中共中央关于经济体制改革的决定》时，将其称为"马克思主义基本原理和中国社会主义实践相结合的政治经济学"①。2015 年，习近平正式提出了"中国特色社会主义政治经济学"的概念，并指出："要深入研究世界经济和我国经济面临的新情况新问题，为马克思主义政治经济学创新发展贡献中国智慧。""资本"概念在马克思主义思想中所具有的基础性地位不言而喻。本章在梳理马克思经典文本并结合当代中国社会主义伟大实践的基础上，分析和探讨关于"资本"的四个基本观念，试图在"理论原点"的意义上创生马克思主义政治经济学及其历史唯物主义。

关于"资本"的四个观念包括：资本积极作用的观念、驯服资本的观念、公有资本的观念以及后资本主义社会的观念。这四个观念并非外在的简单罗列，而是一个系统的逻辑整体，它是对未来人类社会发展道路的尝试性探索。这一探索将遵循三个基本原则：第一，坚持马克思对"资本"概念基本内涵的判定；第二，立足于当代西方资本主义社会发展的最新现状；第三，结合当代中国社会主义建设的伟大实践。

第一节　资本积极作用的观念

"资本"概念之所以能够成为我们创生马克思主义的理论原点，是因为"资本"概念是马克思切入现代社会的突破口，马克思关于整个资本主义社会的分析和批判都奠基于对"资本"概念的理解。马克思首先批评了

---

① 中共中央文献研究室：《邓小平思想年编(1975—1997)》，中央文献出版社 2011年版，第 516 页。

古典政治经济学尤其是亚当·斯密对"资本"的理解。亚当·斯密把资本理解为"储蓄起来的财富",马克思指出这是一种对资本的"物质化"理解。按照亚当·斯密的观点,人们所拥有的一切财富都可以被看成是资本。而实际上,这些财富只是"资源"而不是"资本"。从马克思的立场来看,财富只有被用来进行投资,在市场上购买劳动力这种特殊的商品,并产生增殖的时候才是资本。因此,货币转化为资本的条件就是发生增殖。如果仅仅把资本理解为物,就会掩盖资本主义社会条件下人与人之间关系的真实处境。在《资本论》中,马克思强调货币转化为资本有一个前提,就是能够在市场上购买到劳动力这一特殊的商品。"劳动力成为商品"意味着一种新型的生产关系——雇佣劳动关系的产生。正是在这个意义上,马克思在《资本论》中明确指出:"资本不是一种物,而是一种以物为中介的人和人之间的社会关系。"①由于资本的存在,资本主义社会中的生产关系——雇佣劳动关系得以形成,这一关系最终被马克思明确为资本家和工人之间的对抗性关系。

在马克思对资本主义社会的批判中,"资本"扮演着一个并不光彩的角色。马克思认为资本产生了巨大的负面效应,"它使人和人之间除了赤裸裸的利害关系,除了冷酷无情的'现金交易',就再也没有任何别的联系了"②。尤其是当马克思把资本理解为一种生产关系的时候,马克思揭示出了资本家对工人所创造的剩余价值的残酷剥削。马克思在考察资本起源的时候,更是充满了对资本的控诉和讨伐。马克思说:"资本

---

① 《马克思恩格斯文集》,第 5 卷,人民出版社 2009 年版,第 877—878 页。
② 《马克思恩格斯文集》,第 2 卷,人民出版社 2009 年版,第 34 页。

来到世间，从头到脚，每个毛孔都滴着血和肮脏的东西。"①在资本主义社会中，资本家只是资本的人格化，资本家对工人的剥削只是资本增殖的现实化或具象化，或者说是资本增殖本性的展现。由于资本这种增殖本性，马克思在《资本论》中把"资本"比喻成"吸血鬼"。马克思指出："作为资本家，他只是人格化的资本。他的灵魂就是资本的灵魂。而资本只有一种生活本能，这就是增殖自身，创造剩余价值，用自己的不变部分即生产资料吮吸尽可能多的剩余劳动。资本是死劳动，它像吸血鬼一样，只有吮吸活劳动才有生命，吮吸的活劳动越多，它的生命就越旺盛。"②资本作为"吸血鬼"，是对工人的剩余劳动所创造的剩余价值的吮吸，是对工人的剥削和压榨。马克思所有这些关于资本的论述，向我们传递出这样一个信息：如果说资本主义充斥着罪恶和奴役，那么"资本"就是万恶之源。这使得我们对"资本"持一种完全消极的、单向度的理解模式。

尽管马克思对资本进行了激烈批判，但这并不意味着资本一无是处，更不意味着马克思对资本的理解完全是消极的。事实上，马克思在其著作中对资本以及资本主义社会的评价是双向度的，而不是单向度的。在《共产党宣言》中，马克思对资本主义的赞扬丝毫不逊色于任何一位捍卫资本主义的资产阶级学者。马克思指出："资产阶级在它的不到一百年的阶级统治中所创造的生产力，比过去一切世代创造的全部生产力还要多，还要大。自然力的征服，机器的采用，化学在工业和农业

① 《马克思恩格斯文集》，第 5 卷，人民出版社 2009 年版，第 871 页。
② 《马克思恩格斯文集》，第 5 卷，人民出版社 2009 年版，第 269 页。

中的应用，轮船的行驶，铁路的通行，电报的使用，整个整个大陆的开垦，河川的通航，仿佛用法术从地下呼唤出来的大量人口——过去哪一个世纪料想到在社会劳动里蕴藏有这样的生产力呢？"①马克思用饱含激情的语言赞扬资本主义生产方式所带来的高速发展的生产力，资本主义的文明作用及其对人类世界的开拓是以往任何一种社会制度和生产方式所无法望其项背的。

即使在强烈批判资本主义社会的著作《资本论》中，马克思对资本的理解也是双向度的。在《资本论》中，马克思把资本的正面效应称之为"资本的文明面"，并且高度地评价了资本的这种积极作用。马克思指出："资本的文明面之一是，它榨取这种剩余劳动的方式和条件，同以前的奴隶制、农奴制等形式相比，都更有利于生产力的发展，有利于社会关系的发展，有利于更高级的新形态的各种要素的创造。"②在此，我们列举诸多马克思关于资本正面效应或积极作用的评价，并不想否认资本以及资本主义生产方式所带来的负面效应或消极作用，而只是想说明马克思对资本以及资本主义社会的理解是双向度的，而不是单向度的。资本对于人类社会的发展既具有正面效应，也具有负面效应；既具有积极作用，也具有消极作用。对资本进行双向度的理解，不仅符合马克思本人对资本的认识和判断，也符合人类社会发展的现实情况。

那么，资本主义社会为什么能够创造出或者释放出如此巨大的创造力和生产力？我们当然可以归因于现代科学技术的发展，但是这一理由

---

① 《马克思恩格斯文集》，第 2 卷，人民出版社 2009 年版，第 36 页。
② 《马克思恩格斯文集》，第 7 卷，人民出版社 2009 年版，第 927—928 页。

并不根本，也不充分。说其不根本，是因为我们还应该继续追问究竟是什么推动了科学技术的发展；说其不充分，是因为我们还应该探究什么促使科学技术转化为生产力。答案只有一个，那就是"资本"的力量。吉登斯在谈到马克思《资本论》的目的时候曾经指出：《资本论》的首要兴趣就是揭示"资产阶级社会的动力学"。吉登斯是一位社会学家，他当然是站在社会发展的立场上来解读马克思《资本论》的。在他看来，马克思的《资本论》最为重要的理论价值就在于为我们揭示现代社会发展的原动力——"资本"。吉登斯认为，资本主义社会是一种"扩张性的体制"，"其基本动力来源于对利润的无止境的追求"。① 现代社会之所以获得如此迅猛的发展，之所以能够召唤出无数的生产力，原因就在于资本的扩张本性。资本的自我扩张，就是资本的自身增殖，就是资本对利润的无止境的追求，它构成了资本主义社会发展的原动力。"资本只有一种生活本能，这就是增殖自身，创造剩余价值，用自己的不变部分即生产资料吮吸尽可能多的剩余劳动。"②资本的增殖本性使得整个资本主义社会成为一种扩张性体制，这种扩张性体制为人类社会带来了前所未有的高速发展。资本或市场是人类社会迄今为止最为有效的资源配置手段，也是现代社会生产力发展的动力之源，这就是资本的积极作用。

　　虽然马克思对资本持双向度的理解，但是在其对资本主义社会的批判和对未来人类文明形态的探讨中却是以资本的单向度理解为出发点的。正因为马克思以资本的负面效应为出发点，马克思最终走上了一条

----

① 参见［英］吉登斯：《资本主义与现代社会理论——对马克思、涂尔干和韦伯著作的分析》，郭忠华、潘华凌译，上海译文出版社 2013 年版，第 70 页。

② 《马克思恩格斯文集》，第 5 卷，人民出版社 2009 年版，第 269 页。

彻底扬弃资本的道路。从历史发展的视角来看，马克思选择这条道路具有充分的时代合理性。我们知道，马克思所生活的时代是 19 世纪工业资本主义时期。从马克思和恩格斯的著作以及同时代的狄更斯等人的文学作品中，我们可以看到以工人阶级为代表的社会底层生活十分艰难。他们从事着繁重的劳动，却仅能获得微薄的工资。马克思由此激烈地批判资本以及资本主义社会是可以理解的。但是，20 世纪中叶以来，西方资本主义社会在获得高速经济发展的同时，也开始注意缓和阶级矛盾，着力解决社会两极分化问题。尤其是北欧社会的福利国家的建设目标，似乎让我们觉得资本也有可能为人民的福祉服务。立足于当代西方资本主义社会发展的这些最新现状，我们能否从资本的积极作用出发去重新思考人类社会的未来发展道路呢？

第二节　公共性资本的观念

在特定的社会历史条件下，中国社会主义选择了市场经济，党的十四届三中全会通过的《关于建立社会主义市场经济体制若干问题的决定》正式认可了社会主义条件下仍然可以存在资本关系。而党的十五大则创造性地提出了"公有资本"的概念，意味着在资本主义的资本关系之后，又一种崭新的资本关系形态的诞生。按照正式的表述，"公有资本是体现社会主义公有制性质的资本。在我国主要包括国有资本、集体资本，以及由国有资本、集体资本控股的企业法人资本和事业法人资本。另外，主要由国有单位、集体单位和劳动者出资形成的基金会资金，如果用于投资，也应属于公有资本"①。

国家政权支配资本逻辑，国家政权以生存逻辑为导向，这样能够更好地保障民生，更好地引导和驾驭资本。除行政权力之外，国有资本应该在驾驭和引导社会资本方面发挥积极的作用，国有资本不应该以资本的逻辑及利润最大化为导向，而应该保障生存逻辑，引导整个社会的资本服务于民生。因此，关键的问题，一言以蔽之，就是"社会主义对资本力量"的问题。从总体上说，只有当社会主义力量足够强大，能够引导、利用、驾驭、制约资本的力量，才有可能保持和发展我国的社会主义制度，才能建立起真正的社会主义市场经济。反过来说，当社会主义力量无法引导与驾驭资本力量，资本力量就会成为全社会的主宰力量。邓小平指出："多搞点'三资'企业，不要怕。只要我们头脑清醒，就不怕。我们有优势，有国营大中型企业，有乡镇企业，更重要的是政权在我们手里。有的人认为，多一份外资，就多一分资本主义，'三资'企业多了，就是资本主义的东西多了，就是发展了资本主义。这些人连基本常识都没有。"②如果说邓小平关于"计划和市场"的论述为我们破除了关于"资本"的教条观念的话，那么这段话为我们指出了驾驭资本的道路："有国营大中型企业，有乡镇企业，更重要的是政权在我们手里。"这句话我们可以看出驾驭资本的两条道路：国有资本和国家政权。国家政权通过行政权力和国有资本去调控和引导资本。改革开放以来，我国致力于建设中国特色社会主义市场经济，标志着社会主义结束了对资本力量

①　杨天赐主编：《党的"十五大"报告经济词语解释》，中国财政经济出版社 1997 年版，第 130 页。

②　《邓小平文选》，第三卷，人民出版社 1993 年版，第 372—373 页。

的恐惧与敌对的态度，而代之以充满自信的主人翁态度，资本只是我们利用的手段，而不是我们信奉的主义，可以将资本力量纳入社会主义轨道，为社会主义建设服务。

国家政权通过行政权力和国有资本去调控和引导资本，这也就是我们通常所说的宏观调控。党的十七大报告指出："要深化对社会主义市场经济规律的认识，从制度上更好发挥市场在资源配置中的基础性作用，形成有利于科学发展的宏观调控体系。"完善国家规划体系。发挥国家发展规划、计划、产业政策在宏观调控中的导向作用，综合运用财政、货币政策，提高宏观调控水平。"中国特色的社会主义市场经济的特色和其社会主义性质就在于通过国有资产资本化为"国有资本"，引导、吸收和控制全社会的资本来实现社会的公平和正义，保障民生，实现共同富裕。

因此，如果从三种逻辑的视角看待社会主义力量对资本的驾驭，就是秩序逻辑与生存逻辑相结合，去引导资本的逻辑。而所有问题的关键在于政权的性质，政权的性质取决于执政党即中国共产党的本性。

第三节　后资本主义社会的观念

现代人无法采用，至少短时期内无法采用马克思的消灭资本的解决方式，采用了这种解决方式，也就意味着我们放弃了资本的正面作用，放弃了经济发展的原动力，而这是现代社会所无法接受的。我们不可否认，在前资本主义社会也存在着资本和市场，"有市场"的社会并不等同于"市场社会"。因此，有市场、有资本并不意味着有资本主义。"市场远在资本主义之前就存在，因而人们完全可以这样设计后资本主义时代：不必废除市场，而是要对它进行规范、限制，使之社会主义化。"①寻求资本的界限，实质上就是在探寻如何对资本和市场进行规范和限制，这也符合建设中国特色社会主义市场经济的基本思路。

马克思与传统乌托邦式的思想家有着根本的不同，马克思从来不热衷于对未来社会的描述和建构。正如伊格尔顿所指出的，"马克思对那个没有痛苦、死亡、损坏、失败、崩溃、冲突、悲剧甚至劳动的未来根本不感兴趣。事实上，他根本不关心未来会怎样。众所周知，马克思根本无法描绘出社会主义社会或者共产主义社会究竟是什么样子"②。熊彼特曾经指认马克思是一个"先知"。即使马克思是一位先知，也不是作为预言家的先知。"《圣经》中的先知也从来没有试图预知未来。恰恰相反，先知的伟大之处在于他们谴责现世的贪婪、腐败和权力欲，并向我们发出警告：如果不能做出改变，人类将根本没有未来。马克思正是这样的一位先知，而不是什么预言家。"③实际上，马克思对预言未来充满了警惕，他一直试图避免把共产主义变成教条的抽象概念。马克思说："我不主张我们树起任何教条主义的旗帜，而是相反。我们应当设法帮助教条主义者认清他们自己的原理。例如共产主义就尤其是一种教条的

---

① ［法］米歇尔·于松：《资本主义十讲》，潘革平译，社会科学文献出版社2013年版，第4页。
② ［英］伊格尔顿：《马克思为什么是对的》，李杨、任文科、郑义译，新星出版社2011年版，第69页。
③ ［英］伊格尔顿：《马克思为什么是对的》，李杨、任文科、郑义译，新星出版社2011年版，第71页。

抽象概念。"①正是在此意义上，马克思批判了当时流行的各种类型的社会主义或共产主义学说。与这些"想象"的和"现实"的共产主义对共产主义的描述和实践不同，马克思更愿意在"人性"的意义上去理解共产主义。马克思指出："共产主义是私有财产即人的自我异化的积极的扬弃，因而是通过人并且为了人而对人的本质的真正占有；因此，它是人向自身、向社会的即合乎人性的人的复归，这种复归是完全的，自觉的和在以往发展的全部财富的范围内生成的。"②马克思把共产主义看作人对人的本质的真正占有，是向合乎人性的人的复归。而这一运动过程是需要通过私有财产的扬弃来实现的。

因此，在马克思的语境中，共产主义的制度建构从来都没有一种现成的方案，它是在批判旧世界中发现新世界。换言之，马克思的共产主义是与资本主义批判联系在一起的。这样，马克思的共产主义研究就转化为对资本主义的批判。对于资本主义的发展变化的分析，才是马克思的真正遗产和他的研究工作的旨趣所在。但是，这并不意味着马克思对共产主义漠不关心，而是因为马克思对共产主义的理解不是从与资本主义相割裂的角度去阐释，而是与资本主义相联系的角度去理解的。实际上，马克思对资本主义的研究，在某种意义上就是对共产主义的研究。"去理解共产主义，不是去把它当作本质上与资本主义分离开的东西而同资本主义相对照。去理解共产主义就是去理解资本主义本身，因为资本主义的动态变迁或演化包含着共产主义的出现。"③一种真正艰难的未

---

① 《马克思恩格斯文集》，第 10 卷，人民出版社 2009 年版，第 7 页。

② 马克思：《1844 年经济学哲学手稿》，人民出版社 2000 年版，第 81 页。

③ ［美］詹姆斯·劳洛：《马克思主义哲学和共产主义》，见欧阳康主编：《当代英美哲学地图》，人民出版社 2005 年版，第 644 页。

来局面不是对现在的单纯延续，也不是与现在的彻底决裂。真正的未来是在对现在的批判中展现的。马克思指出："实际上，而且对实践的唯物主义者即共产主义者来说，全部问题都在于使现存世界革命化，实际地反对并改变现存的事物。"①对于共产主义的理解首先在于对资本主义的批判。正是在"使现存世界革命化"，"实际地反对并改变现存的事物"的过程中，亦即在资本主义批判中，发现共产主义。

因此，共产主义不仅仅是一种未来的社会制度，更重要的是它是一种共产主义运动。在《德意志意识形态》中，马克思非常明确地表明了对共产主义的这一理解："共产主义对我们来说不是应当确立的状况，不是现实应当与之相适应的理想。我们所称为共产主义的是那种消灭现存状况的现实的运动。"②这一现实的共产主义运动，在理论的意义上，共产主义是人向人的本性复归的运动，是一切历史之谜的解答；在实践的意义上，共产主义是扬弃私有财产的运动，是资本主义批判。

罗尔斯把马克思的社会理想定义为"作为自由生产者联合的社会"，这和马克思将共产主义社会称为"自由人的联合体"是一致的。罗尔斯认为，马克思"生产者自由联合的社会"由两个阶段组成：社会主义的阶段和完全共产主义的阶段。罗尔斯着重分析了"完全共产主义阶段"。《德意志意识形态》中描述了这种社会状态："在共产主义社会里，任何人都没有特殊的活动范围，而是都可以在任何部门内发展，社会调节着整个生产，因而使我有可能随自己的兴趣今天干这事，明天干那事，上午打

---

① 《马克思恩格斯文集》，第 1 卷，人民出版社 2009 年版，第 527 页。
② 《马克思恩格斯文集》，第 1 卷，人民出版社 2009 年版，第 539 页。

猎，下午捕鱼，傍晚从事畜牧，晚饭后从事批判，这样就不会使我老是一个猎人、渔夫、牧人或批判者。"①这些论述是想表明共产主义社会条件下人的生存状况：社会中的成员作为自由人消除了自己生存的异化状态，能够实现自己的全面发展和自由个性。

在有关资本的四个观念中，第一个观念——资本积极作用的观念是基础。对资本不再做单向度的理解，认为资本只具有消极作用或负面效应，而主张对资本进行双向度的理解，认为资本既具有积极作用，又具有消极作用。正是在对资本进行双向度理解的基础上，我们可以寻找一条新的社会发展路。第二个观念——驯服资本的观念是思路。驯服资本就是规避资本的消极作用，发挥资本的积极作用。第三个观念——公有资本的观念是方法。我们可以通过公有资本的逻辑做到驯服资本，让资本为人民大众服务。第四个观念——后资本主义社会的观念是目的。后资本主义社会不一定就是瓦解资本的社会，也有可能是一个拥有资本的社会，但是是使资本社会主义化的社会，是一个驯服了资本的社会。因此，有关资本的四个观念构成了一个完整的概念逻辑系统，究其实质而言是对人类社会未来发展道路的尝试性探索。

---

① 《马克思恩格斯文集》，第 1 卷，人民出版社 2009 年版，第 537 页。

第十五章 超越资本的文明何以可能

改革开放以来，中国经济持续高速增长，GDP总量跃居世界第二，综合国力迅速增强，国际影响力日益扩大，人民生活水平得到大幅度提升。但是，经济突然的大规模且持续增长并不必然伴随着现代性转型的完成，恰恰相反，它反而可能会加速地暴露当代中国更多的社会问题，尤其是各种体制弊端。

第一节 作为现代性的资本主义

现代性并不是一个空洞的、普遍的抽象，而是一个活生生的当下。相对于传统而言，现代性是一个断裂，现代性标志着我们时代独特的历史特征。对现代世界的本质性考察是探讨当代中国道路的前提性条件。

在历史唯物主义看来，现代世界的历史本质是资本主义的性质。大工业是中世纪以来继工场手工业、商业之后私有制发展的第三个时期的动力。大工业采用机器生产以及实行最广泛的分工。大工业使竞争普遍化，创造了交通工具和现代的世界市场，控制了商业，把所有的资本都变为工业资本，从而使流通加速，货币制度得到迅猛发展，资本高度集中。因此，"它首次开创了世界历史，因为它使每个文明国家以及这些国家中的每一个人的需要的满足都依赖于整个世界，因为它消灭了各国以往自然形成的闭关自守的状态"①。资本主义具有世界历史的意义，现代世界是一个世界历史性的事实。"历史向世界历史的转变，不是'自我意识'、世界精神或者某个形而上学幽灵的某种纯粹的抽象行动，而是完全物质的、可以通过经验证明的行动，每一个过着实际生活的、需要吃、喝、穿的个人都可以证明这种行动。"②世界历史的进程已经毋庸置疑，因为我们每天都生活在资本全球化这样的现实当中。

可见，资本主义使现代世界进入了世界历史，现代世界的本质就是资本主义。沃勒斯坦指出："我们并非生活在一个现代化的世界，而是在一个资本主义的世界。"③詹姆逊也明确声称："我相信现代性惟一令人满意的语义学意义在于它与资本主义的联系。"④如果我们把现代世界的本质定义为资本主义，问题就转换为对资本主义的理解。马克思与传

---

① 《马克思恩格斯文集》，第 1 卷，人民出版社 2009 年版，第 566 页。
② 《马克思恩格斯文集》，第 1 卷，人民出版社 2009 年版，第 541 页。
③ 《沃勒斯坦精粹》，黄光耀、洪霞译，南京大学出版社 2003 年版，第 137 页。
④ ［美］詹姆逊：《单一的现代性》，王逢振、王丽亚译，天津人民出版社 2005 年版，第 24 页。

统思想家的根本区别正在于此。传统思想家"作为资产阶级的代言人，他们把历史的曲折发展单纯地归结为他们梦想加以消灭的宗教迫害和封建专制。他们认为，一旦实现了以上的梦想，社会秩序和政治秩序将永远合乎理性地建立起来；在这个条件下，进步将得到保障，一切都取决于个人的努力。同所有新兴的阶级一样，资产阶级把自己的胜利看作是历史的终结"①。正是在这一基本判定的前提下，西方思想家们进一步认为，资本主义所构成的现代世界是基督教伦理道德的世俗化，是基督教天国在尘世的实现，是人类历史的终结。与此相反，马克思揭示了资本主义社会种种罪恶的现实。在《神圣家族》中，马克思指出，施里加"看不到，工业和商业正在建立另一种包罗万象的王国，根本不同于基督教和道德、家庭幸福和小市民福利所建立的包罗万象的王国"②。可见，在马克思看来，资本主义是工业和商业所建立的一种包罗万象的王国，而不是基督教和道德、家庭幸福和小市民福利所建立的包罗万象的王国。

正因如此，海德格尔不无赞赏地指出，马克思的历史唯物主义深入到"历史的本质性的一度"中去了。在海德格尔看来，马克思懂得我们时代的两重独特的事实：经济发展及其背后的逻辑架构。资本的逻辑对现代世界的控制是马克思对我们这个时代的现代性诊断。"现代哲学和资本主义之间的关系相当于古代哲学和希腊的关系：一个绝对的内在性平面与一个同样依内在性行事的相对的社会环境之间的关系。"③割断现代

---

① ［法］乔治·勒费弗尔：《法国革命史》，顾良、孟湄、张慧君译，商务印书馆 2010 年版，第 64 页。

② 《马克思恩格斯全集》，第 2 卷，人民出版社 1957 年版，第 88 页。

③ ［法］吉尔·德勒兹、菲力克斯·迦塔利：《什么是哲学？》，张祖建译，湖南文艺出版社 2007 年版，第 339 页

哲学与资本主义之间的关联性，也就无法将其称为“现代”哲学了。任何一种忽视现代世界资本主义本质特征的现代性解决方案，都不免会堕入一种抽象的现代社会救赎当中。

在资本全球化的今天，资本的逻辑已经成为我们无可争议的生存处境。马克思的历史唯物主义揭露了现代社会发展的秘密：资本逻辑及其所导致的资本之链。在现代社会中，劳动力占有者把劳动力当作商品出卖，货币转化为资本，必然产生资本增殖的逻辑，资本逻辑在社会中必然引发商品、货币和资本三大拜物教。资本无限增殖的本性产生了资本主义社会本身无法克服的基本矛盾：生产社会化与资本主义生产资料私有制之间的矛盾。这一矛盾最终必将导致现代社会的终结。马克思所揭示的资本之链告诉我们：以资本增殖的逻辑为架构的资本主义社会必将灭亡。因此，现代社会如果想实现自我救赎，必须斩断马克思所揭示的资本之链。我们把斩断资本之链的做法，称为驯服资本的逻辑。

在《共产党宣言》中，马克思指出：“资产阶级的生产关系和交换关系，资产阶级的所有制关系，这个曾经仿佛用法术创造了如此庞大的生产资料和交换手段的现代资产阶级社会，现在像一个魔法师一样不能再支配自己用法术呼唤出来的魔鬼了。”①资本主义社会已经无力驯服和驾驭“资本”这一“魔鬼”。吉登斯也曾明确地把驯服资本为标志的现代社会称为“驾驭猛兽”。吉登斯追问道：“我们，作为整体的人类，究竟在什么程度上能够驾驭那头猛兽？或者至少，能够引导它，从而降低现代性

---

① 《马克思恩格斯文集》，第 2 卷，人民出版社 2009 年版，第 37 页。

的危险并增大它所能给予我们的机会？现在我们怎么会生活在一个如此失去了控制的世界上，它几乎与启蒙思想家们的期望南辕北辙？"①无论是马克思的驾驭或支配"魔鬼"，还是吉登斯的"驾驭猛兽"，都向我们表明，"驯服资本"的问题已经成为现代社会所面临的最尖锐的生死攸关的问题。

这一问题在现代中国尤为突出。我国建立中国特色社会主义市场经济体制，引入市场或资本这一现代社会最有效的资源配置方式和扩大再生产的手段，就不可避免地要面对资本逻辑的支配力量以及其所带来的种种后果。在利用、彰显和建构资本增殖的逻辑，达到推进国民财富的增长和提高人民生活水平的目的的同时，要制约、驾驭和驯服资本增殖的逻辑，实现财富的合理分配和社会的公平正义，让资本为民生服务。驯服资本的问题已经成为当代中国的现实问题和理论问题，一言以蔽之，就是"社会主义对资本力量"的问题。从总体上说，只有当社会主义力量足够强大，能够引导、利用、驾驭、制约资本力量，才有可能斩断马克思所揭示的"资本之链"，才有可能保持和发展我国的社会主义制度，才能建立起真正的社会主义市场经济。反过来说，当社会主义力量无法引导与驾驭资本力量时，资本力量反过来就会成为全社会的主宰力量。

简而言之，所谓"驯服资本"就是要发挥资本的正面作用，规避资本所带来的负面效应。驯服资本的可能性和必要性就在于资本所具有的这

---

① ［英］安东尼·吉登斯：《现代性的后果》，田禾译，译林出版社 2000 年版，第 133 页。

种二重性特征。如果对资本进行一种单向度的负面理解，那么唯一的解决方法就只有消灭资本。马克思从来都没有对资本进行绝对的否定性理解，马克思对资本的理解是双向度的。换言之，马克思揭示了资本的双重本性及其双重作用。在《资本论》中，马克思把资本的正面效应称之为"资本的文明"，并且高度地评价了资本的这种积极作用。马克思指出："资本的文明面之一是，它榨取这种剩余劳动的方式和条件，同以前的奴隶制、农奴制等形式相比，都更有利于生产力的发展，有利于社会关系的发展，有利于更高级的新形态的各种要素的创造。"[①]在《共产党宣言》中，马克思对资本主义的赞赏毫不逊色于任何一位捍卫资本主义的学者。马克思指出："资产阶级在它的不到一百年的阶级统治中所创造的生产力，比过去一切世代创造的全部生产力还要多，还要大。自然力的征服，机器的采用，化学在工业和农业中的应用，轮船的行驶，铁路的通行，电报的使用，整个整个大陆的开垦，河川的通航，仿佛用法术从地下呼唤出来的大量人口——过去哪一个世纪料想到在社会劳动里蕴藏有这样的生产力呢？"[②]显而易见，资本主义的文明作用及其对人类世界的开拓是以往任何一种社会制度和生产方式所无法望其项背的。但是，同时资本也产生了巨大的负面效应："它使人和人之间除了赤裸裸的利害关系，除了冷酷无情的'现金交易'，就再也没有任何别的联系了。它把宗教虔诚、骑士热忱、小市民伤感这些情感的神圣发作，淹没在利己主义打算的冰水之中。它把人的尊严变成了交换价值，用一种没

---

① 《马克思恩格斯文集》，第 7 卷，人民出版社 2009 年版，第 927—928 页。
② 《马克思恩格斯文集》，第 2 卷，人民出版社 2009 年版，第 36 页。

有良心的贸易自由代替了无数特许的和自力挣得的自由。总而言之，它用公开的、无耻的、直接的、露骨的剥削代替了由宗教幻想和政治幻想掩盖着的剥削。"①在马克思看来，资本主义社会使人的本质的异化，人与人之间的冲突和对抗达到了人类历史发展的极致。

马克思对资本二重性的揭示决定了我们对待资本的态度完全可以采取"驯服资本"而非"消灭资本"的策略。站在马克思主义的立场上，资本主义是没有办法或无力驯服资本这一"魔鬼"的，驯服资本只有在社会主义制度的前提下才能完成。中国特色的社会主义的一项重要任务就是"驯服资本"，这是解决问题的关键所在。现代的世界是资本主义的世界，现代性的文明就是资本的文明。因此，"驯服资本"的道路就是一条超越"资本的文明"的道路。

第二节　"驯服资本"的精神建制

超越"资本的文明"，驯服资本必须从两个层面对资本进行规范和制约：一是精神伦理层面，二是社会制度层面。这两个层面的建构是当代中国所必须解决的问题。

如果我们审视当代资本主义的发展，就会发现资本主义出现在西方尤其是西欧绝非偶然。在某种意义上讲，资本主义只不过是西方基督教世界的世俗化。资本主义自由、平等、博爱等精神都来源于基督教。但

———————

① 《马克思恩格斯文集》，第 2 卷，人民出版社 2009 年版，第 34 页。

有的思想家，如赫斯做了相反的解释。他认为作为资本主义世界的小商人社会只不过是基督教功利主义或利己主义思想的世俗化。但无论如何，资本主义和基督教之间存在着本质性的内在关联。当马克斯·韦伯指出新教伦理与现代资本主义精神的内在联系时，他确实颇有识见地提示了欧洲资本主义得以形成和发展的这一重要的精神-文化支撑——新教伦理。韦伯指出："教派成员身份意味着一种关于个体的道德资格，尤其是其商业道德的凭证。"①也就是说，在资本主义社会中，市场经济的合法性主体应当是"教派成员"，否则就不具备道德的可信度。韦伯比较了传统意义上行会成员和教会成员。某个行会成员获得资本主义意义上的成功将会削弱行会的精神。而如果某个教派成员合法地获得了资本主义意义上的成功，那么，这种成功所证实的是他的价值以及他的恩宠状态，而且这会提升该教派的声望和增加宣传的机会。因此，新教伦理和资本主义精神是一种内在的共契。"行会当然不可能产生出现代中产阶级的资本主义精神气质。只有禁欲教派的那种有条理的生活方式，才能够对现代资本主义的精神气质所具有的那种经济的'个人主义的'推动力进行合法化，并赋予它一种荣光。"②

在西方资本主义社会，其精神和文化的条件是作为救赎宗教的基督教。中国虽然借鉴了西方的市场经济体制，但我们不可能引进其背后的精神和文化支撑——新教伦理。在完全没有救赎宗教传统的中国，若无

---

① ［德］马克斯·韦伯：《新教伦理与资本主义精神》，［美］卡尔伯格英译，苏国勋等译，社会科学文献出版社 2010 年版，第 124 页。

② ［德］马克斯·韦伯：《新教伦理与资本主义精神》，［美］卡尔伯格英译，苏国勋等译，社会科学文献出版社 2010 年版，第 140 页。

相应的并且有足够平衡力量的精神-文化建制，则这种唯利是图的市场经济足以毁灭性地瓦解整个社会生活。它自发地产生的意识形态只能是利己主义，利己主义的无限制发展，即为所欲为的个人主义和拜金主义，一种欲望满足的形而上学。在马克斯·韦伯的视域中，新教伦理的核心是一种禁欲教派的伦理，它正是对资本这种欲望形而上学的约束和抵制。在此基础上，西方发展出了完善的法律制度，来制约和规范市场经济的运行。因此，如果没有对罗马世界的宗教和法律传统进行现代改造和利用，西方资本主义社会早就自行瓦解了。其实，早在亚当·斯密那里已经为西方市场经济的运行指明了方向。亚当·斯密向我们表明，市场经济运行的条件是：以同情为基础的公正旁观者作为内心的监督；以公正为核心原则的法律制度作为社会运行的基本框架；完全平等条件下的自由竞争。这三条正是《道德情操论》《亚当·斯密关于法律、警察、出入及军备的演讲》和《国富论》三本著作各自的主题。这就是斯密留给现代资本主义最为宝贵的遗产。可见，西方的市场经济是在内心道德监督和外在法律规范制约下的自由市场经济。而在这三者之中市场经济的基督教道德主体是最为基础性的。

而在中国，市场经济的道德主体的建立是一个重要问题。五四时期的新文化运动矛头直指传统儒家的伦理道德规范。改革开放以来，我们实行了市场经济体制，但也仅限于借鉴西方的市场经济体制，其背后的精神文化支撑——新教伦理是不能引进的。而传统的儒家伦理已经被摧毁，社会"正在成为一种能够被明显感觉到的普遍而深刻的精神缺失。这种缺失意味着：以往的或既与的精神样式已不再具有普遍的约束力了；虽说某些部分或片断依然在起作用，但缺少一种已然成熟的定型的完备的精神形态，一种足以掌握并协调日益巨大的物质力量并使之获得自由表现的精神形态"①。正是这种困境将当代中国精神建设的任务提到了思想面前。

因此，对于当代中国来讲，最重要的问题之一就是建立一种与社会主义市场经济体制相匹配的精神-文化建制，其中最核心的就是适应新时代发展的伦理道德规范。因此，社会主义核心价值观的提出正逢其时，它绝非一个空洞的意识形态口号，而是捕捉到了当代中国急需解决的时代任务。作为精神-文化建制的核心价值观必须是一种成熟的、定型的、完备的精神形态，一种足以掌握并协调日益巨大的物质力量并使之获得自由表现的精神形态。这是我们民族精神和时代精神相统一的客观精神，是中华民族在现时代的安身立命之本。

作为客观精神的精神-文化建制绝非一种主观任意性的构造，它是民族精神和时代精神的统一，具有这两方面的内容。黑格尔曾经立足于客观精神的概念，批判了形式的知性、形式的意志和自由、外部的反思、无内容的推理和空洞的抽象。一句话，批判了主观思想的各种表现形式。在《历史哲学》中，黑格尔探讨了精神-文化建制的原则。黑格尔指出："在国家内表现它自己，而且使自己被认识的普遍的原则——包括国家一切的那个形式，——就是构成一国文化的那个一般原则。但是取得普遍性的形式，并且存在于那个叫做国家的具体现实里的——那个确定的内容就是'民族精神'本身。"②在黑格尔看来，现实的国家在它

---

① 吴晓明：《当代中国的精神建设及其思想资源》，《中国社会科学》2012年第5期。
② [德]黑格尔：《历史哲学》，王造时译，上海书店出版社2001年版，第50页。

的一切特殊事物中，都被这个"民族精神"所鼓舞。"关于这个精神，必须有一种明白的自觉，而这种知识的中心便是宗教。艺术和科学仅仅是这同一内容的不同的方面和形式。"①黑格尔所谈论的"宗教"是一种最为广义的宗教。"一个民族对于它认为是'真'的东西所下的定义，便是'宗教'。"②在黑格尔的语境中，"宗教"所集中体现的就是作为民族精神的客观精神。但是，在当代中国，我们正面临着有可能丢弃我们的民族传统、失去我们的民族自我、丧失我们的民族精神的危险。"我们发展了现代化的高科技，建起了现代化的高楼广厦，享受到了高消费的现代化物质生活，却丢掉了我们固有的文明传统，失去了我们中华民族的自我特质，到头来中国不再像中国，中国人也不再像中国人，只剩下一个个体区界的我性。在这点上，一个民族和一个人也同样，如果失去了自我，失去了自我的特质，那也就是失去了我们民族特有的存在价值和意义。"③民族精神是我们建设社会主义核心价值观的核心内容，也是中华民族民族自我与民族个性的标志。

社会主义精神-文化建制的另一个主要内容是时代精神。所谓"时代精神"，就是标志社会不同发展阶段的、具有特定历史内涵的"生活世界"的意义。"时代精神"是时代的理论表征，蕴含着时代问题，体现着时代的呼声。对于我们时代而言，最重要的问题是驯服资本的问题。因此，这种与社会主义市场经济体制相匹配的精神-文化形态的建制必须围绕"驯服资本"来展开。换句话说，精神家园的建构必须对抗资本的逻

---

① ［德］黑格尔：《历史哲学》，王造时译，上海书店出版社2001年版，第50页。

② ［德］黑格尔：《历史哲学》，王造时译，上海书店出版社2001年版，第51页。

③ 高清海：《思想解放与人的解放》，黑龙江教育出版社2004年版，第176页。

辑，而不是抽象地强调以什么文化传统为主来进行建构。当代中国的精神重建只能由此种可能性来获得基本定向。"离开理论自身生长的具体时空条件，抽象掉历史现实的内容，背离思想的当下使命和对当下社会发展走向的预见，再伟大的思想也会失去其应有的魅力，再天才的理论都将蜕变为空泛的教条。"[①]因此，精神文化的建构必须聚焦于当代中国的问题。马克思主义哲学中国化、传统儒学现代化、西方哲学本土化，都必须以解决中国问题为理论旨归。只有面对中国自己的问题，才能建构属于中华民族自己的哲学理论。这种精神-文化的建制必须是超越资本逻辑控制的一种新文明形态：其一，这种文明类型不是以资本为原则的，不是以资本的逻辑为本质根据的，换言之，它不是资本主义文明，而是具有特定性质与内容的社会主义文明；其二，由于它积极地扬弃现代资本主义文明，它摆脱了资本逻辑对生活世界的控制，是一种以"驯服资本"为前提的文明的新形态。

作为精神-文化建制的社会主义核心价值观是民族精神和时代精神的统一，它以驯服资本为其建构前提，在此种意义上，它是一种客观精神，是一种属于文明新形态的文化建制，一种"超越资本"的文明。

第三节 "驯服资本"的制度建构

当代中国要想超越"资本的文明"，仅仅有形而上的精神-文化建制

---

① 侯小丰：《精神家园、情感依恋与马克思主义哲学中国化》，《学术研究》2007 年第 9 期。

是远远不够的，还必须诉诸政治-法律建制。虽然，当代中国的政治-法律建制包括各方面、多层次的制度建设内容，但是以"驯服资本"为目的的制度建构应该成为最根本的价值取向，这是由我国的社会主义本性决定的。因此，当代中国的政治-法律建制也应该从马克思的历史唯物主义思想尤其是关于共产主义的论述当中汲取理论资源。

但是，当我们从马克思文本中寻找关于未来社会共产主义的论述时却不免陷入困惑。因为，马克思关于共产主义社会的制度建构要么语焉不详、含混不清，要么一笔带过，着墨不多。这使得我们无法获得现成的关于未来社会的制度建构方案。究其原因，是马克思根本不想"教条式地预料未来"，未来社会的建构是一个开放性的方案。在致卢格的信中，马克思指出："新思潮的优点又恰恰在于我们不想教条地预期未来，而只是想通过批判旧世界发现新世界。"①马克思的这句话对我们理解共产主义至关重要。马克思不想把共产主义作为一个完美的固定社会状态进行预言，共产主义社会是在批判旧世界过程当中发现的新世界。作为新世界的共产主义不是一个理性的谋划，而是在旧世界亦即在资本主义社会批判当中发现的。因此，共产主义要求我们必须对资本主义社会进行批判。

第一，由于共产主义是人向人的本性的复归，因此，当代中国的政治-法律建制首先应"以人为本"：尊重人性和保障人权。这里需要注意的是，马克思在谈到共产主义的时候强调："代替那存在着阶级和阶级对立的资产阶级旧社会的，将是这样一个联合体，在那里，每个人的自

---

① 《马克思恩格斯文集》，第10卷，人民出版社2009年版，第7页。

由发展是一切人的自由发展的条件。"①站在马克思的立场上看,"以人为本"应该是切切实实的以"每个人的自由发展"为本的,而不应当以"一切人的自由发展为本"。这就意味着我们在进行政治-法律建制时,应当坚持以人为本,因为国家存在的目的就是为了实现人的权利,是为了使每个人更有尊严,活得更幸福。我国宪法的根本原则也包括"人民主权原则"和"人权保障原则"。所以,我们必须以"权利"为中心,来建构政治体制和法律秩序。

第二,由于共产主义是在对资本主义的批判过程中实现的,因此,社会主义政治-法律建制还应制衡"资本逻辑"。邓小平曾经明确指出:"我们提出改革时,就包括政治体制改革。现在经济体制改革每前进一步,都深深感到政治体制改革的必要性。不改革政治体制,就不能保障经济体制改革的成果。"②如果我们的政治体制改革不以驯服资本、驾驭资本为目的,不建立起社会主义本质的政治-法律制度,那么经济体制改革或者说整个改革开放的成果都将付诸东流,不能施惠于民。政治-法律建制的建设则应该解决和规避资本逻辑所带来的负面效应,以驯服资本为制度建构导向。这一政治-法律建制的思路是可以成立的。邓小平认为:"多搞点'三资'企业,不要怕。只要我们头脑清醒,就不怕。我们有优势,有国营大中型企业,有乡镇企业,更重要的是政权在我们手里。"③邓小平的这一论述意味着,我们完全可以通过国有资本和国家政权去驾驭和引导资本的逻辑,进行社会主义国家的政治-法

---

① 《马克思恩格斯文集》,第2卷,人民出版社2009年版,第53页。
② 《邓小平文选》,第三卷,人民出版社1993年版,第176页。
③ 《邓小平文选》,第三卷,人民出版社1993年版,第372—373页。

律建制。

黑格尔在《法哲学原理》中提出了"伦理国家"的概念，这对于现阶段中国的政治-法律建制具有重要的借鉴意义。黑格尔认为，解决财产分配和贫困问题的根本途径在于"国家的普遍行动"，建立起主观善良与客观制度相统一的"道德政治"和"国家善政"，即"伦理性的国家"。在某种意义上说，社会主义政治-法律的建制就是这种"伦理国家"的践行。在市场力量与国家力量之间，国家的重要性高于市民社会，高于资本和市场，只有通过"国家善政"才能实现"道德政治"，这是对资本主义自由主义政治哲学的抵制。就中国来看，承认多种所有制并存以实现经济快速增长的前提下，通过国家宏观调控来抑制资本逻辑所推动的各种恶性市场行为，这就是作为"伦理国家"或"道德政治"的当代中国所应实现的目标。在资本全球化的今天，在资本逻辑肆虐的时代，除了实行善政的"伦理国家"，恐怕没有任何别的政治力量可以和资本的力量相抗衡。

中国特色社会主义的精神-文化建制是一种"客观精神"建设，政治-法律建制是一种"伦理国家"建构，两者都必须建立在驯服资本逻辑的基础上。由于共产主义是一种共产主义运动，这就决定了无论是社会主义的精神-文化建制，还是社会主义的政治-法律建制都不可能一蹴而就，而是一个不断的渐进过程。当代中国只有超越"资本的文明"，才有可能真正建立起一种"超越资本"的文明。

第十六章 商品的界限

　　《资本论》的开篇"商品"问题是马克思思想研究中的一个重要理论问题。《资本论》的逻辑开端之所以是"商品"，就是因为马克思看到，在资本主义社会中，商品是资本主义社会财富的"元素形式"。马克思说："资本主义生产方式占统治地位的社会的财富，表现为'庞大的商品堆积'，单个的商品表现为这种财富的元素形式。因此，我们的研究就从分析商品开始。"①根据马克思的提示，由于"商品"是资本主义社会财富的"元素形式"，那么我们对现代资本主义社会的分析也应该从商品开始。柏拉图在《理想国》中曾经把一个管理得最好的国家比喻为一个人。试想一下，如果一

---

① 《马克思恩格斯文集》，第 5 卷，人民出版社 2009 年版，第 47 页。

个人的细胞坏掉了，那么整个国家或社会也就不可避免地要坏掉了。能够解救的办法只有一个，那就是避免"好细胞"转化为"坏细胞"。因此，我们首先要做的就是甄别出什么样的细胞是好的细胞，什么样的细胞是坏的细胞。可见，商品的界限问题或者说什么东西不能成为商品的问题，不仅仅是一个纯粹的市场经济的问题，还是一个关涉到现代社会命运的重大的政治问题。

在资本主义市场经济中，凡是不能转化为商品的物品都被视为无效的和无意义的，所有的物品都必须要通过市场的中介来衡量自己的价值。有一些东西本来是金钱买不到的，但是现如今，这样的东西却不多了。今天，几乎每样东西都在待价而沽。正如桑德尔所指出的，"我们生活在一个几乎所有的东西都可以拿来买卖的时代"①。货币通过自由市场的中介源源不断地向资本转化，在资本增殖逻辑的支撑下，金钱或货币获得了一种无所不能的强大购买力和超乎寻常的神秘力量。与前资本主义社会的市场运作方式不同，自由市场机制具有将劳动者及社会生产力从非经济关系中解放出来的功能，同时承载着平等化和自由化的社会政治意义。毫无疑问，这些确实是自由市场经济的进步之处。但是，自由市场经济的逐利本性将会促使其膨胀为不加任何约束的、自由放任的市场经济。市场经济的自由放任直接表现为货币无所不能的强大购买力，表现为人类社会中的一切都必须在市场中确认自己的地位和价值。所有的物品都将成为商品，所有的一切都会沉浸到金钱的冰水当中。

---

① ［美］桑德尔：《金钱不能买什么：金钱与公正的正面交锋》，邓正来译，中信出版社 2012 年版，第 XII 页。

"商品"的界限问题在资本主义社会自由市场经济及其意识形态中被抹杀了。在我们的时代，市场经济已经逐渐"脱嵌"于现代社会，并凌驾于全社会之上，成为整个现代社会的原则，而这势必将瓦解人类社会所拥有的公共善，最终导致现代社会的毁灭。

第一节　劳动产品作为商品的界限

亚里士多德在《政治学》中指出，广场可以用来消磨闲暇的时光，而市场则可供我们交换各种生活必需品。确切地说，市场就是指商品买卖的地方。只有到了现代社会，市场才逐渐成为一种资源配置的方式。表面上看来，市场似乎与道德无涉，它仅仅是市场经济条件下的一种有效的资源配置的方式。商品交换是自由的，人们在市场进行商品买卖，也不能就据此区分人有高尚抑或卑鄙的偏好。但是，市场始终是同道德复杂地交织在一起的，它绝不像经济学家们所假设的那样是中性的。人们会不自觉地把市场经济原则应用到其他生活领域，用商品买卖的方法去购买或偿还本不应该成为商品的物品。也就是说，现代人逐渐把自己的全部生活领域都变成了市场。市场及其所倡导的价值观主宰了一些本来应该属于伦理道德所规范的生活场域，潜移默化地把一些值得人们关切的非市场价值观彻底排除出去。市场始终在配置资源的过程中同时传播着某种无形的价值观——唯金钱至上的功利主义的价值观。因此，商品的界限问题实质上是商品的道德边界问题。我们必须认真思考这样一个重大问题：如何从道德或价值的角度在现代社会中重新确立商品或市场的边界，从而约束金钱无限度的购买力，抵御人类生活世界被殖民化。

在《资本论》中，马克思分析了商品的两种构成方式：劳动产品作为商品和劳动力作为商品。我们通常认为商品是用来交换的劳动产品。这一定义是从古典政治经济学以来就形成的观点，甚至可以追溯到古希腊的亚里士多德。正是在这个意义上，商品首先是一个外界的对象，一个靠自己的属性来满足人的某种需要的物。这个物不是一个自然物，而是凝结了人类劳动的劳动产品。当这些劳动产品用来进行买卖的时候就成为商品。劳动产品作为商品标志着商品的物的维度。此外，马克思在《资本论》中还揭示了另外一种独特的商品形式：劳动力商品。在《资本论》中，马克思认为，货币占有者要把货币转化为资本，就必须在市场上找到能够自由出卖自己劳动力的工人。劳动力是一种特殊的商品，因为它是一种能生产出高于本身价值的商品。劳动力成为商品标志着商品的人的维度。马克思关于商品构成的论述为我们探讨商品的合理性边界提供了逻辑思路，成为我们研究的切入点。从劳动产品作为商品的角度来看，究竟什么样的劳动产品不能成为商品？从劳动力作为商品来看，人的何种劳动行为不能成为商品？

在这个世界上，有些东西是拿金钱买不到的，一旦用金钱估价，它就失去了原本的价值和意义。这是一个众人皆知的基本常识。"对生活中的各种好东西进行明码标价，将会腐蚀它们。那是因为市场不仅在分配商品，而且还在表达和传播人们针对所交易的商品的某些态度。"①如果有些

---

① ［美］桑德尔：《金钱不能买什么：金钱与公正的正面交锋》，邓正来译，中信出版社 2012 年版，第 XVI 页。

东西成为商品，可以通过金钱购买得到，就会腐蚀这些"好的东西"本身所承载的人类的美德和价值。那么，究竟什么样的物品不能成为商品呢？

第一类是与人本身以及其相关的物品。人口不能贩卖，尤其是儿童不允许买卖。即便购买者善待儿童，这样一种做法也是不允许的，因为这在传达一种错误的人或儿童的评价方式。从历史上看，奴隶制之所以骇人听闻，就在于它把人当作商品在市场明码标价地买卖。我们谴责和声讨资本主义发展史上的黑奴买卖，原因也在于此。人体器官也不能进行买卖。在现代社会中，器官移植只能接受捐赠，而不能进行购买，买卖人体器官是一种违法的行为。延伸开来，有着强烈的人身属性的私人物品成为商品虽然不被法律所禁止，但是在某种意义上也是不恰当的。比如名人的私人信件成为被拍卖的对象，总会受到其家属的抵制和抗议。人本身及其相关物品不能作为商品，是因为人是目的，而不是手段。把人作为商品是赤裸裸地直接把人给商品化，贬低为物品。

第二类是因为侵犯公民基本权利的物品。当健康、教育和公共安全等都通过市场买卖机制来配置时，现代社会的不公平程度就会凸显出来。"如果富足的唯一优势就是有能力购买游艇、跑车和欢度梦幻假期，那么收入和财富的不平等也就并非很重要了。但是，随着金钱最终可以买到的东西越来越多（政治影响力、良好的医疗保健、在一个安全的邻里环境中而非犯罪猖獗的地区安家、进入精英学校而非三流学校读书），收入和财富分配的重要性也就越发凸显出来。"①这里面存在一个根本性

① ［美］桑德尔：《金钱不能买什么：金钱与公正的正面交锋》，邓正来译，中信出版社 2012 年版，第 XVI 页。

的问题，那就是人与人之间日益扩大的是不平等。关涉公民基本权利的事物成为商品则加剧了人们之间的不平等。很显然，当金钱不仅可以买到奢侈品，而且可以买到健康、教育和安全的时候，富足与否就变得至关重要。到那时，普通收入者的生活也会变得极为艰难，人们之间不平等也将会不可逆转。

第三类是涉及人类社会的基本价值的物品。比如政治选票不允许买卖，因为它不是私人财产，而是公共责任的体现。买卖政治选票的做法本身会潜移默化地侵蚀公民的真实含义，促使公民对自己本己职责和政治权利的淡化。桑德尔曾经讨论过一个倒卖约塞米蒂国家公园露营地门票的例子。加利福尼亚州的约塞米蒂国家公园每年都会吸引至少 400 万名游客前来，其露营地门票一票难求。票贩子开始倒卖露营地门票。按照自由市场经济的功利主义原则，就应当使那些最珍视露营体验的人享用这些露营地，而珍视的程度应当根据人们付费的意愿来定。这样既符合了市场经济的功利主义原则，把门票的价值最大化，另外也为社会提供了福利的最大化。然而，公众对倒卖露营地门票的行为十分愤怒。"国家公园不只是使用的对象或社会功利的来源。它们是有着自然奇观和美景、值得人们欣赏甚至敬畏的地方。黄牛党兜售这种地方的门票似乎是对美的一种亵渎。"①各种倒票行为之所以被打击，各种票证之所以不能被炒作或倒卖，是因为它们会亵渎人类社会的某种基本价值。无论这种价值是政治价值、审美价值抑或是其他。

---

① ［美］桑德尔：《金钱不能买什么：金钱与公正的正面交锋》，邓正来译，中信出版社 2012 年版，第 26 页。

即使我们局限在自由市场经济范围内，也可以对倒票行为提出质疑。自由市场远不像经济学家们所鼓吹的那样符合资源配置的功利主义原则，以及能够促进社会的最大福祉，实现资源的最优配置。因为单纯考量购买者的购买意愿并不能证明购买者一定对物品最为珍视。显而易见，市场价格不仅反映了购买者的购买意愿，而且更重要的是，它还反映了购买者的购买能力。在现实生活中，那些坐在棒球场昂贵席位上的富人未必对棒球比赛有足够的热情，观看比赛只是因为他们口袋里的钱足够富裕，而一些最喜欢看棒球比赛的穷人则往往会由于付不起门票而不得不放弃这样难得的机会。

上述三类物品不能成为商品，原因在于：这些物品一旦成为商品就会侵犯和腐蚀人类社会所具有的公共善。"如果生活中的一些物品被转化为商品的话，那么它们就会被腐蚀或贬低。"[①]在桑德尔看来，如果我们把参加国会听证会、教皇的弥撒活动以及公共演唱会的门票当作纯粹的商品，就会侮辱和贬低它们，也就是用一种错误的方式来评价它们。"我们时常把腐败与非法所得联系起来。然而，腐败远不只是指贿赂和非法支付。腐蚀一件物品或者一种社会惯例也是在贬低它，也就是以一种较低的评价方式而不是适合它的评价方式来对待它。"[②]桑德尔之所以使用了"贬低""腐蚀""腐败"这样的字眼，是因为这些物品成为商品，意味着人类社会的某些基本价值遭到了破坏。

---

① ［美］桑德尔：《金钱不能买什么：金钱与公正的正面交锋》，邓正来译，中信出版社 2012 年版，第 XVIII 页。

② ［美］桑德尔：《金钱不能买什么：金钱与公正的正面交锋》，邓正来译，中信出版社 2012 年版，第 23 页。

第二节　劳动力作为商品的界限

相对于劳动产品作为商品，劳动力成为商品是马克思《资本论》独特的贡献。在商品流通中，货币是如何转化为资本的？马克思发现，要转化为资本的货币的价值变化，不可能发生在这个货币本身上，因为货币作为购买手段和支付手段，只是实现它所购买或所支付的商品的价格。货币本身并不会在流通中发生价值的变化。"要从商品的消费中取得价值，我们的货币占有者就必须幸运地在流通领域内即在市场上发现这样一种商品，它的使用价值本身具有成为价值源泉的独特属性，因此，它的实际消费本身就是劳动的对象化，从而是价值的创造。货币占有者在市场上找到了这样一种独特的商品，这就是劳动能力或劳动力。"①劳动力成为商品，是货币实现自身增殖的现实基础。这一高于自身价值的价值就是剩余价值。马克思由此揭示了剩余价值的生产过程。通过揭示剩余价值的生产，马克思指出，资本主义市场经济决不意味着自由和平等，而是意味着资产阶级的阶级剥削和奴役，进一步说，资本主义只是古代奴役关系的现代变种而已。

其实，马克思在《资本论》中就已经对商品的界限或者说"金钱不能买什么"的问题做出了自己明确的回答：金钱不能购买劳动力。在马克思看来，劳动力不能商品化，它构成市场合理性的潜在界限。如果劳动

---

① 《马克思恩格斯文集》，第 5 卷，人民出版社 2009 年版，第 194—195 页。

力成为商品会导致两个严重的后果。其一，劳动力成为商品意味着资本的增殖成为可能，资本主义社会奴役性的生产关系得以形成。资本之所以是资本，就在于其能"增殖自身"，而资本为了增殖自身，就必须与雇佣劳动之间处于支配与被支配的关系。这种支配关系构成了一种新型的生产关系。马克思之所以说资本的出现开创了历史，标志着社会生产过程的一个新时代，就是在这种意义上而言的。马克思在反思英国古典政治经济学的基础上指出："资本显然是关系，而且只能是生产关系。"①这种生产关系是资本主义社会中占统治地位的关系。整个资本主义社会分裂为两个对立的阶级：资本家和工人。资本的增殖是通过资本家对工人的剥削而实现的。资本家对工人的剥削就是资本增殖的人格化表现。在封建制和奴隶制的社会形式中，剥削是显而易见的。而在资本主义社会中，资本家对工人的剩余价值的榨取是隐而不现的。马克思的《资本论》最核心的问题就是要揭示剩余价值是如何存在的，这种剥削和奴役是如何从人们的视野中消失不见的。因此，劳动力成为商品的第一个后果就是导致了资本家对工人的剥削关系——这一新型的奴役关系在现代社会中的形成。

其二，劳动力一旦沦为市场上的商品，货币转化为资本就成为可能。资本增殖的逻辑决定着资本必然会无限度地实现自身的增殖，并且最终成为支配人们现实生活的形而上学主体。通过具体考察资本主义市场经济，马克思发现，在资本主义社会中，人们之间的社会关系完全被商品与商品的交换关系所取代，人们之间似乎除了赤裸裸的物质利益和

---

① 《马克思恩格斯全集》，第 30 卷，人民出版社 1995 年版，第 510 页。

经济往来之外，再没有别的社会关系可言了。在此背景下，作为唯一可以通约一切商品的货币，就合乎逻辑地成为社会财富的一般代表，并日益受到人们的追逐。这就是货币拜物教的产生。因此，正像在宗教中人与神的关系被颠倒一样，在货币拜物教中，人与货币的关系同样被颠倒了。货币本来只是人们商品交换的中介，但在资本主义社会中，它却获得了独立的形态，并蒙上了神秘的外观，成为人们顶膜礼拜的东西。劳动力的商品化意味着现代社会的三重异化：物化、物像化和拜物教。从人的本质来讲，人的本质变成了物的本质，人的本质被物化了。从人与人之间的关系来讲，人与人之间的关系变成了物与物之间的关系，人与人之间的关系被物像化了。从整个社会的角度来讲，现代社会形成了商品、货币和资本三大拜物教，以"非神圣形象"取代了上帝这一"神圣形象"。因此，劳动力成为商品的第二个后果就是造成了人的本质的物化以及整个社会的拜物教状态。

劳动力成为商品和资本主义生产关系的形成在本质上是关联在一起的。否定劳动力成为商品也就意味着否定资本主义社会本身。如果我们在资本主义社会框架下重新思考劳动力这一商品形式，就会发现劳动力作为商品远比劳动产品作为商品更为复杂。相对于马克思所揭示的劳动力成为商品的意义，在现代社会中劳动力作为商品还具有另外一个重要意义。劳动力成为商品直接表明人的劳动行为成为商品。人们出卖自己的劳动力实际上就是在出卖自己的劳动行为。只要是人的劳动行为成为商品，就会出现人的行为是否合法或者是否符合道德的问题。按照市场经济的原则，人们可以自由地为了功利的目的出卖自己的任何劳动行为。但是，如果人们为了获取利益，任意出卖自己的任何劳动行为，而完全不顾及这种劳动行为的正当性，可以吗？人的劳动行为成为商品意味着市场经济的原则直接侵入了人们的生活领域。桑德尔说："在过去30年里，市场和市场价值观渐渐地以一种前所未有的方式主宰了我们的生活。但是需要强调的是，我们深陷此种境地，并不是我们审慎选择的结果，它几乎像是突然降临到我们身上似的。"①买卖的逻辑不再只适用于各种商品，而是越来越主宰着我们的整个生活。替人排队、雇人道歉、代人写作业以及找人替自己回家看望自己的父母，这些在以前多半是闻所未闻的做法，却在今天出现。人们一开始顶多是惊讶，渐渐习以为常。有些人甚至还欢欣鼓舞地认为这是市场经济的创新。

人们在市场上自由地出卖自己的劳动力，首先考虑的是劳动力的商品价格。人们很少去关心自己在出卖劳动力之后所从事的是何种劳动行为，以及这种劳动行为是否符合人们基本的道德规范，是否会腐蚀人类社会的美德和价值。在人们眼中，薪酬的高低是自己价值的体现，对自己来说是最为重要的事情。即使人们考虑自己将来要从事的劳动行为，也仅仅关心是否违法。人们万万不会将自己出卖劳动力的行为和是否符合道德规范联系起来。市场经济所谓的公平交易掩盖了这一切。在美国，很多人想看演出、想参加国会的听证会、想参加美国最高法院的口头辩论听证会，但是却没有时间排队，只能雇佣排队公司的人去排队。替人排队起初看上去只是一种稍微有点怪异的做法，在自由市场经济中，它从根本上讲却是一种本分且正当的工作。如果这些行为让人仅仅

---

① ［美］桑德尔：《金钱不能买什么：金钱与公正的正面交锋》，邓正来译，中信出版社2012年版，第Ⅻ页。

感到一些新奇或怪异，而不大能感受到不公正。一旦这种替人排队的业务渗入教育、医疗等与人的基本权利相关的领域时，不公正感就会随之而来。黄牛党倒卖门诊号，他们雇人排队挂号，然后再把挂号单以高昂的价格转手。"不管谁从这种供不应求中获利，是黄牛党抑或是医院，通往风湿免疫科的快速通道都给我们提出了一个更为基本的问题：难道仅因为一些患者支付得起额外加价，他们就可以插队看病吗？"①替人排队的问题在就医的过程中得到了凸显，这明显让人感到金钱无限度的购买力导致了一种新的不平等。但是，作为替人排队的雇佣劳动者并不会去反省他替人排队是否侵害了社会的公平和正义。

第三节　符号作为商品的界限

马克思把商品的价值区分为使用价值和交换价值。在资本增殖逻辑的支配下，商品的流通的目的就是为了获得尽可能多的交换价值，追求利润最大化。因此，作为资本家的商品生产者关注的焦点是交换价值的数量而不是使用价值的质量。即使关注使用价值的质量，其目的也是为了交换价值的数量。在不损失交换价值数量的前提下，资本家是没有必要去关注使用价值的质量的。由于资本家商品生产的根本目的仅仅在于获得交换价值，因此他们并不看重商品本身。商品本身的合理性问题在

① ［美］桑德尔：《金钱不能买什么：金钱与公正的正面交锋》，邓正来译，中信出版社2012年版，第12—13页。

资本主义社会条件下几乎成为经济学家思考的盲区。

在《资本论》第一卷中，马克思揭示出了资本增殖的逻辑公式：G—W—G′。公式中的 W（商品）是资本增殖的中介。作为资本增殖中介的 W 指的并非仅仅是一种商品，在《资本论》第二卷中，马克思指出，W 实际上是指商品的生产过程 W…P…W′。而这恰恰是资本增殖逻辑的关键所在。实际上，无论是劳动产品作为商品，还是劳动力作为商品，两者都是由具体的物质承担者成为商品的。但是，在现代社会中，W 逐渐出现了虚拟化和符号化的倾向。20 世纪 70 年代以来，西方发达资本主义国家逐渐发生了一系列深刻的变化，即资本主义经济日益"金融化"。所谓金融化，就是指资本的增殖可以与实体经济运动隔离开来，以庞大的金融网络体系为中介，形成一个独立的财富增殖王国。在早期的工业资本主义阶段，金融资本是和实体经济（制造业等）是联系在一起的，金融经济是为实体经济服务的。而现今的金融资本不再仅仅为实体经济融资，更多的是在为自身"融资"，它可以摆脱实体经济，实现自己的独立增殖。过去的金融资本与实体经济的双向度依赖关系，已经转变为实体经济依赖于金融资本而金融资本不需要依赖实体经济的单向度依赖关系。金融资本已经成为我们这个时代资本最主要的表现形态。正是在这个意义上，我们完全可以把现代资本主义社会称为"金融资本主义"。

随着金融资本主义的兴起，G—W…P…W′—G′逐步被简化成 G—W—G′，并且其中的 W 逐渐被虚拟化，直到直接出现 G—G′的资本增殖模式。从资本增殖的公式来看，早期资本主义社会作为工业资本主义，其资本增殖的公式是 G—W…P…W′—G′，而现代资本主义社会作为金融资本主义，其资本增殖的公式则体现为 G—G′。实际上，"G—G′"的资本增殖模式并不是取消了 W，而是商品成为符号，商品被彻底虚拟化了。现代社会上流行的"传销"模式，就是资本增殖的中介 W 被虚拟化的表现。对于传销而言，传销的东西是什么是无所谓的，它只具有符号性的意义。符号成为商品最为集中的体现就是货币成为商品。在金融市场上，证券、股票、基金、期货等众多虚拟的金融产品，通过其自身运动，获得了特有的能带来巨额财富的机会。金融投机被幻象成人们获取财富，乃至一夜暴富的最佳途径。甚至连从事实体经济的企业也转移资本投向，把资本集中投放在获利更高的放贷、股市投机等短期收益上。

因此，金融资本增殖的公式 G—G′实际上是 G—G(W)—G′。货币成为商品，具体表现为金融市场上的各种金融产品和衍生品。货币作为商品意味着符号作为商品。我们知道，货币是固定承担一般等价物的商品，是商品价值的表现形式。货币在执行价值尺度的职能时，只是想象的或观念的货币。货币从金银到纸币，再到数字，被彻底符号化了。在《资本论》第三卷中，马克思分析了虚拟资本(货币作为商品)的四种存在形式。第一种是国债。无论国债券出售的交易反复进行多少次，国债的资本仍然是纯粹的虚拟资本。一旦债券不能卖出，这个资本的假象就会消失。第二种是有价证券。这种债券被当作代表这种资本的所有权证书。即使在债券——有价证券——不像国债那样代表纯粹幻想的资本的地方，这种债券的资本价值也纯粹是幻想的。第三种是股票。虽然股票代表现实资本，但股票不过是对这个资本所实现的剩余价值的一个相应部分的所有权证书。第四种是借贷货币资本。即使是假定借贷资本存在的形式，只是现实货币即金或银的形式，只是以自己的物质充当价值尺度的商品的形式，那么，这个货币资本的相当大的一部分也必然只是虚拟的，也就是说，完全像价值符号一样，只是价值的权利证书。这些"货币资本"或"货币商品"的最大部分纯粹是虚拟的，其本质就是符号成为商品。虚拟资本所实现的收益就是通常我们所谓的"钱能生钱"，这种资本增殖的方式并不能创造财富，而只不过是实现了财富在所有者之间的转移。因此，这种所谓资本的增殖只是财富增长的幻象。马克思深刻地指出，在虚拟资本那里，"和资本的现实增殖过程的一切联系就彻底消灭干净了。资本是一个自行增殖的自动机的观念就牢固地树立起来了"①。

货币作为商品必须被限定在合理的范围内，一旦被放大，就会变成脱缰的野马，对现代社会造成极其严重的危害。在金融资本主义的条件下，金融体系创造出了一种新的、魔术般的商品——符号（货币）商品，货币循环成为一个资本增殖的过程。在此循环中，仅用货币本身就能制造出货币来，而不需要实际生产的介入。在这种虚拟的"新经济"中，资本炮制了一种幻觉，仿佛它可以在没有劳动介入的情况下自我繁荣。人们不再把辛勤劳动当作美德，而是把资本的投机当作能力的展现。整个社会处于一种欲望的癫狂之中。"幻象所展示的，并非这样一个场景，在那里，我们的欲望得到了实现，获得了充分的满足。恰恰相反，幻象所实现的，所展示的，只是欲望本身。"②货币作为商品，就是用钱来套取更多的钱。在金融资本增殖逻辑的支配下，如今的许多投资银行家大多成了没有国家概念、没有道德底线也无所谓社会责任的人。金融资本

<hr>

① 《马克思恩格斯文集》，第 7 卷，人民出版社 2009 年版，第 529 页。
② ［斯洛文尼亚］斯拉沃热·齐泽克：《斜目而视：透过通俗文化看拉康》，季广茂译，浙江大学出版社 2011 年版，第 9 页。

主义已经不再需要传统意义上的"勤劳和努力"等美德了，它的"美德"是"机会主义"。

在资本主义生产方式下，商品生产仅仅是赚钱的手段，而不是目的本身。从 G—W…P…W′—G′ 简化为或者蜕化为 G—G′ 是资本主义生产方式发展的必然结果。"以实在货币为起点和终点的流通形式 G…G′，最明白地表示出资本主义生产的动机就是赚钱。生产过程只是为了赚钱而不可缺少的中间环节，只是为了赚钱而必须干的倒霉事。［因此，一切资本主义生产方式的国家，都周期地患一种狂想病，企图不用生产过程作中介而赚到钱。］"①金融资本主义把这一增殖方式的"狂想病"推向了极致。在金融化浪潮的席卷之下，发达资本主义国家出现了"去工业化"的浪潮，甚至极端地认为一国经济即使没有制造业也照样繁荣兴旺，从而不仅把金融化幻象为财富生成的根本增长点，并且把通过金融化实现财富增长的模式幻象为社会进步和文明的标志。现代社会的生产遭到了这种"增殖模式"的严重破坏。"资本主义已经发展到这样的程度，商品生产虽然依旧'占统治地位'，依旧被看做全部经济的基础，但实际上已经被破坏了，大部分利润都被那些干金融勾当的'天才'拿去了。这种金融勾当和欺骗行为的基础是生产社会化，人类历尽艰辛所达到的生产社会化这一巨大进步，却造福于……投机者。"②生产是一个社会发展的根本，生产社会化是现代社会最为重大的进步，但是现在却面临着被瓦解和摧毁的危险。鲍德里亚指出："生产内容的所有目的性都被摧毁了，

① 《马克思恩格斯文集》，第 6 卷，人民出版社 2009 年版，第 67—68 页。
② 《列宁选集》，第二卷，人民出版社 2012 年版，第 594 页。

这使得生产可以像代码一样运转，比如像货币符号一样逃进无限的投机中，脱离生产真实的参照，甚至脱离金本位制的参照。"①金融资本最本己的使命是为实体经济融资，推进实体经济的发展，而现在却走向了自己原初使命的反面。货币作为商品的界限就在于恪守推动实体经济发展的职能，而不是制造财富增殖的幻象。

为了满足资本增殖的需要，资本主义社会总是最大限度地拓展资本增殖的空间。从商品的角度来看，一切物品都待价而沽，从货币的角度来看，金钱具备了无限度的购买能力。在前资本主义社会里，商品经济在整个社会中处于从属的地位，所以货币在市场上并不能够购买一切，它只是部分财富的代表。可以说，在传统社会中，人们更加注重的是政治权力而非经济权力。但到了资本主义社会，市场经济逐渐占据了社会的主导地位，"市场必胜论"已然成为主宰现代人的隐性的意识形态，它最终促使人们丧失了对"金钱不能买什么"这个基本问题的反省能力。现今的资本主义似乎丝毫不关心货币的无度购买力对社会正义的侵蚀。它不仅通过不断开拓国内外市场来获取更多的货币，而且把人类的所有一切都变成了商品，变成了资本增殖的中介。为了想获得更多的货币财富，现代人变得更加短见，总想通过短期投机而一夜暴富，在金融资本主义的催逼下，当代资本主义已经变成了名副其实的"赌场资本主义"。

现代社会的市场规则与道德规范之间出现了严重脱节。金融危机表明，市场决不像自由主义者所幻想的那样是在不断地建构公共善，恰恰相反，它是在丑陋地助长私人的欲望和贪婪，驱使人们进行不负责任的

———————————

① ［法］波德里亚：《象征交换与死亡》，车槿山译，译林出版社2009年版，第4页。

冒险。在桑德尔看来，"市场必胜论"的真正危害不仅在于助长人们的贪婪和欲望，而且更在于它彻底侵入了人们的全部生活领域。"市场和市场导向的观念向传统上由非市场规范所统辖的生活领域的入侵，乃是我们这个时代最重大的发展之一。"①资产阶级经济学家们——从古典政治经济学家一直到现代经济学家都力图通过促进市场的全面自由化来实现资本最大限度的增殖。由于他们仅仅站在资产阶级利益的立场上，不仅不会触及资本主义社会的生产关系，也不太会关注和考虑经济与正义之间的关系问题，道德和价值被排除在经济领域研究之外。在古典时期(古希腊、古罗马)和经院哲学时期，关于经济学的论述实际上是道德哲学的一部分，经济学最初关注的是如何将伦理原则运用到经济生活中。而现代经济学的研究已经发生了严重的蜕化，沦落为一种纯粹的经济增长理论。经济学应该被重新纳入道德哲学研究的框架下思考，经济生活应该有更高的理想和目标。

桑德尔虽然探讨了商品的界限问题，但也仅仅是从道德的角度进行了思考。从马克思的立场来看，"金钱不能买什么"的商品的界限问题必须诉诸对资本主义市场经济的通盘考量。马克思并没有像桑德尔那样着力从道德的角度划定货币购买的边界，而是将理论思考的重心置换为对"货币转化为资本"的考察。要真正破解货币颠倒黑白的神秘力量，化解它无所不能的强大购买力，就必须破解资本主义社会的本质性秘密。市场经济的任意冲动行事直接体现为金钱无限度的购买力，货币无所不能

---

① ［美］桑德尔：《金钱不能买什么：金钱与公正的正面交锋》，邓正来译，中信出版社 2012 年版，第 XIV 页。

的强大购买力正是奠基于资本主义市场经济的土壤之上的。金钱的无限度购买力是资本主义市场经济的必然逻辑，或者是资本增殖逻辑的根本性要求。在马克思看来，只有瓦解资本主义市场经济中货币向资本转化的内在逻辑，才能使得货币重新回归执行交换中介的职能，进而规避它对人们社会生活方方面面的侵蚀。

可是，问题在于资本增殖的逻辑是现代社会发展的原动力，市场经济是人类社会迄今为止最为有效的资源配置方式，这是我们在现代性语境下，探讨商品界限的现实前提。因此，瓦解资本的逻辑固然是彻底解决商品合理性问题的最佳道路，但是由于我们不想放弃或者至少在短时间内无法放弃资本增殖这一现代社会发展的原动力，所以我们只能选择对资本、商品和市场进行规训。其实，亚当·斯密在提出自由市场经济观念的时候，对市场经济本身进行了双重限制。市场经济不仅是自由市场经济(《国富论》)，还是道德经济(《道德情操论》)和法制经济(《亚当·斯密关于法律、警察、岁入及军备的演讲》)。而随着人类社会的发展，现时代的人们越来越忘记了对市场经济的规训和驯服。我们探讨"金钱不能买什么"的商品界限问题，就是试图从商品的视角对市场进行规训，为自由市场经济"立法"。社会主义市场经济虽然主张市场作为基础性的资源配置模式，但最终还是要达到共同富裕的社会主义价值。这就要求我们在培植市场经济的过程中始终规避金钱对生活的过度侵蚀，坚守资本、商品和市场的合理性边界，保障市场经济的良序发展。

第十七章　资本的界限

现代社会的本质是资本主义。在《共产党宣言》中，马克思明确地把"现代资产阶级社会"比喻成为"魔术师"，而把"资本"比喻成"魔鬼"。马克思指出："资产阶级的生产关系和交换关系，资产阶级的所有制关系，这个曾经仿佛用法术创造了如此庞大的生产资料和交换手段的现代资产阶级社会，现在像一个魔法师一样不能再支配自己用法术呼唤出来的魔鬼了。"①马克思的这一隐喻实际上包含着正负两层含义。一方面，现代资产阶级社会这个"魔术师"用法术创造了如此庞大的生产资料和交换手段，召唤出了无数的生产力；另一方面，这个"魔术师"不能再支配自

---

① 《马克思恩格斯文集》，第 2 卷，人民出版社 2009 年版，第 37 页。

己用法术呼唤出来的"魔鬼",即资本了。

我们的时代正在上演着资本的狂欢。从形而上的意义上来讲,"在资产阶级社会里,资本具有独立性和个性,而活动着的个人却没有独立性和个性"①。这是一个"资本"作为主体的时代,而非"人"作为主体的时代。因此,人的本性降低为物的本性,人与人之间的关系被贬低为物与物之间的关系,资本的狂欢展现为人性物化的狂欢。从现实的角度来看,现代社会的发展方式造成了巨大的恶果:财富投机成为人类美德、社会两极分化持续加剧、自然资源濒临枯竭,资本的狂欢导致了人类生存的危机。马克思认为,资本主义社会这个"魔术师"已经无力驯服和驾驭"资本"这一"魔鬼",应当谋求一种新的生产方式,彻底地消解掉这一问题。马克思的解决路径是一种釜底抽薪式的激进政治。在马克思看来,如果我们想要彻底瓦解资本的逻辑对现代社会的控制,就必须把资本连根拔掉。现代社会产生资本的根源是私有财产。要想彻底地瓦解资本的逻辑,就必须扬弃私有财产。因此,在这个意义上,马克思指出共产主义就是对私有财产的扬弃。

毫无疑问,马克思这种解决方式是对现代社会问题的根本性解决。但是,现代人无法采用,至少短时期内无法采用马克思的这种解决方式,采用了这种解决方式,也就意味着我们放弃了资本的正面作用,放弃了经济发展的原动力,而这是现代社会所无法接受的。我们不可否认,在前资本主义社会也存在着资本和市场,"有市场"的社会并不等同于"市场社会"。因此,有市场、有资本并不意味着有资本主义。"市场

---

① 《马克思恩格斯文集》,第 2 卷,人民出版社 2009 年版,第 46 页。

远在资本主义之前就存在，因而人们完全可以这样设计后资本主义时代：不必废除市场，而是要对它进行规范、限制，使之社会主义化。"[1] 寻求资本的界限，实质上就是在探寻如何对资本和市场进行规范和限制，这也符合建设中国特色社会主义市场经济的基本思路。

第一节　第一个界限：资本增殖的界限

在《资本论》第一卷中，马克思揭示了资本无限增殖的逻辑，这一资本增殖的逻辑用公式可以表达为 G—W—G′。马克思指出，在资本主义社会中，商品流通具有两种形式：其直接形式是 W—G—W，商品转化为货币，货币再转化为商品，为买而卖；另一种形式为 G—W—G，货币转化为商品，商品再转化为货币，为卖而买。在后一种流通形式中，货币才有可能转为资本，成为资本。在 W—G—W 这一流通形式中，货币只是用来进行商品流通的中介，货币最后转化为充当使用价值的商品，货币最终花掉了。而在 G—W—G 这个相反的形式中，买者支出货币，却是为了卖者收入货币，其目的不是为了消费商品，而是为了获得货币。但是，"货币兜了一个圈子又交换成货币，同样的东西又交换成同样的东西。这似乎是一种既无目的又很荒唐的活动"[2]。马克思曾经举例明确地说，100 镑和 100 镑交换，那么这个过程就是"荒唐的"和"毫

---

① ［法］米歇尔·于松：《资本主义十讲》，潘革平译，社会科学文献出版社 2013 年版，第 4 页。

② 《马克思恩格斯文集》，第 5 卷，人民出版社 2009 年版，第 175 页。

无内容的"了。"G—W—G 过程所以有内容，不是因为两极有质的区别（二者都是货币），而只是因为它们有量的不同。最后从流通中取出的货币，多于起初投入的货币。例如，用 100 镑买的棉花卖 100 镑＋10镑，即 110 镑。因此，这个过程的完整形式是 G—W—G′。"①G′和 G 之间虽然没有质的区别，但是却有量的区别。

《资本论》第一卷所揭示的 G—W—G′这一逻辑只是马克思基于货币转换为资本的简单模式给出的公式。而实际上，这一公式中的 W 并非简单地指一种"商品"，而是指商品的生产过程。在《资本论》第二卷中，马克思明确指出："资本家用购买的商品从事生产消费。他作为资本主义商品生产者进行活动；他的资本经历生产过程。结果产生了一种商品，这种商品的价值大于它的生产要素的价值。"②从商品的角度来讲，G′之所以能够大于 G，是因为生产出来的商品的价值大于生产要素的价值。因此，W 指的是资本的循环过程的第二阶段 W…P…W′，即商品的生产过程。资本增殖的完整公式是 G—W…P…W′—G′。在这里，我们必须强调资本增殖的"完整公式"，强调这一"完整公式"的意义并不在于要把资本增殖的逻辑补充完整，而是要让现代人明白正是这一"完整公式"构成了现代社会资本增殖的合理性界限。现代社会必须把资本的增殖奠基在生产过程的基础上，这样社会物质财富才会获得真实的增长。但如果现代社会资本增殖的方式抽象掉了生产过程这一中间环节，就必然会导致财富增殖的幻象。

---

① 《马克思恩格斯文集》，第 5 卷，人民出版社 2009 年版，第 176 页。
② 《马克思恩格斯文集》，第 6 卷，人民出版社 2009 年版，第 31 页。

我们知道马克思的理论形成于资本主义早期，而早期资本主义的特征是"工业资本主义"。工业资本主义时期存在着三类资本：工业资本、商业资本和高利贷资本，增殖逻辑是 $G—W\cdots P\cdots W'—G'$，通过工业生产过程发生资本的增殖，商业资本通过购买工业生产的劳动产品获得利润，高利贷资本通过把钱借贷给商业资本和工业资本获得利润，无论是高利贷资本，还是商业资本如果想产生增殖都离不开工业资本的生产过程，也就是说离不开 $W\cdots P\cdots W'$。在早期资本主义时期，资本增殖的公式是 $G—W\cdots P\cdots W'—G'$。$W\cdots P\cdots W'$ 指的就是工业资本主义的生产过程，资本的增殖的根源是工人在生产领域中实现的。如果我们将资本的增殖逻辑 $G—W\cdots P\cdots W'—G'$ 简约化为 $G—W'—G'$，容易给人造成资本的增殖发生在流通领域的错觉。马克思在《资本论》第一卷中明确无误地告诉我们：资本的增殖是工人在生产领域中所创造出来的剩余价值部分，它是在生产领域而不是流通领域中产生的，只不过资本的增殖需要通过流通领域将其实现出来。马克思的这句话讲的就是这个道理。当我们把 $G—W\cdots P\cdots W'—G'$ 简约化为 $G—W'—G'$，就会面临把剩余价值的产生问题从生产领域转移到流通领域的风险，从而把资本主义社会当中的"剥削"问题给消解掉。日本学者柄谷行人对剩余价值理论的重释走的就是这条道路，他认为由于流通领域存在着不同的"价值体系"，这些价值体系之间的商品交换最终导致了剩余价值的产生。因此，在他看来，"全世界无产者联合起来"应该转变为"全世界消费者联合起来"。

自 20 世纪 70 年代以来，全球范围内都开始产生了"资产证券化"浪潮，衡量一个企业的资产首先要看的就是它的股价。同马克思时代的工业资本主义相比，当代资本主义的本质特征是金融资本主义。金融资本主义的实质并没有改变资本主义社会的本性，它只是将资本主义的资本增殖的逻辑推到了极致。金融资本主义开始成为当代资本主义的本质性特征。实际上，在早期的工业资本主义时期也存在着金融资本，马克思将其称为"高利贷资本"。但是为什么不把那时的资本主义也称为金融资本主义呢？这是因为那个时期资本增殖的逻辑是工业资本主义式的，而我们当今社会的资本增殖模式却是金融资本式的。随着金融资本主义的兴起，$G—W\cdots P\cdots W'—G'$逐步被简化成 $G—W—G'$，并且其中的 W 逐渐被虚拟化，直到直接出现 $G—G'$ 的资本增殖模式。[①] 但是金融资本主义把资本这一增殖的过程给简约化了。我们时代的金融资本如果想获得增殖，不单单可以通过商业资本和工业资本实现，它完全可以自身实现增殖。资本不通过实体经济，自身发生增殖，标志着金融资本主义的诞生。

现今的金融资本，对进行实体经济的投资获得收益已经没有多大的兴趣，他们热衷的是资本炒作，用钱来套取更多的钱。资本炒作的实质就是把"货币"本身当作资本。按照卡尔·波兰尼的观点，劳动力、土地和货币这种商品形象完全是虚构出来的，三者之中没有一个是为了出售而生产的。一旦资本增殖的逻辑由 $G—W\cdots P\cdots W'—G'$ 转变为 $G—G'$，就意味着资本主义的发展模式超越了自己的合理性界限，欲望形而上学被膨胀到了极致。"在这种虚拟的'新经济'中，资本炮制了一种幻觉，仿佛它可以在没有劳动介入的情况下自我繁荣。"[②]

---

① 诸如社会上流行的"传销"就是资本增殖的中介"W"被虚拟化的表现。对于传销而言，传销的东西是什么是无所谓的，它只具有符号性的意义。

② ［法］丹尼尔·本赛德：《马克思主义使用说明书》，李纬文译，红旗出版社 2013 年版，第 161 页。

实际上，当代资本主义社会的主要矛盾和危机还不在于"资本家和工人"之间的阶级对立，因为这一矛盾在当代资本主义的努力下，已经得到了很大缓解。对于当代资本主义来说，最大的危机在于偏离了资本主义发展的轨道，陷入了资本增殖的幻象，从而堕入了欲望的深渊。马克思在《资本论》中所展现的资本增殖的逻辑在当代社会中已经超越了其合理性边界。人们不再把辛勤劳动当作美德，而是把资本的投机当作能力的展现。整个社会处于一种欲望的癫狂之中。在早期资本主义时期，资本主义尚未发展到金融资本主义。也许当时的社会还可以通过新教伦理、通过权力的压制或者通过欲望与欲望之间的制衡来控制、利用和驯化欲望，从而使资本的增殖保持在合理的发展界限内。在我们的社会，不仅所有的欲望都转化为对金钱的欲望，并且这种欲望通过资本自身的直接增殖被放大到极致。在我们的时代，对于资本增殖来说，生产过程已经变得不再那么重要。2015 年全球五百强企业排行榜前 10 名中，有 7 家都是银行保险类企业，并且占据着排行榜的前六位。$G—G'$的资本增殖模式已经冲破了资本增殖的合理性界限，所产生的只能是财富增殖的幻象，它会把整个资本主义推入欲望的深渊。

就当前社会发展的模式来看，资本增殖的逻辑依然是当代社会发展的原动力。但是，当代社会必须坚守住资本增殖的合理性界限：资本的增殖必须通过实体经济的生产（$G—W\cdots P\cdots W'—G'$）。如果一旦放弃了生产过程，人类社会就会完全堕入资本增殖的幻象（$G—G'$）中，等待人类社会的将不仅仅是所有的一切沉浸到金钱的冰水中，连现代社会的最后一丝先验的道德规范都将荡然无存。当我们被这个欲望形而上学的逻辑所控制，并津津乐道股票、基金和理财的时候，马克思的"劳动价值论"就已经被我们抛到了九霄云外。

第二节　第二个界限：资本收入的界限

如果说资本的第一个界限——资本增殖的界限主要是发生在生产领域的话，那么资本的第二个界限——资本收入的界限则主要体现在分配领域。根据马克思的观点，在资本主义社会中能够获得收益的主要有三种方式：资本、土地和劳动。在《资本论》第三卷中，马克思称之为"三位一体的公式"。马克思指出："资本—利润（企业主收入加上利息），土地—地租，劳动—工资，这就是把社会生产过程的一切秘密都包含在内的三位一体的形式。"①在马克思看来，资本主义社会的秘密需要我们深入对资本主义的生产方式中去寻找。但是，如果我们想发现生产领域的秘密的话，必须从资本主义社会"分配"的结果及其分配方式出发去分析。

马克思关于资本主义社会分配的总括性论述出现在《资本论》第三卷第四十八章的倒数第三段。"在资本—利润（或者，更恰当地说是资本—利息），土地—地租，劳动—工资中，在这个表示价值和财富一般的各个组成部分同其各种源泉的联系的经济三位一体中，资本主义生产方式的神秘化、社会关系的物化、物质的生产关系和它们的历史社会规定性的直接融合已经完成：这是一个着了魔的、颠倒的、倒立着的世界。在

---

① 《马克思恩格斯文集》，第 7 卷，人民出版社 2009 年版，第 921 页。

这个世界里，资本先生和土地太太，作为社会的人物，同时又直接作为单纯的物，在兴妖作怪。"①马克思在这里表达得非常明确，整个资本主义社会就是通过"资本—利润，土地—地租，劳动—工资"这样的分配方式来进行分配的。这种收入方式使得"着了魔的、颠倒的、倒立着的世界"成为可能，并且演化成了资本主义社会的意识形态。"实际的生产当事人对资本—利息，土地—地租，劳动—工资这些异化的不合理的形式，感到很自在，这也是同样自然而然的事情，因为他们就是在这些假象的形态中活动的，他们每天都要和这些形态打交道。"②生产当事人尤其是工人，他们根本意识不到自己处在被剥削和奴役的地位。因此，这个公式（三位一体的公式）"也是符合统治阶级的利益的，因为它宣布统治阶级的收入源泉具有自然的必然性和永恒的合理性，并把这个观点推崇为教条"③。关于获取利润、利息和租金的方式是正义的，这种信念是适合于资本主义生产方式之要求的资本主义正义概念的一个部分，它是资本主义社会意识形态的虚假意识的重要特征，并且被工人和资本家所共同持有，而这种信念正是马克思的《资本论》希望破除的幻象。

马克思曾经指出，三位一体公式呈现出了"一种既整齐对称又不一致的特征"。所谓"整齐对称"是指：三位一体公式把资本、土地和劳动呈现为生产过程中的三个平等的参与者，并且，作为平等的参与者，各自都应该根据其贡献而对社会总产品分享相应的份额。三位一体公式把

① 《马克思恩格斯文集》，第 7 卷，人民出版社 2009 年版，第 940 页。
② 《马克思恩格斯文集》，第 7 卷，人民出版社 2009 年版，第 940—941 页。
③ 《马克思恩格斯文集》，第 7 卷，人民出版社 2009 年版，第 941 页。

生产的三个要素平等化了，它以统一而对称的方式来呈现它们。而三位一体公式之所以是内在"不一致"的，乃是由于，如同我们看到的那样，在马克思的劳动价值论那里，劳动被看作生产过程中的一个特殊要素。从社会的角度看，生产过程的总产出应归功于过往的和当前的劳动。资本主义制度的表面现象掩盖了对剩余劳动的剥削，掩盖了剩余劳动转换为利润、利息和租金的过程。

在当代社会中，资本—利润、土地—地租和劳动—工资依然是三种财富的获得方式。其实，资本—利润和土地—地租可以归结为一类收入方式，或者更确切地说，土地—地租亦可归入资本—利润中去。这是因为，如果说劳动是财富的唯一的合法性源泉，那么，资本和土地所获得的收入就是对别人劳动的剥削，都属于剩余价值，这二者以剩余价值的形式一致起来。这样一来，资本主义社会的收入形式就可以分为两种：资本收入和劳动收入。按照马克思的观点，人的合法性收入只能通过劳动获得，如果依靠资本的增殖获得了收入，那么这种收入就是对别人剩余劳动的剥削，是非正义的。

资本的本性就是最大限度地追求利润，实现资本的增殖。如果我们放弃资本收入的话，也就等于放弃了资本本身。如果说整个社会是按劳分配的话，虽然也会产生收入差距，但是不会产生两极分化。资本收入是加大现代社会两极分化速度和比例的根本性原因，是现代社会不平等的最重要的根源。而劳动收入虽然可以造成财富的不平等，但这种不平等是非常有限的。所谓勤劳致富的观念就是若想创造更多收益，必须勤劳工作，这一观点不断渗透在广大劳动者的价值体系中。随着经济的快速发展，对劳动者的要求不断提高。这表现在教育水平与社会需求相一致。技术的进步催生出各类新兴职业，要求专业技术型人才。若在稀缺人才岗位中，社会的高需求而赋予工人更高的薪资，这样稀缺人才与普通工人之间出现收入不平等现象。劳动收入只是财富不平等现象的一个原因，但不是主要原因。如果继续追问工资分配状况（劳动收入的制定标准）就会提出一系列的问题：当今工资分配的依据是什么？工资分配由谁来规定？皮凯蒂在《21世纪资本论》中考察了前10%人群的工资，发现这一类人群大部分是在某岗位中的高级管理者，并且工资的制定是由这些高级管理者来制定。那么劳动收入并非完全由贡献的大小而制定，而是这些高级管理者为自己制定收入标准。这些"超级经理人"的出现不仅会引发劳动收入不平等，而且会愈加严重。这就是说，不能像以往研究不平等问题的经济学家那样，只是把注意力集中到穷人与较富人群之间的差距，而真正的动因仅仅在于那前10%的富人。

前10%的富人不仅在劳动收入分配中占据优势，而且在资本收入中与其他人拉开了更大的差距。他们将他们的收入进行再次分配，投入到房地产、证券等行业中，其回报率远远超过经济增长。以这种方式不断循环，他们可以在社会中长期占据优势地位。若长期发展下去，我们很有可能回到19世纪的"美好时代"。因为这一部分人在他们去世后会把财富转移给他们的子女，即便需要缴纳遗产税，也不会影响他们的后代继续占据前10%的位置。他们不需要勤劳致富，而是通过继承的财富继续在市场中投入，以获取更高的利润。19世纪的小说所描绘的社会与当今社会现状极为相似。19世纪的社会是由金钱所笼罩的社会，资本财富高度集中。在这个两极分化的社会，哪怕从事最高收入的职业也无法跻身于前10%的行列。唯一的方法就是继承财富。为了继承财富，完全丧失了人的主观能动性。这种"超级世袭社会"会使两极分化更加严重。

皮凯蒂不仅在收入分配数据和财富分配数据中分别找出"超级经理人"和"超级世袭社会"是造成不平等问题的主要原因。但是，无论是"超级经理人"，还是"超级世袭社会"，这两者都意味着获得资本收入是财富高度集中的主要途径，从而也就是社会两极分化的根源。因此，现代社会应当把资本收入控制在合理的界限内。把资本收入控制在合理的界限内，也就等于把现代社会的不平等限定在合理性的界限内。但是，在资本收入与劳动收入的关系中，我们无法界定资本收入的界限。资本收入是应当高于劳动收入呢，还是应当低于或等于劳动收入呢？我们无法判定哪种情况更加有利于在社会经济发展和社会平等之间保持一种平衡关系，一方面不至于使社会的经济发展丧失活力，另一方面也会让社会的不平等保持在合理的范围内。这一边界被皮凯蒂揭示了出来，他不去寻求资本收入和劳动收入之间的比例关系，而把这一问题转化了资本收益率（资本收入率）和经济增长率之间的关系。皮凯蒂的最大贡献就是在收入分配数据和财富分配数据二者关系中找到不平等问题的根本原因：资本收益率大于经济增长率，即 $r>g$。[①]

无论是收入平等和财富平等都是指相对平等，而非平均主义。因此解决贫富分化问题也是要将 r 与 g 缩小在一定的范围之内的。按照常规的逻辑规律来看，如果 g 变小，那么 r 也会随之变小。但我们不能忽

---

① 站在马克思的立场上看，$r>g$ 只是现代社会不平等问题（社会两极分化）加剧的原因，而不是根源。其根源在于资本家剥削了工人所创造的剩余价值，亦即资本收入的存在。

略二者之间变化的速度。在当今社会化的进程中，g 变小的速度远远小于 r 变小的速度。换句话说，当资本收益率大于经济增长率时，财富分配的增长速度要大于收入分配的增长速度。财产继承者将一部分资金进行投资或在市场流通，所收益的资金要远远比那些通过劳动积攒下来的财富要多很多。社会的财富集中到这一部分人手中后，不仅会在经济上造成行业垄断，而且极易在政治上形成寡头社会。只要 $r>g$，社会的不平等就会大大的加剧，并且有形成寡头社会的风险。因此，资本收入的边界应该是 $r<g$。这样的好处在于，由于 r 的存在，我们不会丧失现代社会经济发展的动力，由于 g 是大于 r 的，所以整个社会的财富不仅处于财富增长的状态，而且能够惠及劳动收入。$r>g$ 就是当代资本主义社会不平等问题加剧的根源。一旦 $r>g$ 的话，整个社会就会陷入不平等的加剧状态。

在皮凯蒂看来，21 世纪的不平等问题与 19 世纪的极端分化的社会现象已经十分相似。虽然当今财富的集中度并没有像 19 世纪那么高，但是 21 世纪不平等的问题却更加根深蒂固。皮凯蒂指出："未来的世纪可能会糅合了过去世界的两大弊端：一方面存在巨大的由继承财富造成的不公，另一方面又存在以能力和效率为理由的因薪酬造成的巨大贫富差距。因此走向极端的精英主义就很容易产生高管和食利者之间的赛跑，最终受损者则是在旁观赛的普通观众。"①

---

① ［法］托马斯·皮凯蒂：《21 世纪资本论》，巴曙松、陈剑、余江等译，中信出版社 2014 年版，第 430 页。

第三节　第三个界限：资本实现的界限

资本的增殖虽然发生在生产领域，但是其实现却发生在流通领域。马克思在《资本论》第一卷中指出：一方面，从货币转化为资本的角度看，"资本不能从流通中产生，又不能不从流通中产生。它必须既在流通中又不在流通中产生"[①]；另一方面，从货币占有者转化为资本家的角度看，"我们那位还只是资本家幼虫的货币占有者，必须按商品的价值购买商品，按商品的价值出卖商品，但他在过程终了时取出的价值必须大于他投入的价值。他变为蝴蝶，必须在流通领域中，又必须不在流通领域中"[②]。资本的实现是发生在流通领域的。作为商品的劳动产品只有在被卖出去之后，资本的增殖才能真正实现，货币才能最终转化为资本。一言以蔽之，资本是通过消费实现的。没有消费，也就没有资本增殖的实现。当我们的社会被鲍德里亚称为"消费社会"时，同时也就意味着我们的时代是一个资本疯狂增殖的时代。

在现代社会中，对于消费对象来讲，社会生活中的一切都成了消费品，不仅是物品，而且包括人的身体、心理、观念，甚至弗洛伊德所谓的自然性欲在今天都难以逃脱为被消费的对象。或者说，在今天，凡是

---

① 《马克思恩格斯文集》，第 5 卷，人民出版社 2009 年版，第 193 页。
② 《马克思恩格斯文集》，第 5 卷，人民出版社 2009 年版，第 193—194 页。

不能成为消费对象的东西，都不具有存在的价值。从消费主体来讲，消费的"个性化"，使个人患上了消费"强迫症"，只有将自己的一切都置于消费之中，人们才能获得安宁感与实在感。现代社会是追求个性的社会，而个性的获得就在于自己消费的物品不同于他人消费的物品，物体系之所以作为系列出现，正与现代社会"个性化"要求相匹配，这使得现代"个性"与消费具有同构性特征，可以说，个性的获得是通过拜物教的方式完成的。鲍德里亚通过对消费社会的分析指出，现代社会的人们正受物体系的控制。实际上，"物体系"只不过是"抽象成为统治"的现时代表达而已。

广告在消费过程中起到了推波助澜的作用，它使消费者单纯的消费行为变成了一种自己理想实现、获得他者认同、满足亲情关怀需求的过程。首先，广告为消费者创造了一种"主体"的想象。通过广告，物体成为人们想象的对象，消费的过程变成了这一想象的确证过程，而不仅仅是原初意义上的需要的满足。广告让消费者感到只有消费了广告所提供的产品，才是一个真正的有"个性"的人，是一个自己理想实现的过程。其次，广告为消费者提供了一种身份认同的途径。相对于传统社会，现代社会是一个陌生人社会，陌生人社会的他者认同是靠消费来完成的。广告会让人们的消费行为感到是获得了一种荣耀、尊严和身份。最后，广告体现了一种母性的关怀。广告将消费品描绘为不仅考虑到消费者所需要的一切功能，并且还能提供消费者没有想到的但又潜在需要的功能。广告的这一特征堪比母亲的呵护。正是在广告的巨大威力下，消费成为人们的生活状态，没有消费，现代人好像感觉不到自己的存在。

"消费"在某种意义上是资本主义社会发展的本质性需求。资本主义社会的特征是工业文明。工业文明是继农业文明之后兴起的一种新的文明形态。它开始于英国的产业革命，是现代社会的主要的文明形式。现代文明就是工业文明，工业文明的生产是工业生产，其技术基础是"大机器"。正是由于"大机器生产"代替了传统的"手工生产"，劳动生产率得到了快速的增长。最大利润的获得和资本的最快的增殖，是资本逻辑的最高原则。因此，掠夺更多的自然资源和消费更多的商品就成为资本逻辑的两个基本的支点。无偿地占有和支配更多的自然资源是经济过程的逻辑起点，而更多消费则是资本逻辑的逻辑终端。它们是获取最大利润的两个关键的、必要的环节。在资本逻辑的支配下，已经不是通过经济增长来保证消费的满足，而是通过消费的扩张来保证经济的持续增长。当消费成为支撑"利润最大化"的逻辑的手段以后，这种消费也就主要不再是满足需要的活动，而是变成了对过剩产品的"消耗"和"毁灭"的活动。人成为毁灭过剩产品的机器——"消费机器"，因为只有"毁灭"了过剩产品，生产才能继续进行，经济才能继续增长，资本才能继续增殖。因此，从本质上说，工业文明的经济（商品经济）是以挥霍性消费为前提的，这种经济从本质上看是不能做到"节约"的。因此，资本的逻辑要求对自然资源进行疯狂掠夺，自然生态系统平衡的破坏，就成了工业文明的经济发展不可避免的必然后果。

资本逻辑导致了经济发展的环境悖论：人类只要促进经济发展，就不可避免地掠夺和消耗自然资源。但是，恩格斯告诉我们："我们不要过分陶醉于我们人类对自然界的胜利。对于每一次这样的胜利，自然界都报复了我们。每一次胜利，在第一步都确实取得了我们预期的结果，但是在第二步和第三步却有了完全不同的、出乎预料的影响，常常把第一个结果又取消了。"①劳动是人类改造自然的最主要的方式。长期以来，人们存在一种认识上的误区，即认为人类的生产活动只是改造自然、利用自然物质为人类生存和生活服务的活动，而没有看到人与自然和谐相处、协调发展的重要性。马克思把劳动过程看成是人类和自然界之间的物质变换过程。他指出："劳动首先是人和自然之间的过程，是人以自身的活动来中介、调整和控制人和自然之间的物质变换的过程。"②劳动本来是人以自身的活动来中介、调整和控制人和自然之间的关系的，而现代社会却把劳动变成了人类改造、奴役、宰制自然的工具，人和自然之间的平等关系变成了人对自然的统治关系。因此，受资本的逻辑所支配下的经济发展不可避免会产生环境问题。

正是由于自然资源是有限的，所以必须限制现代人的消费。合理性的消费构成了"资本实现"的界限。那么如何来界定呢？何种意义上的消费是合理的呢？马克思在《1857—1858 年经济学手稿》中区分了"自然的需要"和"历史形成的需要"。资本主义生产方式下欲望的产生和"历史形成的需要"密切相关。马克思说："资本作为孜孜不倦地追求财富的一般形式的欲望，驱使劳动超过自己自然需要的界限，来为发展丰富的个性创造出物质要素，这种个性无论在生产上和消费上都是全面的，因而个性的劳动也不再表现为劳动，而表现为活动本身的充分发展，而在这种发展状况下，直接形式的自然必然性消失了；这是因为一种历史形成的需要代替了自然的需要。"③"自然的需要"和"历史形成的需要"是两种具

① 《马克思恩格斯全集》，第 20 卷，人民出版社 1971 年版，第 519 页。
② 马克思：《资本论》，第一卷，人民出版社 2004 年版，第 207—208 页。
③ 《马克思恩格斯全集》，第 30 卷，人民出版社 1995 年版，第 286 页。

有本质性差异的需要形式。何谓"自然的需要"？"自然的需要"就是人作为生物体存在的本能层次的需要，它是维持人的基本的生存的需要，只要人活在这个世界上，这种需要就必然存在。这一点在动物身上表现得更加明显和突出，动物身上的需要只能是自然的需要，动物终其一生都在为这种需要而努力。如果说"自然的需要"是维持人类本身再生产的必要的需求，而"历史形成的需要"则是超越本能需要的欲望。"自然的需要"的放大，我们可以称之为"贪欲"，但它并不是对"自然的需要"的超越，依旧是自然的产物，贪欲在没有货币的情况下也是可能的。"历史形成的需要"是对"自然的需要"的超越，在某种意义上，"历史形成的需要"对人来说不是必需的。消费是对需要的满足，满足"自然的需要"是合理性的消费，满足"历史形成的需要"的消费则相对来说是必须进行限制的。我们常说的符号性消费、炫耀性消费就是典型的满足"历史形成的需要"的消费，这种消费是人类一种无止境的欲望的展现。

我们设想一种超越资本的未来，不一定就是要从根本上摧毁资本和市场。因为，"计划多一点还是市场多一点，不是社会主义和资本主义的本质区别。计划经济不等于社会主义，资本主义也有计划；市场经济不等于资本主义，社会主义也有市场。计划和市场都是经济手段"①。邓小平把"资本""市场"同"资本主义"进行了剥离。既然前资本主义社会就存在着"资本"和"市场"，那么后资本主义社会为什么就不可以存在"资本"和"市场"呢。问题的关键仅仅在于如何驯服资本的逻辑，使资本和市场社会主义化。马克思最为重大的当代意义就在于他指明了现代社

---

① 邓小平：《邓小平文选》，第三卷，人民出版社 1993 年版，第 373 页。

会的三个合理性边界：资本增殖的界限、资本收入的界限和资本实现的界限。这为我们驯服资本、建设中国特色社会主义提供了极其有益的启示。现代社会如果想要平稳地运行，就必须恪守"资本的界限"。对于资本增殖的界限，国家需要对金融资本进行严格的控制和监管，大力支持实体经济的发展。在这里，并不是要限制和取消金融资本的发展，而只是想规范金融资本的发展。对于资本收入的界限，皮凯蒂提出的解决方法还是具有可行性的，通过征收累进资本税，从而达到限制资本收益率的目的。对于资本实现的界限，政府是无法进行调控的，因为我们不能通过公共权力去限制人们的奢侈性消费，只能依赖个人境界的提高，去控制自己无限制的物质欲望。中国古人讲小康社会，小康不仅仅是一种经济指标，更是人的一种生活境界。

第十八章 《资本论》与人类新文明新形态的开启

相对于古典政治经济学，马克思的《资本论》通过"政治经济学批判"，已经由关于"物"（商品、货币、资本）的科学，转变为关于"人"的自由解放的学说。恩格斯强调《资本论》是"工人阶级的圣经"，各地的工人阶级都越来越把《资本论》的结论看成是对自己的状况和自己的期望所作的最真切的表述。《资本论》的"政治经济学批判"就是个人走向自由解放的新世界历史的真正展开。因此，我们不仅仅应当把《资本论》当作纯粹的政治经济学著作来阅读，而更应该将其作为关于人类自由解放的存在论文本来阅读。这正如海德格尔所言，"从存在的历史的意义看来，确定不移的是，一种对有世界历史意义的东西的基本经验在共产主义中自行道出来了"①。到目前为止,《资本论》仍然是资本全球化(世界历史)时代人类自由解放的最真实表达。

马克思追求的是一条"通过现代性而扬弃现代性"的"超越现代性"之路。这条道路,实际上就是马克思自己强调的通过"政治经济学批判"来变"资本的独立性和个性"为"人的独立性和个性"的道路。马克思人类自由解放的学说之所以是现实的而非抽象的,就在于马克思的存在论不是抽象的形而上学,而是"现实的人及其历史发展的科学"。马克思的哲学是"改变世界"的哲学:一方面是改变"人的存在方式"的哲学;另一方面是改变"国家、社会"的哲学。改变"人的存在方式"使马克思改变世界的道路具有了存在论根基;改变"国家、社会"使马克思改变世界的道路具有了现实性和力量。马克思将人类的自由解放诉诸人类社会的发展,诉诸文明形态的变革。因此,《资本论》所揭示的社会发展的道路是一条超越"资本文明"的道路,这条道路所通向的是人类文明新形态的开启。《资本论》最为重要的理论意义就在于从人类文明新形态的高度,展开了对资本主义的批判性分析;一方面肯定了资本的文明在人类历史中所起到的巨大作用;另一方面又指明了资本主义私有制文明的限度,资本主义制度只是"承上启下"的历史性阶段。人类社会需要开启一种超越资本主义文明的人类文明新形态。其中,超越"资本的逻辑"成为马克思开辟人类文明新形态的关键所在。实际上,在超越资本逻辑的这一道路上,只有马克思是"真正的开拓者"。因为只有马克思的资本辩证法"才能这么深刻地深入资本主义生产方式的规律,把它理解为一个完整的有机整

---

① 《海德格尔选集》,上,孙周兴选编,上海三联书店1996年版,第384页。

体，并阐明资本主义生产方式势必为社会主义生产方式所代替的那个历史倾向"①。

第一节 "自由个性"与"高度文明的人"

马克思为我们揭开了资本主义社会发展的神秘面纱，呈现出其经济发展背后的逻辑架构：资本增殖的逻辑。资本主义在促进社会生产力发展，推动社会文明进步的意义上，发挥着重大的历史作用。资本逻辑是现代社会或者说是现代性的本质特征。"资本一出现，就标志着社会生产过程的一个新时代。"②资本的力量加速了世界历史和资本全球化进程，人类开始进入"大加速时代"。马克思把资本的这种正面效应称为"资本的文明"，并且高度评价了资本的这种积极作用。马克思在《资本论》中指出："资本的文明面之一是，它榨取这种剩余劳动的方式和条件，同以前的奴隶制、农奴制等形式相比，都更有利于生产力的发展，有利于社会关系的发展，有利于更高级的新形态的各种要素的创造。"③相对于以往的社会形态，资本主义的生产方式具有巨大优越性。对此，马克思、恩格斯早在《共产党宣言》中就明确指出："资产阶级在它的不到一百年的阶级统治中所创造的生产力，比过去一切世代创造的全部生

①　[苏]马·莫·罗森塔尔主编：《马克思主义辩证法史：从马克思主义产生到列宁主义阶段之前》，汤侠声译，人民出版社1982年版，第184页。

②　马克思：《资本论》，第一卷，人民出版社2004年版，第198页。

③　马克思：《资本论》，第三卷，人民出版社2004年版，第927页。

产力还要多，还要大。"①可见，资本所激发出来的生产力是前所未有的，它使人类社会产生了爆发式的发展。以至于马克思在谈论资本时使用了"法术""魔法"等词语。在现时代，随着历史向世界历史的转变和展开，作为世界历史直接体现的"资本的文明面"更是得到了高度的发展。

马克思充分肯定了"资本的伟大文明作用"，在这一点上，马克思对资本文明作用的褒扬不逊于任何同时代的资产阶级思想家。在马克思看来，资本之所以能够发挥如此巨大的作用，就在于它创造了资本主义这样一个独特的社会阶段：与这个社会阶段相比，以前的一切社会阶段都只表现为人类的地方性发展和对自然的崇拜。只有在资本主义文明下，自然界才不过是人的对象、有用物，其目的是使自然界和现实的个人服从于和服务于资本增殖的需要。可见，在资本主义条件下，所有的一切都是为资本增殖服务的，也是为资本增殖的逻辑所支配的。同时，马克思更加敏锐地意识到，"文明的一切进步，或者换句话说，社会生产力的一切增长，也可以说劳动本身的生产力的一切增长，如科学、发明、劳动的分工和结合、交通工具的改善、世界市场的开辟、机器等等所产生的结果，都不会使工人致富，而只会使资本致富；也就是只会使支配劳动的权力更加增大；只会使资本的生产力增长。因为资本是工人的对立面，所以文明的进步只会增大支配劳动的客体的权力"②。因此，资本逻辑推动的历史向世界历史转变造成的直接后果就是：增大了支配工人劳动的资本的权力。这就意味着，"资本"具有独立性和个性，而"活

---

① 《马克思恩格斯文集》，第 2 卷，人民出版社 2009 年版，第 36 页。
② 《马克思恩格斯全集》，第 30 卷，人民出版社 1995 年版，第 267 页。

动着的个人"却没有独立性和个性，也就是说，"资本具有无限度地提高生产力趋势的同时，又在怎样程度上使主要生产力，即人本身片面化，受到限制"①。资产阶级以资本增殖为目的的生产关系和交换关系，撕下了罩在家庭关系上的温情脉脉的面纱，把一切都淹没在利己主义打算的冰水之中，更为关键的是，"它把人的尊严变成了交换价值，用一种没有良心的贸易自由代替了无数特许的和自力挣得的自由"②。这种资本文明所产生的严重的负面后果要求人类必须寻求一种崭新的文明形态，以彻底实现人类的自由解放。

　　文明的进步是一个过程，它是逐渐发展起来的，并且文明的发展程度和人的发展程度是协调一致的。社会文明的每一次进步，对人本身来说都具有解放和发展的意义。在《1857—1858 年经济学手稿》中，马克思对社会文明的发展进程与"人的发展三形态"之间的关系做了经典表述："人的依赖关系（起初完全是自然发生的），是最初的社会形式，在这种形式下，人的生产能力只是在狭小的范围内和孤立的地点上发展着。以物的依赖性为基础的人的独立性，是第二大形式，在这种形式下，才形成普遍的社会物质变换、全面的关系、多方面的需要以及全面的能力的体系。建立在个人全面发展和他们共同的、社会的生产能力成为从属于他们的社会财富这一基础上的自由个性，是第三个阶段。第二个阶段为第三个阶段创造条件。"③由此可见，历史只有从第二个阶段走向第三个阶段，即从人的"独立性"走向"自由个性"，人也才算实现了彻

---

① 《马克思恩格斯全集》，第 30 卷，人民出版社 1995 年版，第 406 页。
② 《马克思恩格斯文集》，第 2 卷，人民出版社 2009 年版，第 34 页。
③ 《马克思恩格斯全集》，第 30 卷，人民出版社 1995 年版，第 107—108 页。

底的、真正的解放。"自由个性"是马克思从人类本性的意义上所形成的关于未来人类文明形态的标志性概念。没有世界历史的形成，没有普遍交往的发展，就没有现代文明的孕育和产生。当历史转变为世界历史之后，作为"自由个性"解放的世界历史，即共产主义，只有作为占统治地位的各民族"一下子"同时的行动，在经验上才是可能的，而这是以生产力的普遍发展和与此相联系的世界交往为前提的。

《资本论》对人类文明新形态的开启，并不在于表面地消灭资本主义私有制，而在于实质地变"资本的文明面"为"高度文明的人"，也即实现从"地域性的个人"向"世界历史性的个人"的转变。对此，马克思强调无产阶级革命"并不是为了获得剩余劳动而缩减必要劳动时间，而是直接把社会必要劳动缩减到最低限度，那时，与此相适应，由于给所有的人腾出了时间和创造了手段，个人会在艺术、科学等等方面得到发展"①，即"个性得到自由发展"。因此，所谓"高度文明的人"就是"个性得到自由发展"，或者说实现了"个性自由"的人。而只有这样，我们才能"去发展社会生产力，去创造生产的物质条件；而只有这样的条件，才能为一个更高级的、以每一个个人的全面而自由的发展为基本原则的社会形式建立现实基础"②。在此基础上，"全面发展的个人——他们的社会关系作为他们自己的共同的关系，也是服从于他们自己的共同的控制的——不是自然的产物，而是历史的产物。要使这种个性成为可能，能力的发展就要达到一定的程度和全面性，这正是以建立在交换价值基础

① 《马克思恩格斯全集》，第 31 卷，人民出版社 1998 年版，第 101 页。

② 马克思：《资本论》，第一卷，人民出版社 2004 年版，第 683 页。

上的生产为前提的，这种生产才在产生出个人同自己和同别人相异化的普遍性的同时，也产生出个人关系和个人能力的普遍性和全面性"①。因此，马克思强调"培养社会的人的一切属性，并且把他作为具有尽可能丰富的属性和联系的人，因而具有尽可能广泛需要的人"②——作为具有"高度文明的人"生产出来。

在马克思看来，表面上"各个人在资产阶级的统治下被设想得要比先前更自由些，因为他们的生活条件对他们来说是偶然的；事实上，他们当然更不自由，因为他们更加屈从于物的力量"③。而这一"物的力量"，在马克思看来就是由资本主义生产关系和交换关系所导致的个人受"抽象"（资本）统治。一个资本逻辑占统治地位的压迫性经济体中的社会关系是阻碍而不是推进了个人自由与理性行动发展的。在资本逻辑的统治之下，个人完全成了增殖资本的工具，且仅仅为增殖资本而活着，毫无自由和个性可言。马克思在《资本论》中强调："事实上，自由王国只是在必要性和外在目的规定要做的劳动终止的地方才开始；因而按照事物的本性来说，它存在于真正物质生产领域的彼岸。""在这个必然王国的彼岸，作为目的本身的人类能力的发挥，真正的自由王国，就开始了。"④马克思这里所谓的"必要性和外在目的规定要做的劳动"实际上就是资本所宰制的劳动，而不是自由劳动。在《资本论》及其相关手稿中，马克思试图实现一种更高层次的人之自由——"个性得到自由发展"。无

① 《马克思恩格斯全集》，第30卷，人民出版社1995年版，第112页。
② 《马克思恩格斯全集》，第30卷，人民出版社1995年版，第389页。
③ 《马克思恩格斯文集》，第1卷，人民出版社2009年版，第572页。
④ 马克思：《资本论》，第三卷，人民出版社2004年版，第928、929页。

论是"个性自由",还是"高度文明的人",都要求人的自由全面发展,这
也构成了马克思开启人类文明新形态的人性根基。

第二节 "重建个人所有制"与"自由人的联合体"

实际上,马克思关于人类自由解放的学说不是在探讨何为解放,而
是探讨解放何以可能的问题,即如何在现有的基础上进行革命性的改
变。在现实道路的意义上,马克思的共产主义是通过扬弃资本主义私有
制来实现的。在《资本论》中,马克思将作为扬弃资本主义生产方式的
"股份企业"与"合作工厂"放在一起给予了高度评价:"资本主义的股份
企业,也和合作工厂一样,应当被看作是由资本主义生产方式转化为联
合的生产方式的过渡形式,只不过在前者那里,对立是消极地扬弃的,
而在后者那里,对立是积极地扬弃的。"也因此,马克思又强调"工人自
己的合作工厂,是在旧形式内对旧形式打开的第一个缺口",因为"资本
和劳动之间的对立在这种工厂内已经被扬弃"①。而这种扬弃,实际上
就是:"资本主义的私有制,是对个人的、以自己劳动为基础的私有制
的第一个否定。但资本主义生产由于自然过程的必然性,造成了对自身
的否定。这是否定的否定。这种否定不是重新建立私有制,而是在资本
主义时代的成就的基础上,也就是说,在协作和对土地及靠劳动本身生

---

① 马克思:《资本论》,第三卷,人民出版社 2004 年版,第 499 页。

产的生产资料的共同占有的基础上，重新建立个人所有制。"①在资本主义文明的胎胞里发展出的生产力，同时又创造着解决这种对抗的物质条件即孕育着新的更高类型的文明形态的可能性。

占有在近代西方政治哲学那里是通过劳动确认的对于"物"的权利，这种权利在古典经济学那里变成了资本对利润的占有权力，而之所以能够占有利润，是因为资本拥有劳动力和生产资料的所有权，并通过所有权获得了合法性。资本的占有权力不仅把物变成了物，也把人变成了物。工人一旦进入工厂，就失去了作为主体生产者的特性，而仅仅成了资本的一个组成部分，这个翻转使得资本不仅具有了"物"的增殖力量，更成为一种具有"主体"性质的权力，当作为主体的人的存在需要通过对客体的占有来定义自身的时候，人就不是主体而成为他的占有者拥有的一个"物"了。资本占有权力的最大问题就在于它不是一种积极的占有而是基于私有财产的机械化的占有，它的所有活动都服务于资本的逻辑，只注重量的增加而不会产生任何新的东西，是一种按照预定轨道即"资本"本性进行的占有。马克思通过对与财产权密切相关的占有问题的批判，揭示了资本主义的社会化生产与资本主义私人占有之间的矛盾，在摒弃这种占有的基础上形成一种新的占有方式，即通过无产者在生产和生活资料上的联合取代私人占有，使得生产能力和劳动条件属于社会财富，从资本家的占有到无产者的占有，建立超越资本主义的属于无产者的占有制度。这是马克思重建个人所有制的真实内容。

正是通过重建个人所有制，我们才使剥夺者被剥夺，才使生产资料

---

① 马克思：《资本论》，第一卷，人民出版社2004年版，第874页。

摆脱了它们迄今具有的"资本属性",彰显出它们体现人之自由个性的社会性质。这样,人才终于成为自己社会的主人,成为自然界的主人,从而也成为自身的主人——实现人之个性解放的真正自由。只有这种"重建的个人所有制",才真正彻底地瓦解了资本主义私有制,"才能为一个更高级的、以每一个个人的全面而自由的发展为基本原则的社会形式建立现实基础"①。也只有在此基础上,我们才能够建立一个"每个人的自由全面发展是一切人自由全面发展的条件"的"自由人的联合体"——共产主义。这就是说,"只有当社会生活过程即物质生产过程的形态,作为自由联合的人的产物,处于人的有意识有计划的控制之下的时候,它才会把自己的神秘的纱幕揭掉"②。

对于马克思而言,基于所有制关系的改变而实现的社会政治经济关系的改变,是建立真正的人之自由的必要前提:"一切社会变迁和政治变革的终极原因,不应当到人们的头脑中,到人们对永恒的真理和正义的日益增进的认识中去寻找,而应到生产方式和交换方式的变更中去寻找;不应当到有关时代的哲学中去寻找,而应当到有关时代的经济中去寻找。"③在此意义上,《资本论》所追求的自由,确实不同于资产阶级及其夸夸其谈的代言人所谓的政治的和哲学的自由而具有"经济的性质"。这就是《资本论》对"历史之谜"的解答,也是对"资本之谜"的解答,更是对"自由之谜"的解答。莫里斯·迈斯纳在《重新思考马克思主义对资本主义的批判》一文中指出,马克思谴责资本主义制度并不是因为资本主

① 马克思:《资本论》,第一卷,人民出版社 2004 年版,第 683 页。
② 马克思:《资本论》,第一卷,人民出版社 2004 年版,第 97 页。
③ 《马克思恩格斯文集》,第 3 卷,人民出版社 2009 年版,第 547 页。

义没有"解放生产力",而是因为其没有解放生产者,因为资本主义确实用新的更加不人道的制度奴役生产者。马克思批判资本主义,就是因为它扭曲了人类发展并且碾碎了个体的潜能,从而否定了人之自由的真实存在。对马克思来说,自由既是通过人的活动把自身从社会支配和自然必然性的外在强制中解放出来的"消极自由",更是通过提出可能性并建构新的自由共同体而实现自己个性全面发展的"积极自由"。

对于人之个性的自由发展,马克思认为不能靠人们从头脑里抛开关于这一现象的一般虚幻观念的办法来实现,而只能靠个人重新驾驭这些统治人的异己的抽象力量,靠建立作为"自由人的联合体"的"真实共同体"来实现:"只有在共同体中,个人才能获得全面发展其才能的手段,也就是说,只有在共同体中才可能有个人自由。""从前各个人联合而成的虚假的共同体,总是相对于各个人而独立的;由于这种共同体是一个阶级反对另一个阶级的联合,因此对于被统治的阶级来说,它不仅是完全虚幻的共同体,而且是新的桎梏。在真正的共同体的条件下,各个人在自己的联合中并通过这种联合获得自己的自由。"①只有在一定的共同体中,个人才能获得全面发展其个性自由的条件和可能性。但是,并非任何形式的共同体都可以实现个人的自由,只有在真正的共同体中才有助于实现个人自由。

"这个领域内的自由只能是:社会化的人,联合起来的生产者,将合理地调节他们和自然之间的物质变换,把它置于他们的共同控制之下,而不让它作为一种盲目的力量来统治自己;靠消耗最小的力量,在

---

① 《马克思恩格斯文集》,第1卷,人民出版社2009年版,第571页。

最无愧于和最适合于他们的人类本性的条件下来进行这种物质变换。"只有在此基础上，"在这个必然王国的彼岸，作为目的本身的人类能力的发挥，真正的自由王国，就开始了"①。对马克思来说，只有当生产是人的能力的释放和培养，而不是直接或通过剥削他人的劳动来谋取生存的一种手段的时候，人才会获得完全的自由，也即实现"用那种把不同社会职能当作互相交替的活动方式的全面发展的个人，来代替只是承担一种社会局部职能的局部个人"②。一个社会不仅要实现抽象的公民的自由，而且更要实现具体的个人的自由——把人的世界和人的关系还给人自己。只有重新建立个人所有制才能把支配劳动的异化了的资本的权力归还给人本身，在现实的世界中使用现实的手段实现人"真正的自我解放"，而不是"幻想的自我解放"。

对马克思来说，直到每个人都融入人类真正的共同体中，人才会获得完全的真实自由。在资本主义社会那种以代表"普遍利益"为幌子的"虚假的共同体"中，个人自由只属于统治阶级范围内的个人，对于大多数社会成员来说，这个共同体完全是作为某种异己的东西而与之相对立的。共产主义革命作为真实共同体的建构，本质上就是对私有财产的积极的扬弃，是由绝大多数人联合起来共同占有生产资料的行动，它并不单单消灭这种或者那种具体的所有制，而是消灭资产阶级的所有制，因而消灭了现代社会的奴役本身。建立"自由人的联合体"是无产阶级的革命指向，是实现人类文明进步的必然性要求。在"自由人的联合体"中，

---

① 马克思：《资本论》，第三卷，人民出版社 2004 年版，第 928—929 页。
② 马克思：《资本论》，第一卷，人民出版社 2004 年版，第 561 页。

由于消除了阶级对立和阶级差别，个人与共同体之间的对立关系也就随之消除。实现个人自由全面发展的各种条件都被置于全社会的控制之下，每个人都可以在这一真正的共同体中获得实现其自由个性的各种手段。正是在这一意义上，我们可以认为共产主义革命就是"最高级自由的革命"。共产主义现实运动的首要任务，就是挣脱资本逻辑的宰制，推动资本奴役下的异化劳动转化为自主活动。而要想使个人的独创的自由和发展不再是一句空话，就必须诉诸以"个人所有制"为基础的"自由人的联合体"。

第三节　驾驭"资本的逻辑"与超越"资本的文明"

在《共产党宣言》中，马克思把"现代资产阶级社会"比喻为"魔术师"，而把"资本"比喻成"魔鬼"。他指出，"资产阶级的生产关系和交换关系，资产阶级的所有制关系，这个曾经仿佛用法术创造了如此庞大的生产资料和交换手段的现代资产阶级社会，现在像一个魔法师一样不能再支配自己用法术呼唤出来的魔鬼了"①。如果我们仔细分析马克思这段论述的话，就会发现马克思的这一隐喻实际上包含着正负两层含义：一方面，现代资产阶级社会这个"魔术师"用法术创造了如此庞大的生产资料和交换手段，召唤出了无数的生产力；另一方面，这个"魔术师"不能再支配自己用法术呼唤出来的"魔鬼"，即资本了。

---

① 《马克思恩格斯文集》，第 2 卷，人民出版社 2009 年版，第 37 页。

吉登斯也曾明确地把驯服资本为标志的现代社会称为"驾驭猛兽"。吉登斯追问道："我们，作为整体的人类，究竟在什么程度上能够驾驭那头猛兽？或者至少，能够引导它，从而降低现代性的危险并增大它所能给予我们的机会？现在我们怎么会生活在一个如此失去了控制的世界上，它几乎与启蒙思想家们的期望南辕北辙？"①无论是马克思的驾驭或支配"魔鬼"，还是吉登斯的"驾驭猛兽"，都向我们表明："驯服资本"的问题已经成为现代社会所面临的最尖锐的生死攸关的问题。

站在马克思主义的立场上，资本主义是没有办法或无力驯服资本这一"魔鬼"的，驯服资本只有在社会主义制度的前提下才能完成。中国特色社会主义重要任务就是"驯服资本"，这是解决中国问题的关键所在。现代性的文明是资本的文明，因此，"驯服资本"的道路就是一条超越"资本的文明"的道路。能否超越"资本的文明"，开启人类文明新形态，关键就在于能否驾驭资本的逻辑。毫无疑问，作为经济发展的内在驱动力，资本仍是现代社会最有效的资源配置方式，中国作为社会主义国家在借鉴了资本主义大工业体系之后，也要利用资本作为扩大再生产的社会手段。"社会主义和市场经济之间不存在根本矛盾。问题是用什么方法才能更有力地发展社会生产力。"②这是改革开放初期中国急需解决的问题。

邓小平破除了资本的流俗观念，他指出："计划多一点还是市场多一点，不是社会主义与资本主义的本质区别。计划经济不等于社会主

① ［英］安东尼·吉登斯：《现代性的后果》，田禾译，译林出版社 2000 年版，第 133 页。
② 《邓小平文选》，第三卷，人民出版社 1993 年版，第 148 页。

义，资本主义也有计划；市场经济不等于资本主义，社会主义也有市场。计划和市场都是经济手段。"①邓小平的这段话涉及三个问题。第一，资本和资本主义的问题。邓小平不再把资本看作资本主义所独有的、决定社会性质的东西。这样，资本就被从资本主义当中剥离出来，社会主义国家也可以引入资本，搞市场经济。这样，我们就可以充分地发挥资本增殖逻辑的正面作用，为社会主义经济建设注入活力。总之，要资本不要资本主义，但是如何做到这就成为一个问题。第二，计划和市场的关系问题。迄今为止，人类组织扩大再生产的社会关系力量只有两种：一是作为政府力量的权力，用它来配置社会资源进行扩大再生产，即计划经济；二是作为市场力量的资本，用它来配置社会资源扩大再生产，即市场经济。政府的经济权力与资本二者都是支配生产要素来进行生产活动的社会关系力量。那么就需要探究计划和市场二者之间的关系。第三，资本和社会主义的问题。我们建设社会主义引入市场经济，引入资本的力量，如何为己所用，而不致为其所困？换言之，也就是社会主义如何驯服资本的问题，将资本作为利用、引导和驾驭的对象。三个问题归根结底是一个问题，就是社会主义如何驯服资本的问题。更明确地说，是社会主义如何发挥资本的正面作用，而避免它的负面作用的问题。

为了更清楚地分析这一驾驭资本的现实途径，在此引入"三种逻辑"的分析框架。我们可以把人的现实世界分成三个维度：生活世界、政治世界（国家）和经济世界（市场）。王南湜认为，虽然生活世界、国家和市

---

① 《邓小平文选》，第三卷，人民出版社1993年版，第373页。

场这三个实践场域之间密切相关，但它们各有其内在的规定性或内在的逻辑。生活世界的主体是全体社会成员，其自发的指向是维持全体社会成员好的生活或正常的生活，故其内在逻辑可被称为生活逻辑或生存逻辑；政治活动场域的主体是国家权力，其目标是将社会生活维持在一定的秩序范围内，故其内在逻辑可称之为秩序逻辑；市场或经济活动的主体是资本，其自发的目标是获取最大化的利益，其内在逻辑可称之为资本逻辑。这样，三个实践场域之间的博弈，也就是生存逻辑、秩序逻辑和资本逻辑之间的博弈。上述这一框架为我们分析社会主义与资本力量提供了很好的理论坐标。

资本逻辑与生存逻辑经常处于一种对立状态。马克思在《1844 年经济学哲学手稿》中曾经引用亚当·斯密的话来说明这种冲突，"对资本家来说，资本的最有利的使用，就是在同样可靠的条件下给他带来最大利润的使用。这种使用对社会来说并不总是最有利的"。由于利润最大化构成了资本逻辑的指挥棒，因此，"最重要的劳动操作是按照投资者的规划和盘算来调节和指挥的。而投资者所有这些规划和操作的目的就是利润"。所以，这就导致了"经营某一特殊商业部门或工业部门的人的特殊利益，在某一方面总是和公众利益不同，甚至常常同它相敌对"①。由于资本逻辑和生存逻辑处于一种天然的对立状态，那么，国家权力在两者之间需采取何种立场？

第一种情况，资本逻辑支配国家政权，最终必将损害社会成员的生存逻辑，而使财富迅速地向少数人集中，这违背了社会主义国家的宗

---

① 《马克思恩格斯文集》，第 1 卷，人民出版社 2009 年版，第 133 页。

旨，也违背了改革开放共同富裕的目标，其结果必将是政府被资本的逻辑所绑架；第二种情况，国家政权支配资本逻辑，国家政权以生存逻辑为导向，这样能够更好地保障民生，更好地引导和驾驭资本。除行政权力之外，国有资本应该在驾驭和引导社会资本方面发挥积极的作用，国有资本不应该以资本逻辑及利润最大化为导向，而应该保障生存逻辑，引导全社会的资本服务于民生。

因此，当代中国的问题，一言以蔽之，就是"社会主义对资本力量"的问题。只有当社会主义力量足够强大，能够引导、利用、驾驭、制约私人资本力量，才有可能维护和发展社会主义制度，才能建立起真正的社会主义市场经济。邓小平指出："只要我们头脑清醒，就不怕。我们有优势，有国营大中型企业，有乡镇企业，更重要的是政权在我们手里。"①如果说邓小平"关于计划和市场"的论述为我们破除了关于"资本"的教条观念的话，那么，上述这段话则为我们指出了驾驭资本的道路。国家政权通过行政权力和国有资本调控和引导资本。改革开放以来，我国致力于建设中国特色社会主义市场经济，标志着社会主义结束了对资本力量的恐惧与敌对的态度，而代之以充满自信的主人翁态度，资本只是我们利用的手段，而不是我们信奉的主义，可以把资本力量纳入社会主义轨道，为社会主义建设服务。

国家政权通过行政权力和国有资本去调控和引导资本，这也就是我们通常所说的宏观调控。党的十七大报告指出，要深化对社会主义市场经济规律的认识，从制度上更好地发挥市场在资源配置中的基础性作

---

① 《邓小平文选》，第三卷，人民出版社 1993 年版，第 373 页。

用，形成有利于科学发展的宏观调控体系。中国社会主义市场经济的特色就在于通过国有资产资本化为"国有资本"，引导、吸收和控制全社会的资本来实现社会的公平和正义，来保障民生，实现共同富裕。因此，从三种逻辑的视角看待社会主义力量对资本的驾驭，就是通过秩序逻辑与生存逻辑相结合，去引导资本的逻辑。而所有问题的关键在于政权的性质，政权的性质取决于执政党即中国共产党的本性，这就要求无论是党和国家，还是马克思主义中国化都必须坚持马克思主义人类解放的理论旨趣和价值诉求。

人类不只在过渡，而是在转型；我们要面对的不仅是一个新社会，而是崭新文明的再创造。要想真正超越资本逻辑、拯救现代性，开启人类文明新形态，不仅要靠认知主体的反思，更要靠生产主体的实践。只有在"联合起来的个人共同占有生产资料"的生产实践中，寻求驾驭资本逻辑的方法，方能改变资本主义生产关系，使现代性由一种盲目的奴役人的力量转变为人类自觉控制的并为人类服务的力量。

第四部分

《资本论》与人类文明新形态

第十九章 恩格斯的"文明论断"

文明是人类社会所特有的文化现象，是人与动物的标志性区别。因此，对人类文明思考的深层，蕴含着对人本身的自我反省和对人类未来发展方向的求索，这也成为包括哲学在内的整个人类文化表达、探讨和研究的永恒主题。"任何真正的哲学都是自己时代精神的精华"，"是文明的活的灵魂"[①]。从思想史上来看，历代哲学家们都根据自己的时代特征对人类文明的问题和出路进行了深刻的分析，凝练和概括出了符合其时代特质的人类文明形态的哲学理念。自从尼采宣告"上帝死了"，重估一切价值成为可能，人类文明开始进入多元价值时代，对"文明"概念及其内涵的不同回

[①] 《马克思恩格斯全集》，第 1 卷，人民出版社 1956 年版，第 121 页。

答构成了不同的文明观。面对人类文明理念的多元发展和文明形态的重大变迁，我们究竟该如何理解和把握文明的内涵及实质？现代社会的文明形态是何种意义上的人类文明？未来人类社会的发展又应当迈向何种文明新形态？这些问题都是现代人所必须反省和澄清的重大理论问题和实践问题。

　　马克思主义把人类文明放在社会历史的宏观大背景中进行考察，以历史唯物主义为解释原则创建了新的文明解释框架。其中恩格斯在1844年发表的《英国状况·十八世纪》一文中对文明做了一个重要的论断："文明是实践的事情，是社会的素质。"①恩格斯的这一"文明论断"虽然有其特殊的思想语境，但却具有普遍性的历史意义。这是因为，恩格斯的"文明论断"是对文明的内涵及其实质所做的根本性的分析，并且是一种真正的历史唯物主义的"科学论断"。从马克思主义文明理论的整体发展过程来看，恩格斯在此处关于文明所做的论断是马克思主义区别于西方理性主义的文明解释传统，是重新界定文明的重要标志。因此，我们有必要认真对待这一文本，结合新时代人类文明发展的趋势，探讨恩格斯"文明论断"的理论实质，挖掘出恩格斯独特的文明观念，彰显出历史唯物主义文明解释框架的巨大时代价值和永恒的人类性意义。这为我们理解和反省现代社会以及探索和开辟人类文明新形态提供了重要的理论支撑。

第一节　文明是实践的事情

　　恩格斯的文明论断是其在对英国18世纪社会状况进行考察时得出

---

　　① 《马克思恩格斯文集》，第1卷，人民出版社2009年版，第97页。

的结论。恩格斯高度肯定英国 18 世纪在科学和实践上取得的成就。"18
世纪是人类从基督教造成的那种分裂涣散的状态中联合起来、聚集起来
的世纪；这是人类在走上自我认识和自我解放道路之前所走的一
步。"①18 世纪启蒙时代的卓越之处就在于促使人们形成了完善自我、完
善社会以及完善全人类的文明理想，这对于人类认识自身和解放自身
具有重要的激励作用。但在理性主义的影响之下，人们此时仍然将文
明看作一种趋向人性至善的单纯的意志活动，人类文明最基本的要素
是理性，理性的完善程度直接决定文明的发展程度。恩格斯认为这种
理解文明的整体主义和理性主义态度本质上仍然是一种形而上学的思
维方式。用这种思维方式去解释文明的发展和现实世界的构成，必然
会导致主体和客体、抽象与现实相对立，最终窒息甚至阉割历史
意识。

"因此，18 世纪没有解决巨大的对立，即实体和主体、自然和精
神、必然性和自由的对立，这种对立是历史从一开始就具有的，而且这
种对立的发展贯穿于整个历史之中。"②要真正解决这种对立，必然要超
越这种理性主义的文明解释模式，用一种历史的视角，从现实世界，从
人的生活实际中去寻求文明的理想。恩格斯曾明确说明，18 世纪科学
的最高峰是唯物主义。站在唯物主义的立场上，马克思和恩格斯在《德
意志意识形态》中明确指出，"人们是自己的观念、思想等等的生产者，
但这里所说的人们是现实的，从事活动的人们"③。从而直接将文明发

① 《马克思恩格斯文集》，第 1 卷，人民出版社 2009 年版，第 87 页。
② 《马克思恩格斯文集》，第 1 卷，人民出版社 2009 年版，第 89 页。
③ 马克思、恩格斯：《德意志意识形态(节选本)》，人民出版社 2018 年版，第 16 页。

展的观念植根于现实的人的实践活动。从历史的角度来看,实践活动是人的本身的存在方式,正是人类通过自身的实践活动在认识和改造世界的过程中形成了文明。如果脱离人类的实践活动,一切关于文明的理解都将会沦为抽象的、片面的、无根基的空谈。由此,恩格斯形成了关于文明论断的第一个本质性规定:"文明是实践的事情。"从根本上来讲,文明是一个实践范畴。

由于人是历史性的存在,人的实践活动也必然是在一定的历史条件下来进行的。以实践为范式理解文明,文明就不再是一种单纯的文化样式,也不是单纯的理性精神,而是基于实践的人的历史活动的展开过程。文明的发展进程所传达出的价值追求和价值理想,是处于一定历史阶段的人们在自身的物质生活实践中所形成的,绝不可能脱离人类生活实践而独立存在。恩格斯超越了西方理性主义的文明解释模式,"始终站在现实历史的基础上,不是从观念出发来解释实践,而是从物质实践出发来解释各种观念"①。从实践的范式出发,近代启蒙思想家们所形成的以"理性"为核心的关于文明的价值理想"不过是资产阶级的理想化的王国……而理性的国家、卢梭的社会契约在实践中表现为,而且也只能表现为资产阶级的民主共和国"②。也就是说,启蒙思想家以理性出发理解人类文明,只不过是对现代资产阶级的社会生产和社会生活的理想性表征。

关于文明进步的基本方式和途径,恩格斯在概括英国 18 世纪的社

---

① 马克思、恩格斯:《德意志意识形态(节选本)》,人民出版社 2018 年版,第 37 页。
② 《马克思恩格斯文集》,第 9 卷,人民出版社 2009 年版,第 20 页。

会状况时，大量列举了英国工业革命所取得的巨大物质成就，充分肯定其对现代文明的发现和发展的重大意义，指出人们的实践活动对文明发展的推动作用。正是英国大规模的殖民、航海以及工业实践活动促使人们更深入地去了解外部世界，完善自身文明。可以说，人的实践活动促进了文明程度的提高，推动了文明的发展。"文明程度的提高，这是工业中一切改进的无可争议的结果，文明程度一提高，就产生新的需要、新的生产部门，而这样一来又引起新的改进。"①所以，站在唯物主义的立场上，一种"真正的普遍的文明"必然是立足于人类社会生产实践基础上的，而文明的一切进步的基础归根结底就源自人的实践活动带来的社会生产力的增长。

文明是实践的事情，但这决不意味着文明是一种单纯的物质生产活动。"当涉及个人与个人，个人与社会以及个人与人类之间关系的巨大变革继续沿着物质文明的轨道前行，且又想要表现出一种有价值的进步时，生活在文明社会里的人的思维习惯便面临着更高的要求了。"②因此，"文明是实践的事情"具有两个维度：文明不仅仅是一种物质生产活动，它同时还是一种价值理想。从某种程度上来说，"文明的本质并不在于其物质成就，而在于这样的事实：每个人心中都有这样的理想——完善自我，改善民族的以及全人类的社会和政治状况：而这些理想也以活力四射、持之以恒的方式决定着人们的思维方式"③。人类的具体的

---

① 《马克思恩格斯文集》，第 1 卷，人民出版社 2009 年版，第 102 页。

② ［德］阿尔伯特·史怀哲：《文明与伦理》，孙林译，贵州人民出版社 2018 年版，第 3 页。

③ ［德］阿尔伯特·史怀哲：《文明与伦理》，孙林译，贵州人民出版社 2018 年版，第 3 页。

生产实践、生产力的进步固然会推动文明的变革，但我们不能就此认为文明追求的仅仅是物质层面上的进步，实际上，它也内蕴着关于每个人自由发展的价值理想。

在《英国状况·十八世纪》一文中，恩格斯反省和批判了古代的和基督教日耳曼的世界观。他指出："古代根本不懂主体权利，它的整个世界观实质上是抽象的、普遍的、实体性的，因此古代没有奴隶制就不可能存在。基督教日耳曼世界观以抽象的主体性，从而以任意、内在性、唯灵论作为基本原则同古代相对抗；但是，正因为这种主体性是抽象的、片面的，所以它必然会立刻变成自己的对立物，它所带来的也就不是主体的自由，而是对主体的奴役。抽象的内在性变成了抽象的外在性，即人的贬低和外在化，这一新原则造成的第一个后果，就是奴隶制以另一种形式即农奴制的形式重新出现；这种形式不像奴隶制那样令人厌恶，却因此而更虚伪和不合乎人性。"①可见，无论是古代世界的奴隶制，还是基督教日耳曼的农奴制，所带来的都不是主体的自由，而是主体的奴役。古代世界根本不懂主体权利，基督教日耳曼的世界观虽然注意到了人的主体性问题，但却是人的贬低和外在化，因此更虚伪和不合乎人性。文明的发展过程提示我们，人类从未放弃寻找一种积极的、更加符合人性的世界观。文明发展的目标是带来主体的自由解放，而不是对主体本能的压抑。如果仅从实践的物质内涵出发，文明的发展就变成了一种纯粹的生存意志。文明的理想绝对不止于此，人不仅要通过理性来认识自我，更需要一种新世界观的指引来解放自我。

---

① 《马克思恩格斯文集》，第1卷，人民出版社2009年版，第93—94页。

文明的发展史是人类在实践的基础上自我认识和自我解放的历史。在这个过程中如果没有世界观的指引，文明的发展将会使人的精神世界趋于荒芜。而只有当生活在文明社会的人养成足以让他们去完善自我、完善社会的精神习惯时，物质文明才会变成真正的文明。对此，弗洛伊德也曾指出："没有任何特征能比下面这个特征更好地表现文明的特点，那就是文明对人类的高级心理活动——智力的、科学的和艺术的成就——的尊重和鼓励，以及它赋予观念在人类的生活中所发挥的主要作用。"[①]这种观念就是文明在世界观层面所发挥的作用，这是一种基于实践所表征的文明范式。它不是宗教和艺术层面上的观念，也不是科学和技术的理性精神，而是哲学层面上的理念。正是因为这种世界观的指引，文明的理想才能够在人们思考自我和世界的过程中保持长久的影响力。但是需要我们注意的是，这样一种以人的自由解放为目标的世界观，如果不想坠入理性主义的窠臼，就必须坚持历史唯物主义的解释原则：从"现实的个人"出发，探寻一条人类解放的现实道路。

第二节　文明是社会的素质

在《关于费尔巴哈的提纲》中，马克思指出："人的本质不是单个人所固有的抽象物，在其现实性上，它是一切社会关系的总和。"[②]人归根

---

① ［奥］西格蒙德·弗洛伊德：《文明及其缺憾》，杨韶刚译，中国法制出版社 2018 年版，第 151 页。

② 《马克思恩格斯文集》，第 1 卷，人民出版社 2009 年版，第 501 页。

结底是社会的产物，人的实践活动和世界观都是在既定的社会和时代条件下产生的。实践是文明发展的推动力，它不仅促进文明程度的提高，也激励人们不断寻找积极的世界观。但是值得注意的是，不管是文明的物质动力，还是精神指引，都不能脱离具体的社会。因此，文明不仅仅是一个文化层次或文化领域的概念，它是一个综合性的社会概念。文明与人类社会的发展紧密相关，它不仅意味着个人理性能力的提升，思维方式的转变，更在根本上指向社会秩序的生成。傅立叶在谈论文明制度的时候曾指出："伟大的文明事业中有两个事实——社会生活的发展和个人生活的发展。"①这就意味着文明从根本上旨在促进新的社会秩序的生成以及在此基础上的人的本质的实现。基于历史唯物主义的这一立场，恩格斯做出了其文明论断的第二个本质性规定："文明是社会的素质。""文明是社会的素质"揭示了文明作为一种社会结构形式的重要意义：它必然要打破人与人之间原子式的、孤立式的存在状态，将社会成员联结在一起。这一本质性规定把人的存在状态和社会的发展状态两个方面统一在一起诠释了文明的具体内涵。

恩格斯在对 18 世纪的英国市民社会做出考察后深刻指出，英国的全部政治问题从根本上来看都是社会性的。恩格斯认为，与法国人一开始就把国家当作人类普遍利益的永恒形式不同，英国人关注的是市民社会的单个人利益的实现，而对作为所谓普遍利益的代表的国家并不抱很大希望。"英国的活动则是独立的、彼此并立的个人的活动，是无联系

① 《马克思　恩格斯　列宁　斯大林论社会主义文明》，中共中央党校出版社 1982 年版，第 214 页。

的原子的运动，这些原子很少作为一个整体共同行动，而且即使作为整体行动的时候也是从个人利益出发。目前的普遍贫困和极端涣散就是个人之间缺乏统一性的表现。"①由于英国人的活动总是以单个人的方式进行，追求个人的经济利益，这就使市民社会发展起来。国家和教会不再是实现人的本质的唯一的、普遍的形式。在这个意义上，恩格斯承认只有英国才真正具有社会的历史，因为通过对个人利益的强调，英国才真正确立起主体性，对人的本质力量的实现予以真正的关注。但同时，这种主体性是一种绝对的主体性，它把普遍分裂为许多单一，将利益升格为人类的纽带，然而"只要利益仍然正好是主体的和纯粹利己的——就必然会造成普遍的分散状态，必然会使人们只管自己，使人类彼此隔绝，变成一堆互相排斥的原子；而这种单一化又是基督教的主体性原则的最终结果，也就是基督教世界秩序达到的顶点"②。

洛克在《政府论》中曾将人类进入社会状态之前的阶段概括为"自然状态"。自然状态所遵循的正是典型的弱肉强食的丛林法则，人类为了保存自己，就必然要达成契约进入"社会状态"。"恰恰是因为自然本性借以威胁我们的这些危险，才使我们联合起来创造了文明，文明也和其他事物一样，旨在使我们共同的社会生活成为可能。因为文明的主要任务，文明存在的真实理由，在于保护我们抵御自然本性之害。"③在社会状态下，尤其是资本主义条件下，人类虽然可以根据社会

---

① 《马克思恩格斯文集》，第 1 卷，人民出版社 2009 年版，第 92 页。

② 《马克思恩格斯文集》，第 1 卷，人民出版社 2009 年版，第 94 页。

③ ［奥］西格蒙德·弗洛伊德：《文明及其缺憾》，杨韶刚译，中国法制出版社 2018 年版，第 21 页。

契约(法律)来调整和解决人与人之间的各种冲突，但是依然保持着人的逐利的自然倾向。资本主义文明正是以这种私人利益为基础构成的，而利己主义所造成的就是人与人之间分散、孤立的存在状态。英国古典政治经济学乃至整个经济学都是建立在这一"经济人假设"基础之上的。恩格斯立足于人类的社会实践提出的文明概念不同于西方契约论政治哲学和英国古典经济学中以自私自利的孤立个人为前提假设的传统文明概念。

文明这一概念是社会建构而成的，文明不是少数天才人物单独创造的，任何形态和性质的文明都是人类在社会性的生产活动中创造的。文明所追求的目标是人的本质力量的实现，而这种力量不是政治革命和哲学革命能够带来的，只有社会革命才能促进人的自由个性的发展。任何政治革命和哲学革命最终必然要通向社会革命，只有社会革命才是真正意义上的革命，正是英国的社会革命使农奴变成了享有人身自由的劳动者阶级，为人类的自由解放奠定了基础。所以恩格斯认为："人类分解为一大堆孤立的、互相排斥的原子，这种情况本身就是一切同业公会利益、民族利益以及一切特殊利益的消灭，是人类走向自由的自主联合以前必经的最后阶段。"①由此可见，社会性是人类文明的重要特性，以社会性为内涵，文明所追求的绝对不是社会成员之间孤立、疏离的存在状态，而旨在促进人们的自由联合，这是文明社会的重要特征。所以，在这个意义上，"文明既是社会纽带的最高形式，也是最广泛的形式。因此，文明概念的另一个功能是表达一种理想抱负……文明是最崇高的联

---

① 《马克思恩格斯文集》，第1卷，人民出版社2009年版，第95页。

系纽带，人类在文明的旗帜下聚集在一起，虽然这种聚集是精神上的而非领土上的。文明代表了整个人类的社会存在理想"①。

从社会发展的角度来看，文明程度的提高必然促进新的社会关系的生成。恩格斯立足于人类的社会实践提出的文明概念不仅代表了人类在物质层面上的全部成就和规则，指出文明社会中人们打破孤立状态而走向联合的趋向，也旨在帮助人们调节他们的社会关系。日本学者福泽谕吉在谈论人类文明的时候曾指出，文明的性质从根本上来看就在于个人精神的发育和社会秩序的养成，二者都意味着进步，这种进步体现了人类从野蛮时代向文明时代的过渡，也是人类摆脱无序的自然状态进入有序的社会状态的重要标志。"文明一词的天然含义是进步、发展的概念，它是以人民在前进为前提的。这就是公民生活和社会关系的不断完善，这就是在所有社会成员间进行最公正的力量与幸福的分配。"②恩格斯文明概念解释模式的逻辑起点是"现实的个人"的实践活动，而"现实的个人"不是理性层面的抽象存在，而是处于特定社会关系下的具体的、现实的人。正是因为人是社会性的存在，所以个人总是承载着一定的社会关系。社会性是人的根本特性，也是文明的根本属性。处在一定社会关系中的人总是能够在一定的历史条件下创造出异彩纷呈的文明成果，在从事实践活动的过程中创造和改变着人们之间的社会关系。在这个意义上，文明不是特定个人的创造物，而是社会建构的结果，文明总是代表

---

① ［美］布鲁斯·马兹利什：《文明及其内涵》，汪辉译，商务印书馆 2017 年版，第 145 页。

② 《傅立叶选集》，第 2 卷，赵俊欣、吴模信、徐知勉、汪文漪译，商务印书馆 2017 年版，第 312 页。

着人们彼此发生的那些联系和关系的总和。在这个意义上，"我们必须注意到文明是一个社会科学概念。它一方面在努力理解新的社会联系，另一方面又是在建构新的社会联系"①。

通常人们在讨论"文明是社会的素质"这一重要论断的时候，往往认为恩格斯在此处强调的是文明的发展对整个社会公民素质的积极提升作用，认为文明的发展总会促进公民素质的提升。但我们必须注意，如果仅仅将文明理解为公民素质的提升，就会将"文明是社会的素质"的内涵狭隘化，将文明变成了道德层面的概念，而文明本质上是实践的范畴，具有社会的内涵。恩格斯这一论断并不是想强调文明发展对整个社会素质提高的积极作用，他认为文明的发展也有其弊端，之所以说"文明是社会的素质"，意在强调文明是社会存在的理想，它表达的是人类自我解放的诉求。在《英国状况·十八世纪》以及《英国工人阶级状况》等文本中，恩格斯一方面肯定资本主义工业发展的本身就意味着文明程度的提高，而文明程度的提高确实可以引起新的技术改进、促进生产力的发展以及创造新的社会关系；但同时恩格斯也注意到了18世纪以来资本主义社会文明的发展是建立在个人利益的基础上的，并且通过私有制这一外在形式实现着对人的统治，这就使得一切关系都可以用商业术语和经济概念来表达。与亚当·斯密和洛克等人对商业发展和人们对利益的追求可促进文明社会的发展的看法不同，恩格斯在《家庭、私有制和国家的起源》这一关于文明发展的重要文本中将资产阶级对利益的追求看成

———————

① ［美］布鲁斯·马兹利什：《文明及其内涵》，汪辉译，商务印书馆2017年版，第8页。

"最卑下的利益——无耻的贪欲、狂暴的享受、卑劣的名利欲、对公共财产的自私自利的掠夺"①。正是这种卑劣的贪欲毁坏了一切文明制度，使一切奴役和压抑的社会关系变得更普遍和更合理了。正如弗洛伊德说文明社会不再压抑任何人，恩格斯认为文明包括一种特定的社会交往形式，文明的目标是使人类获得解放，并创造出合乎其本性的社会关系。在这个意义上，"文明是一种独特的秩序和情怀，它从文化的——社会的秩序和情怀延伸而来。它也是一种行动，一种运动，一种进程"②。

文明是人之存在的社会理想，是人之为人的归宿。因此文明进程是人类摆脱压抑和束缚寻求自身解放的进程，而人之所以要改变不合理的社会关系，促进社会文明的发展，就是要改变自身的生存状况，充分展现自身的本质力量。在这个基础上，社会的发展也能为人类摆脱奴役、彰显自身价值和获得解放提供保障，个人的解放程度与社会的发展程度具有一致性，这才是"文明是社会的素质"所传达出的真实内涵。

第三节 恩格斯文明论断所实现的革命性变革

在马克思主义文明理论诞生之前，西方的文明解释理论主要是从理性的角度出发，遵从一种理性主义传统来理解人类文明的发展和演进

---

① 恩格斯：《家庭、私有制和国家的起源》，人民出版社2018年版，第106页。
② ［美］布鲁斯·马兹利什：《文明及其内涵》，汪辉译，商务印书馆2017年版，第25页。

的。虽然这种理性主义的文明解释模式也代表了人们对于文明的美好期冀，但却不可避免地陷入了同现实相对抗的抽象层面，仍然是用一种形而上学的思维方式来理解整个现实世界。而恩格斯的文明论断——"文明是实践的事情，是社会的素质"，不仅发挥着认识人类文明进程的重大世界观和方法论价值，也实现了文明解释理论的重大变革：首先，恩格斯的文明论断实现了文明理解范式的变革，不再以观念论为范式，而是以实践论为范式来解释文明的发展的演进，更新了文明的具体内涵，实现了文明范式的历史唯物主义转向；其次，恩格斯的文明论断实现了文明研究立场的转变，以无产阶级为文明发展的支柱，揭示了一种真正的普遍的文明必然是代表大多数人利益的文明，对资本主义文明形态进行了科学的分析并对未来社会的文明类型进行了合理的揭示；最后，恩格斯的文明论断实现了文明发展形态理论的创新，超越了"欧洲中心主义"文明解释模式，变革了以欧洲文明为中心的解释框架及其所形成的切割世界和排斥他者的文明传统。马克思主义打破了各种不同文明类型之间的不平等关系，确立了新的文明解释框架。

从文明理解范式的角度来看，对文明的发展及其演进问题的探讨，是人类进入文明时代以来亘古不变的重大课题。雅思贝尔斯在论述轴心文明时，突出强调了人类理性精神的觉醒对认识人之存在的重要作用，可以说整个轴心文明都围绕人类理性精神的进步而展开。柏拉图以理念论为基础，认为人的理性思维及其外化的城邦制度标志着人类文明的进步，由此对城邦文明进行了一系列的制度设计。黑格尔也从绝对精神的演进和发展出发来理解整个世界文明。可以说，人类走向文明的标志是理性，理性的养成是人类从野蛮社会走向文明社会的转折点。在这种理性主义传统的影响下，众多西方学者都认为理性是人类文明进步的动力，理性的完善程度直接决定文明的发展程度。孔多塞、福泽谕吉等学者甚至直接把文明进步的历程归结为人类精神进步的历史。以傅立叶、圣西门为代表的空想社会主义者也期望由少数天才人物建立起理性充分的社会秩序。而当文明的发展带来理性所解决不了的矛盾冲突时，则又从消极的角度将文明看成社会罪恶的根源。卢梭就认为正是人类文明的发展才带来了人与人之间的不平等，导致了人类自由的丧失。弗洛伊德更是将文明看作一种心理结构，认为人类文明的历史就是人的本能受压抑的历史，人的不自由和受压制是文明进步的必然后果。

与上述思想家从理性的范式出发对文明的内涵和实质所作的理解和把握不同，恩格斯强调"文明是实践的事情，是社会的素质"，变革了文明的理解传统，强调文明不是某种文化或心理层次上的概念，而是一个实践范畴，具有社会性的内涵。文明不是单纯依靠人的理性来推动的，更不是某些天才人物的单独创造，人类文明的发展过程是基于实践的人的历史活动的展开过程，文明的成果是人们在自己的社会性的生产活动中创造的。"历史过程中的决定性因素归根到底是现实生活的生产和再生产。"[①]人类文明发展的历史就是以实践为基础的人的自我认识和自我解放的历史，文明的进步以社会物质生产实践发展为基础，实践是文明进步的源泉，是文明发展的动力，社会性是文明的根本属性，由此实现了文明范式的唯物主义变革，为理解文明真正提供了一个基本的理论维度。

———————

① 《马克思恩格斯文集》，第 10 卷，人民出版社 2009 年版，第 591 页。

从文明研究立场的角度来看，在西方理性主义文明理论的视阈中，文明是少数有闲阶级的事业。文明是由少数具有理性头脑的精英人士创造的，所以文明的成果必然由他们享有。在柏拉图和亚里士多德所设计的城邦文明中，城邦并非代表全体人民的福祉，而只是代表某个特定阶级的利益。汤因比也将文明的进步视为少数人的创造，指出"在每一个生长中的文明社会里，其中绝大部分成员个人都是处于一种停滞不前的无声无息的状态中，像静止的原始社会中的成员一样"①。这种文明进步的"精英论"思想从社会上一小部分人的利益出发，没有看到无产阶级在文明发展过程中的地位和作用，将文明的理想狭隘化了。而一旦我们将文明理解为实践的事情，理解为社会的素质，就意味着文明是内蕴了每个人自由全面发展和全体人类共同解放的价值理想的实践活动，它必然关注人类的共同利益和精神需求。恩格斯指出，在资本主义社会，文明只是属于少数资本家的特权，它代表的只是资产阶级的利益，而不是全人类的共同利益。因此，工人阶级被资本主义社会排除在了文明的范畴之外，与自己创造的文明成果相隔绝。在这样的文明发展进程中，文明的进步不仅没有提高无产阶级的生活水平，反而使无产阶级的生活状况变得越来越差。在这个意义上，资本主义文明形态就是一种代表资产阶级利益的伪善的、少数人享有的文明。站在历史唯物主义的立场上，文明的理想应该是关于大多数人的理想，应该是关于整个人类的理想。

因此，代表人类文明前进方向的将是超越资本主义的新型文明，这是一种真正的普遍的文明，是能够把无产阶级解放和全人类解放相结合

---

① ［英］汤因比：《历史研究》，上，曹未风等译，上海人民出版社1966年版，第272页。

的文明，是一种把个体利益和全社会普遍的共同利益相结合的文明。恩格斯在分析英国工业革命时曾指出："18世纪在英国所引起的最重要的结果就是：由于工业革命，产生了无产阶级。"[①]在寻求文明新形态的过程中，无产阶级肩负着推翻资本主义社会、推动文明继续进步的历史使命。只有通过无产阶级的社会革命，用共产主义代替资本主义，才能从根本上解决人与自然、人与社会的矛盾，实现自然、社会和人的和谐发展，从而实现人类文明的跨越式进步。因此，无产阶级的产生和解放具有世界历史的意义。"无产阶级用事实表明，它而且只有它才是现代文明的支柱，它的劳动创造了财富和豪华，它的劳动是我们全部'文化'的基石。"[②]无产阶级的劳动实践创造了人类丰富的文明成果，只有建基于无产阶级立场上的共产主义才能开辟超越资本文明的人类文明新形态。在这个意义上，恩格斯的文明论断实现了文明研究立场的转变，不再从社会的某个单一阶级利益的立场出发，而是以无产阶级为文明发展的支柱，从而去寻求能够代表全人类共同利益的文明类型。

从人类文明发展形态的角度来看，随着社会的发展，文明进步的"社会精英论"进一步演变为西方文明中心论。在处理西方文明与世界其他文明的关系时，西方中心主义逐渐将世界切割开来，将自身的文明形态视为真正的文明，而将自身之外的他者文明视为野蛮，否定其他民族对于人类文明发展所做的贡献。资本主义社会是市民社会充分发展的社会，从某种程度上来说，"市民社会史本身就是一部西方基督教文明转

---

① 《马克思恩格斯文集》，第1卷，人民出版社2009年版，第107页。
② 《列宁全集》，第九卷，人民出版社2017年版，第204页。

化史，一部欧洲中心主义自我巩固的历史"①。在这种文明解释模式下，文明的产生和发展都是以欧洲为中心的，欧洲成为文明的同义词。在对待其他文明形态的时候，这种西方中心主义不是以"他者"为镜来反观自我，"他者"反而呈现出一种低劣的样貌，文明也开始有了等级之分，最后这种欧洲中心主义文明观的发展带来的就是种族主义，这样的文明形态必然是封闭的、排斥他者的。

如果仅从某个单一个体或某个特殊民族的视角出发来理解文明，文明必然将世界切割为不同的部分，并具有高低优劣之分。"旧唯物主义的立脚点是市民社会，新唯物主义的立脚点则是人类社会或社会的人类。"②历史唯物主义所秉承的是一种"人类社会或社会的人类"的立场。当我们寻求合乎人性的未来文明形态时，必须要超越欧洲中心主义的狭隘视域，不是从某个单一的文明、某种特定的价值观念出发，而是从整个人类的视野来思考。在人类解放的层面上，共产主义所创造和引领的文明类型是真正的人类文明。这种文明不再切割世界，也不再排斥他者。"现实中，存在一种人类的共同命运，人类共同向文明汇集。"③历史转变为世界历史之后，人类文明发展的趋势必然是宽容的、开放的，并且与"他者"共存共生。狭隘的地域中心主义和种族主义文明观念应当是被人类所批判和摒弃的。正是在这个意义上，"人类命运共同体"的观念是一种顺应历史潮流的新文明观念。

---

① 邹诗鹏：《马克思对欧洲中心主义的批判与超越》，《哲学研究》2018年第9期。
② 《马克思恩格斯文集》，第1卷，人民出版社2009年版，第502页。
③ ［美］布鲁斯·马兹利什：《文明及其内涵》，汪辉译，商务印书馆2017年版，第60页。

　　哲学是理论形态的人类自我意识，它的实质内容是对人类文明的理论总结和升华，它的基本功能是批判地反思人类文明，从而塑造和引导新的时代精神。总的来看，恩格斯的文明论断，正是在历史唯物主义的基础之上对人类文明进行了反思和升华。无论我们以什么样的方式给文明下定义，以人的自由全面发展为核心内容的人类解放都是文明发展的题中应有之义。文明发展的历史一方面是人类以实践为基础的自我认识和自我解放的历史，另一方面也是以实践为基础的人类社会变迁和社会进步的历史。文明形态变革，就其本质来说，就是人的自由发展和社会结构变迁相统一的形态变革。其中每个人的自由全面发展以及全人类的自由解放是文明形态变革的价值目标，而人类社会结构尤其是生产关系变革是文明形态变革的现实途径。

第二十章　文明形态变革的"测量器"和"指示器"

资本文明形态为现代文明带来了不可磨灭的辉煌印记，这在文明史中应给予理所应当的承认与褒奖，但同时，这种自诩为"历史终结"的文明形态背后也隐藏着巨大的"危机"，具体表现为人与自然、人与人、人与自身关系的全面异化和畸形发展，它构成了资本文明发展的界限。正是现代资本文明本身所蕴藏的危机、界限，要求有一种新的文明形态对其进行变革，从而超越资本文明。而人类文明形态的每一次重大变革与进步，人类社会的每一次重大发展与跃迁，又都离不开作为"时代精神的精华"和"文明的活的灵魂"的哲学对其进行理论上的指引。只有以哲学的目光提炼文明形态变革的学理性根据，才能更为有序地把握时代课题，才能更为有力地塑造时代的精神，从而更为有效地引领时代的发展与进步。正是在这个意义上，马克思指出："光是思想力求成为现实是不够的，现实本身应当力求趋向思想。"①那么，应该以何种哲学理念作为切入点并切中肯綮地把握文明形态的变革？文明形态变革的学理性依据是什么？什么构成了文明形态变革的"测量器"和"指示器"？这是我们必须回答的问题。马克思在回应鲍威尔的信中指出："历史什么事情也没有做……历史不过是追求着自己目的的人的活动而已。"②对文明形态自身来说，它并不存在既定的规律，而是参与其中的人本身起了重要的作用。人与文明形态的这种"共在"式的参与关系，使得文明形态的向上变革成为可能。这种"共在"式的参与关系就构成了人与自然、人与人、人与自身的互动关系，在哲学理念上就构成了对生产力、生产关系以及人的存在方式的深切思考。

第一节 生产力的变革：人与自然关系的全面和解

生产力，是文明形态变革及其重塑的第一个也是最为基础的"测量器"和"指示器"。既有的生产力的变革，是推动当下文明形态变革的决定性力量，而变革了的新的生产力，同时成为塑造文明新形态的首要因素。就是在这种"测量器"和"指示器"的意义上，马克思论述了不同的文明形态的区别"不在于生产什么，而在于怎样生产，用什么劳动资料生

① 《马克思恩格斯文集》，第1卷，人民出版社2009年版，第13页。
② 《马克思恩格斯文集》，第1卷，人民出版社2009年版，第295页。

产"①。当下文明形态的变革，意味着要超越既有文明形态的"坏的可能性"和造成危机的"界限"，从而实现一种更好的发展。要实现这种真正的超越和变革，在根本上必然要依赖于生产力的变革。

生产力的概念在最广泛也是最传统的意义上，指的是人类在生产实践中形成的改造和影响自然以使其适合社会需要的物质力量。这表明了生产力的对象是自然界，目的是获取所需要的物质财富，而这一过程所形成的就是人与自然的互动关系。但是，长久以来值得深思的问题是，从文明形态的开端处到当下资本逻辑宰制的现代文明社会，人与自然的关系始终是处于一种消极的两极对立状态。以生产力自身的历史发展形态为区分标准，文明形态的历史阶段可以划分为前资本文明形态、资本文明形态和文明新形态。在前资本文明形态中，生产力自身未得到完全的发育，人的力量就此来说是弱小的，此时，人们为了获得一系列满足自身发展的需要，就要相互以群体的方式共同对抗自然从而依赖自然，这构成了马克思所论述的由"人的依赖关系"所形成的文明形式。在这种文明社会中，由于生产力的不成熟，人与自然的关系表现为人对自然的抗争以及自然对人的束缚。到了资本文明社会中，生产力强大的力量逐渐释放出来了，自然的秘密"就更加是在方术的扰动下比在其自流状态下较易暴露"②。在这种状况下，虽然人们有理由也有能力相信能够获得自然的一切财富，但是随之而来的是人与自然的关系变得更为对立，这表现为人对自然的剥夺与自然对人的惩罚。资本文明形态把控下的生

---

① 《马克思恩格斯文集》，第 5 卷，人民出版社 2009 年版，第 210 页。
② ［英］培根：《新工具》，许宝骙译，商务印书馆 2009 年版，第 86 页。

产范式，在对待自然的态度上，就是要"摧毁一切阻碍发展生产力、扩大需要、使生产多样化、利用和交换自然力量和精神力量的限制"①。隶属于资本文明形态的生产范式，由于资本增殖的价值理性作祟，资本逻辑逐渐宰制人的命运和自然的命运。一方面，相对于前资本文明社会，人虽然获得了相对的独立性，但是这种独立性是建立在"以物的依赖性为基础的人的独立性"②之上的。因此，这种独立性不过是碎片式、单向度、畸形化的"独立性"罢了，并且伴随物的价值的逐渐增殖，带来的是人的价值的逐渐贬值，人的主体性几乎被完全淹没在资本这个物的主体性之中。另一方面，资本增殖要求生产力的高效率，必然带来对自然本身的高污染。因为隶属资本文明的生产范式，是单向度的生产范式，具体表现为"大量开采—大量生产—大量消费—大量废弃"的单向度生产过程。对自然资源的高污染生产逻辑，会带来自然资源短缺的结果，因而，在资本文明形态中的生产范式，造成了人与自然双方及其双方之间关系的极度恶化。

由以上分析不难发现，由前资本文明形态到现代资本文明形态的发展过程中，生产范式遵循的是"物质生产范式"。"物质生产范式"的目的就是直接获取物质财富的单向度生产，它是为了生产而生产的生产范式，这种生产范式导致的直接后果就是人与自然关系消极地两极对立。由此可以断定，人与自然关系的恶化所引发的生态危机，在其根源上应归咎于隶属资本文明的生产范式，它是经济危机的直接变种，并且比经

---

① 《马克思恩格斯文集》，第 8 卷，人民出版社 2009 年版，第 91 页。
② 《马克思恩格斯文集》，第 8 卷，人民出版社 2009 年版，第 52 页。

济危机更为致命。

当然，需要反问的是，资本文明形态下的生产范式并没有对此熟视无睹，也并没有发生整体崩溃，而是稳步踏入了消费社会，由此，消费社会的文明形式把马克思意义上的革命主体整合为消费大众，这让资本文明的生产范式危机得到了缓解。我们也看到，当代资本主义生产范式正表现为另一种转变，较之于物质生产范式，当下实践中"非物质劳动"的生产范式逐渐占据生产主导地位，在实质上这是资本文明为了摆脱原有的积累危机而寻求的新的存在形态。"这是一种生产非物质产品，譬如知识、信息、交往、关系或者情感反应的劳动。"①然而，我们应该清醒地意识到，"非物质劳动"的生产范式虽然在一定程度上缓和了人与自然的紧张关系，但是并不能认为"非物质劳动"改变了资本的积累方式，而是资本积累方式的创新促成了"非物质劳动"的生产范式，在最终意义上，毋宁说"非物质劳动"的生产范式依然隶属于原有的"物质生产"范式，即原有的资本积累手段。在深层次问题上，资本主义生产范式都遵循着自身的经济理性："要么进行积累，要么就死亡。"②但是这种经济理性却是有其历史限度的，即自然的限度，而这一限度构成了资本文明生产范式的最终限度——"一个不可逾越的存在论限度"③。

当下，生产变革范式的新趋势，是智能文明时代的到来所引领的人工智能的出现。智能文明时代的生产范式，其背后起主导作用的毋庸置

---

① Hardt，M.，Negri，A.，*Multitude*，The Penguin Press，2004，p. 108.
② ［美］詹姆斯·奥康纳：《自然的理由——生态学马克思主义研究》，唐正东、臧佩洪译，南京大学出版社 2003 年版，第 384 页。
③ 张盾：《马克思与生态文明的政治哲学基础》，《中国社会科学》2018 年第 12 期。

疑是人本身。人力要素是构成生产范式的最基本的要素，生产范式变革是否可能也首先依赖于人自身。真正的文明社会，其历史尺度和价值尺度总是统一的，历史尺度是衡量一个社会是否进步的标准，价值尺度是衡量一个社会是否还存在着大的缺陷。资本文明下的生产范式的确以历史的尺度宣告了社会的进步，但其自身的缺陷也是显而易见的。人作为价值尺度的主体，作为生产力中最具活力的要素，只有人本身发展了，劳动对象才会变得更有价值，生产力创造的结果也才会更具有价值。因此，生产范式中人力因素变革的标准在于人是否自觉地意识到并自觉承担起这一历史使命，这也是判定人力因素成熟与否的标准。

只有人力要素充分获得了人与自然本质统一的理论自觉，才能真正地推动科技要素的变革。智能文明时代的人工智能，创新发展了人力因素，它们构成了人的无机的身体，解放了人类的诸多生理局限，这是人力因素的重要变革和发展。但是，较之于"无机的身体"这种人力因素的极大变革，最为重要的是人自身应当自觉地意识到改变人与自然关系两极对立的历史使命，从而走向人与自然的完全和解和统一。否则，缺乏这种理论自觉的人工智能导致的仍然是人与自然的对立与冲突。换言之，科技要素并没有独立的自我意识，它自身总是携带着人类的自我意识，文明新形态视域中人与自然关系的良性发展，就取决于科技要素的目的导向。这要求文明形态的变革必须重视主导科技力量的人的自我意识的培育，即便人工智能在未来的某个时刻完全获得了属于它自身的自我意识，人与自然完全和解的这种自我意识的新启蒙也是它所必需的，否则带来的将是无穷的危险与灾难。

此外，立足当今现实生产范式的变革，在概念以及现实的意义上，还必须指出：由于不同国家的生产力水平不尽相同，生产力的主体并非全人类，而是具体的、特定的社会的"社会人"。因此，不能就此断言生产力的一些趋势性的变革已经成为全部社会所共同认同的理念。期待文明新形态的到来，以先进的生产范式和自觉的理论标准引领这种新趋势，从而为文明形态的变革贡献力量。

第二节　生产关系的变革：人与人关系的全面发展

生产关系的变革是文明形态变革的第二个"测量器"和"指示器"，也是最核心的"测量器"和"指示器"。对资本文明的超越就是要超越资本主义的生产关系。资本文明指的既是以一种不同于以往的、先进的生产力为代表的现代文明形态，又是以资本增殖为核心所形成的一种关系形态构建的现代文明形态。反思现代资本文明的社会，无论在人与自然的关系上，还是人与人的关系上，其实都被资本的逻辑所牢牢控制。那么文明的新形态，既然要以超越资本文明形态为变革的靶子，也就必然离不开对资本主义生产关系的反思和批判。另外，当下人工智能的出现所引领的生产力的变革，为文明形态的变革注入了强劲动力——人工智能未来的价值取向，是为了让人类过上更加幸福和美好的生活。但是，在实质上，这种美好愿望的最终实现还取决于要有一种与人工智能的美好愿望相适应的生产关系，否则就会成为变革了的生产力的桎梏，并最终消解人们对文明新形态的美好期待。

对于生产关系的内涵来说，它的构成主题是人与人在物质的生产以及人自身的生产中所形成的社会关系。对此，马克思在《〈政治经济学批判〉序言》中从整个自然史和人类史的视角对之进行了界定："人们在自己生活的社会生产中发生一定的、必然的、不以他们的意志为转移的关系，即同他们的物质生产力的一定发展阶段相适合的生产关系。"①在后来的《资本论》中，马克思以特定的具体历史为视角，立足于资本社会，更为详尽地揭示了资本文明形态下的这种关系范式："原来的货币占有者作为资本家，昂首前行；劳动力占有者作为他的工人，尾随于后。一个笑容满面，雄心勃勃；一个战战兢兢，畏缩不前，像在市场上出卖了自己的皮一样，只有一个前途——让人家来鞣。"②这种奴役、支配、剥削的生产关系是以资本所有权为基础的生产关系，这种生产关系直接造就了资本家与工人双方不同的生产地位以及随之而来的产品分配形式。

展开来说，以物与物的关系代表的人与人的关系，体现了冰冷的工具理性，它是资本增殖目的下赤裸裸的利益关系，除此之外，它"纯粹"得一无所有。在《资本论》中，马克思以商品为批判起点，深刻揭示了资本文明中人与人之间这种真实的社会关系。商品是作为资本社会的一种全面景观而存在的，但是这种景观却充满了形而上学的神秘和神学的怪诞，它棱镜式地反射出了人与人之间的异化关系。"例如，用木头做桌子，木头的形状就改变了。可是桌子还是木头，还是一个普通的可以感觉的物。但是桌子一旦作为商品出现，就转化为一个可感觉而又超感觉的物。它不仅用它的脚站在地上，而且在对其他一切商品的关系上用头

---

① 《马克思恩格斯文集》，第 2 卷，人民出版社 2009 年版，第 591 页。
② 《马克思恩格斯文集》，第 5 卷，人民出版社 2009 年版，第 205 页。

倒立着，从它的木脑袋里生出比它自动跳舞还奇怪得多的狂想。"①资本社会这种特有景观表现出的怪诞现象，在于人们自身劳动的社会性质通过商品这个可感而又超感之物，转换成为人们劳动产品的物的性质。正是这种转换，"把生产者同总劳动的社会关系反映成存在于生产者之外的物与物之间的社会关系"②。这种怪诞景观的普遍存在，构成了商品拜物教及其商品拜物教的完成形式——货币拜物教。它们以物的形式反射出资本社会的生产关系，它使得人与人之间的关系变得冷漠和简单化。

商品以及货币所具有的这种魔力，不仅是财富追求的对象，而且更重要的还是致富追求的对象，由此，货币必然会转化为资本。货币的占有者把货币转化为资本的过程，必须是在市场上通过购买劳动力来完成的。"货币占有者就必须幸运地在流通领域内即在市场上发现这样一种商品，它的使用价值本身具有成为价值源泉的独特属性，因此，它的实际消费本身就是劳动的对象化，从而是价值的创造。货币占有者在市场上找到了这样一种独特的商品，这就是劳动能力或劳动力。"③但是，在自由市场上完成了的这种即时的交易，在生产过程中却是以延时的使用进行的，唯有如此，才能满足资本增殖的需要。保罗·维尔诺（Paolo Virno）就此指出："劳动实际上所付出的不仅仅偿还了资本家先前为保证获得他人的工作潜力而花费的金钱；劳动还得这样再持续一段额外的时间。"④这

---

① 《马克思恩格斯文集》，第 5 卷，人民出版社 2009 年版，第 88 页。

② 《马克思恩格斯文集》，第 5 卷，人民出版社 2009 年版，第 89 页。

③ 《马克思恩格斯文集》，第 5 卷，人民出版社 2009 年版，第 194—195 页。

④ ［意］保罗·维尔诺：《诸众的语法：当代生活方式的分析》，董必成译，商务印书馆 2017 年版，第 105 页。

就是说，劳动力完成自身的交易之后，还必须在此基础上创造出高于自身价值的价值。这一超出自身价值的价值就是剩余价值，资本的秘密在于通过对工人的支配榨取剩余价值。因此，劳动力成为商品使得雇佣劳动关系形成，这种雇佣劳动关系以权力支配的形式表现出来，相应地，权力支配的生产关系其目的在于资本增殖的需要，它同时也表现为奴役与剥削的生产关系。

反思和批判资本文明形态下不合理的生产关系的目的，是寻求和塑造适应文明新形态的合理的生产关系。资本文明形态下的生产关系并不是仅仅具有否定性的关系形态，它在促进生产效率提高和社会发展的过程中也起到了重要作用。马克思立足于历史发展的总趋势，指出这是更高一级文明形态分娩时必然要经历的"阵痛"。同样，按照韦伯价值中立的思想来说，这种生产关系也是现代性历程中不可逃避的宿命。生产关系的变革，是建立在既有的生产力和生产关系创造的历史成就基础之上的，也是建立在变革了的生产力基础之上的。从内在机制上看，对于资本文明形态下的生产关系本身来说，它具有自身关系的二重性，即资本家和工人在生产关系中始终是两种身份，资本家既是交换者也是剥削者，工人既是交换者也是雇佣劳动者。这种关系形态的二重性，最终不得不使它自身反对、否定并扬弃自身。而从外在机制来看，变革了的生产力也必然要求生产关系随之变革。

立足中国实践以及社会主义生产关系的新发展，不难发现，生产资料所有制的不同，决定了社会主义的生产关系在本质上是区别于资本主义生产关系的。引领生产关系的发展以及全面变革，必须坚持社会主义生产关系的生产资料所有制形式，这是毋庸置疑的。生产资料所有制性质决定着生产关系的质的不同，劳动者的地位以及产品的分配方式决定着同一生产关系的量的不同。在坚持生产资料公有制为主体的基础上，社会主义的生产关系本身还需要继续发展和逐渐调整，尤其是人工智能时代的到来，公平创新的价值理念逐步增强了劳动者的生产地位的平等性，并且，奈格里提到了非物质生产，诸如知识生产、情感生产、智力生产、交往生产、信息生产等，也只有在社会主义生产关系中，才能够更大限度地保障这些非物质产品的更为公平的分配。文明形态的变革，在生产关系上，我们必须在有效利用资本创造的历史成就的基础上驯服资本、扬弃资本，从而为人与人关系的全面发展，为文明新形态形成注入新鲜的血液。

第三节　人的存在方式的变革：自由个性的本真展现

文明形态的变革与人的存在方式的变革是同一的，人的存在方式的现实状况，是评判和确证一种文明形态是否"文明"的"镜子"。因此，人的存在方式的变革是文明形态变革第三个也是最终极的"测量器"和"指示器"。一个真正的文明社会必须充分关照人的存在方式，在本真的意义上尊重并展现人的自由个性，使人自身得到自由全面的发展，唯有如此，我们所探寻和塑造的文明新形态才是值得期待的。

从人的存在方式的依次变革和文明形态的逐层跃迁的视角看问题，马克思指出："人的依赖关系（起初完全是自然发生的），是最初的社会形式，在这种形式下，人的生产能力只是在狭小的范围内和孤立的地点上发展着。以物的依赖性为基础的人的独立性，是第二大形式，在这种形式下，才形成普遍的社会物质变换、全面的关系、多方面的需要以及全面的能力的体系。建立在个人全面发展和他们共同的、社会的生产能力成为从属于他们的社会财富这一基础上的自由个性，是第三个阶段。"①这表明了人的存在方式在前资本文明时代中体现为"人的依赖"，在资本文明时代中体现为"物的依赖"，在文明新形态中体现为"自由个性"的全面展现。对于我们所寻求和塑造的文明新形态，马克思称之为"自由王国"。作为"自由王国"的文明新形态，从人的存在方式上来看，就是自由个性的本真展现。

然而，自由个性的本真展现作为文明新形态的人的存在方式，是建立在既有的人的存在方式基础之上的，它并不是想当然地凭空出现的。因此，人的存在方式的变革，内在地与既有的人的存在方式发生着密切的历史勾连。我们看到，从"人的依赖""物的依赖"到"自由个性"，这一演进在实质上是具有独立人格的人不断生成的过程，这个过程使得人自身越来越从"他者"中解放出来，从而真正成其为自身。

在以"人的依赖"为主导的存在方式中，其个体化特征是被淹没的，人以非主体性存在，并不得不依附于一定的血缘的、权力的共同体。对于这一点，"我们越往前追溯历史，个人，从而也是进行生产的个人，就越表现为不独立，从属于一个较大的整体"②。而资本逻辑的诞生，要求克服这种"群己权界"，打破人身依附，从而为资本增殖开辟道路，

---

① 《马克思恩格斯全集》，第 30 卷，人民出版社 1995 年版，第 107—108 页。
② 《马克思恩格斯文集》，第 8 卷，人民出版社 2009 年版，第 6 页。

这促进了人的个体化程度的一大进步。这体现为"以物的依赖"为前提的人的独立性，但是在以"物的依赖"为主导的存在方式中，其个体化特征是被遮蔽的，人虽然获得了一定的独立性，但却是诉诸他物而不是自身，人的内在本质得不到应有的确证和发挥。

在以"自由个性"为主导的存在方式中，人作为主体性的存在超越了"人的依赖"和"物的依赖"的双重束缚，展现出真正的个体化特征。但是，何谓真正的个体化，或说真正的个体化如何为自由个性的本真展现提供可能？这构成了人的存在方式变革的理论关键点。首先，真正的个体化的实现，是在资本文明形态所创造的进步基础上实现的，失去资本文明形态所奠定的动力基础，个体化只能退回到原始的"条顿森林"中，而不能得到真正的发展。因此，在资本文明形态中，虽然半成熟状态的个体化带来了很多问题，但是它创造出的积极成果是不能否定的。只有依靠这种积极成果，才有可能以自由劳动置换雇佣劳动，以合作化生产置换私人化生产，以全面的个人置换局部的、半成熟状态的个人，从而实现自由个性的本真展现。其次，真正的个体化所表征的是具有独立人格的主体性存在，但这绝不意味着这种独立人格是孤立的个体化。人的个体性的真正实现总是与其他个体真诚地"共在"，唯有如此，才能构成"每个人的自由发展是一切人的自由发展的条件"。因此，塑造个体化要区别于孤立化。再次，真正的个体化的实现，应当需要宽容的、开放的制度支撑。反思资本文明的制度安排，哈贝马斯意义上的"系统"无时无刻不在发生着对生活世界的入侵，其造成的后果是生活世界中个人的自由个性不过是被有意引导和规训的自由个性，不过是另有所谋的自由个性。而真正的个体化的实现，则是在自由自觉的意义上完成的，绝非是出于"理性的狡计"而另有企图。总之，真正的个体化的实现，是为了人的自由个性而非其他的目的。最后，真正的个体化的成熟，是对自由个性理解上的成熟。"真正的'自由'不在于摆脱他人而独立，真正的'个性'也不在于与他人相隔绝的'孤独自我'，而是只有在与他人的开放性关系中才能生成。"①在这种开放性的空间中，"这个社会的个人就会有最大程度的自由选择的空间，即使这个社会里最弱小的存在也可以活得尊严、幸福。毫无疑问，人能够给自己做主，这当然是人的自由的最高体现"②。

如上所述，真正的个体化得以实现，才宣告人的存在方式变革的完成。真正的个体化——自由个性的本真展现，承载着"个体的解放，即从归属于自己、通过遗传获得、与生俱来的社会属性等的确定性中解放出来。这种变化被正确地看作现代的境况中最明显和最有潜势的特征"③。也就是说，自由个性的本真展现所实现的真正个体化，是实现了形式和内容相统一的自由。因此，个体化应该成为人的存在方式变革的着力点，这是实现"自由个性"的重要支撑。而个体发展的成熟状态，个体化的真正完成和实现，在一定程度上才象征着文明新形态变革的完成和实现。

在人类文明形态自身演进的历程中，我们已然看到的是由中国特色社会主义所开创的文明形态，越来越以成熟的面貌表征并展现人类文明

---

① 贺来：《重建个体性：个体的"自反性"与人的"自由个性"》，《探索与争鸣》2017年第5期。

② 王庆丰：《文明社会的四个本质性特征》，《天津社会科学》2018年第6期。

③ ［英］齐格蒙特·鲍曼：《个体化社会》，范祥涛译，上海三联书店2002年版，第181—182页。

新形态。尤为重要的是，站在今天人类文明形态发展的十字路口上，作为中国特色社会主义最新也是最为重要的实践探索——人类命运共同体理念，是中国方案为世界文明贡献的智慧。在这个意义上，可以说中国方案的实践探索不仅具有中国历史的意义，而且同样更为深层次地具备世界历史的意义。

然而，需要格外引起注意的是，中国方案的实践探索能否以成熟、饱满的姿态最终完成人类文明形态的变革，从而开启一种新的文明类型，还必须借助于今天的第四次工业革命。能否切实地依靠人工智能，稳妥实现生产力、生产关系以及人的存在方式的变革，就成为当务之急。今天，当人类期待并追求一种新的人类文明形态之际，中国方案的实践探索必然要与人工智能所蕴含的巨大能量进行有机对接，只有这样才能够为人类文明新形态的建立提供一种真正的契机。

当然，在资本主义体制之下，人工智能运演的模式鲜明地异于社会主义体制下的人工智能的自我发展模式。在资本文明形态中，人工智能自我发展的最终目的仅仅是资本积累和增殖，即便是在这一发展轨迹中，人类得到了某些所谓的幸福，但也只不过是资本积累和增殖过程中的附带结果，并非是其最终的目的。如此这般的幸福，只能被称作是一种片面的、虚假的幸福，而非整全的、真正的幸福。这也很好地解释了为何在资本统治下人工智能的运演结果带给人们的焦虑总是大于人们所获得的幸福，这显然与人工智能发展的初衷相违背。所以马尔库塞指出："发达工业文明的奴隶是受到抬举的奴隶，但他们毕竟还是奴隶。因为是否是奴隶既不是由服从，也不是由工作难度，而是由人作为一种单纯的工具、人沦为物的状况来决定的。"①

　　因此，人工智能时代所创立的先进生产模式必然要求社会主义体制的治理理念对其进行保驾护航，只有在这样的逻辑自觉中，生产力、生产关系与人的存在方式，才能真正突破典型资本主义体制下所存在的种种不和谐局面。正是出于这种考虑，在人工智能时代阿列克斯·威廉姆斯（Alex Williams）呼吁："必须提出社会技术的领导权：既是观念领域的领导，也是物质平台上的领导。在这个意义上，平台体现了社会物质的超越性：它们让行动、关系、权力的设置成为可能。"②这成为驯服资本逻辑从而利用资本逻辑的关键所在。而中国特色社会主义的制度优势，恰恰保障人工智能时代新的文明形态的发展，避免使其再次陷入资本贪婪的魔爪之中，更好地实现人工智能的更大发展，进而解决人与自然、人与人以及人自身存在方式的既有困境，助力人类文明新形态的不断发展与完善。

　　人类文明形态变革在原则尺度上可以依次界定为生产力的变革（使人与自然关系得到和解）、生产关系的变革（使人与人的关系得到和谐发展）、人的存在方式的变革（使自由个性得到本真展现）。那么，这三个具有原则性尺度的变革依据所能够得到实现的现实可能性，就表现为中国方案贡献的制度优势与人工智能统领的科技革命的良性对接。正是二者的对接与融合使人类文明形态变革的三个原则性尺度得到了实现其存

---

　　①　［美］赫伯特·马尔库塞：《单向度的人：发达工业社会意识形态研究》，刘继译，上海译文出版社 2008 年版，第 32 页。

　　②　Williams，A.，Srnicek，N.，*Accelerate*：*Manifesto for an Accelerationist Politics*，Urbanomic，2014，p. 357.

在的现实空间。

奈格里与哈特在他们的《大同世界》中，正是立足于人工智能的时代背景，提出了"非物质劳动"的生产范式，并由此坦言"非物质劳动"的出现让他们窥探到了共产主义的曙光。在他们二人看来，"非物质劳动"生产的产品，诸如情感、道德、信息、符码、社会协作等，也可以被称作生命政治的产品。因为这些产品形式正是立足于生命本身所创生出来的结果，尤其是情感、道德与社会协作的生产，它们很容易被全社会所共享，但却不能被资本所剥夺，否则，新一轮的"非物质劳动"财富的增长就会变得困难。"当新知识产生的时候，它必须成为共同的财富，将来的科学生产可以将其作为起点。生命政治生产必须以这种方式确立一种良性循环，从已有的共同性走向新的共同性，从而成为扩大生产的基础。然而，对共同性的分化和占有不可避免地要破坏这个良性循环，这让资本日益成为生命政治生产的障碍。"①不过，在典型的资本主义体制内，奈格里与哈特的这种设想无疑会落空，资本绝不会放弃每一次获取财富的机会，这让资本总是能渗入共同性财富的生产过程之中。正是在这个意义上，资本主义体制下的"非物质劳动"的生产范式，在其根源上仍然是隶属于资本文明形态的生产范式，它没有办法也没有可能开启一种新的文明类型。相反，只有在中国方案的实践探索中，奈格里与哈特在《大同世界》中所设想的"非物质劳动"生产的财富，才能够避免资本对其所进行的无情掠夺。

---

① ［美］迈克尔·哈特、［意］安东尼奥·奈格里：《大同世界》，王行坤译，中国人民大学出版社 2016 年版，第 107 页。

因此，一种新的文明形态，必须变革生产力，使人与自然关系达成全面和解；必须变革生产关系，使人与人的关系获得全面发展；必须变革人的存在方式，使自由个性得到本真展现。这构成了当今时代关乎人类安身立命的重大事件，而反映时代性的主题，关注人类性的内容，是哲学的理论自觉。哲学理应对此做出原则上的把握，从而更好地引领和塑造一种新的文明形态。

第二十一章 文明社会的四个本质性特征

　　长期以来，很多人在谈及"文明"一词时，总是冠以"古代"或"现代"、"东方"或"西方"等前缀，希望借此来论述文明的"分野"。当我们在指称各种不同文明的时候，更多的是在"文化"的意义上谈的。文明作为"文化"，的确有各种不同的类型，呈现出不同的风格和样式。但是，文明更多的是与"进步"观念关联在一起的，社会上的一切事物，无一不以文明为目的。文明作为人类进步的标志，确实应该有一些同一性的标准。进步的反义词是落后，与此相应，文明的反义词则是野蛮。文明的进程，就是人类不断摆脱野蛮的进程；文明的最大功用，就是"让人活得像一个人"：过上一种有尊严的幸福生活。文明与野蛮，有着截然相反的价值取向和社会后果。日本近代著名的启蒙思想家福泽谕吉明确指出："文明是一个相对的词，其范围之大是无边无际的，因此只能说它是摆脱野蛮状态而逐步前进的东西。"①

但令人尴尬的现实是，某些自诩"文明"的社会，一直充斥着血腥、强制和奴役。与此相反，在所谓的欧洲"黑暗的中世纪"，却出现了大量的自由城邦，那里的私有财产、司法权威都得到充分的尊重，人们的潜能得到超乎想象的发挥，某些天才所取得的成就，至今无人超越。法国思想家雅克·勒高夫为我们展现了"另一个中世纪"。如此看来，人类文明的进程似乎并不总是遵循线性的进化论（阶段论），"文明"和野蛮总是相互交织、难分彼此。文明是人类特有的，动物世界没有文明。在马克思看来，人和动物的根本区别就在于人能够把自己的生命活动当作自己意识的对象，因此，文明能够成为人类社会自觉追求的目标。如果说人类社会并不必然是自在的发展进步过程，那么，让现实趋向于思想，让人类社会趋向于文明社会，就应当成为人类的自觉追求。于是，明确文明社会的本质性特征，就成为人类社会追求文明进步的前提性工作。

第一节　暴力程度降低

"文明"是与"野蛮"相对立的概念，因此，对文明的分析首先应当从明晰"野蛮"的内涵开始。野蛮之所以野蛮，不在于生产力的低下，而在于血腥"暴力"的充斥。人类追求的不仅是生活，而且是更美好的生活。

① ［日］福泽谕吉：《文明论概略》，北京编译社译，商务印书馆2009年版，第32页。

人类活得越来越好，首先得益于越来越安全，而来自同类的相互残杀，是影响人类安全感的第一大原因。所以，暴力和文明社会是格格不入的。抢劫罪比偷盗罪的判罚要严重很多，就在于其使用了暴力。野蛮最本质的特征就在于暴力的充斥，而暴力在其最根本的意义上就是对人的自然生命最直接的侵犯，甚至灭杀。

在原始的自然状态下，暴力的发生是和财产休戚相关的。这里所谓的财产不仅包括人类外在的所有物（物质财富），也包括人类内在的所有物（肉体生命）。人类在自然状态下由于缺乏一种公共的权威，产生财产纠葛时，只能诉诸暴力手段去解决。两只蚂蚁争夺一块面包屑，猎豹和鬣狗争夺一块肉，非洲狮通过决斗争夺领地，遵循的都是弱肉强食的丛林法则。与之相同，自然状态下的人类生存状况遵循着同样的法则。霍布斯在《利维坦》中充分揭示了这种以暴力为基底的丛林法则。霍布斯指出："所以在人类的天性中我们便发现：有三种造成争斗的主要原因存在。第一是竞争，第二是猜疑，第三是荣誉。第一种原因使人为了求利、第二种原因使人为了求安全、第三种原因则使人为了求名誉而进行侵犯。在第一种情形下，人们使用暴力去奴役他人及其妻子儿女与牲畜。在第二种情形下则是为了保全这一切。在第三种情形下，则是由于一些鸡毛蒜皮的小事，如一言一笑、一点意见上的分歧，以及任何其他直接对他们本人的藐视。或是间接对他们的亲友、民族、职业或名誉的藐视。"①由于这三种原因的存在，在没有一个共同权威使大家为之慑服的时候，人们便会处在所谓的"战争"状态之下。霍布斯把这种战争称

---

① ［英］霍布斯：《利维坦》，黎思复、黎廷弼译，商务印书馆1985年版，第94页。

作"每个人对每个人的战争"。霍布斯的这一分析适合无政府状态下的生命个体，或者说自然状态的生命。

我们必须摆脱野蛮，也就是说要摆脱人类社会的"丛林法则"，寻求一种良序社会，从而保全人类自身。"我们发现人性中有三种导致暴力的主要因素：收益——掠夺性攻击、安全——先发制人的攻击、荣誉——报复性攻击。数字证明，相对而言，'在没有一个共同敬畏的权威的时代，人们所处的状态就叫作战争'，而在这种状态下，人们生活在'对暴力死亡的持续恐惧和危险之中'。"① 通过平克对霍布斯的分析，我们可以发现：人们之所以生活在战争状态和对暴力的恐惧之中，是因为没有共同敬畏的权威。霍布斯指明了逃脱困境的途径：利维坦。霍布斯的利维坦是君主制或者其他体现民意并垄断武力使用权的政府权威。平克向我们揭示出了霍布斯"利维坦的逻辑"："在每一个暴力行为中，都有三个利害关系人：侵犯者、受害者和旁观者。三方都有暴力动机：侵犯者要捕获受害者，受害者要进行报复，而旁观者要尽量减少另外两方争斗产生的连带伤害。两个参战者之间的暴力可以称为战争，旁观者压制参战者的暴力可以称为法律。简而言之，利维坦理论就是法律好过战争。"② "利维坦"是一个第三方，它能够通过处罚侵犯行为，抑制侵犯的动机，从而化解先发制人的焦虑，也打消了每个人为了证明自己的决心而时刻准备出手的紧张感。

---

① ［美］斯蒂芬·平克：《人性中的善良天使：暴力为什么会减少》，上，安雯译，中信出版社 2015 年版，第 74 页。

② ［美］斯蒂芬·平克：《人性中的善良天使：暴力为什么会减少》，上，安雯译，中信出版社 2015 年版，第 50 页。

在霍布斯那里，人类本性是自私的，又渴望能够主宰别人，因此在自然状态下，人与人都处于像狼一样的敌对状态中。只有强大的利维坦，即国家，才能控制人的私欲，维持社会最起码的平安。而洛克则扭转了霍布斯的观点，在洛克看来，霍布斯所描述的自然状态实际上并不是真正的自然状态，而是一种个人试图侵犯他人的自然权利、奴役他人而形成的战争状态。自然状态下的不便只是在私有财产发生纠纷时没有一个公正的裁决者，而不是"一切人反对一切人的战争"。因此国家不需要成为强大的"利维坦"，而只要成为能够解决财产权纠纷的公正的仲裁者就可以了。这样，制度法律体系的服务对象就被转换为了维护财产权的稳定。人类之所以要从自然状态进入社会状态，是为了改善自然状态中所存在的不便之处。"公民社会的目的原是为了避免并补救自然状态的种种不合适的地方，而这些不合适的地方是由于人人是自己案件的裁判者而必然产生的，于是设置一个明确的权威，当这社会的每一成员受到任何损害或发生任何争执的时候，可以向它申诉，而这社会的每一成员也必须对它服从。"①财产权是人们在自然状态下就拥有的自然权利，但当财产权受到侵犯的时候，人人是自己案件的裁判者，自然并没有为人们提供一个天然的公正的裁判者，这就是自然状态的不便之处。因此，洛克这一整套论证的结论就是，"人们联合成为国家和置身于政府之下的重大的和主要的目的，是保护他们的财产"②。制度法律体系建立的目的就是要保障财产权。

---

① [英]洛克：《政府论》，下篇，叶启芳、瞿菊农译，商务印书馆1964年版，第54—55页。

② [英]洛克：《政府论》，下篇，叶启芳、瞿菊农译，商务印书馆1964年版，第77页。

实际上，无论是霍布斯强大的"利维坦"，还是洛克公正的"仲裁者"，两者之间并不存在实质意义上的不同。在古典政治哲学家看来，人类从自然状态过渡到社会状态，都必须让渡自己原有的权利，达成契约。实际上，人类从自然状态进入社会状态，绝不意味着暴力的彻底解决，而只是一种暴力形式的转换：从个体与个体之间的肉体暴力转化为国家与个体之间的政治暴力。"至于暴力，这个世界上的第一个利维坦——国家解决了一个老问题，但又制造了一个新问题。人民固然不再经常地死于凶杀和战争，但他们又被暴君、神职和贪官污吏们攥在手心里。这让我们更加觉得'平靖'这个字眼带有太多的血腥气，它绝不仅仅是带来了和平，而且还带来了强权政府的绝对控制。对第二个问题的解决，人类还要再等上几千年，而在世界的很多地方，这个问题至今也没有得到解决。"①虽然国家创造了一种新的暴力——政治暴力，但这种暴力相对于肉体暴力却是暴力程度的降低。霍布斯、斯宾诺莎以来的政治哲学家们都在致力于寻找和探讨某种合法的和妥当的政府行为的规则。尤其在现代社会中，意识形态的国家机器相对于传统暴力国家机器而言发挥着越来越大的作用，虽然我们常常批判这种新型的国家控制更加严密，但不可否认的是暴力程度却实实在在降低了。文明社会最直接或最直观的标志就是：暴力程度低。自有文字记录以来，人类社会的暴力程度总是越来越低。几千年来，人类对同类的残杀越来越少，在法律体系的规训下，现代社会相对于传统社会的暴力事件也大幅度减少，这是人

---

① ［美］斯蒂芬·平克：《人性中的善良天使：暴力为什么会减少》，上，安雯译，中信出版社2015年版，第76页。

类社会文明程度不断提升的最重要的标志。

第二节　契约社会

人类通过达成契约步入社会状态，不仅仅是为了降低暴力程度，更重要的是为了建立一个良序社会。良序社会的基础就是达成契约，并遵守契约。在某种意义上，所谓契约就是良好的"制度"设计。休谟、伯克、哈耶克、阿克顿、托克维尔、孟德斯鸠等思想巨人，都将财产权视为自由制度的基石。在休谟看来，动物无法表达"我的""你的"这一类概念，但人类可以。当个人将其拥有的私有财产明确为"财产权"之后，市场交换和分工协作才成为可能，才让人类告别了丛林法则。

将财产权引入政治哲学的话语体系，肇始自洛克。洛克不仅将生命权视作人的自然权利，而且更重要的是，他将财产权视作人的自然权利，其立论的依据是人对自己身体的所有权以及以此为基础的对自己的劳动的所有权。洛克认为："虽然自然的东西是给人共有的，然而人既是自己的主人，自身和自身行动或劳动的所有者，本身就还具有财产的基本基础。当发明和技能改善了生活的种种便利条件的时候，他用来维持自己的生存或享受的大部分东西完全是他自己的，并不与他人共有。"①自然而然的自然界是人所共有的，但人能够通过劳动改变自然物的状况，使之更适合于人类社会，在这一过程中自然物就附加了人类劳

---

① ［英］洛克：《政府论》，下篇，叶启芳、瞿菊农译，商务印书馆 1964 年版，第 29 页。

动，而既然劳动是为每个个人所有的东西，那么劳动者也就拥有了经劳动改造后所得到的劳动产品的所有权，即财产权，这是一种人们在自然状态中就能享受到的自然权利。"只要有人愿意对于原来共有的东西施加劳动，劳动就给与财产权。"①洛克将财产权的合法性奠基在"劳动"的基础上，通过确立私有财产神圣不可侵犯的原则，以及政治社会要充当公正的裁判者，从而保障财产权这一原则，洛克实现了政治哲学理论的一个重要转向：国家或政府由"利维坦"转向"裁判者"。

契约社会通过两个向度布展开来，一个是契约经济的维度，另一个是契约政治的维度。契约经济形成了现代社会的自由市场经济，契约政治使现代社会成为法治社会。保障财产权最重要的是明晰产权。"风能进，雨能进，国王不能进"，这句名言形象地说明了契约社会中财产权的神圣性和重要性。著名学者丹尼尔·汉南在《自由的基因：我们现代世界的由来》中说，拉美国家差不多与北美国家同时期获得独立，但由于没有像美国那样继承英国的财产权制度，因此至今处于贫困、动荡的深渊。在社会契约论者看来，文明社会有稳固的财产权，并且边界明确。著名的休谟三原则——财产的稳定占有，经同意的转移，遵守契约——为我们奠定了自由市场经济的原则。例如，用市场交换财物代替最初的暴力掠夺财物，这就是野蛮向文明的开化。市场经济不仅能避免或者减少暴力，并且能够互利互惠，使人类走向繁荣。不受权力干扰的市场通常历经重复、多次的博弈。因此，只要社会保持高度的开放和协作，守信的人就一定是获利最多的，这样一来便形成了互惠互利的良性

———————

① ［英］洛克：《政府论》，下篇，叶启芳、瞿菊农译，商务印书馆1964年版，第29页。

循环。人类依托市场交换，分工已经高度职业化。近代以来的经济全球化，更是让人类的协作程度愈益完美，全人类的财富总量和生活水平都呈加速度增长。

文明社会作为契约社会的另一个维度是契约政治，建构契约政治就要遵循法治，法律保护所有人的自由。在一个文明国家，法律就是国王。任何事物都严格遵循法治原则，任何公权力都必须受到法律制约，任何私权利都必须受到法律保障。由于契约的普遍建立，文明社会产生了以宪法契约为核心的法治精神。在一个典型的法治国家，公共权力会受到法律严格的约束，政府必须依法治国；私人权利会得到法律充分的保障，公民可以自由行事。公民的基本人权受宪法和法律保护，没有普遍性的、体制性的任意刑罚，这里最主要的是避免受到刑讯逼供的暴力戕害；即便是十恶不赦的罪犯，也必须经由严格的司法程序方可定罪受罚。法律审判必须严格遵守程序正义。法治国家使人们能够获得长久的安全感和创造幸福生活的自由。而在一个野蛮的社会，人们面对无所不能的国家机器、无所不在的强制和奴役，整个国家和社会充满着残酷的刑罚，而惩罚的依据往往不是证据和事实，而是统治者的一时好恶，程序正义时常遭受践踏。因此，我们可以说契约（法治）精神是文明的基石；一个国家的法治水平越高，保护人民的权利越充分，这个国家就越是稳定繁荣。

现代文明社会就是作为契约经济的市场经济和作为契约政治的法治社会的统一。文明社会普遍遵守契约、目光长远。动物基本上没有任何长期的记忆，也不懂得以积累的经验预测遥远的将来。但是，人类是有记忆和预见性的生物，积累了足够多的博弈经验以后，人们迟早会明白一个道理：依靠无休止的相互残杀，永远无法走出囚徒困境，无法带来长治久安，唯有切实建立共同的底线、责任明确的契约，才是维护安全感的最佳方式。人们遵守契约的程度越高，或者说人们诚实守信的程度越高，社会的文明程度就越高。正是人类的诚信伦理，人类的契约精神，这种强大的"自律和他律能力"，使人类成为万物之灵。

西方政治思想家们通过建立契约社会构建了一个良序社会，这是人类社会发展最为重要的文明成果，是全人类共同的精神财富，但是，这绝不意味着契约社会就能一劳永逸地解决所有问题，相反，它存在着重大的社会缺陷。这一缺陷被马克思揭示了出来：在资本主义条件下，工人受着资本家的残酷剥削，社会两极分化日益严重，人类社会最终将形成两大对立的阶级——无产阶级和资产阶级；整个人类社会都遭受着资本这一抽象物的统治，人们将始终处在商品、货币和资本三大拜物教的宰制之中。现代社会这些重大缺陷的根源就在于资本主义社会的思想家们把契约社会建立在财产权或私有财产的基础上，财产权构成了整个现代社会的制度支点。契约社会作为良序社会的建构形式本身是没有任何问题的，问题就在于契约社会的制度支点——生产资料私有制。马克思认为，建立在生产资料私有制基础上的资本主义社会无法完全实现人类的自由解放，马克思主张扬弃私有财产，试图通过建立一种全新的所有制来代替生产资料私有制，从而构建一种全新的文明社会形态。

第三节　分配正义

虽然通过建立契约社会能够建构起一个良序社会，但是它不一定能解决社会不平等问题，尤其是财富两极分化的问题。文明社会还应当追求社会正义，而在所有的社会正义中最为重要的是分配正义的问题。如果我们想要实现社会正义，关键就在于解决好分配正义的问题。早在 2000 多年前，柏拉图和亚里士多德就已经对分配正义问题进行了研究。在正义的早期观念中，包括亚里士多德在内，正义都是关于政治权利的分配而不是财富分配；只有到了 18 世纪，在诸如亚当·斯密和康德等思想家的著作中，正义才涉及财富问题，才开始被用在解决贫困问题上。换句话说，保证给穷人救济是现代观念，它的形成只有 200 年的历史。在现代政治哲学中，正义的谱系被拉长了，正义和慈善之间发生了关联。分配正义在现代政治哲学的意义上就是要求国家保证人人都能得到一定程度的物质财富。罗默认为："分配正义是关于社会或团体应该如何在具有竞争性需求的个体之间分配稀缺资源及产品的理论。"①因此，分配正义所指认的对象不仅包括分配政治权利，也包括分配物质财富。

在西方政治思想史上，罗尔斯第一次提出了分配正义的明确概念，这是一个重大的哲学成就。罗尔斯继承了西季威克关于正义的观点：正义的概念是在决定社会所产生利益的分配的社会安排和支持适当的分配份额的共识之间进行选择的一套原则。对于罗尔斯来说，正如对西季威克一样，利益分配占据了正义美德所描述的整个空间。罗尔斯先在《正义论》，后又在《政治自由主义》中重新表述了他的两个正义原则："甲、

① ［美］约翰·E. 罗默：《分配正义论》，张晋华、吴萍译，社会科学文献出版社 2017 年版，第 1 页。

每一个对平等的基本权利和基本自由之完全充分的图式都有一种平等的要求。该图式与所有人同样的图式相容。在这一图式中，平等的政治自由能——且只有这些自由才能——使其公平价值得到保证。乙、社会的和经济的不平等要满足两个条件：第一，它们所从属的各种岗位和职位应在机会公平均等条件下对所有人开放；第二，它们要最有利于那些最不利的社会成员。"①

罗尔斯指出，第二个原则的第二部分还保障着这些制度的价值。第二个原则的第二部分是："它们要最有利于那些最不利的社会成员"。所谓"最不利的社会成员"就是社会中的"弱势群体"。这就意味着：罗尔斯的两个正义原则最基本的立脚点是对弱势群体的关怀。只有关怀弱势群体，才能维护好社会的公平和正义；正是在此意义上，我们可以说，罗尔斯为过去两个世纪里人们一直在讨论的"分配正义"所指代的东西提供了清楚的定义。

分配正义是社会以制度的方式来分配收入、机会和各种资源。"分配正义需要某种原则来规范资源、机会和财富的分配。只有按照这种分配正义的原则来衡量，我们才能够说某种分配是正义的或者不正义的。在当代社会中，最流行、最重要的分配正义原则是平等，而坚持这种主张的就是平等主义。平等主义主张，平等是我们的道德理想、社会理想和政治理想，从而对分配正义提出了一种规范的要求。"②在规范性的问题上，平等主义虽然都主张平等，反对不平等，但他们对平等指的是什

---

① ［美］罗尔斯：《政治自由主义》，万俊人译，译林出版社 2000 年版，第 5 页。

② 姚大志：《平等》，中国社会科学出版社 2017 年版，第 5 页。

么的理解却并不一样。我们完全可以把这一问题搁置不论，因为分配正义的目的不是为了平等而平等，而是为了改善弱势群体的处境。无论平等主义者如何理解平等的内涵，只要有助于改善弱势群体的处境，就可以视之为分配正义的规范。其中的冲突不一定就是排他性的，而却有可能是相容的。

现代社会最突出的问题就是贫富差距过大，并由此形成了严重的不平等。因此，分配正义的关键就在于解决好现代社会的财富分配问题。虽然分配正义同社会中的每个个体都有关系，但是它所关注的对象不是个人，而是群体。作为一种规范或原则，分配正义既不需要也不可能考虑和跟踪每个人的福利状况，它所关注的只可能是社会整体或某一特殊群体。分配正义的规范虽然是平等主义，但是它所追求的绝对不是纯粹的平等。如果平等主义单纯地追求绝对的平等，那么只要把富人变成穷人就可以了。这就是我们通常所谓的"拉平原则"。为了追求平等，而导致整个社会物质生活水平下降，这绝对不是分配正义的目的。因此，分配正义所试图解决的不平等问题具有两个规定性：第一，不是某个人与另外一个人之间的不平等，而是一个社会群体与另外一个社会群体之间的不平等；第二，分配正义的目的是提高弱势群体的福利水平，让他们过上一种更好的生活，而不是拉低整个社会的物质生活水平。分配正义的实质就是社会通过有效合理的制度和政策来分配收入、机会和各种资源，以帮助那些迫切需要社会正义来帮助的人。

谁是最需要社会正义来帮助的人？人们凭直觉就能确切感知，弱势群体是最需要社会正义帮助的人。关于为什么要关心弱势群体，我们可以做出各种各样的论证。例如，人性论证、自然权利论证、道德论证、契约论证等。亚当·斯密在《道德情操论》中说，自私是生物的天性，是生存和繁衍的依据，但是人类有同情心，并且，与自己相似度越高的事物，越能唤起我们的同情心。同情心，是人类与动物最大的区别之一。例如，我们最关心的依次是：自己、亲友、同类、动物、植物……当人们凭着自己的能力就可以活得足够好，并且有余力帮助弱小，自然而然就会将同情心扩大到陌生人、动物乃至一切生物的范围。惜老怜贫乃人之常情，在现代社会中，弱势群体的收入最低，工作最不稳定，拥有最少的社会保障，对社会福利拥有最低的期望。这导致他们的日常生活非常贫困。弱势群体也很少有时间、精力和金钱去参与到社会的公共生活中，在各级各类政府机构中，往往缺少他们自己的代表；在各种媒体和舆论平台上，也很少有人代表他们的利益讲话。这导致他们处于社会生活的边缘。作为一个追求公平正义的现代文明社会，必须关心弱势群体。

需要特别强调的是，关心弱势群体，提高弱势群体的福利水平，同时也应当考虑其他群体成员的利益和尊重他们的权利。财富分配理应"最有利于那些最不利的社会成员"，提高弱势群体的福利水平，但也不能以损害其他群体的福利和利益为代价。如果不仅仅是弱势群体处于这种贫困的状况，而是所有人都处于这种状况，那么所有人的处境都需要改善。换句话说，分配正义的目的是"共同富裕"，而不是"共同贫穷"。"杀富济贫"并不是分配正义所倡导的。在这个意义上，所谓的"拉平"原则是不成立的，即使要拉平，也是应该向上拉平，而不是向下拉平。因为，降低其他群体的福利水平，这本身也无助于从根本上改善弱势群体的处境，从而也不是一个现代文明社会所要达到的目的。

第四节　自由个性

从人的存在方式来看，文明社会还必须能够充分体现人的"自由个性"。文明社会，尊重个体的自由选择，展现个人存在的本真状态。个人选择越多的社会，越能激发人们的创造性。当一个社会的规则容许人们合理追求个人利益，鼓励人们互惠互利时，这个社会的个人就会有最大程度的自由选择的空间，即使这个社会里最弱小的存在也可以活得有尊严、幸福。毫无疑问，人能够给自己做主，这当然是人的自由的最高体现。但是，人的发展往往受制于一定的社会关系，人的自由自觉的创造性活动在现实生活中往往沦落为异化劳动。现代人处在资本的全方位宰制之下，从而丧失了自己的独立性和自由个性。马克思指出："在资产阶级社会里，资本具有独立性和个性，而活动着的个人却没有独立性和个性。"①

马克思认为，在资本主义条件下，无论是资本家，还是工人都处在异化状态之中。从资本家的角度来看，资本家只是资本的人格化。资本家奔走于世界各地，到处落户，到处开发，到处建立联系，只是为了资本增殖的需要。从工人的角度来看，工人的无酬劳动所创造的剩余价值被资本家无偿占有了，工人遭受着资本家残酷的剥削。不仅如此，工人的劳动本应是自由自觉的创造性活动，但在资本主义社会条件下，却变

---

① 《马克思恩格斯文集》，第 2 卷，人民出版社 2009 年版，第 46 页。

成了受资本所控制的劳动。由于工人的劳动受资本所支配，它所体现的就不再是工人自己的意志，而是资本的意志。资本主义把工人具有潜能和创造性的"活劳动"（自由劳动）规训为了丧失生命潜能和活力的"死劳动"（机械劳动）。工人的这种机械劳动丧失了人的生命潜能和活力，成为资本增殖的一个环节或工具。可见，妨碍人的能力的发展成为目的本身的，主要是不合理的社会关系。资本主义社会所形成的雇佣劳动关系彻底地窒息了人的自由个性。

马克思曾经从人的存在方式变迁的视角透视了人类社会形式的变化。马克思指出："人的依赖关系（起初完全是自然发生的），是最初的社会形式，在这种形式下，人的生产能力只是在狭小的范围内和孤立的地点上发展着。以物的依赖性为基础的人的独立性，是第二大形式，在这种形式下，才形成普遍的社会物质变换、全面的关系、多方面的需要以及全面的能力的体系。建立在个人全面发展和他们共同的、社会的生产能力成为从属于他们的社会财富这一基础上的自由个性，是第三个阶段。"①马克思把资本主义社会称作"以物的依赖性为基础的人的独立性"，而把未来的共产主义社会称为人的"自由个性"。在马克思看来，人的"自由个性"的实现，是人类社会理想的文明社会形态的标志。马克思也把这种理想的社会形态称为"自由王国"。"作为目的本身的人类能力的发展"的"自由王国"，绝非是对物质生产活动的隔绝，而是人的"自由劳动"的实现。在自由王国中，劳动已不再是谋生的手段，而是成了人的生活的第一需要。在这个意义上，人类社会将成为"自由人的联合

————————

① 《马克思恩格斯全集》，第 30 卷，人民出版社 1995 年版，第 107—108 页。

体"。"代替那存在着阶级和阶级对立的资产阶级旧社会的，将是这样一个联合体，在那里，每个人的自由发展是一切人的自由发展的条件。"①可见，真正的自由王国从人的存在方式来讲就是"自由个性"的实现，是人的自由全面发展。

自从马克思的学说广泛传播以来，人类历史背后有永恒不变的人性的观点就很少有吸引力了。"马克思比他之前的任何思想家都更多地让我们认识到社会力量的强大，认识到法律、政府及其他社会形式影响个人的深刻程度。"②抽象的、孤立的个人是不存在的，人作为"现实的个人"总是处在一定社会条件下的个人，处在一定生产关系当中的个人。马克思从来不研究抽象的、一般的人，而是研究"资本家"和"工人"。资本家和工人就是处在资本主义生产关系当中的个人，而这种生产关系是由资产阶级所有制所决定的。因此，共产主义的特征并不是要废除一般的所有制，而是要废除资产阶级的所有制。正是在此意义上，共产主义运动就是对私有财产的扬弃。马克思说："私有制只有在个人得到全面发展的条件下才能消灭，因为现存的交往形式和生产力是全面的，所以只有全面发展的个人才可能占有它们，即才可能使它们变成自己的自由的生活活动。"③

文明社会是建立在降低暴力程度基础上的良序社会、正义社会和自由社会的统一。无论如何，这都应该成为人类社会追求的目标，因为任

---

① 《马克思恩格斯文集》，第2卷，人民出版社2009年版，第53页。

② ［美］塞缪尔·弗莱施哈克尔：《分配正义简史》，吴万伟译，译林出版社2010年版，第139页。

③ 《马克思恩格斯全集》，第3卷，人民出版社1960年版，第516页。

何人都没有理由加以拒绝。正像斯凯伦所提出来的观念：人们就正义原则达成一致的依据，"是无人能够合乎情理地拒绝的原则，而不是指'人人都可以合乎情理接受'的原则"①。但在这一文明社会概念的背后，却有着两种截然不同的思路：自由主义的思想家们认为，文明社会的根基应当是财产权，只有建立在财产权的基础上，现代社会作为良序社会、正义社会和自由社会的统一才成为可能；而马克思则认为，真正的文明社会应当扬弃私有财产。"把资本变为公共的、属于社会全体成员的财产，这并不是把个人财产变为社会财产。这里所改变的只是财产的社会性质。它将失掉它的阶级性质。"②马克思所追求和展望的共产主义是一种更为高级和理想的文明社会形态。人驾驭自己的社会关系是保证人的能力自由发展的前提条件。在"真正的自由王国"里，生产关系恢复为人与人之间本真的社会关系，人类劳动达成了以物质生产活动为基础的，以审美活动为本质特点的人类活动诸样态的统一。正是在这样的自由王国，人既是目的，又是手段，人的活动本身就体现了目的和手段的统一。换言之，人类劳动成为真正的自由自觉的创造性活动，共产主义彻底地实现了人的自由个性。

20世纪80年代末，国际冷战的格局已经成为历史。亨廷顿认为，在这个新世界中，区域政治是种族的政治，全球政治是文明的政治。文明的冲突取代了超级大国的竞争。在后冷战世界中，人民之间最重要的

---

① ［美］T. M. 斯凯伦：《契约主义与功利主义》，王军伟译，见［印］阿玛蒂亚·森、［英］伯纳德·威廉姆斯主编：《超越功利主义》，梁捷等译，复旦大学出版社2011年版，第115页。

② 《马克思恩格斯文集》，第2卷，人民出版社2009年版，第46页。

区别不是意识形态的、政治的或经济的，而是文化的区别。"在这个新的世界里，最普遍的、重要的和危险的冲突不是社会阶级之间、富人和穷人之间，或其他以经济来划分的集团之间的冲突，而是属于不同文化实体的人民之间的冲突。"①可见，亨廷顿所谓的"文明的冲突"实际上是"文化的冲突"。亨廷顿所谓"文明的冲突"是站不住脚的：文明之间有竞争、有摩擦，但绝不会产生相向而行的冲撞。产生冲突的只能是野蛮和文明：暴力与和平，封闭和开放，奴役和自由，契约和丛林……值得庆幸的是，在人类历史长河中，文明秩序的领地一直在扩大，野蛮的领地一直在缩小。我们对未来仍然可以保有期待。我们也一定可以在一种新型所有制的基础上重建文明社会。共产主义作为超越资本文明的人类文明新形态，永远是我们值得追求的目标。

---

① ［美］塞缪尔·亨廷顿：《文明的冲突与世界秩序的重建》，周琪、刘绯、张立平等译，新华出版社 2002 年版，第 7 页。

第二十二章　共产主义的合理性观念

　　关于共产主义，马克思的论述要么语焉不详、含混不清，要么是一种近乎诗意的存在论表达。这使得"共产主义"成了马克思全部思想中最令人费解的概念。近年来，西方一些激进左派思想家主张放弃社会主义，重回共产主义。"共产主义的回归"成了当今一些左派用来标榜自己激进立场的新政治话语。西方右派的思想家们则将20世纪共产主义政治体制的命运等同于马克思思想的失败，因而宣告"历史的终结"的到来。无论左派还是右派，都将关注点聚焦于"共产主义"，"共产主义"逐渐成为当代马克思主义研究中的一个关键的核心问题。如果我们要对马克思主义进行合法性辩护，必须重新审视马克思的共产主义概念。而这种重新认识必须在一种更新了的、对马克思思想的后苏联式的理解中展开。这就要求我们既要立足于马克思的经典文本，又要立足于当代资本主义的发展趋势，在双重视域中推进对共产主义的理解。

第一节　理解共产主义的辩证法立场

关于共产主义，罗素从辩证法的视角对马克思提出了一个强烈的质疑和诘难。罗素认为，"黑格尔是以普鲁士国家来结束他对历史的辩证叙述的。按照黑格尔的说法，普鲁士国家就是绝对观念的完美体现。对于普鲁士国家毫无感情的马克思，把这种说法看作是一种站不住脚的和软弱无力的结论。他说，辩证法在本质上应该是革命的，似乎暗示辩证法不可能达到任何最后的静止状态。然而我们却没有听说共产主义建立之后还要再发生什么革命"①。根据罗素的论述，如果说马克思的辩证法是批判的、革命的，那么就不可能达到任何最终的静止状态，而共产主义似乎正是这样一个终极状态。因此，罗素接着指出，"马克思的辩证法并不比黑格尔的辩证法更革命些。况且，按照马克思的说法，既然一切人类的发展都是由阶级冲突所支配的，而且既然在共产主义之下将只有一个阶级，由此可见，就不能有更进一步的发展，人类就必然永远都处于拜占庭式的静止状态中"②。可见，在罗素看来，马克思的辩

---

① ［英］罗素：《论历史》，何兆武、肖巍、张文杰译，生活·读书·新知三联书店 1991 年版，第 167 页。

② ［英］罗素：《论历史》，何兆武、肖巍、张文杰译，生活·读书·新知三联书店 1991 年版，第 167—168 页。

证法并不比黑格尔的辩证法更革命，因为共产主义在马克思的思想中是一个最终的静止状态，在这个意义上，共产主义也就依然是黑格尔意义上的绝对观念的完美体现。

罗素把马克思的共产主义社会比照为黑格尔的"普鲁士国家"，一个"拜占庭式的静止状态"。然而马克思却声称自己的辩证法是批判的、革命的，批判的辩证法意味着对任何终极静止状态的消解。因此，罗素在这里揭示的是马克思思想当中的一个矛盾：批判的辩证法与共产主义之间的矛盾。如果说，马克思的辩证法是批判的、革命的，那么共产主义就绝不是一个拜占庭式的静止状态。如果说共产主义是一个终极的绝对观念的完美体现，那么马克思的辩证法就与黑格尔并无二致，绝不是批判的、革命的辩证法。马克思的方法和体系之间存在着矛盾。

我们可以发现，罗素对马克思的批判在某种意义上就是马克思、恩格斯对黑格尔批判的翻版。马克思在《资本论》第二版跋中强调，"辩证法，在其神秘形式上，成了德国的时髦东西，因为它似乎使现存事物显得光彩。辩证法，在其合理形态上，引起资产阶级及其空论主义的代言人的恼怒和恐怖，因为辩证法在对现存事物的肯定的理解中同时包含对现存事物的否定的理解，即对现存事物的必然灭亡的理解；辩证法对每一种既成的形式都是从不断的运动中，因而也是从它的暂时性方面去理解；辩证法不崇拜任何东西，按其本质来说，它是批判的和革命的"①。在马克思看来，他的辩证方法与黑格尔的辩证方法不仅是不同的，而且是截然相反的。马克思要发现黑格尔辩证法神秘外壳中的合理

---

① 《马克思恩格斯文集》，第 5 卷，人民出版社 2009 年版，第 22 页。

内核。这一合理内核就是辩证法的否定性。马尔库塞曾经就此明确指出，在黑格尔最高水平的著作《逻辑学》中，"黑格尔反复强调，辩证法具有'否定'的特征。否定'构成了辩证理性的本质'。'趋向理性的真正概念'的第一步是'否定的一步'；否定'构成了真正的辩证过程'"①。黑格尔的辩证法本质特性就是否定性。"对于马克思来说，如同对待黑格尔一样，辩证法注重于这一事实：内在的否定实际上就是'运动和创造的原则'，辩证法就是'否定的辩证法'。"②马尔库塞确实看到了辩证法的否定的理论本性，但同时也抹杀了黑格尔辩证法与马克思辩证法之间的本质性区别。虽然黑格尔辩证法也是一种否定的辩证法，但与马克思的否定的辩证法之间存在着本质的不同。

恩格斯在《路德维希·费尔巴哈和德国古典哲学的终结》中不仅指出了黑格尔辩证法的理论贡献，同时也指出了黑格尔辩证法的局限，并且表明了马克思主义辩证法与黑格尔辩证法的根本性的不同。恩格斯指出，黑格尔哲学的"真实意义和革命性质，正是在于它彻底否定了关于人的思维和行动的一切结果具有最终性质的看法。哲学所应当认识的真理，在黑格尔看来，不再是一堆现成的、一经发现就只要熟读死记的教条了；现在，真理是在认识过程本身中，在科学的长期的历史发展中，而科学从认识的较低阶段向越来越高的阶段上升，但是永远不能通过所谓绝对真理的发现而达到这样一点，在这一点上它再也不能前进一步，

---

① ［美］马尔库塞：《理性和革命——黑格尔和社会理论的兴起》，程志明等译，重庆出版社 1993 年版，第 112 页。

② ［美］马尔库塞：《理性和革命——黑格尔和社会理论的兴起》，程志明等译，重庆出版社 1993 年版，第 256 页。

除了袖手一旁惊愕地望着这个已经获得的绝对真理，就再也无事可做了"①。黑格尔辩证法作为否定性的辩证法终结了"人的思维和行动的一切结果具有最终性质的看法"，但同时在"绝对精神"面前不能前进一步、袖手旁观、无事可做。正是在这个意义上，恩格斯批判了黑格尔，指出黑格尔的体系和方法之间是矛盾的。"黑格尔体系的全部教条内容就被宣布为绝对真理，这同他那消除一切教条东西的辩证方法是矛盾的；这样一来，革命的方面就被过分茂密的保守的方面所窒息。"②

马克思主义辩证法与黑格尔辩证法的本质性区别正在于此。恩格斯站在批判的辩证法的立场上指出，"历史同认识一样，永远不会在人类的一种完美的理想状态中最终结束；完美的社会、完美的'国家'是只有在幻想中才能存在的东西；相反，一切依次更替的历史状态都只是人类社会由低级到高级的无穷发展进程中的暂时阶段"③。完美的社会状态和完美的国家同批判的辩证法之间是格格不入的。从辩证法的角度来看，人类社会的发展是一个无穷发展的过程，包括资本主义在内的任何一个社会阶段都是一个暂时性阶段。当马克思和恩格斯批判黑格尔方法和体系之间存在着矛盾的时候，意味着他对这个问题有了充分的理论自觉。显然，他不会重蹈覆辙，从而把共产主义理解为黑格尔意义上的绝对完美观念的体现。也就是说他不会成为他所批判的东西。如果批判的辩证法对共产主义无效的话，那就违反了马克思辩证法的批判本性，而重新沦落为黑格尔哲学的翻版。批判的辩证法是马克思主义的理论方

---

① 《马克思恩格斯文集》，第 4 卷，人民出版社 2009 年版，第 269—270 页。
② 《马克思恩格斯文集》，第 4 卷，人民出版社 2009 年版，第 271 页。
③ 《马克思恩格斯文集》，第 4 卷，人民出版社 2009 年版，第 270 页。

法，共产主义是马克思想要实现的理论旨趣。我们不应该仅仅把批判的辩证法看作共产主义实现的理论途径，共产主义本身也应当在批判的辩证法的意义上获得理解。

第二节　共产主义与资本主义批判

在批判的辩证法的意义上去理解共产主义，最重要的就是要破除对共产主义进行一种静止的、完美的理想状态的解读。熊彼特认为，马克思主义是一种宗教，而马克思本人是一位"先知"。"马克思主义关于社会主义人间天堂的学说，对于千百万人的内心意味着一道新的光线和新的生活意义。"①在熊彼特的理论视域中，马克思的共产主义就是一种完美的人类社会的理想状态，是一种"人间天堂"。因此，马克思主义不过是人类的乌托邦之梦。它将希望寄托于一个完美的社会，那里没有艰难，没有痛苦，没有暴力，也没有冲突。在共产主义的世界里，没有对抗、私利、占有、竞争或者不平等。物质产品极大丰富，人人平等，毫无贵贱之分。共产主义是一种完美理想状态，是一种乌托邦，而马克思本人是一位先知。这是绝大部分当代西方思想家对马克思的评价。实际上，马克思与传统的乌托邦式的思想家有着根本的不同，马克思从来不热衷于对未来社会的描述和建构。正如伊格尔顿所指出的，"马克思对

① ［美］熊彼特：《资本主义、社会主义与民主》，吴良健译，商务印书馆1999年版，第46页。

那个没有痛苦、死亡、损坏、失败、崩溃、冲突、悲剧甚至劳动的未来根本不感兴趣。事实上，他根本不关心未来会怎样。众所周知，马克思根本无法描述出社会主义社会或者共产主义社会究竟是什么样子"①。

马克思不仅对描绘未来不感兴趣，并且他认为对未来的描绘会陷入一种教条的抽象概念。马克思在 1843 年致卢格的信中指出，"我不主张我们树起任何教条主义的旗帜，而是相反。我们应当设法帮助教条主义者认清他们自己的原理。例如共产主义就尤其是一种教条的抽象概念，不过我指的不是某种想象的和可能存在的共产主义，而是如卡贝、德萨米和魏特林等人所讲授的那种实际存在的共产主义。这种共产主义本身只不过是受自己的对立面即私有制度影响的人道主义原则的特殊表现。所以，私有制的消灭和共产主义决不是一回事；除了这种共产主义外，同时还出现了另一些如傅立叶、蒲鲁东等人的社会主义学说，这不是偶然的，而是必然的，因为这种共产主义本身只不过是社会主义原则的一种特殊的片面的实现"②。可见，马克思绝不主张对共产主义作一种固定的、僵化的、教条主义的理解，因为这会使共产主义成为一种教条的抽象概念。

马克思主义即使是一种乌托邦，也不是一种对未来社会的空想，而是一种吉登斯所谓的"乌托邦现实主义"；马克思即使是一位先知，也不是作为预言家的先知。《圣经》中的先知也从来没有试图预知未来。恰恰相反，先知的伟大之处在于他们谴责现世的贪婪、腐败和权力欲，并

① ［英］伊格尔顿：《马克思为什么是对的》，李杨、任文科、郑义译，新星出版社 2011 年版，第 69 页。
② 《马克思恩格斯文集》，第 10 卷，人民出版社 2009 年版，第 7—8 页。

向我们发出警告：如果不能做出改变，人类将根本没有未来。马克思正是这样的一位先知，而不是什么预言家。"①实际上，马克思对预言未来充满了警惕，马克思从来"不想教条式地预料未来"。在马克思的时代，充满了各种对未来的预测——而几乎所有这些预测都出自不可救药的理想主义激进分子之手。先知的伟大不在于预测未来，而在于谴责现世。因此，"对于资本主义的发展变化的分析，才是马克思的真正遗产和他的研究工作的旨趣所在"②。

马克思指出，"实际上，而且对实践的唯物主义者即共产主义者来说，全部问题都在于使现存世界革命化，实际地反对并改变现存的事物"③。对于共产主义的理解首先在于对资本主义的批判。"去理解共产主义，不是去把它当作本质上与资本主义分离开的东西而同资本主义相对照。去理解共产主义就是去理解资本主义本身，因为资本主义的动态变迁或演化包括着共产主义的出现。"④共产主义是什么？共产主义就是对资本主义的批判。对资本主义的研究也就是对共产主义的研究。马克思将资本主义作为其一生的研究课题，其根本的原因就在于此。未来不是与现在相割裂的状态，在当下中孕育着未来。因此，对于马克思来讲，重要的任务不是对未来的共产主义社会进行多么精细的描述，关键在于对当下

---

① ［英］伊格尔顿：《马克思为什么是对的》，李杨、任文科、郑义译，新星出版社 2011 年版，第 71 页。

② ［美］詹姆斯·劳洛：《马克思主义哲学和共产主义》，见欧阳康主编：《当代英美哲学地图》，人民出版社 2005 年版，第 628 页。

③ 《马克思恩格斯文集》，第 1 卷，人民出版社 2009 年版，第 527 页。

④ ［美］詹姆斯·劳洛：《马克思主义哲学和共产主义》，见欧阳康主编：《当代英美哲学地图》，人民出版社 2005 年版，第 644 页。

的资本主义社会进行深刻地剖析，找到一条通往未来的现实道路。

"任何有闲暇时间的人都可以设计出一个更美好的未来，就像有些人一生都在构思一部伟大的小说，却从来没有动笔写过一个字。马克思认为，重要的不是对于理想未来的美好憧憬，而是解决那些会阻碍这种理想实现的现实矛盾。而为人们指引解决问题的合理方向，正是马克思和所有马克思主义者的历史使命。"①而要想实现这一真正的历史使命，就必须把资本主义社会的生产关系所掩藏的剥削关系揭示出来，在此基础上找到一条通向未来社会的通道。未来不是一个既定的现实状态，未来所意味的正是资本主义生产关系的扬弃。"马克思正是在现实逻辑的自相矛盾中找到了一个完全不同的未来的轮廓。现实的溃败就是未来的真正形象。"②在《法兰西内战》中，马克思充分地表达了革命工人阶级的这一历史使命："工人阶级并没有期望公社做出奇迹。他们不是要凭一纸人民法令去推行什么现成的乌托邦。他们知道，为了谋求自己的解放，并同时创造出现代社会在本身经济因素作用下不可遏止地向其趋归的那种更高形式，他们必须经过长期的斗争，必须经过一系列将把环境和人都加以改造的历史过程。工人阶级不是要实现什么理想，而只是要解放那些由旧的正在崩溃的资产阶级社会本身孕育着的新社会因素。"③如果要使这种希望超越无聊的幻想，就应该采取行动让那个令人心动的美好未来成为可能。共产主义的理想就是对现实的无情的批判，就是资

① ［英］伊格尔顿：《马克思为什么是对的》，李杨、任文科、郑义译，新星出版社 2011 年版，第 73 页。

② ［英］伊格尔顿：《马克思为什么是对的》，李杨、任文科、郑义译，新星出版社 2011 年版，第 83 页。

③ 《马克思恩格斯文集》，第 3 卷，人民出版社 2009 年版，第 159 页。

产阶级社会本身的不断崩溃。因此，无产阶级的任务就是解放新的社会因素。

马克思指出，"新思潮的优点又恰恰在于我们不想教条地预期未来，而只是想通过批判旧世界发现新世界"①。马克思的这句话对我们理解共产主义至关重要。马克思不想把共产主义作为一个完美的固定社会状态进行预言，共产主义社会是在批判旧世界过程当中发现的新世界。因此，共产主义要求我们必须对资本主义社会进行批判。"如果我们的任务不是构想未来并使它适合于任何时候，我们便会更明确地知道，我们现在应该做些什么，我指的就是要对现存的一切进行无情的批判，所谓无情，就是说，这种批判既不怕自己所作的结论，也不怕同现有各种势力发生冲突。"②这意味着马克思对共产主义不是从与资本主义相割裂的角度去阐释，而是从与资本主义相联系的角度去理解的。正如劳洛所指出的，"对于资本主义消失之后而来到的截然不同的社会制度，马克思的确着墨不多。不过，这并非因为马克思的更大的兴趣是批判资本主义而不是描绘他认为'应当'取代资本主义社会的共产主义社会。真正的原因在于，马克思根本不是以这种方式来看待资本主义与共产主义之间的差别"的。因此，"与唯心主义和空想家的虚无主义途径相反，理解共产主义的唯一科学道路，就是辩证地理解资本主义，把它理解成一个在其'母体'中孕育着共产主义的发展过程"③。一种真正艰难的未来局面不

---

① 《马克思恩格斯文集》，第 10 卷，人民出版社 2009 年版，第 7 页。
② 《马克思恩格斯文集》，第 10 卷，人民出版社 2009 年版，第 7 页。
③ ［美］詹姆斯·劳洛：《马克思主义哲学和共产主义》，见欧阳康主编：《当代英美哲学地图》，人民出版社 2005 年版，第 644 页。

是对现在的单纯延续，也不是与现在的彻底决裂。真正的未来是对现在的批判。马克思的批判的辩证法是对现实的一切进行无情的批判，是在批判旧世界当中发现新世界，因此，共产主义就是对资本主义的批判，对不公正社会的反驳，在批判的辩证法的意义上，共产主义不是一种完美的、理想的社会制度，它所表达的是人类对这种美好事物的向往，共产主义就是共产主义运动。

第三节　消灭现存状况的现实运动

马克思在《德意志意识形态》中非常明确地表达了对共产主义的这一理解："共产主义对我们来说不是应当确立的状况，不是现实应当与之相适应的理想。我们所称为共产主义的是那种消灭现存状况的现实的运动。"[①]这一现实的共产主义运动，在理论的意义上，是人向人的本性复归的运动；在实践的意义上，则是扬弃私有财产从而消除资本逻辑的运动。

在《1844 年经济学哲学手稿》中，马克思指出，"共产主义是私有财产即人的自我异化的积极的扬弃，因而是通过人并且为了人而对人的本质的真正占有；因此，它是人向自身、向社会的即合乎人性的人的复归，这种复归是完全的，自觉的和在以往发展的全部财富的范围内生成

---

① 《马克思恩格斯文集》，第 1 卷，人民出版社 2009 年版，第 539 页。

的"①。马克思把共产主义看作人对人的本质的真正占有，是向合乎人性的人的复归。而这一运动过程需要通过私有财产的扬弃来实现。"对私有财产的积极的扬弃，就是说，为了人并且通过人对人的本质和人的生命、对象性的人和人的作品的感性的占有，不应当仅仅被理解为直接的、片面的享受，不应当仅仅被理解为占有、拥有。人以一种全面的方式，就是说，作为一个总体的人，占有自己的全面的本质。"②马克思把对私有财产的积极的扬弃和人作为一个总体的人占有自己的全面本质看作一个过程。这一扬弃过程在马克思看来就是人类自由解放的过程。"对私有财产的扬弃，是人的一切感觉和特性的彻底解放；但这种扬弃之所以是这种解放，正是因为这些感觉和特性无论在主体上还是在客体上都成为人的。"③在《资本论》中，马克思进一步把共产主义对私有财产的扬弃转化为对资本的批判，具体而言就是对资本逻辑的批判。可见，马克思并不仅仅想在理论的意义上把这一扬弃过程揭示出来，换言之，马克思扬弃的不仅仅是私有财产的观念，而且也是现实当中的私有财产。"要扬弃私有财产的思想，有思想上的共产主义就完全够了。而要扬弃现实的私有财产，则必须有现实的共产主义行动。历史将会带来这种共产主义行动，而我们在思想中已经认识到的那正在进行自我扬弃的运动，在现实中将经历一个极其艰难而漫长的过程。"④

因此，在政治哲学的意义上，马克思的共产主义作为"运动"就绝

---

① 马克思：《1844 年经济学哲学手稿》，人民出版社 2000 年版，第 81 页。
② 马克思：《1844 年经济学哲学手稿》，人民出版社 2000 年版，第 85 页。
③ 马克思：《1844 年经济学哲学手稿》，人民出版社 2000 年版，第 85—86 页。
④ 马克思：《1844 年经济学哲学手稿》，人民出版社 2000 年版，第 128 页。

非一种理性政治，而是知性政治。理性政治是一种宏大的政治。理性政治把历史总体化，把所有问题综合起来，对未来社会做出一个完美的理性规划，从而一举解决所有问题。这对人类历史而言是一个崭新的开端，人类借此得以重生。柏拉图的理想国、康帕内拉的太阳城、莫尔的乌托邦皆是一种理性政治的谋划，马克思的共产主义社会与它们的区别正在于此。知性政治并不企图一劳永逸地解决所有问题，它逐个地解决问题，它永远在解决问题的途中。马克思的共产主义并不是理性政治的完美谋划，而是作为知性政治的共产主义运动。与此相应，在社会理想的意义上，共产主义是一种调节性理想，而非建构性理想。共产主义社会就是对现存社会的反驳，就是现存社会的反义词。它作为人类的一种价值诉求引导着人类向更加美好、更加符合人性的社会迈进。共产主义作为共产主义运动，在现代社会的条件下，就表现为对资本主义的批判。"共产主义是作为否定的否定的肯定，因此，它是人的解放和复原的一个现实的、对下一段历史发展来说是必然的环节。共产主义是最近将来的必然的形态和有效的原则，但是，这样的共产主义并不是人类发展的目标，并不是人类社会的形态。"[1]正是由于共产主义社会是"最近将来的必然的形态和有效的原则"，共产主义永远都是社会下一阶段发展的目标，但这个目标实现之后就不再是共产主义了，下一个阶段就成了共产主义了，共产主义总是作为历史发展的必然环节而存在的。因此，共产主义是社会状态与价值诉求的统一。如果说共产主义是一种社会状态的话，那么这一状态并不是静止的，而是一个动态的过程。

---

[1]　《马克思恩格斯文集》，第 1 卷，人民出版社 2009 年版，第 197 页。

　　然而，西方右派对共产主义运动的理解往往等同于经验事实意义上的国际共产主义运动的历史，从而也就把苏联与东欧共产主义政治体制的瓦解等同于共产主义运动的失败，进而等同于马克思共产主义思想的破产。正是基于此，当代西方发达的资本主义社会也就自然而然地被看作资本主义的彻底胜利，看作历史的终结。实则不然，当代西方资本主义的发展在某种意义上确证的恰恰是社会主义或共产主义运动的胜利。我们透过当代资本主义的发展可以发现，共产主义运动并没终结，而是活生生地存在于这样的现实当中。"资本主义无疑没有被共产主义所取代，但同样确定的是，资本主义也并没有在马克思所目睹的那种狄更斯式的形式上继续存在。在马克思逝世后的一个世纪里，工业化国家的政府采取了大量改革措施来改善劳动人民的生活水准：劳工法、最低限度工资法、社会福利和保障、平价住房、公共卫生体系，遗产税、累进所得税，等等。如果在马克思的时代，这些措施就会被贴上'社会主义'的标签；马克思甚至在《共产党宣言》里描述过许多这样的措施，而且，难以理解，不采取这些措施，资本主义怎么还能存活下来。"①可见，发达资本主义社会在很大程度上实现了马克思所设想的共产主义的某些重要方面，正是在此意义上，它们的确是发达的。与其说马克思的遗产已经被苏联自封的共产主义遮蔽了，不如更准确地说，它已经被20世纪资本主义的主要发展证明了。当代资本主义的发展确证了社会主义的现实性，体现着追求共产主义价值诉求的发展态势。

　　① ［美］詹姆斯·劳洛：《马克思主义哲学和共产主义》，见欧阳康主编：《当代英美哲学地图》，人民出版社2005年版，第629—630页。

在发达资本主义消极界限的意义上，也更加确证了马克思思想尤其是共产主义思想的正确性。马克思所揭示的资本主义本身所固有的矛盾和问题在发达资本主义时代被放大，更加尖锐地表现出来。人在非神圣形象中的异化被膨胀为整个社会的现实。资本运行的逻辑由工业资本主义时代的 G—W—G′ 发展为金融资本主义时代的 G—G′。这种"以实在货币为起点和终点的流通形式 G…G′，最明白地表示出资本主义生产的动机就是赚钱。生产过程只是为了赚钱而不可缺少的中间环节，只是为了赚钱而必须干的倒霉事。[因此，一切资本主义生产方式的国家，都周期地患一种狂想病，企图不用生产过程作中介而赚到钱]"①。这使得资本逻辑所支配的现代人没有国家概念，没有道德底线，也无所谓社会责任。因为，现代社会的金融资本主义已经不再需要传统意义上的"勤劳和努力"等美德了，它的"美德"是"机会主义"。正像马克思在《资本论》中所指出的，"在每次证券投机中，每个人都知道暴风雨总有一天会到来，但是每个人都希望暴风雨在自己发了大财并把钱藏好以后，落到邻人的头上。我死后哪怕洪水滔天！这就是每个资本家和每个资本家国家的口号"②。以金融资本主义为主要标志的现代资本主义社会把资本拜物教放大到了极致。只要资本主义存在，作为资本主义批判的共产主义运动就不会过时。

作为共产主义运动的共产主义更多地昭示的是一种道德理想或价值诉求，而非社会制度的建构。共产主义运动就是对共产主义价值诉

---

① 《马克思恩格斯文集》，第6卷，人民出版社2009年版，第67—68页。
② 《马克思恩格斯文集》，第5卷，人民出版社2009年版，第311页。

求的无穷无尽的指向性。关于共产主义，海德格尔的与众不同之处就在于，他不是从党派斗争或世界观的角度，而是从存在论的角度出发来解读马克思的共产主义学说的历史意义的："人们可以以各种不同的方式来对待共产主义的学说及其论据，但从存在的历史的意义看来，确定不移的是，一种对有世界历史意义的东西的基本经验在共产主义中自行道出来了。"①共产主义永恒的人类性意义就在于它是对人类存在状态的本质性道说。正因如此，作为道德预言家的马克思将与世长存。

"马克思对解放的认识既反对平稳的延续，也反对彻底的割裂。从这个意义上来说，他是那种世间少有的奇才，一个能保持清醒现实主义头脑的理想主义者。他将注意力从未来的美好幻想转移到枯燥的现实工作中。但正是在这里，他找到了真正丰富多彩的未来。他对过去的看法比很多思想家都更为阴郁，但他对未来的憧憬与很多思想家相比都更具希望。"②共产主义之所以是一个谜一般的概念，因为这个概念是理想主义与现实主义的统一，它是价值诉求和社会批判的统一。正是在这种统一之中，才能在批判的辩证法的意义上理解共产主义，才能把握共产主义概念的本质性内涵。共产主义就是共产主义运动。这一命题中蕴含着马克思共产主义概念的全部秘密。即使这一命题告诉我们，共产主义的理想状态永远无法完全实现，但是，我们必须得有共产主义，如果没有对共产主义的追求，世界就变得缺乏希望。所以詹姆逊提醒我们：

---

① 《海德格尔选集》，上卷，孙周兴选编，上海三联书店1996年版，第384页。
② ［英］伊格尔顿：《马克思为什么是对的》，李杨、任文科、郑义译，新星出版社2011年版，第80—81页。

"社会主义丧失了人们的信任之后，不存在任何伟大的集体性的社会理想或目的。因为资本主义本身是没有社会目的的。"[①]虽然我们永远在途中，但我们永远在回家的路上。

---

① 复旦大学当代国外马克思主义研究中心编：《当代国外马克思主义评论》，第二辑，复旦大学出版社 2001 年版，第 285 页。

第二十三章　马克思共产主义的四副面孔

马克思主义是关于人类解放的学说，共产主义是马克思关于人类解放的重要理论探索。马克思哲学理论的终极诉求就是要通过对资本主义的现实批判，使人摆脱抽象的统治而进入能够充分体现人的自由个性的共产主义社会。但对于这种共产主义理论，在学界一直是备受争议的。这主要是因为马克思虽然提出了共产主义的理论构想，而关于真正的共产主义社会究竟应该具有什么样的特征，他却并没有集中和专门的论述。而且，在新的时代条件下，对共产主义道路的试验在理论和现实的层面上都遭遇了困境，资本主义的价值规范和运行原则仍然是整个社会的主导原则。但随着近年来金融危机、生态恶化和社会正义等全球资本主义困境的凸显，人们开始重新把目光投向马克思所开辟的共产主义道路。诸如奈格里、哈特、巴迪欧、南希等都根据资本主义社会发生的新变化对共产主义理论进行了重新说明。在此意义上，面向马克思的文本本身，结合当代社会的具体变化以及当代思想家对共产主义的看法，探讨马克思共产主义所应当具有的理论面孔，无疑具有重要的理论意义。

第一节　共产主义的政治面孔：真正的民主制

在政治层面上，民主与国家的问题一直是马克思共产主义的重要理论视角，对民主理论的设想和建构则集中地体现在"真正的民主制"的概念当中。一方面，这种民主构想在政治上激活了马克思的共产主义概念；更进一步地，共产主义意义上的政治必然是一个扬弃政治异化的完整的政治概念，而马克思的"真正的民主制"的提出，则超越了由政治异化所引起的公人与私人之间的对立，恢复了人的存在的完整性。这不仅是对通向完整的政治的一个积极探索，也蕴含着人类解放的共产主义理想，凸显了马克思关于共产主义理论的核心观念。

对民主理论的思考源于马克思对市民社会和国家间关系的分析。在现代世界中，市民社会与政治国家在本质上是分离的，在国家层面上，这种分离造成了国家的形式与内容的对立；而在个人的层面上，它更深刻地导致了人的本质和存在相分离。在思想史上，黑格尔第一次明晰地阐释了市民社会与国家的这种分离，并得出了国家决定市民社会的结论。在《法哲学原理》中，黑格尔指出：市民社会的联合是"通过成员的

需要，通过保障人身和财产的法律制度，和通过维护他们特殊利益和公
共利益的外部秩序建立起来的"①。因此，对黑格尔来说，市民社会就
是一个利益的追逐场，人们之间彼此联合只是为了达到获得利益的目
的。同时，作为个体的私人利益同作为集体的国家利益也处于互相冲突
的状态。黑格尔将这种冲突的解决诉诸国家对市民社会的超越之中。因
为国家作为人类生活的最高的形式，是自由的真正实现，只有在国家中
才能消除市民社会固有的矛盾，实现私人利益与普遍利益的结合。马克
思在一定意义上认可黑格尔对市民社会的诊断，肯定了黑格尔对市民社
会与国家对立状态的揭示。但在市民社会与国家的关系上，马克思认为
黑格尔犯了"主谓颠倒"的唯心主义错误，因为黑格尔是从国家、法等抽
象的观念出发去推导现实的人和社会的。而马克思则认为，在政治领
域，人民才是真正的主体与实体，国家只是抽象的东西。现实的个人不
仅是构成国家的前提和基础，也是促进国家发展的真正动力。比黑格尔
更进一步，马克思揭示出市民社会与政治国家的对立在根本上导致了人
的存在状态的分裂。人被撕裂为公人与私人两种存在，过着双重的生
活，这是人在政治上的彻底异化。"人在其最直接的现实中，在市民社
会中，是尘世存在物。在这里，即在人把自己并把别人看做是现实的个
人的地方，人是一种不真实的现象。相反，在国家中，即在人被看做是
类存在物的地方，人是想象的主权中虚构的成员；在这里，他被剥夺了
自己现实的个人生活，却充满了非现实的普遍性。"②也就是说，人在政

---

① [德]黑格尔：《法哲学原理》，范扬、张企泰译，商务印书馆1961年版，第174页。
② 《马克思恩格斯文集》，第1卷，人民出版社2009年版。第31页。

治生活和世俗生活之间充满了对抗和挣扎：虽然在政治生活中，人被看作抽象的国家中平等的成员，过着自己的类生活，但是在现实生活中，人却是作为一个不断追逐私利的个体同他人更同自己的本质相对立。

在马克思看来，要真正超越这种现代市民社会和政治国家之间的分离，克服政治异化，必须诉诸"真正的民主制"。因为只有民主制才能实现内容与形式、普遍与特殊的真正统一。在这个意义上，巴迪欧指出："共产主义的假设意味着，与市民社会相分裂的强权国家，显得不再有什么必要存在下去了：一个基于生产者的自由联合之上的长期重组过程，将使其逐渐消亡。"①也就是说，在"真正的民主制"中，国家不再是作为凌驾于人民的生活和意志之上的强权，而是对人民生活意志的表达和对人的自由个性体现的联合体。奈格里在结合资本主义社会新的劳动和生产形势的基础上也将共产主义定义为反对国家的斗争。"成为共产主义者意味着反对国家。国家是这样一种力量，它既始终正常地又始终例外地组织那些构成资本并规训资本家与无产者劳动力量之间的冲突关系……反对国家首先意味着，表达以彻底的民主的方式管理整个生产体系包括劳动分工和财富积累与再分配的欲望与能力，——作为一种'一切人的民主（'democracy of all'）'。"②这与马克思的观点是一致的，马克思所要达到的就是一种属于一切人的真正的民主。在马克思看来，"民主制是一切形式的国家制度的已经解开的谜。在这里，国家制度不仅自

---

① ［法］阿兰·巴迪乌：《共产主义假设》，罗久译，见复旦大学当代国外马克思主义研究中心编：《当代国外马克思主义评论》，8，人民出版社 2010 年版，第 35 页。
② ［意］安东尼奥·奈格里：《共产主义：概念与实践之思》，申林译，见复旦大学当代国外马克思主义研究中心编：《当代国外马克思主义评论》，8，人民出版社 2010 年版，第 64 页。

在地，不仅就其本质来说，而且就其存在、就其现实性来说，也在不断地被引回到自己的现实的基础、现实的人、现实的人民，并被设定为人民自己的作品。国家制度在这里表现出它的本来面目，即人的自由产物"①。由此，我们可以看出，马克思"真正的民主制"思想的核心是人及其自由的实现，人民在国家中享有天然的民主自由。既然民主以自由为旨归，那么国家的根基就必然是现实的个人，人民是国家的真正的主体，在国家中有真正的、现实的自由，这种自由真正使个人利益和普遍利益、市民社会和国家实现了统一。

　　既然一种真正的民主制是对人的自由的表征，那么这种民主的贯彻就必然要进入共产主义的程序当中。在社会领域，当民主的原则取代利益原则成为整个社会的主导原则时，人也就从一种抽象的存在被提升为一种社会的存在，这样人才作为一个完整的人而存在，政治也将成为一种扬弃异化的完整的政治。共产主义"是人向自身、向社会的即合乎人性的人的复归，这种复归是完全的，自觉的和在以往发展的全部财富的范围内生成的"②。将社会性重新整合到人的本质当中，是在政治上克服人的异化，实现人的解放的重要途径。可以说，对真正的民主制的探索，就是对人的存在的完整性的恢复。这样的民主制本身就蕴含着以人的社会存在为基础的共产主义的解放诉求。同时，"倘若我们今天寻求民主，我们需要把它彻底重思为对共体的公共管理。这种管理包含对（世界性）空间与（制宪性）时间的重新定义。它不再是定义社会契约形

① 《马克思恩格斯全集》，第3卷，人民出版社2002年版，第39—40页。
② 《马克思恩格斯全集》，第3卷，人民出版社2002年版，第297页。

式的情形：一切事物是每个人的，从而不属于任何人；而是，一切事物，由于是每个人生产的，所以属于一切人"①。这也就意味着，从人的社会性的角度去理解民主的概念，马克思的共产主义不仅仅是要从人的类存在的层面使人作为一个整体的人在社会中实现自身，更要将其作为共同体的一员给予其充分的、普遍的自由。在这个意义上，国家已经不再是一种契约式的简单缔结，而必须是建立在新的生产形式基础上的共同体。马克思的共产主义就是要通过扬弃国家，重新把人的世界归还给人，构建一个民主的共同体。所以，真正的民主制是共产主义的理论表达，是在政治层面上实现人类解放的积极探索。而共产主义在政治上就是要超越市民社会和国家的对立，实行真正的民主制，让人在政治上作为一种共同体实现自己。

第二节　共产主义的经济面孔：个人所有制

在马克思共产主义概念的话语建构中，真正的民主制激活了共产主义的政治内涵。但是共产主义的最终理想是实现人的解放，所以仅有政治解放是不够的，作为人类解放的理想形式，共产主义还必须对社会的经济现实予以考量。在共产主义的经济内涵中，所有制是至关重要的一部分。"共产主义表达了超越于一种政治意义上的更多的和其他的东西。

---

① ［意］安东尼奥·奈格里：《共产主义：概念与实践之思》，申林译，见复旦大学当代国外马克思主义研究中心编：《当代国外马克思主义评论》，8，人民出版社2010年版，第68页。

它表达了有关所有权的某种东西。"①在批判资本主义和设想未来共产主义社会的过程中，所有制为我们提供了一个重要的理论视角。马克思的共产主义构想反映在经济层面的所有制关系上，则经历了一个从消灭私有制到重建个人所有制的转变过程，这一转变也意味着一种新的主体性的生成。

在《1844年经济学哲学手稿》中，马克思首先分析了异化劳动，并根据私有财产的性质提出了共产主义的定义。"共产主义是私有财产即人的自我异化的积极的扬弃。因而是通过人并且为了人而对人的本质的真正占有。"②人在政治上的异化是由市民社会与国家的分离造成的，而人在经济上异化的根源则是私有财产的产生。共产主义作为人类解放的完整进程，则不仅仅要消除政治异化，更要扬弃人在经济层面的异化。所以马克思从克服异化的角度来描述未来社会，将共产主义视为人向人的本质复归的必然结果。这种共产主义的社会形式，不仅是对私有财产的真正扬弃，更实现了人对财产的真正占有，使人在经济上也作为完整的人而存在。"对私有财产的扬弃，是人的一切感觉和特性的彻底解放；但这种扬弃之所以是这种解放，正是因为这些感觉和特性无论在主体上还是在客体上都成为人的。"③马克思的这一判断也是符合当今资本主义社会发展的特征的。因为在如今的资本主义社会中，我们所赖以生存的一切资源，甚至是我们的语言、文化等都被纳入资本的私有化过程当中了，齐泽克将现代资本主义的这种私有化称为"资本主义的新圈地运

① ［法］让-吕克·南希：《共产主义，语词——伦敦会议笔记》，张志芳译，见复旦大学当代国外马克思主义研究中心编：《当代国外马克思主义评论》，8，人民出版社2010年版，第91页。
② 《马克思恩格斯文集》，第1卷，人民出版社2009年版，第185页。
③ 《马克思恩格斯文集》，第1卷，人民出版社2009年版，第190页。

动"。这是资本对人们的公有物的全方位占领，它不断挤压着人们的生存空间。所以，面对资本主义的这种私有化过程，仅仅有制度上的改变是不够的，还必须扬弃私有制的前提，也就是私有财产本身，去对抗资本对人的压制。在这个意义上，"共产主义无非是消灭私有财产的积极表达，粗陋的共产主义要求建立普遍的私有财产社会，而真正的共产主义要求消灭私有财产本身。共产主义不是对物的占有，而是对人的本质的占有，是从人出发为了人而占有我们的主体性"[①]。

至于这场扬弃私有财产重新获得人的主体性的共产主义要如何实现，马克思则从历史发展和社会生产的视角进行了详尽阐发，明晰了未来共产主义社会应具有的所有制形式。"共产主义和所有过去的运动的不同地方在于：它推翻一切旧的生产关系和交往关系的基础，并且第一次自觉地把一切自发形成的前提看做是前人的创造，消除这些前提的自发性，使这些前提受联合起来的个人的支配。"[②]从生产关系的角度看，共产主义在经济上的独特价值和意义就是要打破资本对生产资料的单独垄断，使劳动者的劳动产品能够真正为自己所支配和占有，这种占有必须要深入到生产过程的所有制形式中才能实现。在所有制的意义上理解共产主义，使马克思认识到："共产主义对我们来说不是应当确立的状况，不是现实应当与之相适应的理想。我们所称为共产主义的是那种消灭现存状况的现实的运动。"[③]这里马克思所要消灭的现存状况就是体现

---

① 汪行福：《为什么是共产主义——激进左派政治话语的新发明》，见复旦大学当代国外马克思主义研究中心编：《当代国外马克思主义评论》，8，人民出版社 2010 年版，第 18 页。

② 《马克思恩格斯文集》，第 1 卷，人民出版社 2009 年版，第 574 页。

③ 《马克思恩格斯文集》，第 1 卷，人民出版社 2009 年版，第 539 页。

着资本对工人进行盘剥的所有制关系，这种所有制是建立在资产阶级对劳动者的劳动和生产的无限占有和剥削的基础上的，是典型的资产阶级的所有制。"共产主义的特征并不是要废除一般的所有制，而是要废除资产阶级的所有制……从这个意义上说，共产党人可以把自己的理论概括为一句话：消灭私有制。"[1]这里马克思从工人受剥削和奴役的现实的生存状况出发，阐发了共产主义的经济内涵就是要消灭私有制，但是这不是一种武断的消除，马克思最终的理想是实现全人类的自由解放，他不是要消除所有的私有制，而是要终止一种体现着剥削的所有制关系。在权力的层面亦是如此："共产主义并不剥夺任何人占有社会产品的权力，它只剥夺利用这种占有去奴役他人劳动的权力。"[2]

通过对资本主义现实的政治经济进行深入的分析和批判，马克思在《资本论》中对共产主义社会的所有制形式进行了科学的揭示，将"重建个人所有制"作为新社会所有制形式的主要特征，这也是共产主义进入高级阶段的表现。"资本主义生产由于自然过程的必然性，造成了对自身的否定。""这种否定不是重新建立私有制，而是在资本主义时代的成就的基础上，也就是说，在协作和对土地及靠劳动本身生产的生产资料的共同占有的基础上，重新建立个人所有制。"[3]这里"个人"并不是孤立的追求私利的个人，而是联合起来的重新占有自己劳动产品的个人。而"个人所有制"，就是建立在劳动者联合劳动基础上的所有制。共产主义是对个人与劳动分离状态的克服，共产主义的个人所有制实现了劳动者

---

① 《马克思恩格斯文集》，第 2 卷，人民出版社 2009 年版，第 45 页。
② 《马克思恩格斯文集》，第 2 卷，人民出版社 2009 年版，第 47 页。
③ 《马克思恩格斯文集》，第 5 卷，人民出版社 2009 年版，第 874 页。

对自己的生产资料和劳动产品的双重占有。而更为关键的是，"所有权并不仅仅是对商品的占有。准确地说，它超越了一种占有的任何司法性假设。对它的一种恰当的表述是，所有权是那种使得任何一种占有都完全成为一个主体占有的东西。所有权并不是我的占有，它就是我"①。也就是说，这种个人所有制并不是一种单纯的个人占有，它本身就意味着我的主体性的生成，它并不是一种私有制，也不是一种公有制，而是一种能真正体现人的主体性价值的真正的人民主权的制度。因为共产主义"反对一切私有财产的组织方式和生产资料的私人所有制，以及对劳动力的私人剥削和对资本流通的私人控制。但是它也反对公有，即对这一劳动权力异化运作所作的国家与民族的配置"②。马克思想要完成的是一条重建个人所有制的道路，这种个人的所有制不是简单的对物的占有，而是要在一个体制的意义上充分体现人的一种主体地位和内在价值。对此，哈特认为马克思是在一个特殊的占有概念上展开关于共产主义的构想的，即"不再占有以私有财产为形式的客体，而是占有我们自己的主体性、我们的人性、社会关系……马克思不是在谈论把捉已经存在的某物，而是在创造新的某物。共产主义的积极内容，即与私有财产的废除所对应者，是对于主体性的自主的人类生产，对于人性的人类生产"③。所以，

① ［法］让-吕克·南希：《共产主义，语词——伦敦会议笔记》，张志芳译，见复旦大学当代国外马克思主义研究中心编：《当代国外马克思主义评论》，8，人民出版社 2010 年版，第 91 页。

② ［意］安东尼奥·奈格里：《共产主义：概念与实践之思》，申林译，见复旦大学当代国外马克思主义研究中心编：《当代国外马克思主义评论》，8，人民出版社 2010 年版，第 63 页。

③ ［美］麦克·哈特：《共产主义之共者》，陆心宇译，见复旦大学当代国外马克思主义研究中心编：《当代国外马克思主义评论》，8，人民出版社 2010 年版，第 82 页。

我们可以看出，无论是马克思在所有权的意义上对共产主义的描述，还是现代法国激进左派对共产主义的重启，都体现了共产主义的一种主体性特征。在"共产主义话语中，从公有制计划经济转向共有性和个人独特性可理解为共产主义理论的主体性转向，这一转向的核心是把主体性、生存论维度重新结合到理论之中"[①]。

第三节　共产主义的社会面孔：自由人的联合体

马克思共产主义理论的实质就是要实现人类的彻底解放，无论是政治层面上对民主的思考，还是经济层面上对社会所有制的奠基，马克思最终的理论旨趣在于寻找到一个能够充分体现人的自由个性的社会形式，而这样一个理想的社会形式就是"自由人的联合体"。马克思所憧憬的未来社会的理想形式以个人自由与共同体和谐统一为主要特征，因为在他看来，"只有在共同体中，个人才能获得全面发展其才能的手段，也就是说，只有在共同体中才可能有个人自由"[②]。所以在这个意义上，"对共产主义的重新思考不应简单地关注它的经济政治制度含义，更核心的问题是回到共同体问题上来。共产主义意味着真正的共同体"[③]。马克思对共同体问题

---

①　汪行福：《为什么是共产主义——激进左派政治话语的新发明》，见复旦大学当代国外马克思主义研究中心编：《当代国外马克思主义评论》，8，人民出版社 2010 年版，第 25 页。

②　《马克思恩格斯文集》，第 1 卷，人民出版社 2009 年版，第 571 页。

③　汪行福：《为什么是共产主义——激进左派政治话语的新发明》，见复旦大学当代国外马克思主义研究中心编：《当代国外马克思主义评论》，8，人民出版社 2010 年版，第 19—20 页。

的关注和对共产主义的研究是交织在一起的。共产主义的理论前提和出发点就是现实的人及其历史发展，所以在社会的层面上，共产主义就是要将人从异化的生存状态中解放出来，超越一种想象的、虚幻的共同体而实现自由人的联合体，共产主义社会的具体形态就是自由人的联合体。

在《1844 年经济学哲学手稿》中，马克思对共产主义的阐述已经初步蕴含了关于自由人联合体的思想，他从工人的联合和共同体的建构的角度对人的社会存在状态进行了分析。马克思认为，在资本主义社会下，由于劳动的异化，人与人之间也处于异化的状态。整个社会处于分散状态，这时的共同体不是体现工人价值的自由的联合，而是体现资本家利益的"资本家的共同体"。从社会的角度看，这种共同体本质上是一种虚假的、冒牌的共同体，是对人本身的束缚和压抑，是与人的本质相悖的，所以它必将被未来更符合人的本质的共同体形式所代替，而这样的理想的共同体形式就是自由人的联合体。"因此，建立共产主义实质上具有经济的性质，这就是为这种联合创造各种物质条件，把现存的条件变成联合的条件。"①这种联合在构建共产主义的过程中具有重要意义。在政治领域，人只有通过联合起来，才能超越自身的分裂状态，构建民主的共同体。而在经济的所有制层面上，劳动者想要实现对自己劳动产品的真正占有，只有通过无产阶级的普遍联合才能实现。在这个意义上，共产主义"是人和自然界之间、人和人之间的矛盾的真正解决，是存在和本质、对象化和自我确证、自由和必然、个体和类之间的斗争的真正解决"②。共产主义是由联合起来的个人以社会的方式全面地占有

---

① 《马克思恩格斯文集》，第 1 卷，人民出版社 2009 年版，第 574 页。
② 《马克思恩格斯文集》，第 1 卷，人民出版社 2009 年版，第 185 页。

自己的本质，是"通过人并且为了人而对人的本质的真正占有"。这里的人作为一种社会的存在，是通过普遍的联合来实现向人的本质的复归。对此，朗西埃也认为："一个真正的共同体意味着共识的共同体。一个共识的共同体并不是指每个人与他人意见都相同的共同体。它是一种感性一致的共同体。在这一共同体中，一种共同生活的感觉体现在日常生活的场景之中。"①他的这种共同体思想与马克思《1844 年经济学哲学手稿》中的共产主义理想具有某种一致性。这种由联合而形成的共同体克服了人与他人、理性与感性的分离，不再强调政治与经济、宗教与艺术等层面的分类，而是集中关注共同体的创造能力的生成，从而不断丰富人的存在。

在《德意志意识形态》中，马克思正式提出了真正的共同体思想，将这种共同体看成摆脱阶级束缚的各个人的自由联合。"在过去的种种冒充的共同体中，如在国家等等中，个人自由只是对那些在统治阶级范围内发展的个人来说是存在的，他们之所以有个人自由，只是因为他们是这一阶级的个人。从前各个人联合而成的虚假的共同体，总是相对于各个人而独立的；由于这种共同体是一个阶级反对另一个阶级的联合，因此对于被统治的阶级来说，它不仅是完全虚幻的共同体，而且是新的桎梏。在真正的共同体的条件下，各个人在自己的联合中并通过这种联合获得自己的自由。"②这也就意味着，作为未来的社会形式，与阶级社会那些"虚假的"和"冒充的"共同体不同，真正共同体不是阻碍个体发展的枷锁和桎梏，而是每个人作为独立的个体的自由和自愿的联合。在这样

---

① 汪行福：《为什么是共产主义——激进左派政治话语的新发明》，见复旦大学当代国外马克思主义研究中心编：《当代国外马克思主义评论》，8，人民出版社 2010 年版，第 20 页。

② 《马克思恩格斯文集》，第 1 卷，人民出版社 2009 年版，第 571 页。

的共同体中，每个人都是独立自由的个体，社会财富不再以资本家的私人占有为特征，而是归联合起来的个人所有和支配，个人活动也不再是自发性的和固定化的。这种真正的共同体就是"自由人联合体"，也就是未来的共产主义社会。此时，马克思的真正的共同体的理论已经与自由人联合体建立起了关联，它们都以人类解放为目标，表征着人类未来的理想的社会形态和生存方式。这既是对人与人、人与社会之间矛盾的根本解决，也是向人的本质的彻底复归。

在《共产党宣言》中，马克思则正式从社会形态的角度把共产主义和"自由人联合体"思想统一起来。他指出未来的共产主义社会"将是这样一个联合体，在那里，每个人的自由发展是一切人的自由发展的条件"[①]。马克思用"每个人的自由发展是一切人的自由发展的条件"来说明共产主义社会的本质，将人的自由全面发展视作自由人的联合体最为显著的特征，并将自由人联合体真正提升到了社会形态的地位。随着马克思在政治经济学领域研究的深入，他开始在现实的层面上思考共产主义的道路，在《资本论》中，马克思从经济学的角度更直接地将共产主义社会称为"自由人联合体"。"让我们换一个方面，设想有一个自由人联合体，他们用公共的生产资料进行劳动，并且自觉地把他们许多个人劳动当作一个社会劳动力来使用。"[②]共产主义的这种联合体，它并不是有关财产的理想，而是消除异化后的关于共同体的理想。这是一种真正关注人的存在的共同体理论。在这个意义上，共产主义本身就是一种为人的存在进行辩护的理论。"共产主义即亲密共契——共在，共与的存在，

---

① 《马克思恩格斯文集》，第 2 卷，人民出版社 2009 年版，第 53 页。
② 《马克思恩格斯全集》，第 44 卷，人民出版社 2001 年版，第 96 页。

它被认为属于个体的生存。"①但必须注意的是，个体在共产主义的联合体中并不是单独的存在，而是和其他的存在者一起存在的，这不是一种简单的部分加部分的外部联结，而根本上是一种力求趋向共同性的自由联结。它不是对人的独特性的湮没，而是在保持个人独特性的基础上，承诺一种共同性的生成。"共产主义观念并没有脱离马克思本想消除的困境。任何共产主义都是一个过程，这是一个计划，其目的就在于，把由不同形式的集体性智识建立起来的不同世界融合为一个同一的共同体。"②与那种虚幻的、僵死的共同体相反，共产主义意义上的自由人联合体代表的是一个有活力的人民的机体，这是一种非分离性的共同体，是关于公共生活的新构造。总之，马克思关于共产主义的理论构想，在社会的层面上突出地体现为"自由人的联合体"的实现，这是马克思以现实的人及其生存状态为理论出发点对人的存在状态的深刻思考，也是马克思对实现人类解放后人们生活方式的憧憬和建构。所以，就本质上来说，"共产主义具有它的特殊内涵，这种内涵不能以公有制或计划经济为其核心内容，而只能以个人的全面解放和自由人联合体来定义"③。共产主义在社会的层面上，就突出地表现为"自由人的联合体"，"自由

---

① ［法］让-吕克·南希：《共产主义，语词——伦敦会议笔记》，张志芳译，见复旦大学当代国外马克思主义研究中心编：《当代国外马克思主义评论》，8，人民出版社 2010 年版，第 90 页。

② ［法］雅克·朗西埃：《共产主义：从现实性到非现实性》，林晖译，见复旦大学当代国外马克思主义研究中心编：《当代国外马克思主义评论》，8，人民出版社 2010 年版，第 97 页。

③ 汪行福：《为什么是共产主义——激进左派政治话语的新发明》，见复旦大学当代国外马克思主义研究中心编：《当代国外马克思主义评论》，8，人民出版社 2010 年版，第 24 页。

人联合体"的理想的形式就是共产主义社会。

第四节　共产主义的存在论面孔：人的自由个性

在马克思对共产主义的建构过程中，自由与发展亦是两个十分重要的维度，它们深层表征着人类获得解放后的生存状态。马克思正是基于人的生存与发展来探求自由的实现的，建立自由人的联合体的真正目的，就是要实现人的自由个性的全面发展。所以，不应仅仅将共产主义单纯理解为人向人的本质的复归，而必须同时将其理解为人的自由个性的实现。马克思想要探求的是人类解放的现实道路，而人类解放就是对主体的解放，是对人的独特性的彰显。作为人类解放的完成状态，共产主义则应以人的自由个性的全面发展为其价值诉求，这是一个超越"人的依赖性"和"物的依赖性"，变"资本的独立性和个性"为"现实的个人的独立性和个性"，从资本主义经由社会主义，最终达到共产主义的过程，体现了马克思以现实的人及其历史发展为前提对人的生存状态的深切关怀。"共产主义是对人类个体彼此间亲密共契关系的一种本体论的标示，是对人类生存方式的形而上学式领悟。"①所以，共产主义的存在论含义就集中地表现为人的自由个性的实现。

马克思是在人与社会发展的维度上展开对"自由个性"的阐释的。在

---

① ［法］让-吕克·南希：《共产主义，语词——伦敦会议笔记》，张志芳译，见复旦大学当代国外马克思主义研究中心编：《当代国外马克思主义评论》，8，人民出版社 2010 年版，第 87 页。

《1857—1858 年经济学手稿》中，马克思明确地提出了"自由个性"的哲学范畴，并把人类发展区分为三大形态："人的依赖关系（起初完全是自然发生的），是最初的社会形式，在这种形式下，人的生产能力只是在狭小的范围内和孤立的地点上发展着。"①这一阶段可以概括为"人的依赖性"阶段，在社会形态上，对应于前资本主义社会。这时人单纯表现为自然的人，人对于自然有一种天然的依附关系。自然界或共同体处于优先地位，个人不是作为独立的个体而存在的，而是湮没于自然界或共同体之中，不具有独立性和个性，更谈不上自由。"以物的依赖性为基础的人的独立性，是第二大形式，这种形式下，才形成普遍的社会物质变换、全面的关系、多方面的需要以及全面的能力的体系。"②这一阶段可以概括为"物的依赖关系"的阶段，对应资本主义社会。在这一阶段，人超越了对自然的依附关系，具有了一定的独立性。但是在资本主义社会的条件下，人却遭到了全面的异化，湮没于资本增殖的逻辑之中。虽然相对于第一阶段，人取得了在客观世界中的主体地位，从自然的奴隶转变为自然的主人。但是，人却成为商品、货币以及资本等"物"的奴隶，对人的依赖转变为对物的依赖，人又一次埋没于物的逻辑之中，丧失了自己的存在。所以，即便人获得了一定的独立性，但也只能是形式上的、以物的依赖性为基础的独立性。因为从本质上看，在资本主义社会，资本才是支配一切的隐秘权力。资本主义社会的巨大发展并没有带来与之相适应的个人的全面发展，相反，资本家对物质利益的过分追逐

---

① 《马克思恩格斯文集》，第 8 卷，人民出版社 2009 年版，第 52 页。
② 《马克思恩格斯文集》，第 8 卷，人民出版社 2009 年版，第 52 页。

使得他们不断榨取工人的剩余价值，对物的关注遮蔽和替代了对人本身的关注，人的活动受到资本逻辑的控制，自由的是资本，而不是人。人只有在服从资本统治的前提下才是"自由"的。表面上，各个人看起来也比先前更独立些，事实上不过是个人可以独立地、自由地出卖自己的劳动力，自由得一无所有。① 所以，在这一时期人的自由只不过是在商品交换和资本增殖的逻辑掩盖下的形式的、虚假的自由。而马克思毕生的使命，就是要打破资产阶级编造的这种自由平等的神话，超越这种形式的、虚假的自由，寻求人的真正的自由。

由此，马克思指出："建立在个人全面发展和他们共同的、社会的生产能力成为从属于他们的社会财富这一基础上的自由个性，是第三个阶段。"②这是人的自由个性充分实现的社会阶段，对应共产主义社会。在共产主义社会中，人超越了对于"人的依赖"，也超越了对于"物的依赖"，上升为社会的主人、历史的主人。他不再受制于自然界，也不再受物的奴役，摆脱了抽象对人的统治，变资本的自由性为活动着的人的自由性，使人真正具有了独立性和个性。"对马克思来说，自由既是通过人的活动把自身从社会支配和自然必然性的外在强制中解放出来的'免于……'的'消极自由'，更是通过提出可能性并建构新的自由共同体而实现自己个性全面发展的'做……'的'积极自由'。因此，在《资本论》及其相关手稿中，具有统治地位的'资本的自由'不是被取消了而是被超越了——转变成了一种更高层次的人之自由——'个性得到自由发

---

①　参见《马克思恩格斯全集》，第 23 卷，人民出版社 1972 年版，第 192 页。

②　《马克思恩格斯文集》，第 8 卷，人民出版社 2009 年版，第 52 页。

展'。"①所以，"自由个性"的本质就是每个人自由而全面的发展，使人成为真正的有自由个性的存在。"自由个性"既是对现实的人的理想生存状态的理论表征，也是对社会形态发展的高级阶段——共产主义的理论表达。而按照马克思的看法，共产主义并不是一蹴而就的，它的发展至少要经过两个阶段：社会主义是其第一阶段，"自由个性"则是其高级阶段。社会主义是人类通往"自由个性"的必经阶段，但社会主义就其本质来看，仍然还是一个生成中的、不成熟的、不完善的社会，没有达到自由个性的高度。因为"它没有把自己的基础建立在人类共同的理智力量的自由发挥和个人的独特性的解放之上，而这些才是共产主义理想的核心"②。所以，自由个性作为共产主义的高级阶段，它必然是以每个人自由而全面发展为基本原则的"自由人的联合体"。对马克思来说，个人应重新驾驭统治人的抽象力量，建立自由人的联合体，人的真正的自由只有在完全融入这种真正的共同体中才能实现。而这种融入，不再是对共同体的单纯的依附，而是要在这种自由联合的共同性的基础上保持人的独特性和个性。因为"在新的技术革命，特别是由互联网创造的新的交流工具的条件下，财富的生产同时也是个人的独特性的生产"③。因此，共产主义应该被定义为一个由物质财富和非物质财富之间的共同的

---

① 白刚：《自由个性的实现——〈资本论〉的自由观》，《江海学刊》2017年第3期。

② 汪行福：《为什么是共产主义——激进左派政治话语的新发明》，见复旦大学当代国外马克思主义研究中心编：《当代国外马克思主义评论》，8，人民出版社2010年版，第7页。

③ 汪行福：《为什么是共产主义——激进左派政治话语的新发明》，见复旦大学当代国外马克思主义研究中心编：《当代国外马克思主义评论》，8，人民出版社2010年版，第7页。

内在联系以及个人的独特性和生命的奇异性所构成的新的共同体，它是对社会的共同性与个人的和差异性的辩证连接。在这个意义上，"共产主义概念的核心是真正的共同体的建立，在这一共同体中，个人的独特性的解放和公共自由是其核心内容"①。

通过对马克思共产主义四副面孔的揭示，我们看到，共产主义是马克思关于人类解放的重要理论探索，其中贯穿着马克思对人之自由个性的关怀，是对个体在社会中的自我实现也就是人的自由个性的历史分析和辩证呈现。在政治上，共产主义作为完整的政治概念，就是要超越由政治异化所造成的公人与私人的对立，通过"真正的民主制"来恢复人的存在的完整性；在经济上，共产主义作为关于所有制的学说，就是要扬弃资本主义私有制，通过重建个人所有制，来使生产资料摆脱它们的资本属性，真正为人所占有；在社会的层面上，共产主义革命作为真实共同体的建构，就是要将人从异化的生存状态中解放出来，超越一种想象的、虚幻的共同体而实现自由人的联合体，实现个人自由与共同体的和谐统一；而在存在论的意义上，共产主义作为关于自由的革命，就是要超越"人的依赖性"和"物的依赖性"，变"资本的独立性和个性"为"活动着的个人的独立性和个性"，真正实现人的自由解放。

---

① 汪行福：《为什么是共产主义——激进左派政治话语的新发明》，见复旦大学当代国外马克思主义研究中心编：《当代国外马克思主义评论》，8，人民出版社 2010 年版，第 25 页。

第二十四章　我们需要什么样的"新文明"

　　"文明"与"野蛮"相对，它代表了人类对美好生活的最高层次的渴望，即对一个真正文明、进步、合乎人性需要的生活世界的追求。我们可以说，文明表达了人类的一种理想抱负，是人之为人的本性展现。弗洛伊德曾经用"文明"来指代人类生活中所有提高自身处境，并使自身与动物相区别的方方面面。"文明是最崇高的联系纽带，人类在文明的旗帜下聚集在一起，虽然这种聚集是精神上的而非领土上的。文明代表了整个人类的社会存在理想。"①一种文明的最高理想，代表着一个民族的最高精神追求。一旦失去了文明的理想，就意味着这个民族失去了精神的支柱和向

---

① ［美］布鲁斯·马兹利什：《文明及其内涵》，汪辉译，商务印书馆 2017 年版，第 145 页。

前发展的动力源泉。然而，进入 20 世纪，困扰中国人最深刻的问题之一是中华文明理想的丧失，中国人在精神上最深刻的焦虑来源于失去了对一个伟大文明的精神信念，找不到自己在精神上的真正立脚点。鸦片战争以前，中国人以"天朝上国"自居，以"夷""夏"的观念来区分文明和野蛮，或开化和不开化。"夏"代表着开化、文明和先进，"夷"代表着未开化、野蛮和落后。鸦片战争以后，随着国人对西方文明的深入了解，发现再用"夷""夏"的观念来区分西方和中国，就是莫大的讽刺了。中国人逐渐认识到："西人治国有法度，不得以古旧之夷狄视之。"①并且，"今中国之人心风俗，政治法度，无一可比数于夷狄，何尝有一毫所谓夏者！即求并列于夷狄犹不可得，遑言变夏耶"②？传统的"夷""夏"观念已经不适用于近代中国和西方社会发展的现实。近代西方文明在当时多少了解它的中国人眼里，已不再是不如华夏文化的"夷狄"，也不仅仅徒然以物质力量取胜，而是一种本末俱高出我们原有文化的现代文明形态。"文明"作为西方人的"国家意识"，不仅是西方人自己的自我意识，也为包括中国在内的非西方国家所认可和艳羡。近现代历史上，"全盘西化""脱亚入欧"思潮的出现充分说明了这一点。

中华民族的伟大复兴，绝不仅仅是政治、经济乃至军事上的复兴，而是一种新型文明形态的诞生。我们究竟需要什么样的"新文明"？一方面，这个新型文明形态的建构需要承载起中华民族伟大复兴的梦想，这是一个伟大文明的理念，一种可以使一个民族长治久安、永远立于世界

---

① 康有为：《我史》，江苏人民出版社 1999 年版，第 9 页。
② （清）谭嗣同：《谭嗣同全集》，蔡尚思、方行编，中华书局 1981 年版，第 225 页。

民族之林而不败的伟大理想；另一方面，这个新型文明形态是一个本质上与西方现代文明完全不同的文明形态，必须能够给世界上那些既希望加快发展又希望保持自身独立性的国家和民族提供全新选择，为解决人类问题贡献中国智慧和中国方案。站在"两个一百年"的历史交汇点上，思考"新文明"形态的问题，具有重大的理论意义和实践意义。实现中华民族的伟大复兴，重铸中国文明的最高理想，绝不是要凝练出一套理论上完美无缺的价值体系强加给这个民族，也不是要炮制出一个乌托邦式的盛世蓝图去满足人们的美好愿望，而是要切实地探索，探索什么样的理想和道路才能使中华民族成为一个真正进步、文明的民族。

第一节 掌控巨大物质力量的精神文明

文明作为人类社会进步与开化状况的标识，是人们在改造世界的社会实践过程中所创造的积极成果，它表现在社会物质生产和生活与社会精神生产和生活两个基本方面，这也就是我们通常所说的"物质文明"和"精神文明"。所谓物质文明，就是人们在改造世界的社会实践中所创造出来的物质层面的积极成果，它表现为物质资料的生产、社会生产力的发展、生产工具和技术的改进、生产规模的扩大、社会财富的积累等人类改造自然界的物质成果。物质文明标志着人类社会物质生产的进步和物质生活的提高。所谓精神文明，就是人们在改造世界的社会实践中所创造出来精神层面的积极成果，它表现为人们在国家治理、社会模式、经济体制、政治制度、文化生活和价值观念等方面的进步和发展。精神文明标志着人类社会精神生产的进步和精神生活的提高。

物质文明的发展方向首先是一个"自然历史过程"。但据此就提出物质文明的发展方向不需要精神力量予以保证，进而主张废除"社会主义精神文明可以保证物质文明的正确发展方向"的观点，则是完全错误的，其理论根源是在物质文明和精神文明的关系中推行一种机械决定论：物质文明决定精神文明，物质文明可以脱离精神文明独立发展。实际上，物质文明不可能脱离精神文明独立发展和进步。一方面，精神文明对物质文明的进步起到推动作用。人的理想境界的高低是一个国家的民族意识强弱的第一标志，而一个民族有了共同理想就有可能使一个国家强盛起来。理想有一种内在的凝聚力和火炬般的牵引力。从一定意义上说，英国正是基于这一点而开创了工业文明的新纪元，那时的英国人普遍关心国家的命运，民族意识特别强烈。另一方面，精神文明对物质文明的发展起到规范作用。物质文明的无限度发展有可能侵蚀到人类最基本的价值观念和伦理底线，将人类所有的一切都沉浸到金钱的冰水当中去，从而将人类社会带入歧途。

因此，物质文明的发展虽然是一个"自然历史过程"，但同时也是一个"自觉创造过程"。物质文明的发展是"自然历史过程"和"自觉创造过程"的双重统一，这种统一的基础是社会实践，其主体或核心是人。人是全部社会文明的主体，任何文明都是以人为核心的，都属于人所创造的果实，都是人的本质力量的对象化。马克思和恩格斯指出："历史不过是追求着自己目的的人的活动而已。"①文明是实践的事情，基于实践

----

① 《马克思恩格斯文集》，第 1 卷，人民出版社 2009 年版，第 295 页。

活动的人类文明的发展同样是合目的性和合规律性的统一。在人类文明的发展过程中，既要注重客观实际和遵循客观规律，又要注重在社会实践中引发主体的主动性与人的潜能。基于这样的理解，精神文明对物质文明所具有的推动作用和规范性作用就会凸显出来。只有当生活在文明社会的人养成足以让他们去完善自我、完善社会的精神习惯时，物质文明才会变成真正的文明。否则，物质文明根本配不上"文明"二字。

然而在实际生活中，人们很容易忽视一个社会在精神文明层面上的进步，而过分看重物质文明的成就，这导致人类不能正确地认识人类文明本身。"我们过于欣赏物质成就，完全忘掉了生活中的精神成分同样也是非常生动、非常重要的。现在这些事实的确值得我们反思一下过去的行为了。这些情况听起来很刺耳，但却向我们真正地揭示出了这样的事实：若我们的文明只在物质层面得以发展，而在相应的精神层面却步履蹒跚，那就会像一艘舵机出了问题的轮船，航速虽不断加快，但方向却完全失控，最终将撞向冰山，带来灾难性的后果。"①物质财富的增长和进步遮蔽了我们的双眼，我们天真地满足于巨大的物质成就，完全屈服于此；我们无限度地追逐物欲的狂欢，完全沉湎于此。当我们减少了精神因素的价值之时，便将自己暴露在危险面前，而我们却不去反思这些危险。这导致人类在面对资本主义物质文明的成就时，变得异常浅薄，从而彻底迷失了方向。

---

① ［德］阿尔伯特·史怀哲：《文明与伦理》，孙林译，贵州人民出版社 2018 年版，第 3 页。

"物质成就带给人类文明最普遍的危险在于，虽然人类生活发生了巨大变革，但绝大多数人却变得更加不自由，而不是更加自由。"①马克思在其一系列重要著作中非常明确而又深刻地向我们指明了这一点。在《1844 年经济学哲学手稿》中，马克思指出工人生产的财富越多，他的生产的影响和规模越大，他就越贫穷。工人创造的商品越多，他就越变成廉价的商品。在马克思看来，这就是"当前的国民经济的事实"。因此，"劳动对工人来说是外在的东西，也就是说，不属于他的本质；因此，他在自己的劳动中不是肯定自己，而是否定自己，不是感到幸福，而是感到不幸，不是自由地发挥自己的体力和智力，而是使自己的肉体受折磨、精神遭摧残"②。工人的劳动不是自由的劳动，而是被迫的强制劳动。

马克思在《共产党宣言》中将这一危险以一种强烈对比的方式呈现了出来。马克思高度赞扬了资本主义在物质文明方面取得的伟大成就。马克思指出："资产阶级在它的不到一百年的阶级统治中所创造的生产力，比过去一切世代创造的全部生产力还要多，还要大。自然力的征服，机器的采用，化学在工业和农业中的应用，轮船的行驶，铁路的通行，电报的使用，整个整个大陆的开垦，河川的通航，仿佛用法术从地下呼唤出来的大量人口——过去哪一个世纪料想到在社会劳动里蕴藏有这样的生产力呢？"③资本主义所创造的生产力，使人类社会的物质文明实现了

① ［德］阿尔伯特·史怀哲：《文明与伦理》，孙林译，贵州人民出版社 2018 年版，第 4 页。
② 《马克思恩格斯文集》，第 1 卷，人民出版社 2009 年版，第 159 页。
③ 《马克思恩格斯文集》，第 2 卷，人民出版社 2009 年版，第 36 页。

高速发展，达到了前所未有的文明的辉煌。但同时，马克思又激烈地批判了资本主义所造成的人类存在的奴役状态。"现代工业已经把家长式的师傅的小作坊变成了工业资本家的大工厂。挤在工厂里的工人群众就像士兵一样被组织起来。他们是产业军的普通士兵，受着各级军士和军官的层层监视。他们不仅仅是资产阶级的、资产阶级国家的奴隶，他们每日每时都受机器、受监工、首先是受各个经营工厂的资产者本人的奴役。这种专制制度越是公开地把营利宣布为自己的最终目的，它就越是可鄙、可恨和可恶。"①资本主义发展的事实表明：物质文明虽然取得了巨大成就，但人却越来越不自由。马克思在《资本论》中明确指出："劳动者的奴役状态是产生雇佣工人和资本家的发展过程的起点。这一发展过程就是这种奴役状态的形式变换，就是封建剥削转化为资本主义剥削。"②

"人类文明的灾难性特征之一是物质文明比精神文明发达得多。物质与精神间的平衡已被完全打破。"③在某种意义上，我们可以将资本主义所开辟的现时代称为"物化的时代"。我们所看到的周遭世界满眼都是物质景观，巨量的机械复制的物品使周围世界的事物失去了自身的"殊异性"，而没有一丝精神的存在，就连精神世界最后的堡垒——宗教，也被资本化、市场化了。人类在时间中漂泊，如同身处波涛汹涌的大海，没有精神文明的指引，人类的世俗之路终会迷失方向。文明的关键

---

① 《马克思恩格斯文集》，第2卷，人民出版社2009年版，第38页。
② 《马克思恩格斯文集》，第5卷，人民出版社2009年版，第823页。
③ [德]阿尔伯特·史怀哲：《文明与伦理》，孙林译，贵州人民出版社2018年版，第2页。

不在于物质成就的高低，而在于精神是否能够掌控物质。轮船航行不取决于速度的快慢，而在于航向是否正确，舵机是否运转良好。虽然人类文明的进步直接表现为物质文明的成就，但文明的本质更多体现为精神文明，精神文明对物质文明的发展方向能起推动和保证作用。我们需要能够掌控巨大物质力量的精神文明，否则人类就会迷失于物欲狂欢的拜物教之中。

改革开放以来，中国在经济方面实现了快速增长，伴随着这一举世瞩目的"经济奇迹"而来的是物质财富的巨大扩张。虽然邓小平在改革开放之初，就强调要特别注意在建设物质文明的同时，还要建设社会主义的精神文明，但是，后来物质文明和精神文明的发展并不平衡。因此，我们所面临的最紧迫、最重大的思想任务之一，是当代中国的精神建设。当拜金主义和虚无主义仍然存在，当"躺平"成为一部分人的生活姿态，我们可以明显地感觉到精神缺失。"这种缺失意味着：以往的或既与的精神样式已不再具有普遍的约束力了；虽说某些部分或片段依然在起作用，但缺少一种已然成熟的定型的完备的精神形态，一种足以掌握并协调日益巨大的物质力量并使之获得自由表现的精神形态。"[1]精神文明能够为物质文明的发展提供精神动力和智力支持，为它的正确发展方向提供有力的思想保证。物质方面的成就与精神上的自由紧密地捆绑在一起，实现文明理想仅仅有物质成就是远远不够的，唯有能够掌控巨大物质力量的精神文明才能提出文明理想并将其真正实现。

---

① 吴晓明：《当代中国的精神建设及其思想资源》，《中国社会科学》2012 年第 5 期。

第二节　返璞人类自然本性的技术文明

每一时代的物质文明都有它的技术标志，技术领先引导着物质文明领先，技术落后导致物质文明落后，技术革命的浪潮导引出物质文明的波浪式发展，这种事实在近现代表现得尤为明显。直接推动物质文明的是技术或技术革命，但技术或技术革命的前提又是科学或科学革命。物质文明的波浪式发展又和科学革命联系在一起。马克思指出："自然界没有造出任何机器，没有造出机车、铁路、电报、自动走锭精纺机等等。它们是人的产业劳动的产物，是转化为人的意志驾驭自然界的器官或者说在自然界实现人的意志的器官的自然物质。它们是人的手创造出来的人脑的器官；是对象化的知识力量。固定资本的发展表明，一般社会知识，已经在多么大的程度上变成了直接的生产力，从而社会生活过程的条件本身在多么大的程度上受到一般智力的控制并按照这种智力得到改造。"①"社会知识"转变成了直接的生产力，马克思的这一观点最终演变成了"科学技术是第一生产力"的重要论断。

科学与工业的结合，开启了18世纪技术革命的先河。"起源于科学本体的观念，就被发展成为各种新工业。其中最早和最重要的是蒸汽机——即18世纪初期所谓的自然哲学发动机；但是它的一般原理一经

---

① 《马克思恩格斯全集》，第31卷，人民出版社1998年版，第102页。

熟悉，它的制造法和使用法就被吸收到实用工程里去。"①当时的科学和技术已呈现一体化的趋势，不是科学等待转化为技术再应用于生产，而是一旦有科学发现就立即寻求技术上的应用。一旦技术工业开始发现科学知识的奥秘，人类通过技术改造自然的能力便得到迅速提升。首先是以18世纪英国发明纺织机为起点、以蒸汽机的发明为标志的技术革命，解决了传统以马力、木材为主的动力问题，加速提升了手工业的劳动生产率；最重要的是，蒸汽机促进了交通运输业的发展；机械化的科学手段形成了手工业劳动的分工协作机制。"蒸汽和新的工具机把工场手工业变成了现代的大工业，从而使资产阶级社会的整个基础发生了革命。工场手工业时代的迟缓的发展进程转变成了生产中的真正的狂飙时期。"②19世纪的电磁理论推动了电动机和发电机的技术革命，弥补了蒸汽机时代动力不足的问题，机械化时代开始向电气化和自动化发展。

众所周知，欧洲机器工业是从1760年开始的。从蒸汽机开始，人类进入了机器工业时代，直到1945年原子弹爆炸，才真正宣告了我们所谓的"技术统治时代"的到来。原子弹爆炸以后，现代技术进入了加速状态，发展越来越快。对于现代社会来说，加速是全方位的，而不仅仅是科学技术的加速。当代德国社会批判理论家罗萨把社会加速概括为三个方面：科技加速、社会变迁加速和生活步调加速。"最明显、也是最能够测量的加速形式，就是关于运输、传播沟通与生产的目标导向(zie-

---

① ［英］约翰·德斯蒙德·贝尔纳：《历史上的科学(卷二)：科学革命与工业革命》，伍况甫、彭家礼译，科学出版社2015年版，第387页。

② 《马克思恩格斯文集》，第3卷，人民出版社2009年版，第533页。

lerichtet)过程的有意的速度提升，这可以定义为科技加速。"①科技加速对社会现实的影响无疑是巨大的。尤其是，这完全改变了社会的"时空体质"，也就是说，改变了社会生活的空间和时间的知觉与组织。最终导致了整个人类社会文明性质的改变：一方面是技术工业文明的上升，另一方面是自然人类文明的下降，这差不多构成了今天人类文明的基本状况。

在自然生命的意义上，人类首先是一种动物，这种动物有它生理层面的局限性，而技术就是其超越自身局限性的工具。只有明白了这一点，我们才能正确地审视人类文明的脆弱性与对技术的依赖性。但是，我们不能据此就认为，人类必须匍匐在技术的力量面前，完全成为其附庸。人应当主宰技术，而不是技术来主宰人。人主宰技术意味着：技术文明应当返璞归真于人类的自然本性，而不是与之背道而驰。我们总有一种错觉，以为科技的进步缓和了底层劳工、农奴或奴隶的不人道待遇，使他们也得以过上有尊严的生活。其实，这是一种误解。科技进步的最大作用在于取代成本越来越高的劳动力。工业革命是人类历史上最重要的一次生产力飞跃，其产生的一个后果，却是将大量工人驯化为机器附庸。工业革命之后，以自然经济为支柱的传统手工业的生产能力在机器面前不值一提。归根结底，这是因为我们每个人都不同程度地接受了工业文明生产体系的驯化。"在工场手工业和手工业中，是工人利用工具，在工厂中，是工人服侍机器。在前一种场合，劳动资料的运动从

① ［德］哈特穆特·罗萨：《新异化的诞生——社会加速批判理论大纲》，郑作彧译，上海人民出版社 2018 年版，第 13 页。

工人出发，在后一种场合，则是工人跟随劳动资料的运动。在工场手工业中，工人是一个活机构的肢体。在工厂中，死机构独立于工人而存在，工人被当做活的附属物并入死机构。"①

实际上，人与机器之间的边界，最危险之处并不在于机器能够变得多么像人，而在于人在多大意义上已经变得像机器——像机器一样只在规范之内定义自己，成为单向度的人，无意识地受到资本主义社会主流观念潜移默化的影响及消费主义的各种操纵，而无力反思更高层面的问题。毕竟，神经科学已经提醒我们，人的自由意志能力，并不体现在他们愿意做什么，而体现在他们不愿意去做什么。机器与人的共生关系已经在多大程度上改变了人本身的生活状态？我们深入反省一下，就可以发现人类自己在技术进步的过程中已经丧失了自觉，丢失了对自由的更深刻的理解，而不是机器夺去了我们的自由。人与机器的关系，关键不在于机器会变得怎样，而在于人会变得怎样，以及人类在多大程度上还相信并努力实现自由、平等、尊严——这些世代以来被我们奉为"好的生活标准"的普遍价值。人类在被技术化之后，已经丧失了对崇高的热情和渴望。

人类今天面临着两种意义上的技术化：一种是精神意义上的技术化，我们的精神世界已经不断被算法、互联网、大数据所控制；还有一种是身体意义上的技术化，通过生物工程、基因工程、疫苗接种、化工产品及其所造成的环境激素，我们的身体不断被技术化改造。现代技术已经成为一种自主的力量，我们人类已经无法控制它了。在我们的时代，"技术统治"压倒了"政治统治"，或者说"政治统治"本身也变成了

———————

①　《马克思恩格斯文集》，第5卷，人民出版社2009年版，第486页。

"技术统治"(治理术)。通过今天的新技术,如人工智能和生物技术,技术将越来越成为世界和社会组织的支配性力量,我们不得不习惯于这样一种新政治运作和新治理状态,同时也要求应对之策和可能的抵抗方式。我们的"自然人类文明"及其统治方式衰退了,我们从自然人类生活世界切换到了技术人类生活世界。

人类世界正在以前所未有的速度飞速发展,这些变化使我们既兴奋又恐惧。科技为我们带来更多便利的同时也伴随着更多的风险。从生物技术到人工智能,第四次工业革命引发的爆炸式创新重新定义了人类的意义所在。第四次工业革命不仅正在改变我们的行为,也在改变着我们自身。它对每个个体都产生了多方面的影响,包括我们的身份认同及其相关方面。如隐私保护意识、所有权观念、消费方式、工作与休闲时间的分配及如何发展职业生涯、学习技能等。人工智能和数字技术促使现代社会由传统的规范社会转变为控制社会。不仅国家和政府,包括公司和企业都在利用数字技术对我们每个人进行精准的数据分析和操纵管控。现代社会正在通过人工智能和数字技术,以一种不可抗拒的强大力量决定着每一个降生于这一机制之中的个人的生活,甚至也决定着那些并未直接参与经济获利的个人的生活。数字资本主义正在把现代社会构建成一个极其严密的"数字全景敞式监狱"。

保罗·克鲁岑(Paul Crutzen)呼吁必须用一个新词来描述我们现在生活的年代,这个词就是"人类世"(Anthropocene)。在这个时代,能够对地球表面、地下、水体和大气造成最重要改变的,就是我们人类。我们已经不是自然人了,我们已经被技术工业加工了,身体和精神两方面都被深度加工过了,而且还在不断地被加工,这就是海德格尔所说的现代技术"已经在人类的本质处触动了人类"。在这个技术统治的时代里，我们必须对技术文明进行反省和抵抗。因为如果没有抵抗，自然人类文明将加速崩溃。技术从来都是启蒙人类的第一力量，技术时代的到来已经无可避免。抵抗技术规训，保卫个体自由，是未来哲学和未来艺术的根本使命。但是在强大的技术力量面前，人类通过艺术和哲学所发起的抵抗大多成为一种诗意的批判和理论的想象。技术是人类意志的延伸，几乎内化于人的本质，人类处理自己与技术的关系，约等于处理人类自己。我们必须像霍布斯、洛克和卢梭一样探讨技术时代的社会契约，像启蒙时代的哲学家劝诫国王一样劝诫专家，像制定宪法一样探讨我们该以何种方式控制和规范技术的发展。倘若不这样做，我们就无法排除人类历史上最大也是最坏的政治危机：以进步为名，迎来完全不受控的技术集权时代。

尼采"超人"的意义在于忠实于大地。大地就是身体，就是自然。今天必须有一种理想，要恢复和保存我们的自然性，这是我们人类面临的艰巨任务。我们今天被普遍而深刻地技术化以后，我们人类如何保持我们作为自然物种的最后脸面和底线？这才是一个关键的问题。我们从自然人类生活世界切换到了技术人类生活世界。我愿意在此强调的是，随着自然人类不断被技术化（非自然化），重振"自然本性"不是主张复古和复辟，而要回归生活世界，呼应新文明的要求和未来的可能性。"因为这种被现代技术所规定的新文明唯一值得期待的状态，是自然性和技术性的平衡——或者我们可以采用尼采的说法，是达到自然性与技术性之间的'控制性协调'。"①

---

① 孙周兴：《人类世的哲学》，商务印书馆 2020 年版，第 289 页。

第三节　超越私有资本逻辑的共享文明

资本主义文明尤其是 19 世纪以来的资本主义文明建立在四个制度之上。"首先，是一个世纪以来防止大国间发生任何持久和破坏性战争的势力均衡体系；其次，是象征着某种独特的世界经济组织方式的国际金本位制；再次，是造就了空前物质福利的能够自我调节的市场；最后，是自由主义国家。这四种制度，两种是经济的，另两种是政治的；或者按另一种方式划分，两种是国家性质的，另两种是国际性的。正是这些制度，勾勒出我们西方文明历史特有的轮廓。"①在这些制度中，金本位制被证明是关键性的。在波兰尼看来，势力均衡体系是建立于金本位基础之上，并部分地通过它来运转的上层建筑；但是金本位体系的源泉和基体则是自我调节的市场，金本位制不过是把国内市场体系扩大到国际领域的一种尝试；而自由主义国家本身就是自我调节的市场的结果。虽然国际金本位制在四种制度中居于关键位置，但无论是国际金本位制，还是势力均衡体系、自由主义国家，实际上都植根于自我调节的市场。正是这个创新催生了一种特殊的文明。现代资本主义文明的起源要追溯到一百多年前西欧的社会和技术剧变，正是从工业革命和技术革命中产生了自我调节的市场观念。因此，19 世纪制度体系的关键就存

---

① ［英］卡尔·波兰尼：《大转型：我们时代的政治与经济起源》，冯钢、刘阳译，当代世界出版社 2020 年版，第 3 页。

在于统治市场经济的那些法则之中。统治市场经济最根本的原则是什么？一言以蔽之，资本增殖的逻辑。

何谓资本增殖的逻辑？其最直接的定义就是 G—W—G′ 的逻辑。资本之所以是资本，就在于它能"增殖自身"。但是，事情本身远非如此简单。在资产阶级社会里，起支配和决定作用的是以资本增殖为目的的等价交换原则。这一原则以一种强大的同一性逻辑，迫使资产阶级社会的一切行为，都被纳入以增殖资本为目的的交换关系当中。资本作为一种颠倒的社会关系，同时又是一种"支配一切的权力"。这种社会力量，在颠倒的、以资本增殖为目的的资产阶级社会生产关系中，却反过来成了一种"普照的光"，一种"特殊的以太"。资本逻辑作为资本主义社会里统治一切的最高原则和控制力量，是同一性形而上学在现实世界中的"感性显现"。资本"按其本质来说，它是对无酬劳动的支配权"①，即对剩余价值的掠夺权和控制权。这是资本与生俱来的权力，是资本生存的根本目的，也是资本存在的根本理由。在资本主义条件下，资本的逻辑在其本质上是一种私有资本的逻辑。资本逻辑本身是客观的、中立的，它就是资本增殖的逻辑运动，但在资本主义条件下，这种资本的增殖却转变成了对剩余价值的攫取，转变成了对工人的剥削，维护的是资本家的私人利益。资本主义文明说到底是资本家的文明，社会的文明成果为少数人所垄断。我们需要一种超越私有资本逻辑的社会主义文明。

其实，中国历史上有着丰富的超越资本主义文明的思想资源。基于儒家的立场，孔子设想的理想社会是："大道之行也，天下为公，选贤

---

① 《马克思恩格斯文集》，第 5 卷，人民出版社 2009 年版，第 611 页。

与能，讲信修睦。故人不独亲其亲，不独子其子，使老有所终，壮有所用，幼有所长，矜寡、孤独、废疾者，皆有所养，男有分，女有归。货恶其弃于地也，不必藏于己；力恶其不出于身也，不必为己。是故谋闭而不兴，盗窃乱贼而不作，故外户而不闭，是谓大同。"①孔子将大同世界作为一个理想的"乌托邦"，现实世界是要建设一个比大同世界低的"小康"社会。康有为在《大同书》中，憧憬了一个"去国而世界合一之体"的大同社会。"无邦国，无帝王，人人相亲，人人平等，天下为公，是谓大同，此联合之太平世之制也。"②康有为认为发达资本主义社会并不是人类的终极目标，而只是"升平世"，"升平世"之后还有一个更高的社会发展阶段，即实现了人类大同的"太平世"，这个世界是消除了一切界限与差别的，人人平等、人人幸福的世界。1924年，孙中山提出，他为之奋斗的未来社会，没有贫富悬殊和少数富人压迫穷人的不公正现象，全体人民"生活上幸福平等"；完全实现"民有""民治""民享"，真正做到古人所说的"公天下"。

1949年，毛泽东在《论人民民主专政》中指出："康有为写了《大同书》，他没有也不可能找到一条到达大同的路。资产阶级的共和国，外国有过的，中国不能有，因为中国是受帝国主义压迫的国家。唯一的路是经过工人阶级领导的人民共和国。"③在毛泽东看来，不论是孔夫子，还是康有为、孙中山，他们关于"大同世界"的理想都只能是一个乌托邦，他们没有也不可能找到一条到达大同的道路。西方资产阶级的共和

① 《礼记》，（元）陈澔注，金晓东校点，上海古籍出版社2016年版，第248页。
② 康有为：《大同书》，上海古籍出版社2019年版，第77页。
③ 《毛泽东选集》，第4卷，人民出版社1991年版，第1471页。

国维护的是资本家的权益，也无法实现中国人的"大同理想"。"西方资产阶级的文明，资产阶级的民主主义，资产阶级共和国的方案，在中国人民的心目中，一齐破了产。资产阶级的民主主义让位给工人阶级领导的人民民主主义，资产阶级共和国让位给人民共和国。这样就造成了一种可能性：经过人民共和国到达社会主义和共产主义，到达阶级的消灭和世界的大同。"①

毛泽东所提出的"经过人民共和国到达社会主义和共产主义"就是中国共产党带领中国人民所开辟的中国特色社会主义发展道路。习近平总书记指出："让广大人民群众共享改革发展成果，是社会主义的本质要求，是社会主义制度优越性的集中体现，是我们党坚持全心全意为人民服务根本宗旨的重要体现。"②共享发展就是坚定不移走共同富裕道路，促进人的全面发展，做到发展为了人民，发展成果由人民共享。坚持共享发展，应该从更广泛的角度去认识发展、理解发展、谋求发展。对于共享发展的理解，需要超越单纯的经济增长的范围，要从经济、社会、政治三个领域出发，将促进人的全面发展作为最终目标。全体人民，各尽所能共同创造各种财富，各得其所，共同分享社会福祉，和谐共处，共同构筑幸福安康，朝着共同富裕方向稳步前进。

在马克思主义看来，共享发展是实现共产主义理想的基本要求。无产阶级专政的任务就是"达到消灭一切阶级差别，达到消灭这些差别所由产生的一切生产关系"③。把资产阶级占有的生产资料、产品及其

---

① 《毛泽东选集》，第4卷，人民出版社1991年版，第1471页。
② 习近平：《习近平谈治国理政》，第二卷，人民出版社2017年版，第200页。
③ 《马克思恩格斯文集》，第2卷，人民出版社2009年版，第166页。

管理生产的权利，转化为全社会占有管理，使不断增加的劳动产品成为"扩大、丰富和提高工人生活的一种手段"，为人的自由全面发展奠定基础。1875 年，马克思在《哥达纲领批判》中进一步阐释其共享思想，他指出，通过社会福利、社会保障等形式，使全民共享社会发展成果，是马克思主义创始人设想的共产主义社会的重要特征。"从一个处于私人地位的生产者身上扣除的一切，又会直接或间接地用来为处于社会成员地位的这个生产者谋利益。"如"用来应付不幸事故、自然灾害等的后备基金或保险基金"，"用来满足共同需要的部分，如学校、保健设施等"，"为丧失劳动能力的人等等设立的基金"等，通过社会再分配，让所有社会成员都充分地享受到社会发展的成果，促进人的自由而全面的发展。①

建立在资本增殖逻辑基础上的资本主义文明，其本质上是一种私享意义上的文明。这是因为，资本主义所带来的人类的巨大的物质文明成果为资本家所私享。共享发展要求坚定不移地走共同富裕的道路，发展成果由人民共享，在此意义上，中国特色社会主义的共享发展其实质上是一种共享文明。"把资本变为公共的、属于社会全体成员的财产，这并不是把个人财产变为社会财产。这里所改变的只是财产的社会性质。它将失掉它的阶级性质。"②"资本"的性质是超越资本主义文明的关键所在。资本主义条件下，资本的性质是资产阶级的性质。必须把资本变为公共的、属于社会全体成员的财产，就是改变资本的社会性质，把资本由私有资本变为公共性资本，超越私有资本逻辑的逻辑是要建立一种公

---

① 《马克思恩格斯文集》，第 3 卷，人民出版社 2009 年版，第 432—433 页。
② 《马克思恩格斯文集》，第 2 卷，人民出版社 2009 年版，第 46 页。

共资本的逻辑。

未来中国文明的核心价值是什么？中华民族的前进动力机制和根本方向在哪里？当代中华文明重建的根本使命是什么？什么是中华文明的最高理想？这一系列复杂的问题集中到一点，就是中华文明重建的问题，当然也是中国现代性的塑造问题，更是我们需要什么样的"新文明"的问题。近代以来，中华民族面临的最紧迫的任务是在西方文明的强势面前如何重建自我的问题。中国需要以开放的心态向世人展现自己重建一个伟大文明的胸襟和气度。在今天这种资讯高度发达的国际化时代，任何一种文明都不可能在纯粹的本土性中自我陶醉和自我满足。任何文明都有其自身内在的问题需要克服，要有效地吸纳其他文明特别是西方资本主义文明的积极成果。对本土文明与西方文明成分进行创造性的融合，在今天早已是大势所趋。

未来的中华文明不是传统文明本身的幽灵式复活，而是创造性转化和创新性发展；不是西方资本主义文明的生搬硬套，而是解决人类问题的中国智慧和中国方案。"中国特色社会主义是党和人民历经千辛万苦、付出巨大代价取得的根本成就，是实现中华民族伟大复兴的正确道路。我们坚持和发展中国特色社会主义，推动物质文明、政治文明、精神文明、社会文明、生态文明协调发展，创造了中国式现代化新道路，创造了人类文明新形态。"①思考和预见未来是哲学的基本任务。如果失去了展望未来的能力，人就失去了自己的本质规定性，哲学也就失去了自己

---

① 习近平：《在庆祝中国共产党成立 100 周年大会上的讲话》，http://www.xin-huanet.com/2021-07/01/c_1127615334.htm，2021-07-02。

的思想洞察力。"一个伟大的民族并不会因为数千年的光辉历史的重负就变得苍老。只要它有能力有勇气保持对自己的信心,保持自己历来具有的伟大本能,这个民族就能永远年轻。"①中华文明的重建应该是一种"不忘本来、吸收外来、面向未来"的综合创新,中国特色社会主义道路必将在开辟人类文明新形态的高度上获得世界历史的意义。

---

① 《韦伯政治著作选》,阎克文译,东方出版社 2009 年版,第 23 页。

结语 《资本论》与人类文明的 "大逻辑"

1914—1915 年，列宁在瑞士的伯尔尼系统地研究了黑格尔哲学，撰写了一批非常重要的摘录性笔记和读书心得，我们将之称为"伯尔尼笔记"。伯尔尼笔记构成了列宁哲学发展的第三个阶段，也是最重要的一个思想阶段。[①] "伯尔尼笔记"意味着列宁开始站在黑格尔这一哲学巨人的肩膀上去重新理解和审视马克思的哲学，尤其是马克思最为重要的著作《资本论》。列宁在《哲学笔记》中提到《资本论》时说："虽说马克思没有遗留下'逻辑'（大写字母的），但他遗留下

---

① 列宁哲学思想发展可以分为三个时期：第一个时期，从 1894 年的《什么是"人民之友"?》开始，一直持续到 1906 年；第二个时期，是从 1906 年至 1913 年，这是列宁研究和掌握哲学唯物主义理论的重要时期，这一时期最重要的哲学著作是《唯物主义和经验批判主义》；第三个时期，是从 1914 年开始，其主体部分就是列宁的"伯尔尼笔记"。

《资本论》的逻辑，应当充分地利用这种逻辑来解决这一问题。在《资本论》中，唯物主义的逻辑、辩证法和认识论[不必要三个词：它们是同一个东西]都应用于一门科学，这种唯物主义从黑格尔那里吸取了全部有价值的东西并发展了这些有价值的东西。"①在这里，列宁向我们提出了一个重大的理论问题：虽然马克思没有遗留下大写字母的逻辑，但是他遗留下《资本论》的逻辑。那么，《资本论》中大写字母的逻辑究竟指的是一种什么样的逻辑？

一、《资本论》中的内涵逻辑

如果把辩证法仅仅理解为一种方法，其实是在对辩证法做单纯形式的理解。所谓方法乃是纯形式的，纯形式意味着脱离一切内容。对辩证法的这种理解一直广为流行并被普遍接受。恩格斯曾经尖锐地指出："自从黑格尔逝世之后，把一门科学在其固有的内部联系中来阐述的尝试，几乎未曾有过。官方的黑格尔学派从老师的辩证法中只学会搬弄最简单的技巧，拿来到处应用，而且常常笨拙得可笑。对他们来说，黑格尔的全部遗产不过是可以用来套在任何论题上的刻板公式，不过是可以用来在缺乏思想和实证知识的时候及时搪塞一下的词汇语录。"②可见，把辩证法仅仅理解为一种普遍形式方法，即"科学方法论"意义上的抽象方法，不仅在黑格尔逝世之后的整个 19 世纪，而且在我们的时代也获得了广泛的认可，因为它完全符合现代性知识意义上的"方法"概念。这意味着辩证法可以被加诸

---

① 列宁：《哲学笔记》，人民出版社 1993 年版，第 290 页。
② 《马克思恩格斯文集》，第 2 卷，人民出版社 2009 年版，第 600 页。

任何内容和任何对象之上。辩证法成了"可以用来套在任何论题上的刻板公式",放之四海而皆准。辩证法最终沦落为"变戏法"。如果人们只是这样来理解辩证法及其普遍性,恰恰意味着走向了辩证法的反面。

只要辩证法被当作纯粹形式的方法,辩证法就会被抽象为单纯形式的普遍规律,辩证运动就会从概念运动的逻辑庸俗化为空疏的范畴变换。"黑格尔的伟大之处在于:他试图通过辩证法以超越抽象的理智和空疏的知性,从而深入到知性科学注定不可能抵达的真理或实在之中。"①辩证法是关于真理或者说通达真理的科学,是对知性的片面性的扬弃。对于真正的辩证法来说,"方法"和"运动过程"是同一的。正如海德格尔所说:"黑格尔也把'思辨辩证法'径直称为'方法'。用'方法'这个名称,他既不是指一个表象工具,也不仅仅是指哲学探讨的一个特殊方式。'方法'乃是主体性的最内在的运动,是'存在之灵魂',是绝对者之现实性整体的组织由以发挥作用的生产过程。"②所以对于黑格尔来说,辩证法作为"方法"首先意味着"主体性的最内在的运动",意味着实在主体的自身展开过程。"方法,亦即思辨辩证法,对黑格尔来说乃是一切现实的基本特征。因此,作为这样一种运动,方法决定着一切发生事件,亦即历史。"③如果说我们必须在黑格尔辩证法的高度上去理解马克思,首先意味着马克思的辩证法必须在"方法—运动"的意义上获得理解。

关于黑格尔的《逻辑学》和马克思的《资本论》之间的关系,阿瑟指出:"我们看到黑格尔《逻辑学》和马克思《资本论》在结构上明显的**相同**

---

① 吴晓明:《〈资本论〉方法的当代意义》,《教学与研究》2018 年第 7 期。

② [德]海德格尔:《路标》,孙周兴译,商务印书馆 2000 年版,第 507 页。

③ [德]海德格尔:《路标》,孙周兴译,商务印书馆 2000 年版,第 507—508 页。

性（homology），或者，至少是一方或双方经过某种微小重建工作之后的相同性。"①但是这种结构上明显的相同性最终被阿瑟解读成了一种方法论意义上的相同性。在阿瑟看来，马克思的《资本论》是黑格尔逻辑学方法的具体应用。阿瑟明确说道："我的观点是，黑格尔逻辑学可被用于对资本主义的这种研究，因为资本是一个非常特殊的对象，它以交换中真实的抽象过程为基础，这种交换中的真实抽象与黑格尔以思想抽象力分解和重建现实在很大程度上是相同的。"②可见，阿瑟对黑格尔逻辑的理解仅仅是把逻辑当作一种方法。阿瑟的观点代表了通常的观点：黑格尔的逻辑学在《资本论》中表现为"抽象力"，具体展现为分析资本主义社会的研究方法，从而揭示出了现代社会背后的逻辑架构——资本的逻辑。根据这种观点，我们对《资本论》中辩证法思想的研究，就变成了同黑格尔"逻辑学"的一种对照性研究。阿瑟把马克思的《资本论》和黑格尔的《逻辑学》进行了详细的比照，以此来确证黑格尔的逻辑与政治经济学批判之间的相关性，亦即黑格尔的逻辑是如何被马克思用于政治经济学批判的计划的。阿瑟在仔细比较之后，最终得出这样的结论："从商品交换到价值的运动可类比于黑格尔的'存在论'，货币和商品的二重化可类比于'本质论'，作为实现于劳动和工业中的'绝对形式'的资本具有黑格尔'概念'的全部特征。"③但是殊不知这种辩证法的"抽象力"不仅仅是

---

① ［英］克里斯多夫·约翰·阿瑟：《新辩证法与马克思的〈资本论〉》，高飞等译，北京师范大学出版社 2018 年版，第 9—10 页。
② ［英］克里斯多夫·约翰·阿瑟：《新辩证法与马克思的〈资本论〉》，高飞等译，北京师范大学出版社 2018 年版，第 10 页。
③ ［英］克里斯多夫·约翰·阿瑟：《新辩证法与马克思的〈资本论〉》，高飞等译，北京师范大学出版社 2018 年版，第 88 页。

马克思剖析资本主义的研究方法，方法本身就意味着实在主体的自我运动，意味着形式与内容相同一的逻辑。作为逻辑的辩证法，不仅仅是一种方法论意义上的逻辑，更重要的是一种存在论意义上的逻辑。我们不能把黑格尔的逻辑仅仅视作对马克思叙述方式和研究方式上的帮助。对马克思来说，黑格尔的逻辑在《资本论》中不仅仅是一种方法论意义上的引进，更是一种存在论意义上的引进。如果说《资本论》中存在论意义上的逻辑是一种"大写字母的"逻辑，那么方法论意义上的逻辑，则仅仅是一种"小写字母的"逻辑。

在黑格尔的《逻辑学》中，辩证法作为逻辑学不仅仅是认识理念的逻辑进程，而且是理念自身展开的过程。众所周知，形式逻辑只关心思维的形式而不关心思维的内容，辩证逻辑与形式逻辑的根本区别在于辩证逻辑不仅关心思维形式而且关心思维内容。黑格尔认为，只有辩证法能够沉入事情本身之中，实现形式与其内容真正内在的统一。假如逻辑空洞无物，那并不是逻辑对象的过错，而只可能是把握对象方式的过错。如果彻底否定和抛弃了黑格尔的逻辑学，哲学必然会陷入漂泊无根的虚妄和狂妄自大的傲慢，成为一种空洞的形式主义。因此，"从这个方法与其对象和内容并无不同看来，这一点是自明的；——因为这正是内容本身，正是**内容在自身所具有的**、推动内容前进的**辩证法**。显然，没有一种可以算做科学的阐述而不遵循这种方法的过程，不适合它的单纯的节奏的，因为它就是事情本身的过程"①。黑格尔的逻辑是一种内容的逻辑，是一种"自身所具有的、推动内容前进的辩证法"。

---

① ［德］黑格尔：《逻辑学》，上卷，杨一之译，商务印书馆 1966 年版，第 37 页。

黑格尔的方法是唯一的真正与内容相一致的方法。黑格尔的逻辑是活生生的内容自己构成自己的运动。在《小逻辑》的"序言""柏林大学开讲辞"和"导言"中，黑格尔反复强调自己的方法不是空洞的、抽象的方法，自己的辩证法或逻辑是有内容的逻辑。在黑格尔看来，逻辑学的内容不是僵死材料的外在排列，也不是主观公式的硬性安排，而是通过概念产生的中介作用所形成的有机整体。"〔矛盾〕发展的方法从两方面说都是充分足用的，即第一，它异于别的科学所寻求的那种仅仅外在排比；第二，它异于通常处理哲学对象的办法，即先假定一套格式，然后根据这些格式，与前一办法一样，外在地武断地将所有的材料平行排列。再加以由于最奇特的误解，硬要使概念发展的必然性满足于偶然的主观任性的联系。"①正是在这个意义上，黑格尔的逻辑学不是无生命的枯骨而是有生命的整体，不是外在的主观形式而是客观概念发展的结果。但是，概念发展为什么不是材料的外在排列，也不是空疏范畴或抽象概念的名称变换，而是思维运动的内涵逻辑呢？黑格尔认为，概念的发展是存在作为一个潜在概念向绝对真理的上升过程的。单纯的直接性的"纯有"是黑格尔逻辑学的开端。在这一过程中，概念逐步摆脱了自身的有限性和知性的片面性，最终达到了自己的绝对的和全部的真理，即绝对理念，从而实现了环节的必然性和全体的自由性的统一。

黑格尔把自己的"哲学理论"命名为"逻辑学"，而不是命名为他要构建的"真理论"或关于真理的"辩证法"，这不能不是探讨黑格尔哲学的一个切中肯綮的问题。这个问题的实质在于：哲学就其本性来讲是一种逻

① ［德］黑格尔：《小逻辑》，贺麟译，商务印书馆1980年版，第2页。

辑学；哲学意义上的逻辑学构成了关于真理的哲学和作为哲学灵魂的辩证法。黑格尔之所以能够开辟一条通达社会现实的道路，其根本原因就在于这种主客相统一的辩证法。如果把思想的内容与形式割裂开来，把概念的内涵与外延割裂开来，这种具体的普遍性的辩证法就会变成抽象的普遍性的辩证法，就会成为没有思想内容、没有概念内涵的"刻板公式"，被人拿来随处套用。因此，决不能将辩证的方法和观点凝固、抽象为刻板的公式。这样做的直接后果，不仅使得辩证法声名狼藉，堕落为诡辩论，更为重要的是它使得黑格尔所开创的通达社会现实的道路重新堵塞，辩证法所具有的重大的理论价值和时代意义也隐遁消失。

对此，列宁在《黑格尔〈逻辑学〉一书摘要》中，批评康德以自在之物的"空洞抽象"代替了我们关于事物的知识的日益深入的活生生的进展、运动。列宁指出："黑格尔则要求这样的逻辑：其中形式是富有内容的形式，是活生生的实在的内容的形式，是和内容不可分离地联系着的形式。"[1]黑格尔赞扬康德在哲学史上的重大成就在于指出了把握理念的矛盾的必然性，但批评康德对于事物的温情主义，即认为矛盾只是理性在把握理念时所产生的先验幻象。这意味着矛盾只是思维的矛盾，而不是事物本身的矛盾。黑格尔主张用自身发展的自我否定的矛盾概念体系把握无限的全体的真理。这种辩证法在本质上区别于经验科学的哲学的真理和方法，是一种区别于经验科学思维的较高的哲学思维方式。黑格尔所开创的这一全新的哲学方法或者哲学思维方式的真实内涵是：黑格尔的辩证法或逻辑是一种区别于形式逻辑的思想内容的逻辑，是用主客

———————

① 列宁：《哲学笔记》，人民出版社 1993 年版，第 77 页。

统一的概念体系把握世界的本质和规律的概念辩证法。

我们之所以一再强调要在黑格尔辩证法的理论高度上去理解马克思的辩证法，最为重要的就是要在黑格尔的内容逻辑(大写字母的逻辑)的意义上去理解《资本论》中的辩证法。"《资本论》作为'大写的逻辑'，它是存在论、认识论和逻辑学相统一的历史的内涵逻辑，它的概念、范畴是推进、深化认识'现实的历史'的阶梯和支撑点。"①这一判断其实需要我们进一步去澄清：黑格尔的辩证法是"存在论、认识论和逻辑学相统一的内涵逻辑"，这是黑格尔辩证法所达到的理论高度，站在这一理论高度上去理解马克思的辩证法，马克思的辩证法也是"存在论、认识论和逻辑学相统一的内涵逻辑"，接下来我们就会追问，这两种三者一致的内涵逻辑区别究竟在哪里？

二、辩证法的高阶问题

早在古希腊时期，柏拉图就把辩证法置于城邦教育的顶端。"黑格尔的概念辩证法作为近代哲学乃至全部西方传统哲学的最高理论成果，是不能轻易放弃，也不能轻易掌握的一种高级哲学思维方式。"②正是在这种"高级的哲学思维方式的意义上"，马克思继承了黑格尔的辩证法。马克思对黑格尔辩证法的继承，是一种扬弃，也是一种超越。这意味着马克思是站在黑格尔辩证法的理论高度上对辩证法的继承和发展。我们应该立足于黑格尔辩证法所达到的理论高度去澄清马克思和黑格尔辩证

① 孙正聿：《"现实的历史"：〈资本论〉的存在论》，《中国社会科学》2010 年第 2 期。
② 孙利天、王丹：《社会历史的辩证法——辩证法的高阶问题与当代处理》，《社会科学战线》2017 年第 1 期。

法之间的本质性区别。

为了澄清黑格尔《逻辑学》的内涵逻辑和马克思《资本论》的内涵逻辑之间的区别,我们有必要引入辩证法的"高阶问题"这一概念。在哲学史上,哲学家们为了澄清不同意义上的辩证法,对辩证法进行了各种划分。"暂不讨论这种划分的合理性,可以肯定的是人及其社会历史活动的问题是最复杂、最高级的运动形式,是辩证法理论中最高阶的问题。原因在于人所特有的自我意识和精神能力实际地参与和改变了自然历史过程,人不仅解释世界,也改变世界,人所创造的社会历史过程是主客统一的过程。因此,要认识和把握社会历史过程的趋势和规律,就只能用主客统一的辩证概念体系,用黑格尔的术语说,是用自觉、自为的有生命的概念体系去把握它的真理性。"①无论黑格尔的辩证法,还是马克思的辩证法都是用主客统一的辩证概念体系去把握实在本身。这是辩证法理论在黑格尔哲学中所达到的理论自觉。根据黑格尔和马克思所把握的"实在"本身或者说所解决的问题的不同,我们可以把辩证法的问题分为"高阶问题"和"低阶问题"。这里所谓的"高阶"和"低阶"只是相对而言的。相对于黑格尔概念辩证法所要解决的思维运动的逻辑问题,社会历史的发展逻辑是人类所面临的更为复杂、更为高级的理论问题。如果说黑格尔概念辩证法所处理的思维运动的问题属于辩证法的低阶问题,那么马克思《资本论》辩证法所处理的人类历史的发展规律的问题则属于辩证法的高阶问题。

---

① 孙利天、王丹:《社会历史的辩证法——辩证法的高阶问题与当代处理》,《社会科学战线》2017 年第 1 期。

辩证法作为逻辑学就是"实在主体"自我运动的逻辑。所谓"实在主体",指的就是具有实体性内容的自我活动者和自行规定者。黑格尔将实体把握为主体,认为"实体即主体"。实在主体的自我运动指的是绝对理念的自相差别和自我活动。虽说黑格尔的"现实"概念要求并且容纳经验内容,但其最现实并且唯一现实的东西仍然是"理念"。因此,即便黑格尔的逻辑学史无前例地开始考察社会历史的运动逻辑,但其社会历史运动的展开过程仅仅表现为绝对理念的"应用逻辑学"。我们知道马克思对黑格尔的观念论及其神秘化进行了猛烈的批判。对于马克思来说,辩证法的"实在主体"乃是社会。"实在主体仍然是在头脑之外保持着它的独立性;只要这个头脑还仅仅是思辨地、理论地活动着。因此,就是在理论方法上,主体,即社会,也必须始终作为前提浮现在表象面前。"①黑格尔所把握的实在本身指的是"思维"或"精神"本身,而马克思所把握的"实在"本身指的则是"社会历史"本身。马克思的实在主体是具有特定实体性内容的"社会主体",马克思以此取代了黑格尔所谓的绝对理念的东西。

这种社会主体自我运动的逻辑在历史唯物主义的意义上最终构成了"人类历史的发展规律"。在《在马克思墓前的讲话》中,恩格斯指出:"正像达尔文发现有机界的发展规律一样,马克思发现了人类历史的发展规律"。不仅如此,"马克思还发现了现代资本主义生产方式和它所产生的资产阶级社会的特殊的运动规律"②。"人类历史的发展规律"和"资

① 《马克思恩格斯文集》,第8卷,人民出版社2009年版,第25—26页。
② 《马克思恩格斯文集》,第3卷,人民出版社2009年版,第601页。

产阶级社会的特殊运动规律"两者是并行不悖的，或者说"资产阶级社会的运动规律"就蕴含在"人类历史的发展规律"之中。人类历史的发展规律正是马克思《资本论》的逻辑所要揭示的本质性内容。这一人类历史的发展逻辑不是凭空设想出来的，而是有着深层的存在论根基，是和人的存在方式的变迁关联在一起的。在《1857—1858 年经济学手稿》中，马克思揭示了这一历史内涵逻辑的存在论根基："人的依赖关系（起初完全是自然发生的），是最初的社会形式，在这种形式下，人的生产能力只是在狭小的范围内和孤立的地点上发展着。以物的依赖性为基础的人的独立性，是第二大形式，在这种形式下，才形成普遍的社会物质变换、全面的关系、多方面的需要以及全面的能力的体系。建立在个人全面发展和他们共同的、社会的生产能力成为从属于他们的社会财富这一基础上的自由个性，是第三个阶段。"①因此，这一人类历史的发展规律之所以构成历史的内涵逻辑，就在于它同时也是人的存在方式发展的逻辑。

在黑格尔的全部著作中，其《哲学史讲演录》往往被看作单纯的哲学史著作，而被排除在其思想研究之外。其实，《哲学史讲演录》构成了其哲学思想研究的一个不可或缺的环节，揭示了逻辑学所具有的文明史含义。黑格尔认为，"在哲学史里，我们所了解的运动仍是自由思想的活动，它是思想世界理智世界如何兴起如何产生的历史"。"人的一切文化之所以是人的文化，乃是由于思想在里面活动并曾经活动。"②因此，他的哲学史所要表明的，从根本上说，精神的进展是合乎理性的，精神的

---

① 《马克思恩格斯文集》，第 8 卷，人民出版社 2009 年版，第 52 页。
② ［德］黑格尔：《哲学史讲演录》，第一卷，贺麟、王太庆译，商务印书馆 1959 年版，第 10 页。

进展是人的文化（文明）的进展。福泽谕吉在《文明论概略》中关于"文明"的定义，就是在黑格尔意义上界定的。福泽谕吉指出："'文明论'是探讨人类精神发展的理论。其目的不在于讨论个人的精神发展，而是讨论广大群众的总的精神发展。所以，文明论也可称为群众精神发展论。"①黑格尔《哲学史讲演录》之于整个黑格尔哲学的重要意义就在于：如果说《精神现象学》阐释了人类精神现象诸环节的自我展开，《逻辑学》揭示了人类概念运动诸环节的自我深化，那么《哲学史讲演录》则展现了人类文明进步诸环节的自我发展。黑格尔的逻辑是精神历程、概念发展和文明进步"三者一致"的逻辑。

如果我们把黑格尔的《哲学史讲演录》界定为人类文明进步诸环节的自我发展，其重要的理论意义就向我们开显出来：黑格尔的逻辑是一种人类文明的"大逻辑"。但是，由于黑格尔把人类文明进步诸环节的自我发展诉诸哲学史或精神史，在某种意义上就等于把人类文明界定为人类精神意义上的文明。但是，在马克思《资本论》的意义上，人类文明已经不再是人类精神意义上的文明，而是"生产方式"和"存在方式"意义上的文明。社会的历史运动的普遍者是生产方式的变动结构。由此，马克思的"历史"不是"观念"的历史，而是真正"现实"的历史。作为辩证法，虽然《资本论》方法首先表现为历史的观点或历史批判的方法。但由于历史进程是通过特定的实体内容展开并具体化的，所以辩证法不可能是任何一种意义上的形式方法。《资本论》的辩证法是"实在主体"（亦即特定社会生产方式）的自我活动。正是基于此，马克思能够深入到历史的本

① ［日］福泽谕吉：《文明论概略》，北京编译社译，商务印书馆2009年版，第1页。

质性之中，揭示出了人类历史的发展规律和资产阶级社会的特殊的运动规律。

人类历史发展的规律通向的是一个"新世界"，一个人类文明的新形态。从历史唯物主义的观点来看，以资本主义生产方式为本质性特征的现代社会，我们可以称为"资本的文明"。这种社会或文明形态在自身的发展过程中必然会产生一种新文明形态的可能性，马克思把这种新的文明形态称为"共产主义"。按照马克思的判断，"资本的文明"必将为这种新的文明形态所取代。马克思的《资本论》就是要为这种新文明的实现开辟现实道路。马克思指出："新思潮的优点又恰恰在于我们不想教条地预期未来，而只是想通过批判旧世界发现新世界。"①马克思把《资本论》中"合理形态的"辩证法定义为"批判的和革命的"辩证法。马克思批判的、革命的辩证法不仅是对"旧世界"的批判，而且是对"新世界"的发现。马克思对旧世界的批判，同时就是对新世界的发现。正是在这个意义上，马克思的《资本论》是一部关于人类文明新形态的著作。

但是，我们需要警惕的是：马克思所揭示的人类历史发展的规律不是一个抽象的普遍性规律，而是一个具体的普遍性规律。马克思在《给〈祖国纪事〉杂志编辑部的信》中特意强调了这一问题。马克思针对他的批评家(车尔尼雪夫斯基)说："他一定要把我关于西欧资本主义起源的历史概述彻底变成一般发展道路的历史哲学理论，一切民族，不管它们所处的历史环境如何，都注定要走这条道路，——以便最后都达到在保证社会劳动生产力极高度发展的同时又保证每个生产者个人最全面的发

---

① 《马克思恩格斯文集》，第10卷，人民出版社2009年版，第7页。

展的这样一种经济形态。但是我要请他原谅。(他这样做,会给我过多的荣誉,同时也会给我过多的侮辱。)"①马克思的这段话是值得我们认真思考的。因为我们很容易把马克思所揭示的人类历史的发展规律理解为一般发展道路的历史哲学理论,把马克思历史内涵的逻辑教条化、僵化和绝对真理化,从而堕入黑格尔的窠臼之中。马克思列举了古代罗马平民所遭受的命运向我们阐明了这一问题。马克思指出,古代罗马平民自己所耕种的独立经营的小块土地被剥夺了,这些自由农民成了"无产者"。虽然形成了大地产和大货币资本,但是并没有出现雇佣工人。在罗马历史发展的过程中,发展起来的生产方式不是资本主义,而是奴隶制。马克思指出:"使用一般历史哲学理论这一把万能钥匙,那是永远达不到这种目的的,这种历史哲学理论的最大长处就在于它是超历史的。"②相似的历史事件在不同的历史境遇中会引起完全不同的社会历史后果。我们对既定社会的研究,需要进行具体的、历史的研究,而不是把马克思的学说当作现成的公式去到处套用。

从柏拉图一直到黑格尔,传统辩证法理论处理的都是辩证法的低阶问题,揭示出了思维运动的内涵逻辑,苏格拉底曾经把"辩证法"定义为"真理的接生术",正是对这种辩证法的生动概括。马克思立足于黑格尔关于辩证法的理论自觉,用主客统一的概念辩证体系,试图揭示社会历史运动的内涵逻辑这一辩证法的高阶问题。正是在这一意义上,《资本论》中的辩证法作为逻辑学是人类文明运动的大逻辑,这种逻辑是人类

---

① 《马克思恩格斯文集》,第 3 卷,人民出版社 2009 年版,第 466 页。
② 《马克思恩格斯文集》,第 3 卷,人民出版社 2009 年版,第 467 页。

历史发展的逻辑和人类存在方式的逻辑的二者统一。相对概念辩证法作为"真理的接生术"而言，我们可以把《资本论》中的辩证法称为"共产主义的接生术"。马克思正是通过对辩证法高阶问题的处理，展现出了人类文明运动的内涵逻辑，为人类社会通向文明新形态开辟了理论道路和现实道路。因此，我们亦可把《资本论》中的辩证法称为"人类文明新形态"的接生术。

三、人类文明的"大逻辑"

马克思的《资本论》不仅从黑格尔的《逻辑学》那里吸取了全部有价值的东西，而且发展了这些有价值的东西。列宁在《哲学笔记》里明确指出："历史唯物主义，是在黑格尔那里处于萌芽状态的天才思想——种子——的一种应用和发展。"[1]在黑格尔的《逻辑学》中具有"历史唯物主义的胚芽"。那么，马克思在《资本论》中究竟如何应用和发展了黑格尔的逻辑学，这就成为摆在我们面前的一个非常重要的理论难题。

马克思在《资本论》第二版跋中公开承认是黑格尔这位大思想家的学生，并且在关于价值理论的一章中，马克思声称自己甚至卖弄起黑格尔特有的表达方式。根据马克思的表述，我们极容易把《资本论》中的辩证法理解为是一种表达方式。当马克思指认黑格尔第一次全面地有意识地叙述了辩证法一般运动形式，所以辩证法的一般运动形式在《资本论》中表现为从商品到货币，再到资本的叙述方式和资本增殖运动形式。当我们把《资本论》辩证法研究局限在叙述方式和研究方式的时候，就会错失

---

① 列宁：《哲学笔记》，人民出版社 1993 年版，第 159 页。

马克思辩证法理论最为重要的理论贡献。《资本论》直接呈现给我们的是一系列经济范畴所构成的理论体系，离开这些经济范畴及它们之间的逻辑关系，就不存在《资本论》的逻辑体系。在这个意义上，《资本论》就是资本运动的"逻辑"。资本运动的逻辑，既是马克思以经济范畴所把握到的资本运动的逻辑，也是马克思以思维的规定所把握到的现实规定的产物。列宁认为，《资本论》的这种研究方式和叙述方式，正是表明马克思把黑格尔辩证法的合理形式运用于政治经济学。但是这种逻辑只是《资本论》中"小写字母"的逻辑，而非"大写字母"的逻辑。如果把这种逻辑指认为《资本论》的逻辑，我们需要做的工作仅仅是把《资本论》和黑格尔的"逻辑学"进行对照，厘清马克思在《资本论》中对黑格尔逻辑学的应用。①

辩证法最真实的意义是一种"大写字母"的逻辑，是一种主客统一的逻辑，这种逻辑展现为实在主体的自我运动。黑格尔的逻辑学和《资本论》的逻辑的区别就在于对"实在主体"的理解是不一样的。如果说在黑格尔逻辑学中，这个"实在主体"指的是"自我意识或概念"的话，马克思强调的则是"现实的个人"。马克思在《〈黑格尔法哲学批判〉导言》中指出，人就是人的世界，就是国家、社会。因此，这个实在主体自我运动的逻辑，在马克思的哲学当中，就表现为一种社会的自我运动的逻辑。辩证法都是用主客统一的辩证概念体系去把握实在本身的，根据所把握的实在本身，我们可以把辩证法区分为辩证法的"高阶问题"和"低阶问

① 学界如内田弘、阿瑟等学者在研究《资本论》与《逻辑学》关系的时候，都是把马克思的《资本论》与黑格尔的《逻辑学》进行一一对应，以此来阐释《资本论》中的逻辑学问题。这种研究方式所研究的只是《资本论》中"小写字母"的逻辑，而非"大写字母"的逻辑。

题"。黑格尔所把握的实在本身指的是思维或"精神"本身，而马克思所把握的"实在"指的则是"社会历史"。社会历史的发展是人类所面临的最复杂、最高级的运动形式，因此马克思辩证法所处理的是辩证法的高阶问题，而黑格尔辩证法处理的则是辩证法的低阶问题。

恩格斯在《在马克思墓前的讲话》中指出，"正像达尔文发现有机界的发展规律一样，马克思发现了人类历史的发展规律"，不仅如此，"马克思还发现了现代资本主义生产方式和它所产生的资产阶级社会的特殊的运动规律"①。马克思《资本论》中的逻辑所展现的正是人类历史发展的规律，或者说人类文明的大逻辑。在社会形态的意义上，马克思将人类历史的发展分为前资本主义社会、资本主义社会和共产主义社会。与此相应，这一人类历史发展的逻辑也有着深层的存在论根基。在《1857—1858年经济学手稿》中，马克思揭示了这一逻辑的存在论基础："人的依赖关系（起初完全是自然发生的），是最初的社会形式，在这种形式下，人的生产能力只是在狭小的范围内和孤立的地点上发展着。以物的依赖性为基础的人的独立性，是第二大形式，在这种形式下，才形成普遍的社会物质变换、全面的关系、多方面的需要以及全面的能力的体系。建立在个人全面发展和他们共同的、社会的生产能力成为从属于他们的社会财富这一基础上的自由个性，是第三个阶段。"②因此，这一人类历史发展的逻辑也是人的存在方式的逻辑的展现。

---

① 《马克思恩格斯文集》，第3卷，人民出版社2009年版，第601页。
② 《马克思恩格斯全集》，第30卷，人民出版社1995年版，第107—108页。

苏格拉底曾经生动地把"辩证法"定义为"真理的接生术"。马克思站在黑格尔辩证法的理论高度上，用主客统一的概念辩证体系，试图揭示社会历史发展的逻辑这一辩证法的高阶问题，相对"真理的接生术"而言，我们可以把《资本论》中马克思对辩证法高阶问题的处理，称之为"共产主义的接生术"，抑或"人类文明新形态"的接生术。

哲学逻辑学是通过概念和范畴去反映和把握实在本身的。列宁指出："逻辑学是关于认识的学说。它是认识论。认识是人对自然界的反映。但是，这并不是简单的、直接的、完整的反映，而是一系列的抽象过程，即概念、规律等等的构成、形成过程，这些概念和规律等等（思维、科学＝'逻辑观念'）有条件地近似地把握永恒运动着和发展着的自然界的普遍规律性。"①在逻辑学、辩证法和认识论三者一致的意义上，辩证法就是黑格尔和马克思主义的认识论，也就是说黑格尔和马克思主义是一致的。但这并不意味着，黑格尔和马克思主义是完全一致的。列宁站在马克思实践观点的立场上，揭示了两者之间细微的但却是本质性的差异。列宁指出："人不能完全地把握＝反映＝描绘整个自然界、它的'直接的总体'，人只能通过创立抽象、概念、规律、科学的世界图景等等永远地接近于这一点。"②站在黑格尔的立场上，辩证法作为认识论能够通达真理本身，实现全体的自由性。在列宁看来，黑格尔这样做的话，就是把这个"逻辑观念"、规律性、普遍性神秘化了。事实上，概念和规律只是"有条件地""近似地"把握永恒运动和发展的普遍规律性。换

---

① 列宁：《哲学笔记》，人民出版社 1993 年版，第 152 页。
② 列宁：《哲学笔记》，人民出版社 1993 年版，第 152—153 页。

言之，人不能完全地把握、反映和描绘"实在"本身，人只能在实践中，通过概念和范畴这些人类认识之网上的纽结不断地接近这一点。人类的认识永远是一个辩证的运动过程。这样就消解了黑格尔哲学的绝对主义的唯心论观念。

对于 1914 年前后的列宁来说，最大的理论问题莫过于究竟什么是马克思主义，最大的理论困惑莫过于为什么包括普列汉诺夫在内的马克思主义者并没有真正懂得马克思主义。列宁将这两个问题的解答诉诸对《资本论》中辩证法思想的研究。"我们在这里可以发现，开始呈现在列宁面前的作为《资本论》核心的，甚至有可能是整个马克思主义核心的并不是经济学而是辩证法。"[①]列宁通过黑格尔的《逻辑学》去理解和阐释马克思的《资本论》，进而去澄清整个马克思主义哲学的理论性质。根据列宁的论断，我们可以确定：第一，马克思的《资本论》与黑格尔的《逻辑学》在逻辑学、辩证法和认识论是"同一个东西"的意义上，也就是在内涵逻辑的意义上，两者是一致的，辩证法也就是黑格尔和马克思主义的认识论。我们必须从黑格尔的逻辑学去理解马克思的《资本论》，必须站在黑格尔哲学的高度上去理解马克思的哲学。第二，如果说马克思吸收了黑格尔逻辑学全部有价值的东西，这一有价值的东西就是黑格尔形式与内容相统一的内涵逻辑，如果说马克思发展了这些逻辑，就是把黑格尔概念运动的内涵逻辑发展为历史运动的内涵逻辑。作为主客统一的逻辑，这种历史运动的内涵逻辑是人的存在方式

———————

① ［美］凯文·安德森：《列宁、黑格尔和西方马克思主义：一种批判性研究》，张传平译，南京大学出版社 2012 年版，第 86 页。

的运动逻辑和人类社会发展的运动逻辑的统一。因此,《资本论》中
"大写字母的逻辑"揭示的就是人类文明的大逻辑。这种大逻辑最终的
理论旨归是人类文明新形态的开启,这也构成了马克思开辟当代社会
发展道路的学理性根据。

主要参考文献

一、中文参考文献

(一)著作

[英]安东尼·吉登斯. 资本主义与现代社会理论:对马克思、涂尔干和韦伯著作的分析. 郭忠华,潘华凌译. 上海译文出版社,2013

白刚. 瓦解资本的逻辑:马克思辩证法的批判本质. 中国社会科学出版社,2009

[法]鲍德里亚. 符号政治经济学批判. 夏莹译. 南京大学出版社,2015

[日]柄谷行人. 跨越性批判——康德与马克思. 赵京华译. 中央编译出版社,2011

[日]柄谷行人. 马克思,其可能性的中心. 中田友美译. 中央编译出版社,2006

[美]伯尔基. 马克思主义的起源. 伍庆,王文扬译. 华东师范大学出版社,2007

[美]布鲁斯·马兹利什. 文明及其内涵. 汪辉译. 商务印书馆,2017

陈岱孙. 从古典经济学派到马克思——若干主要学说发展论略. 商务印

书馆，2014

［英］大卫·哈维. 跟大卫·哈维读《资本论》. 刘英译. 上海译文出版
　社，2014

［英］大卫·李嘉图. 政治经济学及赋税原理. 郭大力，王亚南译. 译林
　出版社，2011

［法］丹尼尔·本赛德. 马克思主义使用说明书. 李纬文译. 红旗出版
　社，2013

恩格斯. 自然辩证法. 人民出版社，1971

［英］弗朗西斯·惠恩. 马克思《资本论》传. 陈越译. 中央编译出版
　社，2009

［美］弗雷德里克·詹姆逊. 重读《资本论》. 胡志国，陈清贵译. 中国人
　民大学出版社，2015

［奥］弗洛伊德. 文明及其缺憾. 杨韶刚译. 中国法制出版社，2018

［法］福柯. 疯癫与文明. 刘北成，杨远婴译. 生活·读书·新知三联书
　店，2019

［日］福泽谕吉. 文明论概略. 北京编译社译. 商务印书馆，2009

高云涌. 社会关系的逻辑：马克思辩证法理论的合理形态. 中国社会科
　学出版社，2009

［日］宫川彰. 解读《资本论》：第一卷. 刘锋译. 中央编译出版社，2011

［日］广松涉. 资本论的哲学. 邓习议译. 南京大学出版社，2013

［德］哈贝马斯. 后形而上学思想. 曹卫东，付德根译. 译林出版社，2001

［美］海尔布隆纳. 马克思主义：支持与反对. 马林梅译. 东方出版社，2014

［美］海尔布隆纳. 资本主义的本质与逻辑. 马林梅译. 东方出版

社，2013

韩立新. 《巴黎手稿》研究：马克思思想的转折点. 北京师范大学出版
　　社，2014

贺来. 有尊严的幸福生活何以可能. 中国社会科学出版社，2013

[德]黑格尔. 法哲学原理. 范阳，张企泰译. 商务印书馆，1961

[德]黑格尔. 精神现象学：上下卷. 贺麟，王玖兴译. 商务印书馆，1979

[德]黑格尔. 逻辑学. 杨一之译. 商务印书馆，1966

[德]黑格尔. 小逻辑. 贺麟译. 商务印书馆，1980

[德]考茨基. 考茨基文选. 王学东编. 人民出版社，2008

[德]柯尔施. 卡尔·马克思——马克思主义的理论和阶级运动. 熊子
　　云，翁延真译. 重庆出版社，1993

[德]柯尔施. 马克思主义和哲学. 王南湜，荣新海译. 重庆出版
　　社，1989

[美]柯亨. 马克思与诺齐克之间——G.A.柯亨文选. 吕增奎主编. 江
　　苏人民出版社，2007

[美]柯亨. 自我所有、自由和平等. 李朝晖译. 东方出版社，2008

[加]莱博维奇. 超越《资本论》——马克思的工人阶级政治经济学. 崔秀
　　红译. 经济科学出版社，2007

[法]雷蒙·阿隆. 社会学的主要思潮. 葛智强，胡秉诚，王沪宁译. 上
　　海译文出版社，1988

[法]雷蒙·阿隆. 想象的马克思主义：从一个神圣家族到另一个神圣家
　　族. 姜志辉译. 上海译文出版社，2012

列宁. 哲学笔记. 人民出版社，1993

［匈］卢卡奇. 历史与阶级意识. 杜章智，任立，燕宏远译. 商务印书馆，2011

［德］鲁道夫·希法亭. 金融资本——资本主义最新发展的研究. 福民等译. 商务印书馆，1994

［法］路易·阿尔都塞，艾蒂安·巴里巴尔. 读《资本论》. 李其庆，冯文光译. 中央编译出版社，2008

［法］路易·阿尔都塞. 保卫马克思. 顾良译. 商务印书馆，2006

［法］路易·阿尔都塞. 哲学与政治：阿尔都塞读本. 陈越编. 吉林人民出版社，2011

［德］罗莎·卢森堡，［苏］尼·布哈林. 帝国主义与资本积累. 紫金如，梁丙添，戴永保译. 黑龙江人民出版社，1982

［德］罗莎·卢森堡. 资本积累论. 彭尘舜，吴纪先译. 生活·读书·新知三联书店，1959

［美］马尔库塞. 爱欲与文明. 黄勇，薛民译. 上海译文出版社，2015

马克思. 1844 年经济学哲学手稿. 人民出版社，2000

马克思. 剩余价值学说史：第 1—3 卷. 郭大力译. 上海三联书店，2009

马克思. 资本论：第 1—3 卷. 人民出版社，2004

马克思恩格斯《资本论》书信集. 人民出版社，1976

马克思恩格斯全集：第 1 卷. 人民出版社，1995

马克思恩格斯全集：第 2 卷. 人民出版社，2005

马克思恩格斯全集：第 30 卷. 人民出版社，1995

马克思恩格斯全集：第 31 卷. 人民出版社，1998

马克思恩格斯全集：第 32 卷. 人民出版社，1998

马克思恩格斯全集：第 33 卷. 人民出版社，2004

马克思恩格斯全集：第 3 卷. 人民出版社，2002

马克思恩格斯文集：第 1—10 卷. 人民出版社，2009

马克思主义研究资料：第 10 卷——《资本论》基本理论问题研究. 苑洁主编. 中央编译出版社，2013

马克思主义研究资料：第 5 卷——《1857—1858 年经济学手稿》研究. 黄晓武主编. 中央编译出版社，2013

马克思主义研究资料：第 9 卷——《资本论》结构与形成研究. 刘元琪主编. 中央编译出版社，2013

［英］迈克尔·佩罗曼. 资本主义的诞生——对古典政治经济学的一种诠释. 裴达鹰译. 广西师范大学出版社，2001

［英］梅扎罗斯. 超越资本——关于一种过渡理论：上下卷. 郑一明等译. 中国人民大学出版社，2003

［意］奈格里. 《大纲》：超越马克思的马克思. 张梧，孟丹，王巍译. 北京师范大学出版社，2011

［日］内田弘. 新版《政治经济学批判大纲》的研究. 王青，李萍，李海春编译. 北京师范大学出版社，2011

聂锦芳，彭宏伟. 马克思《资本论》研究读本. 中央编译出版社，2013

聂锦芳. 《资本论》及其手稿再研究：文献、思想与当代性. 经济科学出版社，2013

［德］诺贝特·埃利亚斯. 文明的进程：文明的社会发生和心理发生的研究. 王佩莉，袁志英译. 上海译文出版社，2018

[比]欧内斯特·孟德尔. 《资本论》新英译本导言. 仇启华，杜章智译. 中共中央党校出版社，1991

[法]蒲鲁东. 贫困的哲学. 余叔通，王雪华译. 商务印书馆，1998

[法]蒲鲁东. 什么是所有权. 孙署冰译. 商务印书馆，1963

[英]乔治·弗兰克尔. 文明：乌托邦与悲剧——潜意识的社会史（二）. 褚振飞译. 国际文化出版公司，2005

[美]塞缪尔·亨廷顿. 文明的冲突与世界秩序的重建. 周琪，刘绯，张立平等译. 新华出版社，1998

孙承叔. 真正的马克思——《资本论》三大手稿的当代意义. 人民出版社，2009

孙承叔. 资本与历史唯物主义——《资本论》及其手稿当代解读. 复旦大学出版社，2013

孙利天. 让马克思主义哲学说中国话. 武汉大学出版社，2010

孙正聿. 思想中的时代：当代哲学的理论自觉. 北京师范大学出版社，2004

唐正东. 从斯密到马克思——经济哲学方法的历史性诠释. 江苏人民出版社，2009

唐正东. 资本的附魅及其哲学结构. 江苏人民出版社，2013

[英]特里·伊格尔顿. 马克思为什么是对的. 李杨，任文科，郑义译. 新星出版社，2011

[法]托马斯·皮凯蒂. 21 世纪资本论. 巴曙松等译. 中信出版社，2014

[日]望月清司. 马克思历史理论的研究. 韩立新译. 北京师范大学出版社，2009

［英］休谟. 人性论：上下卷. 关文运译. 商务印书馆，1980

［德］雅斯贝尔斯. 历史的起源与目标. 李雪涛译. 华东师范大学出版社，2018

［英］亚当·斯密. 道德情操论. 宋德利译. 译林出版社，2011

［英］亚当·斯密. 国富论：上下卷. 郭大力，王亚南译. 译林出版社，2011

［英］亚当·斯密. 国民财富的性质和原因的研究. 郭大力，王亚楠译. 商务印书馆，1972

［英］亚当·斯密. 亚当·斯密哲学文集. 石小竹，孙明丽译. 商务印书馆，2012

仰海峰.《资本论》的哲学. 北京师范大学出版社，2017

俞吾金. 实践与自由. 武汉大学出版社，2010

［美］约翰·罗尔斯. 政治哲学史讲义. 杨通进，李丽丽，林航译. 中国社会科学出版社，2011

［美］约瑟夫·熊彼特. 经济分析史：第二卷. 朱泱，孙鸿敞，李宏，陈锡龄译. 商务印书馆，2011

［美］约瑟夫·熊彼特. 经济分析史：第三卷. 朱泱，孙鸿敞，李宏，陈锡龄译. 商务印书馆，2011

［美］约瑟夫·熊彼特. 经济分析史：第一卷. 朱泱，孙鸿敞，李宏，陈锡龄译. 商务印书馆，2011

［美］约瑟夫·熊彼特. 资本主义、社会主义与民主. 吴良健译. 商务印书馆，1999

张盾，田冠浩. 黑格尔与马克思政治哲学六论. 学习出版社，2014

张盾. 马克思的六个经典问题. 中国社会科学出版社，2009

张一兵. 回到马克思——经济学语境中的哲学话语. 江苏人民出版
社，2009

(二)论文

白刚. 回到《资本论》：21 世纪的"政治经济学批判". 天津社会科
学，2020(3)

卜祥记.《资本论》的理论空间与哲学性质. 中国社会科学，2013(10)

高云涌. 资本文明的理论自觉与新时代的市场经济精神塑造. 天津社会
科学，2018(6)

贺来. 哲学如何回应"祛魅"的现代世界——理解现当代哲学的重要视
角. 天津社会科学，2012(5)

马拥军. 对《资本论》的九个根本性误读. 天津社会科学，2015(2)

聂锦芳.《资本论》哲学思想研究的学术史清理. 学习与探索，2013(1)

[美]诺曼·莱文. 黑格尔与《资本论》1861—1863 年手稿. 赵辛译. 马
克思主义与现实，2012(2)

孙乐强.《资本论》形象的百年变迁及其当代反思. 马克思主义与现
实，2013(2)

孙利天，黄杰. 寻求根基性的存在经验. 社会科学辑刊，2014(3)

孙正聿. "现实的历史"：《资本论》的存在论. 中国社会科学，2010(2)

孙正聿.《资本论》与马克思主义哲学. 学习与探索，2014(1)

孙正聿. 辩证法：黑格尔、马克思与后形而上学. 中国社会科学，
2008(3)

孙正聿. 列宁的"三者一致"的辩证法——《逻辑学》与《资本论》双重语境

中的《哲学笔记》. 中国社会科学，2012(9)

吴猛. 阿尔都塞《资本论》解读的困境及其意义论根源. 哲学研究，
2009(8)

吴晓明. 当代中国的精神建设及其思想资源. 中国社会科学，2012(5)

吴晓明. 社会现实的发现：黑格尔与马克思. 马克思主义与现实，
2008(2)

仰海峰. 劳动力成为商品意味着什么——关于《资本论》的经济学-哲学
研究. 中国高校社会科学，2015(2)

仰海峰. 历史唯物主义的政治经济学解读. 学习与探索，2011(6)

仰海峰. 政治经济学批判中的历史唯物主义. 中国社会科学，2010(1)

张盾，袁立国. 论马克思与古典政治经济学的理论渊源. 哲学研
究，2014(3)

张盾. 财产权批判的政治观念与历史方法. 哲学研究，2011(8)

张盾. 财产权批判与《资本论》的主题. 江海学刊，2011(6)

邹诗鹏.《资本论》与现代世界历史. 武汉大学学报(哲学社会科学
版)，2018(2)

二、英文参考文献

Adorno，Theodor. *Negative Dialectics*. Translated by E. B. Ashton.
The Seabury Press，1973

Albritton，Robert. *Dialectics and Deconstruction in Political Econo-
my*. St. Martin's Press，1999

Albritton，Robert. *Economics Transformed：Discovering the Bril-*

liance of Marx. Pluto Press, 2007

Althusser, Louis. *For Marx.* Verso, 2005

Anderson, Perry. *Passages from Antiquity to Feudalism.* New Left Books, 1974

Arrighi, Giovanni. *Adam Smith in Beijing.* Verso, 2007

Arthur, Christopher. *The New Dialectic and Marx's Capital.* Brill, 2002

Aveling, Edward. *The Students' Marx: An Introduction to the Study of Karl Marx' Capital.* Swan Sonnenschein & Co. , 1892

Beamish, Rob. *Marx, Method and the Division of Labour.* University of Illinois Press, 1992

Bellofiore, Riccardo and Nicola, Taylor (eds.). *The Constitution of Capital: Essays on Volume I of Marx's Capital.* Palgrave Macmillan, 2004

Bellofiore, Riccardo. *Marxian Economics: A Reappraisal: Essays on Volume III of Capital.* Macmillan Press, 1998

Bidet, Jacques. *Exploring Marx's Capital: Philosophical, Economic and Political Dimensions.* Translated by David Fernbach. Koninklijke Brill NV, 2007

Böhm-Bawerk, Eugen. *Karl Marx and the Close of His System.* Augustus M. Kelley, 1949

Christopher J. *Arthur: The New Dialectic and Marx's Capital.* Brill Leiden, 2004

Cleaver, Harry. *Reading Capital Politically*. Anti/Theses, 2000

Croce, Benedetto. *Historical Materialism and the Economics of Karl Marx*. Translated by Meredith, George Allen & Unwin, 1914

Cunningham, John (ed.). *Karl Marx's Economics: Critical Assessments*. 4 vols. Croom Helm, 1987

Derrida, Jacques. *Margins of Philosophy*. Translated by A. Bass. Chicago, 1982.

Derrida, Jacques. *Specters of Marx*. Translated by Peggy Kamuf. Routledge, 1994.

Fine, Ben and Saad-Filho, Alfredo. *Marx's Capital*, Pluto Press, 2004

Fine, Ben. *Marx's Capital*. Palgrave, Macmillan, 1975

Foley, Duncan. *Understanding Capital: Marx's Economic Theory*. Harvard University Press, 1986

Gadamer, Hans Georg. *Dialogue and Dialectic: Eight Hermeneutic Studies on Plato*. Yale University Press, 1980

Habermas, Jürgen. *Postmetaphysical Thinking: Philosophical Essays*. The MIT Press, 1992

Habermas, Jürgen. *Justification and Application*. Translated by Ciaran Cronin. The MIT Press, 1995

Habermas, Jürgen. *Moral Consciousness and Communicative Action*. The MIT Press, 1993

Habermas, Jürgen. *The Philosophical Discourse of Modernity*. Cambridge, 1987

Habermas, Jürgen. *Theory and Practice*. Polity, 1986

Harvey, David. *A Companion to Marx's Capital*. Verso, 2010

Itoh, Makoto. *The Basic Theory of Capitalism: The Forms and Substance of the Capitalist Economy*. Macmillan Press, 1998

Jameson, Fredric. *Postmodernism, or the Cultural Logic of Late Capitalism*. Duke University Press, 1992

Lebowitz, Michael. *Beyond Capital: Marx's Political Economy of the Working Class*. New York: St. Martin's Press, 1992

Mandel, Ernest. *Marxist Economic Theory*. Merlin, 1968

Marcuse, Herbert. *One Dimensional Man*. Beacon Press, 1964

Marsden, Rechard. *The Nature of Capital*. Routledge, 1999

Milios, John. *Karl Marx and the Classics: An Essay on Value, Crises and the Capitalist Mode of Production*. Hampshire: Ashgate, 2002

Moseley, Fred(ed.). *Marx's Method in Capital: A Reexamination*. Humanities Press, 1993

Paolucci, Paul. *Marx's Scientific Dialectics*. Brill, 2007

Postone, Moishe. *Time, Labour and Domination: A Reinterpretation of Marx's Critical Theory*. Cambridge University Press, 1993

Rawls, John. *A Theory of Justice*. The Belknap Press of Harvard University Press, 1971

Read, Jason. *The Micro-Politics of Capital: Marx and the Prehistory of the Present*. State University of New York Press, 2003

Althusser, Louis and Balibar, Étienne. *Reading Capital*. Translated by David Fernbach. Verso，1998

Rorty，Richard. *Consequences of Pragmatism.* Harvester Press，1982

Rorty，Richard. *Objectivity，Relativism，and Truth.* Cambridge University Press，1991

Rosenthal，John. *The Myth of Dialectics：Reinterpreting the Hegel-Marx Relation.* St. Martin's Press，1998

Bubner，Rudiger. *Modern German Philosophy.* Translated by Eric Matthews. Cambridge，1981

Carnap，Rudolf. *Introduction to Semantics.* Harvard University Press，1942

Sayer，Derek. *Marx's Method：Ideology，Science and Critique in Capital.* The Harvester Press，1979

Shapiro，Stephen. *How to Read Marx's Capital.* Pluto Press，2008

Smith，Tony. *The Logic of Marx's Capital：Replies to Hegelian Criticisms.* State University of New York Press，1990

Thompson，E. P. *The Poverty of Theory & Other Essays.* New York：Monthly Review Press，1978

Trotsky，Leon. *The Living Thoughts of Karl Marx Based on Capital.* Cassell and Company，1940

Wolpe，Harode(ed.). *The Articulation of Modes of Modes of Production：Essays from Economy and Society.* Routledge & K. Paul，1980

Wood，Euen. *The Origin of Capitalism.* Monthly Review Press，1999

Zeleny，Jindrich. *The Logic of Marx.* Blackwell，1980

后　记

恩格斯在为马克思的《雇佣劳动与资本》写的 1891 年单行本导言中有这样一个论断："古典经济学走入了绝境，从这种绝境中找到出路的那个人就是卡尔·马克思。"阿尔都塞在《读〈资本论〉》中指出：每个人"都以各自不同的方式在《资本论》这个茫茫森林中为自己开辟道路"。古典经济学的绝境既是其自身的理论绝境，也是资本主义社会的绝境。《资本论》中所开辟的道路，既是学者自己的理论道路，也是探索关于人类社会未来发展的道路。

马克思的《资本论》为我们开辟了一条什么样的道路，我们又能从《资本论》中开辟出一条什么样的道路呢？这成为我研究《资本论》的初衷和动力。如果想对一条道路有所体察，最为直接的就是找到这条道路的路标。那么,《资本论》给我们提供了什么样的路标呢?

《资本论》揭示的是物的掩盖下所形成的人与人之间的关系。古典经济学离开人与人的关系去研究物与物的关系,所研究的也只能是物与物之间的关系。传统哲学离开物与物的关系去研究人与人的关系,所研究的只能是抽象的人与人之间的关系。只有通过物与物的关系去研究人与人之间的关系,才能够构成"现实的历史"的存在论。

"现实的历史"的存在论之所以是现实的而非抽象的,就在于马克思的存在论不是抽象的形而上学,而是"现实的人及其历史发展的科学"。"人就是人的世界,就是国家、社会。"马克思的这一经典命题应当成为我们理解马克思全部思想的根本遵循。马克思的哲学是"改变世界"的哲学,一方面是改变"人的存在方式"的哲学,另一方面是改变"国家、社会"的哲学。改变"人的存在方式"使马克思改变世界的道路具有了存在论根基;改变"国家、社会"使马克思改变世界的道路具有了现实性和力量。马克思改变世界的道路是一条人类自由解放之路,同时也是一条人类文明发展的道路。《资本论》在超越"资本文明"的同时,为人类开启了人类文明的新形态,而其中最为关键的就是驾驭资本的逻辑,粉碎资本形而上学同一性的力量。

这就是《资本论》的道路,这就是《资本论》的路标。

感谢我一生的导师——吉林大学孙正聿教授,本书是他所承担的国家社科基金重大项目"《资本论》哲学思想的当代阐释"的研究成果。孙正聿教授认为马克思的《资本论》不是运用了马克思的哲学,而是构建了马克思的"新哲学"。没有孙先生关于《资本论》的这一振聋发聩的判断,就不会有本书的诞生。

　　感谢我的好朋友白刚教授、高云涌教授，本书的很多内容我都曾和他们交流过，在与他们的交流和阅读他们著作的过程中我受益颇多，我们对很多问题的理解都形成了高度一致的看法，和他们深厚的友谊也使得枯燥的理论研究多了几许人间的温情。吉林大学李慧娟教授，我的学生董键铭、苗翠翠、郝志昌、蔡垚、高天驹等参与了部分章节的讨论和撰写，在与他们的讨论中，我也受到了很多启发。

　　我的博士生蔡垚为本书的修改和校对做了大量的事务性工作，付出了很多辛劳，在此向她表示诚挚的感谢。北京师范大学出版社的饶涛老师、祁传华老师为本书的编辑出版提出了很多非常中肯的意见，在此对两位老师表示诚挚感谢。

　　《资本论》是人类思想史上最伟大的经典之一，任何一部关于《资本论》的研究著作，抑或立足于《资本论》的研究著作，都只能是管中窥豹，窥见一斑，本书更是如此。现求教于方家，敬请批评斧正。

王庆丰

2021 年 3 月 10 日

于吉林大学鼎新楼

图书在版编目（CIP）数据

《资本论》与当代社会发展道路/王庆丰著. —北京：北京师范大
学出版社，2022.8
（《资本论》与当代社会发展研究丛书）
ISBN 978-7-303-27318-8

Ⅰ.①资…　Ⅱ.①王…　Ⅲ.①《资本论》－马克思著作研
究②马克思主义－社会发展－研究－中国　Ⅳ.①A811.23②
A811.64

中国版本图书馆 CIP 数据核字（2021）第 219064 号

营　销　中　心　电　话　010-58805385
北 京 师 范 大 学 出 版 社
主题出版与重大项目策划部

ZIBENLUN YU DANGDAI SHEHUI FAZHAN DAOLU
出版发行：北京师范大学出版社　www.bnupg.com
　　　　　北京市西城区新街口外大街 12-3 号
　　　　　邮政编码：100088
印　　刷：北京盛通印刷股份有限公司
经　　销：全国新华书店
开　　本：787 mm×1092 mm　1/16
印　　张：32
字　　数：365 千字
版　　次：2022 年 8 月第 1 版
印　　次：2022 年 8 月第 1 次印刷
定　　价：128.00 元

策划编辑：饶　涛　祁传华　　　责任编辑：刘　溪
美术编辑：王齐云　　　　　　　装帧设计：王齐云
责任校对：包冀萌　　　　　　　责任印制：赵　龙